不丹

本书作者
林赛·布朗（Lindsay Brown）
布拉德利·梅修（Bradley Mayhew）

计划你的行程

在路上

PRASIT CHANSAREEKORN / GETTY IMAGES ©
普那卡宗堡 见99页

IZZET KERIBAR / GETTY IMAGES ©
旺杜波德朗宗堡的僧侣 见103页

KATIE GARROD / GETTY IMAGES ©
旺曲河上的经幡 见71页

目录

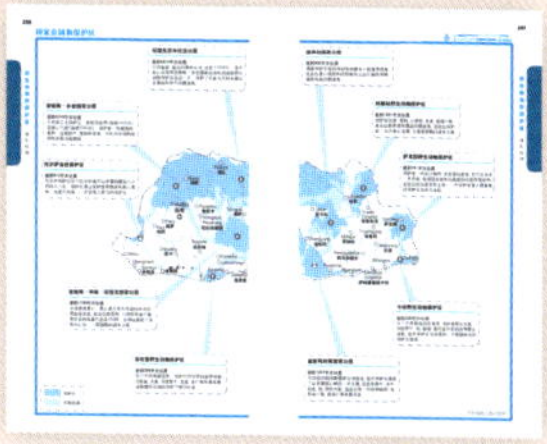

欢迎来不丹

不丹是一片世外桃源。这个喜马拉雅王国以其神秘和神奇而享誉世界，传统佛教文化与全球化发展在这里狭路相逢。

不丹奇遇

不丹会带给旅行者无数惊喜。在这里，米饭是红色的；辣椒不再是调料，而是主要食材。这是一片深受佛教思想熏陶的土地，寺庙香火旺盛，许多民居门旁都绘有可驱邪避凶的巨大阳具图案。虽然佛教传统随处可见，但是不丹并非一座因循守旧的博物馆。你会发现不丹人都有教养、风趣幽默而且充满活力。

纯天然的不丹

当你来到不丹，就会成为世上少数能够体验这里瑰丽风景的外来者之一。在这里，人们对全民幸福指数的重视远远超过国民生产总值。根据法律，不丹国土的森林覆盖率必须达到60%以上，从而造福子孙后代。在路过高山垭口时，你有机会亲身感受不丹的自然奇观——春天时漫山遍野盛开的杜鹃花会让你流连忘返。丰富多样的植物和绝无仅有的哺乳动物以及鸟儿，栖身于数座国家公园内。山地徒步则是体验喜马拉雅风情的最佳方式之一。

高价旅游业

可持续发展的旅游业和全民幸福指数概念都让不丹人深感骄傲。首先，有一点要澄清：不丹对入境游客数量并没有限制。众所周知的是，旅行者每天需要支付最低250美元的费用，从而使这里成为世界上出行成本最昂贵的目的地之一。但是，这笔费用包括了一切开支——住宿、餐饮、交通和官方导游。你无须参加大型旅行团，而且可以自行设计线路。但在这里看不到背包客式的自助游。

香格里拉?

那么为什么要花钱来这里呢？首先是这里有让人叹为观止的喜马拉雅壮景，白雪皑皑的高峰凝视着被原始森林簇拥的深邃峡谷。在这片诗情画意的风景里，最吸引眼球的当属宏伟的宗堡和寺庙。这种独特的建筑承载了厚重的佛教文化，也是壮观热闹的戒楚节（舞蹈节）举办地。当然，这里还有各种纺织品和手工艺品、激烈的射箭比赛、高海拔徒步小路、令人瞩目的动植物。如果这里不是香格里拉，那也胜似香格里拉。

我为什么喜欢不丹

林赛·布朗（Lindasay Brown），本书作者

作为曾经的生物保护学家，不丹有许多让我热爱的地方。高山被多姿多彩的森林覆盖，树木葱郁，鸟鸣嘤嘤，这个保存完好的喜马拉雅角落，总是让我不断回来探索。最近一次行程中的最大亮点，是一对棕颈犀鸟在路边相互喂食。不丹佛教传统中对于大自然的尊重和敬畏，加上引人入胜的节日和勤劳开朗的人民，都是这个不断发展的美丽喜马拉雅王国最亮丽的一抹风景和最动人的故事。

了解更多关于我们作者的信息，可参见303页。

上图：佛教僧侣在岗提寺戒楚节上表演节目（见105页）

不丹

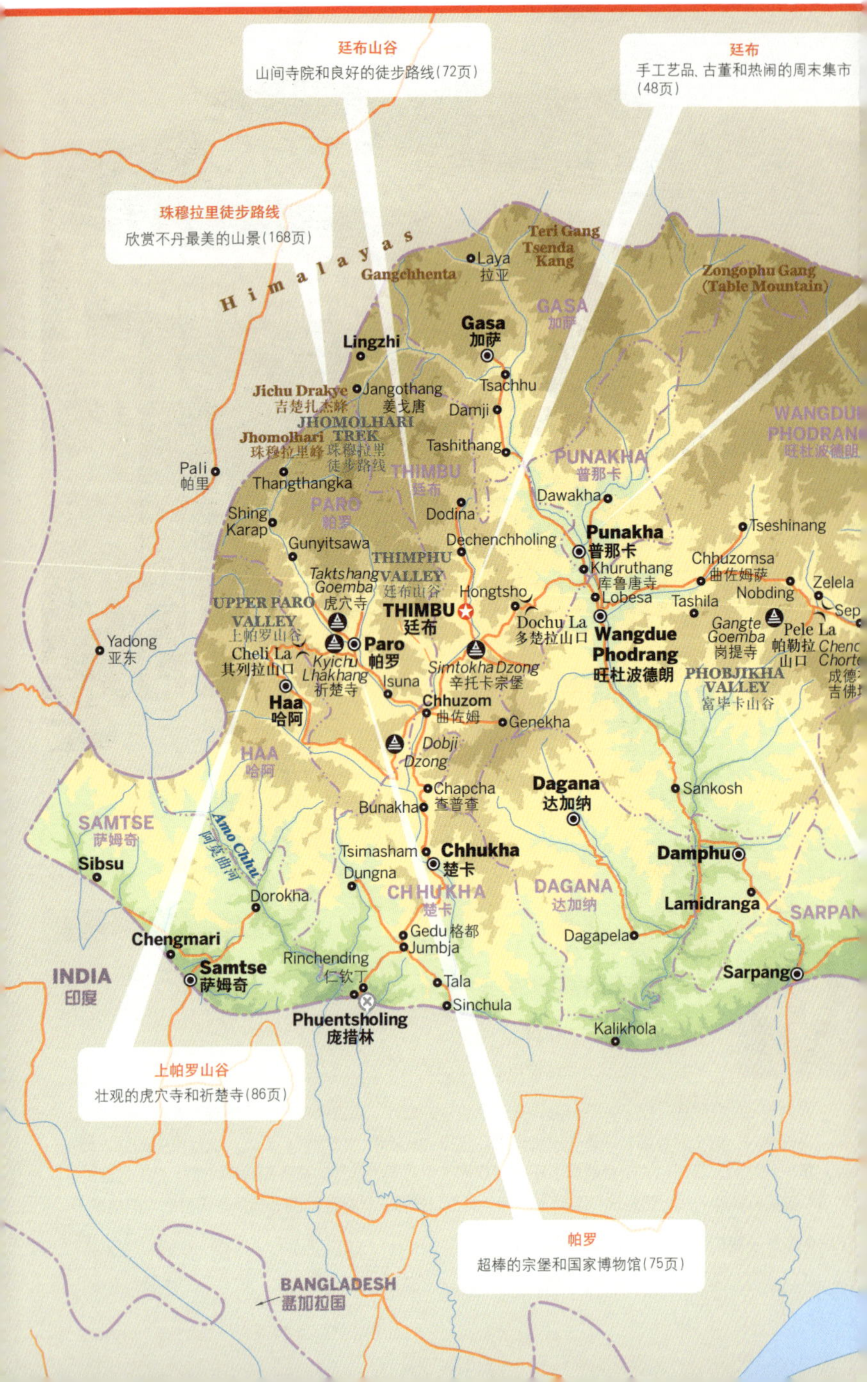

廷布山谷
山间寺院和良好的徒步路线(72页)
廷布
手工艺品、古董和热闹的周末集市(48页)
珠穆拉里徒步路线
欣赏不丹最美的山景(168页)
Himalayas
Gangchhenta
Teri Gang
Tsenda Kang
Laya 拉亚
Zongophu Gang (Table Mountain)
GASA 加萨
Gasa 加萨
Lingzhi
Tsachhu
Jichu Drakye 吉楚扎杰峰
Jangothang 姜戈唐
Damji
JHOMOLHARI TREK 珠穆拉里徒步路线
Jhomolhari 珠穆拉里峰
Tashithang
PUNAKHA 普那卡
WANGDUE PHODRANG 旺杜波德朗
Pali 帕里
Thangthangka
THIMBU 廷布
Dawakha
PARO 帕罗
Shing Karap
Dodina
Punakha 普那卡
Tseshinang
Gunyitsawa
Dechenchholing
THIMPHU VALLEY 廷布山谷
Khuruthang 库鲁唐寺
Chhuzomsa 曲佐姆萨
Taktshang Goemba 虎穴寺
Hongtsho
Lobesa
Nobding
Zelela
UPPER PARO VALLEY 上帕罗山谷
THIMBU 廷布
Tashila
Dochu La 多楚拉山口
Wangdue Phodrang 旺杜波德朗
Gangte Goemba 岗提寺
Pele La 帕勒拉山口
Yadong 亚东
Cheli La 其列拉山口
Paro 帕罗
Kyichu Lhakhang 祈楚寺
Simtokha Dzong 辛托卡宗堡
PHOBJIKHA VALLEY 富毕卡山谷
Isuna
Haa 哈阿
Chhuzom 曲佐姆
Genekha
HAA 哈阿
Dobji Dzong
Chapcha 查普查
Dagana 达加纳
Sankosh
Bunakha
SAMTSE 萨姆奇
Amo Chhu 阿莫曲河
Tsimasham
Chhukha 楚卡
Damphu
Sibsu
Dungna
CHHUKHA 楚卡
DAGANA 达加纳
Dorokha
Lamidranga
SARPANG
Gedu 格都
Chengmari
Jumbja
Dagapela
Samtse 萨姆奇
Rinchending 仁钦丁
INDIA 印度
Tala
Sarpang
Sinchula
Phuentsholing 庞措林
Kalikhola
上帕罗山谷
壮观的虎穴寺和祈楚寺(86页)
帕罗
超棒的宗堡和国家博物馆(75页)
BANGLADESH 孟加拉国

0 50 km
0 25 miles
布姆唐
宗教圣地和文化腹地(119页)
普那卡
不丹最美的宗堡(99页)
PEOPLE'S REPUBLIC OF CHINA
中华人民共和国
喜 马 拉 雅 山 脉
琼辛拉山口
春天盛放的杜鹃花海(141页)
Singye Dzong
辛格宗堡
Gokthong La
BUMTHANG
布姆唐
Kizum
Toktu Zampa
LHUENTSE
伦奇
Mesithang
Lhuentse
伦奇
TRASHI YANGTSE
塔希央奇
Bomdeling
Trashi Yangtse
塔希央奇
Jakar
贾卡尔
BUMTHANG
布姆唐
Tangmachu
唐马楚
Yotang La
Zungney
尊尼村
Gyetsa
Ura
乌拉
Trongsa
通萨
Tshenkarla
Shali
Autsho
奥错
Sheri Chhu
Duksum
Thrumshing La
琼辛拉山口
TRONGSA
通萨
Sengor
森格
Drametse Goemba
无敌顶寺
Chazam
Rangjung
Radi
Phongme 萨克腾
Sakteng
Trashigang
塔希冈
Kuenga Rabten
Namling
南木林
Chali
Yadi
Kanglung
康伦
Sherichhu
Rongthong
Merak
麦拉克
Bartsam
Bumthang Chhu
Ligmethang
Airstrip
小机场
Khaling
TRASHIGANG
塔希冈
Zhemgang
谢姆冈
Mongar
蒙加尔
Wamrong
沃荣
Riserboo
MONGAR
蒙加尔
Pemagatshel
佩马加策尔
Yongla
Dhansiri
SAMDRUP JONGKHAR
萨姆德鲁琼卡尔
ZHEMGANG
谢姆冈
PEMAGATSHEL
佩马加策尔
Narphung La
Royal Manas National Park
皇家玛纳斯国家公园
Panbang
Bhangtar
Deothang
迪沃塘
Gelephu
盖莱普
Manas Chhu
Samdrup Jongkhar
萨姆德鲁琼卡尔
Nganglam
INDIA
印度
海拔
6000m
5000m
4000m
3000m
2000m
1000m
500m
200m
100m
0
富毕卡山谷
顶级徒步体验和最佳观鹤地点(105页)
通萨
号令群雄的宗堡和一座优秀的博物馆(116页)
拉马普特拉河
中国地图出版社供图

不丹 Top 17

异彩纷呈的戒楚节

1 大多数宗堡和贡布每年都会举行各种节日，并上演极富特色、引人入胜的舞蹈剧（见31页）。这些节日中规模最大的当属戒楚节（tsechu）——人们用舞蹈来纪念莲花生大师。舞蹈由身着五颜六色服装的僧人和居士演绎，舞者在其中扮演或忿怒或慈悲的神灵、英雄、魔鬼和动物。在舞蹈演出期间，戴面具的小丑（atsara）模仿舞者，表演喜剧杂耍，甚至向观众讨钱以换取他们所持木质阳具的赐福！图为帕罗戒楚节（见23页）。

虎穴寺

2 不丹最著名的寺院——虎穴寺（Taktshang Goemba；见87页）是这个国家最神圣的宗教场所之一。传说当年莲花生大师骑着飞虎前来此地降妖伏魔，之后在这里冥思三个月。这处美丽的建筑攀附在悬崖峭壁之上，下面是一片郁郁葱葱的松林。通往佛寺的道路颇为陡峭，但是走过这段路后，可以看到令人心旷神怡的寺院、帕罗山谷以及怒放的红杜鹃。

1

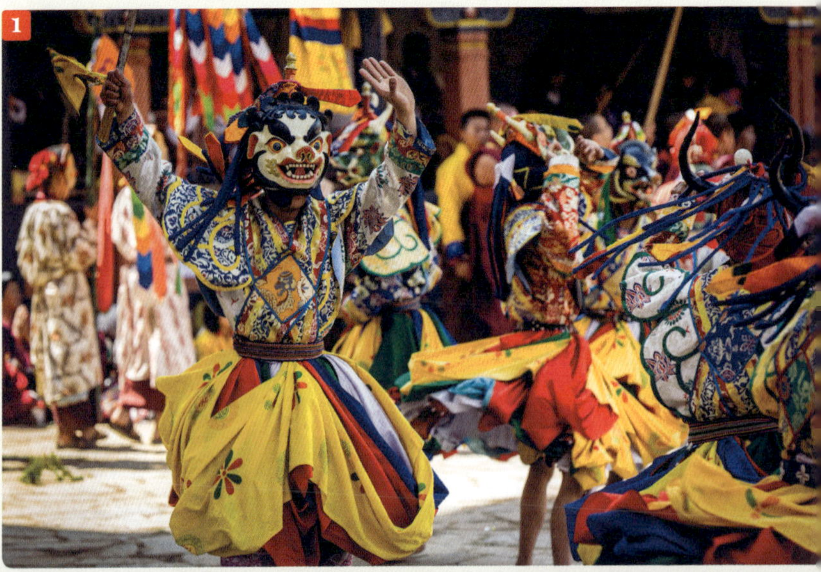

2

3

4

精彩绝伦的野生动物

3 不丹的保护区所占国土比例在全世界高居榜首。这个国家65%的森林和高山组成了不尽相同的栖息地，造就了令人惊叹不已的动植物多样性。雨季过后，观鸟者成群结队地前往不丹南部常绿森林，单是在路上就能观赏到数百种鸟儿。在这里，你也许还能看到俏皮的金叶猴。濒危的黑颈鹤会到不丹中部和东部越冬，富毕卡河谷（见105页）已经成为著名的观鹤胜地。图为金叶猴（见254页）。

廷布周末市场

4 廷布热闹非凡的周末市场（见52页）是国内规模最大、商品最丰富的集市。食品区弥漫着各种迷人的味道，鱼干、软奶酪、槟榔果和干辣椒，都在不断拨弄着你的嗅觉神经。卷曲的蕨菜（nakey）和红米充满了异国风情。从传统的人行吊桥跨过湍急奔涌的旺曲河，到对岸去逛逛手工艺品和纺织品摊点，在这里你可以以物易物，换取"古董"、经幡卷、五花八门的材料，甚至还有用人腿骨制作的喇叭。

通萨宗堡和通萨塔博物馆

5 地势沿着山脊一侧展开，直达险要的峡谷，通萨宗堡（见117页）在不丹地理上和近年来历史上都处于中心地位。第一、第二任国王都在这个战略要地号令全国。宗堡内部宛如层层迷宫，布满了狭窄的走廊和庭院。通萨塔皇家历史博物馆位于可以俯瞰整个宗堡的瞭望塔内。这间很棒的博物馆记录了宗堡和旺楚克王朝的历史，藏有从王室成员个人物品到佛教造像等各种展品。

6

7

普那卡宗堡

6 位于两河交汇之处的交通咽喉，普那卡宗堡（见99页）风景如画，寺院宁静安详。它于1637年由夏宗法王建造，是杰堪布冬季驻锡之地，也是历代不丹国王加冕之所。如果在春天到此参观，你会看到蓝花楹树下，淡紫色的花朵随风起舞于白墙之侧，身着红色长袍的僧侣们徜徉于紫色花海之中。如同城堡般的厚重墙壁时而冷清寂静，时而随着年轻僧侣成群结队前往用餐而洋溢着欢笑之声。

纪念品采购

7 不丹在手工艺品方面的杰出成就，在各种传统工艺（十三门手艺）学校以及无数工艺品商店都得到了淋漓尽致的展现。许多物品都非常实用，还有的专门用于宗教场合，例如竹篮、铜制酥油灯或者纯手工打造的、带有复杂图案的精美瘿木碗等。丝、棉、羊毛乃至牦牛毛，经过纺织、染色、织造和缝纫，制成服装和传统外套。传统艺术还可见于复杂的唐卡（宗教绘画）。不丹的邮票也会让收藏者爱不释手。

8

9

传统纺织品

8 手工编织和刺绣纺织品（见245页）通常被认为是不丹首屈一指的工艺品。数百年的传统造就了印染、编织和缝制等工艺。大部分织工都是妇女，在不丹，家家户户都会传出织机的"弹响"。除了廷布的国家纺织博物馆，还有许多小商店遍布国内——尤其是在布姆唐和最东部，它们销售色彩缤纷的纺织品，是购买纪念品的绝佳选择。

山地徒步

9 不丹的山地徒步（见160页）对体力的要求与能够收获的精彩成正比。徒步路线通常都要穿越高海拔和偏远地区，其中一些在徒步圈都理所应当地享有盛名，包括"珠穆拉里徒步"（见168页）和"雪人徒步"（见178页）。在所有徒步线路上，你都会有专业向导相伴，行李物品也将由小马驮运。徒步游将带你离开公路和所有现代化所能企及之地。沿途会邂逅身着传统服装，沿袭数百年传统，耕种庄稼和饲养家畜的当地人，让你觉得不虚此行。图为珠穆拉里徒步线路上的姜戈唐营地（见170页）。

10

日蓬宗堡和国家博物馆

10 帕罗的日蓬宗堡（即帕罗宗堡；见75页）是守护河谷和城镇的宗堡建筑的宏伟样本。多姿多彩的帕罗戒楚节于每年春天在此举行，节日的高潮是展出一幅巨幅唐卡（thondrol），主角是莲花生大师。在宗堡上方是一座古老的圆形瞭望塔，又称为“ta dzong”，这里是让人回味无穷的国家博物馆（见79页）所在地，内设内容丰富、不拘一格的各种展品。图为帕罗的瞭望塔（见79页）。

佛教绘画

11 欣赏佛教壁画的最佳地点，是在宗堡、贡布和拉康内（见245页）。画作诠释了佛教故事，展示了曼陀罗图案和佛经中的重要人物，包括四方守护神、释迦牟尼佛和莲花生大师。不丹佛教艺术中另一个常见的经典主题还有“和睦四瑞（Thuenpa Puen Shi）”，阐释了团队合作和相互尊敬的观念和意义，四个主角是大象、猴子、兔子和鸟儿。廷布是欣赏和购买传统及当代绘画的最佳地点。图为普那卡宗堡（见99页）壁画。

森林和野花

12 虽然神秘空灵的高山蓝花绿绒蒿是不丹国花，柏树为国树，但其实没有什么比盛放的杜鹃更能代表不丹。在春天，从其列拉山口（见91页）到琼辛拉山口（见141页），漫山遍野的红色、粉色和白色杜鹃花竞相开放，与猎猎舞动的五色经幡相映成趣。除了无与伦比的森林覆盖率，不丹丰富多彩的植物群和永无止境的绿色会让植物爱好者喜出望外。在漫长的穿越森林之旅过程中，记得停下车来，享受空气中弥漫的鲜花气息。图为杜鹃花（见252页）。

11

12

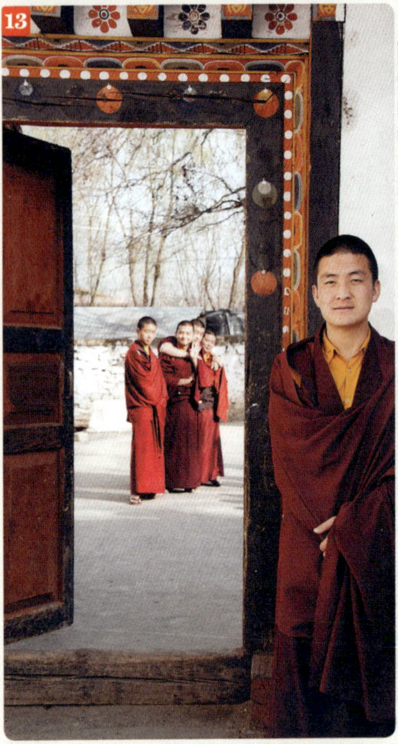

DIANA MAYFIELD / GETTY IMAGES ©

祈楚寺

13 祈楚寺（见86页）是不丹最古老、最神圣和最美丽的寺庙之一，且位置离门户城镇帕罗咫尺之遥。这座双寺院落中历史相对更悠久的寺庙，据说是由吐蕃赞普松赞干布于公元659年建立的。寺外广场挤满信众和转动的经筒，寺内主殿中供奉着一尊珍贵的7世纪的觉阿释迦牟尼佛像。人们可以在这个宁静的拉康周边惬意地走走。

布姆唐

14 布姆唐地区（见119页）的诸多山谷是不丹文化的中心地带，有许多适合作为一日游目的地的寺院。布姆唐历史悠久的佛寺和庙宇在不丹早期历史以及不丹佛教独特理念的形成方面具有非常重要的作用。参观莲花生大师的法印，提起白玛林巴重达25公斤的铠甲，在蒙巴错（火湖）的炽烈湖水前发发呆——白玛林巴曾在这里取出伏藏。图为信众在简培寺（见127页）转动转经筒。

全民幸福指数

15 全民幸福指数（GNH）已成为不丹的执政理念，也是送给被“增长经济学”占据的这个物欲横流世界的一份礼物。在佛教和人文价值观的基础上，这一衡量指标与全球通行的国民生产总值形成鲜明比照。这也是一个革命性的指导思想，强调文化传承、医疗、教育、良好政府治理、生态多样性和个人福祉。重要的是，它没有将经济增长奉为最终目标，而是将其视为实现更多重要目标的一种手段。

射箭

16 射箭（datse）是不丹的传统国民运动，具有较强的观赏性，一年四季在全国各地都会举办射箭锦标赛（见232页）。射箭比赛分为两个级别：一种是传统的竹弓，另一种则是现代化的碳纤维弓，后者射出的箭速度十分惊人。箭靶看起来很小，射手与箭靶间的距离虽然很远，但脱靶的情况却很少发生。选手的实力都在伯仲之间，他们相互开玩笑，伴以观众热情的歌唱和舞蹈，比赛渐入佳境。嗖嗖而过的箭声之间，洋溢着浓浓的幸福愉悦。

廷布山谷

17 廷布山谷（见57页）拥有诸多文化名胜，其中包括秋天举行戒楚节庆的扎西曲宗堡（见49页）。这片较为开阔的不丹首都所在峡谷，也不乏城郊景点。在离首都不远的地方有几条不错的徒步路线，中途经过几座占据独特地利的寺院，可以居高临下俯瞰峡谷内的优美风景。在廷布中心以西，莫提塘羚牛保护区（见57页）是你一睹这种不丹国兽风采的最佳地点。图为扎西曲宗堡（见49页）。

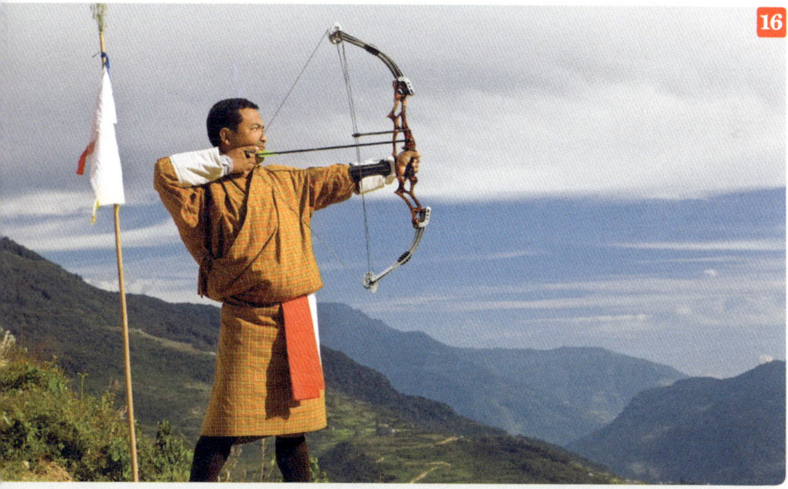
16

17

行前参考

更多信息，请参考“生存指南”章节（见261页）

货币
努扎姆（Nu）

语言
宗卡语

签证
签证由旅游公司安排并在抵达时签发，游客必须提前预付全包团队游费用。

现金
团队游费用为预先支付，因此你只需准备饮料、纪念品和小费所需现金；带上适量美金兑换当地货币。只有廷布有自动取款机。部分纪念品商店接受信用卡付款，暂不受理银联卡。

手机
任何未锁定的手机都可购买B-Mobile或Tashi Cell的SIM卡，用预付费充值卡充值后即可拨打当地和国际长途电话以及通过3G上网。

时间
不丹时间（格林尼治标准时间加6小时；比北京时间晚2小时）

何时去

旺季
（3月至5月，9月至11月）

➡ 春秋两季的气候十分理想。提前预订机票；住宿选择可能十分有限。

➡ 喜马拉雅山在10月展露自己最美的一面，杜鹃花在3月和4月怒放。

平季
（12月至次年2月）

➡ 不丹采用季节性税率，因此在非高峰期出行，除了游客较少外，还可节省大量费用。

➡ 气候仍然让人愉悦，但是12月和1月可能比较冷。

淡季
（6月至8月）

➡ 季风带来的降雨以及横行无忌的蚂蟥，使大部分徒步路线都无法通行，但是高山花朵会迎来绽放季节。

网络资源

背包客栈(www.backpackers.com.tw)论坛中有许多关于不丹签证、费用的讨论。

旺楚克(www.bhutantour.cn)有比较全面的不丹景点介绍。

Bhutan 360(www.bhutan-360.com)介绍前往不丹的旅行。

不丹旅游局(Tourism Council of Bhutan; www.tourism.gov.bt)有经过政府审批的团队游运营商和旅游相关法规等信息。

孤独星球(Lonely Planet; www.lonelyplanet.com/bhutan)提供目的地资讯、酒店预订、旅行者论坛以及其他。

不丹皇家航空公司(Druk Air; www.drukair.com.bt)国家航空公司。

奎塞周报(Kuensel; www.kuenselonline.com)全国性报纸。

不丹国家官网(www.bhutan.gov.bt)政府官方网站。

重要号码

不丹国家代码	☎975
国际电话接入码	☎00
急救	☎112
火警	☎110
警察	☎113

汇率

人民币	CNY1	BTN9.83
港币	HKD1	BTN8.79
新台币	TWD1	BTN2.13
新加坡币	SGD1	BTN47.33
美元	USD1	BTN68.15
印度卢比	INR1	BTN1
尼泊尔卢比	NPR1	BTN0.63

了解实时汇率，请参见www.xe.com。

每日预算

每日固定费用：250美元

➡ 所有游客必须支付每人每天250美元的费用（12月至次年2月以及6月至8月为每天200美元），如果是1人/2人组团，还需加收每人40/30美元的附加费。这些费用包含了住宿、不丹国内交通、导游、用餐和门票。

➡ 其他可能额外收费的项目包括热石浴、文化表演、骑马、漂流以及小费。

➡ 12岁以下的儿童可免除政府提成税（65美元）。

高端：500~1750美元

➡ 豪华酒店：在每天250美元费用基础上增加250~1500美元。

营业时间

一年中的营业时间可能各不相同。我们在此提供旺季营业时间；在平季和淡季，各种设施的营业时间可能会缩短。

政府部门 夏季周一至周五9:00~13:00和14:00~17:00；冬季周一至周五9:00~13:00和14:00~16:00

银行 周一至周五9:00~16:00（冬季至15:00），周六9:00~12:00（冬季至11:00）

商店 8:00~20:00或21:00

夜店 周三、周五和周六营业至翌日凌晨

酒吧 周二为“全国禁酒日”，酒吧在当天歇业

入境

只要持有签证审批表复印件，入境手续就会变得轻松便利。你的导游和司机会在帕罗机场或陆路边境站迎接你，安排你的签证印章相关事宜，然后启程上路。

当地交通

除非你是进行山地徒步或者搭乘国内航班，否则在路上的大部分时间你都会乘坐一辆最新款的面包车、四驱车或小汽车旅行。在这里最大的问题是不丹盘山公路上经常产生的晕车症。如果你也饱受这种困扰，记得带上最有效的晕车药，眼睛盯着远处的地平线！

了解更多
当地交通信息，
请参见277页。

如果你喜欢

入乡随俗

穿着帼或旗拉 外国人(chilip)穿上不丹传统服装会让当地人对你充满好感，尤其是在节假日期间。(见67页)

观看一场射箭比赛 没有什么比射箭(datse)或草地飞镖(khuru)比赛中的戏谑玩笑更能体现不丹风味了。(见232页)

挂经幡 购买一些经幡，然后在多楚拉等山口亲手挂上，这不仅会给你的导游留下深刻印象，而且还会为自己积累业力。(见96页)

在乡村农舍过夜 条件也许朴素简单，但是主人绝对热情好客，你可以花一个晚上的时间与不丹本地家庭相处——可以在天鹅寺(见131页)或Khoma(见147页)尝试一下。

品尝当地小吃 在帕罗周日市场品尝牛皮糖、牦牛干酪、新鲜槟榔果等特色食品。(见81页)

喜马拉雅山地徒步

徒步无疑是体验不丹的最佳方式，尤其是当徒步线路经过帕罗和廷布的名胜或者与某个节日不期而遇时。10月和11月是观赏山景的好季节，3月份则会迎来杜鹃盛放，繁花似锦。

雷龙小径徒步路线 帕罗和廷布之间的徒步路线，途经诸多高山湖和偏远静修之地。(见164页)

珠穆拉里徒步路线 饱览不丹首屈一指的高山景观，途经偏远乡村、高山垭口和牦牛牧场。(见168页)

拉亚至加萨徒步路线 景致与文化的最佳结合，有机会拜访偏居一隅的拉亚人。(见174页)

麦拉克至萨克腾徒步路线 非常棒的文化徒步线路，途经布罗克帕人聚居地和偏远东部地区的雪人(migoi)栖息地。(见190页)

雪人徒步路线 世界上行程最艰苦、费用最昂贵的终极徒步线路，穿越不丹喜马拉雅的屋脊。(见178页)

纵容自己

不丹高端旅行具备除了艰苦之外的一切特质。超豪华度假村可获得六星级服务，并设有典雅精致的餐厅和身心放松的水疗。

热石浴 石头、木料、热水和艾属草药结合到一起，提供最经典的不丹体验，大多数旅游酒店都可提供。(见265页)

Termalinca 并非想象中的乐土(Promised Land)，但是牛奶和蜂蜜浴极有特色；这里的水疗中心也欢迎非住客光临。(见63页)

帕罗乌玛酒店(Uma Paro)按摩加上瑜伽，以及阿育吠陀精油治疗，配备全套Comobrand品牌的洗浴产品。(见84页)

芝华林酒店(Zhiwa Ling)这里的药师佛(Menlha)水疗中心提供可口的红米饭以及柠檬草身体护理。(见84页)

泰姬扎西酒店(Taj Tashi)你是想要玛沙拉香薰按摩来提提神，还是用椰子柔肤护理来放松一下身心？(见62页)

如果你喜欢巨佛

翘首仰望廷布山谷50米高的不丹大佛(见57页)，或者不丹遥远东部唐马楚高达45米的莲花生大师像(见145页)，光是它们的小手指就大过多数佛像。

野生动物和野花

不丹是植物学家和观鸟者的天堂。岩羊和叶猴经常闯入视线，小熊猫也会无所畏惧地自由来去。

富毕卡山谷 冬季(10月末至次年2月中)到这里，300多只黑颈鹤，

（**上图**）芝华林酒店（见84页）
（**下图**）丹戈寺（见71页）的僧人擦拭和装填酥油灯

你总会碰上一只。（见105页）

多楚拉山口 在盛放的红色、白色和黄色杜鹃花海中徜徉的最佳地点（3月和4月）。（见96页）

莫提塘羚牛保护区 近距离观赏不丹相貌古怪、性情可爱的国兽，据说它是金羊毛传说的源头。（见57页）

皇家玛纳斯国家公园 这里的旅游业才刚刚起步，但是这片亚热带森林中的野生动物和观鸟体验在整个亚洲都数一数二，只要你不介意这里的粗犷简陋。（见138页）

一日徒步游

有时，短暂地离开汽车，徒步前往山腰的寺院或神庙，是一种非常不错的体验。还可以离开人群，用同样步行的方式来拜访高僧、村民和朝圣者。

丹戈寺和杰里寺 从廷布出发前往不丹最具光辉灿烂历史的两座佛寺——丹戈寺和杰里寺，还有更长的徒步线路可供选择。（见71页）

虎穴寺 如果前往帕罗山谷虎穴寺的两小时徒步未能让你尽兴，那么可以继续前行，直抵几座游客罕至的寺庙，在悬崖峭壁上欣赏风景。（见87页）

布姆唐山谷 最佳单日徒步游的单一目的地，可前往安宁的静修所和峡谷观景点。还可以将这些地方串到一起，开始一段中途在客栈住宿的多日徒步游。（见129页）

乌拉和辛卡哈 在迷人的乌拉村（见135页）和辛卡哈村（见135页）之间徒步，攀登至坐拥雄奇风景的静修所，或者前往附近的琼辛拉国家公园（见141页）。

如果你喜欢另类医学

可以参观廷布的国家传统医药学院，了解喜马拉雅草药的神奇功效，还可免费获得现场就诊的机会。（见53页）

富毕卡山谷 在这条风光旖旎、人迹罕至的轻松徒步线路上还可欣赏黑颈鹤。（见105页）

圣地

不丹的每个山口、河流交汇处和湖泊都与护法神、邪灵和圣人息息相关。这些朝圣地都具有神圣的意义，是了解不丹人世界观的重要地点。

虎穴寺 不丹最神圣的寺庙，位于悬崖峭壁之上，堪称鬼斧神工之杰作。（见87页）

贡寇拉 朝圣者对这座地处偏远的佛塔推崇备至，因为岩石足印、圣物和测罪岩齐聚于此。（见153页）

昌岗卡拉康 无数母亲带着孩子来这里，寻求红面保护神Tamdrin的赐福。（见58页）

蒙巴错火湖 宁静和神圣的"燃烧之湖"，白玛林巴在这里发现水下伏藏并大显神威。(见133页)

鲜为人知的宝地

不丹最吸引人的是宏伟的宗堡和热闹的节庆，但是不要因此而低估这个国家游客罕至的小佛寺和神庙的魅力。

Juneydrak Hermitage隐修所 哈阿山谷是一个另辟蹊径的好地方，这座时光停驻的隐居处是其中最大的亮点。（见94页）

旗拉庵 屹立于其列拉山口下，拥有200余年历史的旗拉庵距离主路仅1小时步行路程。（见93页）

杜泽寺 朝圣者之路蜿蜒向上直抵这个蜗牛壳状的殿堂，途中有一些不丹数一数二的中世纪壁画。（见81页）

塔格寺 一个迷人而容易错过的15世纪佛堂，位于一座佛塔中，地处帕罗以南。（见91页）

德钦颇章 神圣的石头和高耸的柏树是这处朝圣地的标志，地处王国最远角落的这处圣地似乎已被时光遗忘。（见155页）

节庆

许多游客将整个行程都用来参加不丹丰富多彩的戒楚节（舞蹈节）。期间精彩的面具舞、滑稽的小丑、亮丽的戏服和绝佳的拍摄机会将轮番上阵。

帕罗戒楚节 非常受旅行团青睐，节目十分精彩；也许在许多人看来，它实在是太受欢迎了。（见23页）

乌拉村雅楚节 一个宁静的乡村节日，但是举办日期的变化莫测早已远近闻名。在此露营是个好主意。（见24页）

普那卡多楚节 不丹最不同寻常的节庆之一，人们会重演一场古老的战斗场景；通常在2月或3月举办。（见23页）

古杰戒楚节 在雨季举办，可以避开旺季客流，而且还可以参加附近同期举办的尼玛朗戒楚节。（见24页）

工艺品

不丹的工艺品从神圣的壁画到竹弓，种类繁多。如果想欣赏高水准的宗教艺术，可以参观宗堡和佛寺；但是如果想了解手工艺品，那么还得去这些有趣的工场。

国家手工艺学院 观看学生们演示13种传统手工艺。（见52页）

琼施手工纸厂 了解整个造纸流程。（见60页）

国家纺织博物馆 廷布令人印象深刻的新建筑，展出了不丹最出众的手工艺品。（见56页）

岑登香厂 在邦迪（Bondey）附近的这家家庭作坊里，深吸杜松、檀香和高山草药沁人心脾的香味。（见92页）

伦奇Khoma 在这个闻名遐迩但地处偏远的"织锦"织造中心，家家户户都有一部纺织机。（见147页）

尊尼村亚特拉工坊 在乘车前往布姆唐时，可顺道在路边的这些作坊购买手织羊毛毯。(见119页)

每月热门

最佳节庆

廷布戒楚节, 9月/10月

帕罗戒楚节, 3月/4月

普那卡多楚节, 2月/3月

乌拉村雅楚节, 4月/5月

简培寺竹巴节, 10月/11月

2月

帕罗和布姆唐温度仍然较低，但是在海拔较低的普那卡和东部地区，气候开始转暖，节庆如火如荼，游客依然较少。

藏历新年(Losar)

不丹人会粉刷房屋、参拜当地寺庙、举行传统射箭和飞镖比赛来庆祝新年。这些活动根据不丹阴历开展，各地风俗不尽相同，因此在1月中旬至3月中旬之间随时都可能举行。

普那卡多楚节和戒楚节

这一独特活动在气候温暖的普那卡山谷举行，其亮点是隆重演绎的一场17世纪战斗，成百上千身着戏服的战士(pazaps)粉墨登场。随后将举行为期三天的戒楚节。节日根据不丹历安排举行，因此也有可能在3月开展。

寇拉佛塔转经

不丹东部和中国藏南地区成千上万的朝圣者蜂拥而至，在为期两周的两个节日里绕着这座佛塔转经。与佛教寺庙节日不同，这一节庆的感觉更像是当地市集。主要节日是不丹阴历一月的十三至十五，因此也有可能在公历3月份举行。

牧民节

来自拉亚和萨克腾等偏远地区的高地人，都会参加在上布姆唐山谷举办的这项面向旅游者的节日，他们在这里叫卖从拉亚人的锥形帽到萨克腾人的发酵奶酪等特产。传统比赛和面具舞为节日现场平添几许乐趣(也许稍显做作)。

3月

春天从3月持续至5月，这是前往不丹旅行的好季节，非常适合团队观光和山地徒步。群山可能会隐藏在浓云之中，但却有着杜鹃怒放、繁花似海和好鸟相鸣、嘤嘤成韵的醉人风景。

贡寇拉

成百上千的信众会集于不丹东部的这处朝圣重地，参加一个夜晚的庆典以及围绕神圣黑岩进行的转经仪式。这个节庆在不丹阴历二月初八至初十开展，因此也可能是公历4月。

4月

4月是一年中不丹游客数量第二多的月份，部分原因是这时的气候温暖舒适。帕罗戒楚节场面宏大，这时也是山地徒步的好时机。

帕罗戒楚节

这个极受欢迎的节日先是为期四天的查姆舞表演(cham，宗教仪式舞蹈)，然后是在黎明之际“晒大佛”——这幅“莲师八相”主题的巨幅唐卡(宗教绘画)只在这一天打开。第一天的仪式在帕罗宗堡举行，随后的活动移到宗堡之外开展。它也可能在公历3月份举行。

山地徒步

高海拔地区温暖的气候和招摇的杜鹃花都使3月非常适合山地徒步，但是山顶却极少能见到蓝天。记得带上雨具，以防万一。

旅游节日

最近几年，不丹新设立了一些面向旅游行业的新节日。虽然它们也许缺乏不丹主要宗教节日——戒楚节那样的原汁原味，但如果恰好你身在当地，不妨前往一游，一定会发现诸多乐趣。节日期间会举办传统体育活动，例如射箭、摔跤和飞镖等，此外还有面具舞、民族舞和难以计数的当地食物和特产。除了上布姆唐的牧民节外，还可在7月的第一个或第二个周末参加哈阿宗的高山节（Alpine Festival）、8月份在乌拉举行的蘑菇节（Mushroom Festival），以及2月第三个周末在加萨举办的羚牛节（Takin Festival）。

5月

春季姗姗离去，气候开始变得温暖潮湿，月末时降雨和阴云有所增加。较少的游客数量和良好的天气使5月成为一个不错的旅行季节，但是低海拔地区气温开始升高变热。

乌拉村雅楚节

这个为期三天的节庆充满小镇气息，期间会举行宗教游行、舞蹈和当地祈福活动。唯一的问题是这项活动的具体日期早已出了名地不靠谱。节日可能在4月举行，但具体日期在开始前几周才会最终确定。

僧人迁徙

在不丹阴历四月的第一天，整个僧团从普那卡迁往廷布的夏季居所。队伍中包括杰堪布（僧团领袖）和几件神圣的法物，当地人在道路沿线排成行，以期接受高僧祝福。

6月

雨季频繁的阴云会遮挡风景，并导致帕罗机场航班取消。随着倾盆大雨的到来，道路可能被冲毁。这时在高山峡谷中的野花盛景，将是植物学家梦中最悠远的记忆。

尼玛朗戒楚节

布姆唐是阴历五月最适合旅行的地方。为期三天的尼玛朗戒楚节于初八拉开帷幕，最后一天恰好是附近的古杰戒楚节的举办日。公历的举办日期可能在7月。

古杰戒楚节

在这个为期一天的布姆唐节日期间，通萨宗堡的僧人们会跳起宗教舞蹈。这一天也是莲花生大师的生日，整个不丹都会举行仪式，焚香祈福。尼玛朗寺为期三天的戒楚节定于古杰戒楚节开始前两天举行。

漫长雨季

夏日雨季（6月至9月）横扫整个不丹，这里的降雨超过任何其他喜马拉雅地区。降雨高峰是7月，使通往东部的道路充满危险，但是茂盛枝叶和新鲜蘑菇、芒果和鳄梨能够一解人们因大雨而引发的愁绪。

9月

前半个月仍然被雨水浸泡，但是到月末时，季候雨已将喜马拉雅天空冲得碧蓝如洗、清澄美丽，旅游旺季就此开始，几个重要节庆也拉开帷幕。

廷布戒楚节

在扎西曲宗堡举行的壮观僧人舞，使这个为期四天的节日变成人山人海的欢乐海洋（每年有超过3000名游客参加）。活动有可能在10月举行。之前为期三天的多楚节（dromchoe，纪念不丹在17世纪击败外敌）通常只对不丹人开放。

哈阿戒楚节

沉睡的哈阿宗在这个节日期间才会真正醒来。在不丹阴历八月初八和初九，僧人们会在白色大殿（Lhakhang Kharpo）的庭院中跳起宗教舞，最后一天的活动则移至附近的旺楚罗宗堡（Wangchulo Dzong）举行。

Tamshing Phala Choepa节

布姆唐山谷在不丹阴历八月有两大节庆轮番上阵。从初九至十一你可以在塔姆辛寺（Tamshing Goemba）观赏舞蹈，三天后前往附近的丹碧寺（Thanbi Goemba）参加为期三天的节庆。这两个节日举行的公历时间大概都在10月。

加萨戒楚节

如果想参加这个偏远之所举办的三天节庆，你可能不得不选择露营，但是你会欣赏到传承300年的民谣歌曲*goenzhey*的表演以及面具舞，相传这首歌由夏宗•阿旺朗杰于1616年刚刚经由拉亚抵达不丹之际创作。

10月

10月是不丹游客数量最多的季节。此时气候温暖，山景清明，到处都是旅行团。记得提前订好酒店和机票。

简培寺竹巴节（Jampey Lhakhang Drup）

人们通过热情的查姆舞（cham）和篝火来纪念这座7世纪寺庙的建立。头天晚上会举行名闻四海的午夜“赤身火舞”。这一节日从不丹阴历九月十五持续至十八，公历时间可能是在11月。为期四天的贾卡尔戒楚节在之前一周举行。

普拉卡多楚节

这个为期三天的节日在Chumey峡谷的普拉卡寺举行，与简培寺竹巴节日期相同，使你能同时参加两个节日。

徒步天堂

10月迎来不丹徒步的最佳季节，大部分旅游公司都在此季节经营他们的徒步游项目。高海拔地区夜晚会很冷，但是雪山（例如海拔7314米的珠穆拉里）景致非常清晰迷人。

11月

气候怡人，但是记得带上薄外套以备夜晚降温。一些规模较小的节庆成为人满为患的帕罗和廷布戒楚节之外的不错选择。

黑颈鹤节

这个现代节庆于11月11日在富毕卡山谷举办。当地儿童身着仙鹤服装，在岗提寺庭院内翩翩起舞，以庆祝300多只黑颈鹤的冬季回归。

蒙加尔戒楚节

蒙加尔戒楚节比其他地方规模略小，但气氛更炽烈，可提供更好的摄影和文化互动机会。游客罕至的塔希冈戒楚节为期三天，时间段与蒙加尔戒楚节相同，举办时间可能在公历12月。

天鹅寺节

这个为期三天的节庆在上布姆唐的天鹅寺（Ngang Lhakhang）举行，期间有两个当地部落的贵族表演与众不同的舞蹈以及面具舞。该节庆举办时间可能在公历12月。

12月

12月意味着冬季的到来，高海拔地区可能会雪花飞舞，但是这时还可以前往不丹西部旅行。哈阿宗和东部地区的高山垭口可能暂时出现大雪封山。

伦奇戒楚节

很少有游客会在这个季节到访不丹最东北的伦奇宗，参加这个偏远地区的佛教节日。附近的邓卡尔同时也会举行欢庆活动。节日举行的时间可能在公历1月。

通萨戒楚节

不丹最古老且游客踪影最少见的节庆之一。为期三天的舞蹈从不丹阴历十一月初九至十一上演，因此时间可能在公历1月份。最后一天会晒出巨幅唐卡（thondrol）。

旅行线路

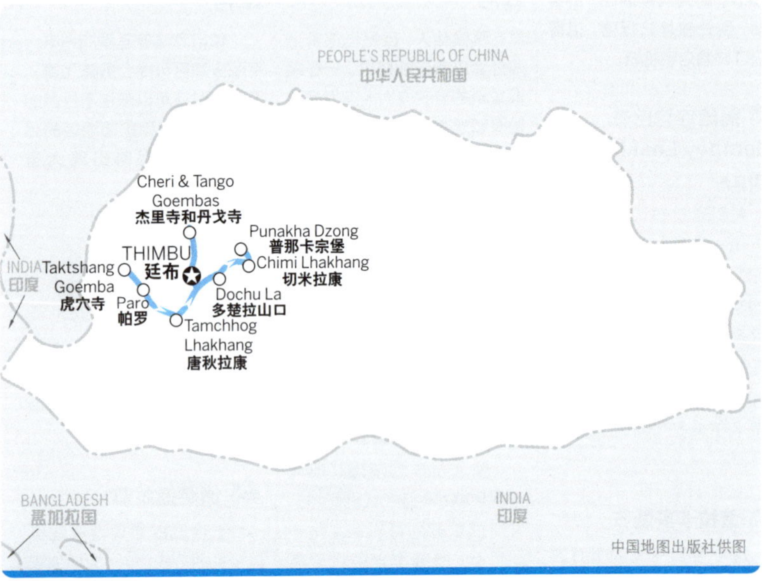

4日游 在帕罗和廷布过一个长周末

如果时间或预算有限，你可以在短短4天内进行一次不丹初体验，将行程集中于廷布和帕罗。用两个全天来游览风景如画的**帕罗**：第1天参观帕罗宗堡和国家博物馆；第2天步行前往蔚为壮观的**虎穴寺**，拜访美丽的祈楚寺。吃过午饭后，驾车3小时前往**廷布**，中途可以顺道参观**唐秋拉康**。

第3天可以抓紧时间进行一段漫长的旅途，翻越**多楚拉山口**前往**普那卡宗堡**，它素有不丹最美宗堡的盛名。如果是在3月，可以花上1个小时在多楚拉山口的杜鹃林里漫步。在返回廷布的路上，可以顺道拜访附近的**切米拉康**（Chimi Lhakhang），这是供奉“癫圣”的寺庙。

第4天用来逛逛**廷布**。前往周末市场，参观上廷布山谷的**杰里寺**和**丹戈寺**。如果你钟情于手工艺品，可以前往国家纺织博物馆和国家手工艺学院。傍晚乘车返回帕罗；大部分航班都在清晨起飞。

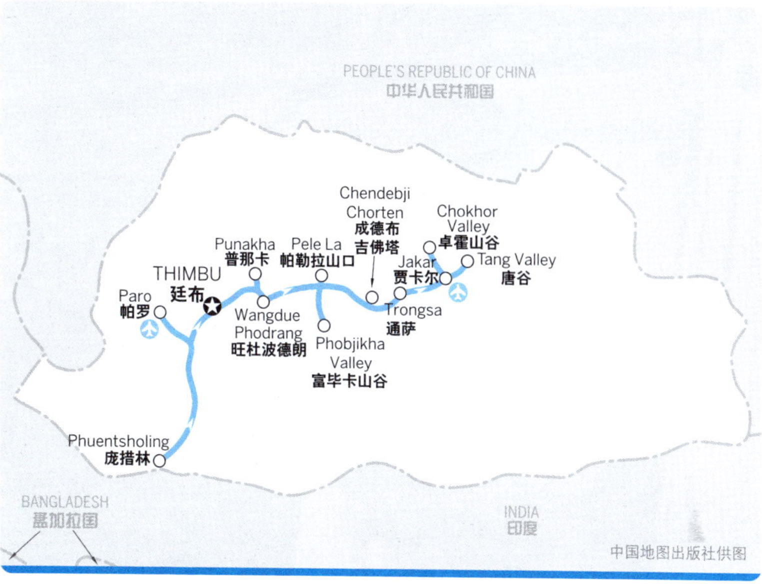

2周游 前往布姆唐

如果有10天的时间，你就能在布姆唐停留2至3天，中途在帕罗、廷布、旺杜波德朗过夜，并在**普那卡**和**通萨**短暂停留，但是如果能有完整的2周时间，那么你就能够以更休闲的步伐，更深入地体验当地风情，还有充足的时间来开展几次非常不错的一日游徒步行程。

前几天可参考4日游行程。从**廷布**出发，在**富毕卡山谷**过夜，不仅可以参观岗提寺，还可以观赏濒危的黑颈鹤（11月至翌年2月）。如果你希望进行徒步探索，可以另外花半天时间步行游览富毕卡。

从富毕卡出发驱车一整天，翻越**帕勒拉山口**抵达**通萨**的宏伟宗堡和博物馆，接下来继续前往布姆唐的**贾卡尔**。尽早出发，因为沿途有许多景点，包括尼泊尔风格的**成德布吉佛塔**，可在此享用野餐。

如果你在布姆唐有整整2天时间，可以用1天时间环游**卓霍山谷**，参观简培寺、古杰寺，然后步行前往塔姆辛寺。第2天则用来探访**唐谷**，游览蒙巴错火湖和Mesithang附近的邬金曲林博物馆。如果你还能多出一天时间，可以在邬金曲林客栈住宿，然后沿着小路步行前往参观地处偏远的曲贾姆寺和那鲁特寺。

布姆唐山谷是另一处适合徒步的地方，因此可以用半天时间来活动筋骨，缓解过去一个星期乘车所带来的疲惫。从贾卡尔出发，驱车2天可返回**帕罗**，因此中途可在**旺杜波德朗**过夜。或者可以乘坐新开通的不丹皇家航空公司航班从布姆唐飞往帕罗——如果这条航线运营的话。

如果你是将印度和不丹之行放在一起，那么可以考虑从廷布或帕罗驱车前往**庞措林**，而不是乘坐飞机，因为那样会使整个行程增加1天。这里离大吉岭、噶伦堡和锡金都只有短短数小时车程。庞措林离巴格达格拉（Bagdogra）的机场也非常近，可乘坐航班飞往德里和加尔各答。

上图：普那卡宗堡
（见99页）
左图：多楚拉山口的
佛塔（见96页）

7日游 哈阿至普那卡

如果你在考虑4日游，不妨直接将其升级为7日游。费用其实相差无几，何况下一次再来不丹会是多久以后？一周时间能让你更深入地体验不丹文化，并使你能另辟蹊径前往哈阿或富毕卡山谷，同时也不会错过不丹西部地区的主要宗堡和佛寺。

在比4日游多出的几天时间里，你无疑会加入一段过夜行程，翻越山岭前往**普那卡**。如此一来，你就有时间开展往返1个半小时的步行之旅，前往附近的**卡姆沙耶里纳耶佛塔**，或者参观切米拉康，甚至还可以来上一小段漂流或山地自行车——如果你乐意。

如果想另辟蹊径，可以再加一段前往**哈阿山谷**的过夜行程，它位于帕罗至廷布的路上。这条路翻越不丹最高的机动车道路垭口——**其列拉山口**，花几个小时步行前往旗拉庵参观一定会让你觉得不虚此行。在中午时分抵达哈阿，当天下午或者第二天上午探访Juneydrak静修所和**春杜拉康**，然后继续驱车前往**廷布**。

用两天时间来游览**帕罗**，包括参观帕罗山谷内的**虎穴寺**、祈楚寺和杜克耶宗堡，然后用1整天（或2天）时间逛逛廷布。有几点提示：尽量赶在周六或周日到达廷布，以体验周末市场；同时避免在周一游览帕罗，因为国家博物馆在这天闭馆。如果你运气够好，周末极有可能遇到射箭比赛，尤其是在廷布。

如果哈阿不在你的计划行程上，那么可以增加前往**富毕卡山谷**的一日游行程，尤其是在冬天（11月至翌年2月）黑颈鹤到此越冬之时。记得带上保暖衣物和手电。

在旅途期间，你可以让导游安排一次热石浴，大部分旅游酒店都可提供（另外收费）。如果能有幸参加一次节庆活动，那么你的不丹之行将堪称完美。

16日游 探索东部

前往游客罕至的东部地区至少需要两周时间，我们建议在计划中额外加入几天用于休息和身心恢复。每天都要在车上坐很长时间（在不丹东部地区每天坐车时间可高达5小时），但如今可以从塔希冈附近的**雍布拉**坐飞机返回帕罗。如果你要经由萨姆德鲁琼卡尔出境（前提是你已提前获得印度签证），这样的行程也可免去驾车返回帕罗的舟车劳顿。如果你对传统织造感兴趣，这将是一段非常棒的行程。

跟随前文的行程，自**帕罗**至布姆唐，从这里出发你可以用5至6天的时间来游览东部名胜。从布姆唐启程，第1天乘车翻越**琼辛拉山口**（海拔3750米），经由不丹最宽的公路前往**蒙加尔**。在这里停留两个晚上，前往偏远的**伦奇宗堡**和附近的传统纺织乡村**Khoma**，开展风光旖旎的一日游。如果想减少乘车时间，可以考虑用一天时间在蒙加尔开展乡村徒步游。

第3天可以前往地势险峻的**塔希冈**，沿途可以绕道2至3小时去参观**无敌顶寺**，这是不丹最重要的宁玛派佛寺。东部地区的住宿条件无法与西部相提并论，因此不妨看淡一些，并且带上防虫喷剂。

在塔希冈住两个晚上，用一天的时间来游览**塔希央奇**，中途可在**贡寇拉**、古老的塔希央奇宗堡和尼泊尔风格的寇拉佛塔停留参观。3月和4月，该地区会举办两项重要的朝圣节日。再用一天时间去邦德林野生动物保护区观鹤，或者经由德钦颇章朝圣地步行前往。

从塔希冈出发，驾车经过一整天的盘山公路，可抵达氤氲湿热的**萨姆德鲁琼卡尔**；在**卡林**稍事停留，参观"国家手纺发展计划"所倡导的传统织造。从萨姆德鲁琼卡尔，可乘坐出租车，经过3小时抵达古瓦哈蒂（Guwahati；提前确认是否有罢工），然后乘坐飞机前往加尔各答、德里或曼谷，或者搭乘过夜火车前往西孟加拉，再转车去大吉岭和尼泊尔边境。

计划你的行程

节日庆典

异国风情的视觉冲击和神秘莫测的不丹文化，在充满宗教氛围、活力四射、多姿多彩的舞蹈节日里得到了充分的展示。大部分宗堡和许多佛寺每年都会定期举行节日庆典，其中最盛大的当属戒楚节，引人注目的盛装舞者的表演让人沉浸其中，当地人和旅行者都会不自觉地拍手叫好。

戒楚节

戒楚节的特色是一连串查姆舞表演（cham），由头戴壮观面具、身着优雅长袍的舞者表演，旨在纪念莲花生大师。关于查姆舞的描述可参见248页。各个地区戒楚节的日期和持续时间都各不相同，但通常都是在不丹历的初十前后，以向莲花生大师致敬。

戒楚节上的演出通常都在宗堡庭院内举行，届时可能人山人海，大家都争相占据最佳观看位置。戒楚节是一项盛大活动，将周边区域的人们吸引到一起。这里并不是严肃的场合，而是充满了节日氛围，人们穿戴最漂亮的衣服和最好的珠宝首饰，分享食物并交换各种消息。宗堡或佛寺外通常还会自发形成一个小集市。节日是相隔两地的亲朋好友齐聚一堂，共同沉浸于佛教教义的机会。不丹人认为参加戒楚节和观看仪式化舞蹈能够积累功德。

许多戒楚节的共同亮点是在日出之前，从一处能够俯瞰舞蹈区的舞台上展示巨幅唐卡。这种唐卡被称为“thondrol”，这个词的意思是“见即解脱”，人们认为观看这些壮观的圣物能够涤荡一个人的罪恶。

你和戒楚节

不妨考虑身着帼（gho）或旗拉（kira）前往参加戒楚节（见67页框内文字）。在戒

重要提示

提早预订

在最受欢迎的节庆前后，酒店房间和前往不丹的机票都会被预订一空，例如廷布和帕罗戒楚节期间。

深入腹地

远离廷布和帕罗的地区宗堡所举行的小规模庆典和戒楚节，很少会有游客光顾，从而使你能获得更深入和传统的体验。

携带物品

零食、折叠椅或坐垫——舞蹈表演持续时间较长，而且中途你不会想要失去来之不易的位置。望远镜让你能更清楚地看到表演——不要让你近距离观看的想法阻扰舞者演出，或者挡住其他观众的视线。

EITAN SIMANOR / GETTY IMAGES ©

上图：舞者准备在Tamshing Phala Choepa节表演（见24页）

左图：面具舞者在乌拉村雅楚节上表演（见135页）

楚节舞蹈演出时，小丑（atsara）会模仿舞蹈动作，并戴着红色长鼻子的面具表演各种喜剧套路。在娱乐观众的同时，他们还起到维持秩序的作用，并且慢慢养成骚扰游客讨钱的习惯。你可以将其视为一种善意的游戏。如果捐了钱，甚至可能还会得到他们手持木质阳具的赐福。

只要有舞蹈，你都应当积极参与。传统上，包括游客在内的每个人都会热情地加入最后的舞蹈（Tashi Lebey），它意味着所有节庆和舞蹈演出的完结。不要害羞，只要跟随前面一个人的动作即可，记得面带笑容，其他人会将这些笑容装在相片里带回家。

摄影礼仪

在节庆期间，你可以在演出舞蹈的宗堡庭院里拍摄。但是要记住，这是一种宗教仪式，因此你应当遵循相应的礼仪——使用远摄镜头，关掉闪光灯。不要闯入舞蹈场地，或者舞池边缘当地人坐的空间，如果你占据的是前排位置，最好不要站起来。不要拍摄王室成员，即便他们碰巧出现在你参加的节庆或集会上。

普那卡多楚节和戒楚节

截至目前，廷布和帕罗戒楚节仍是最受旅行者欢迎的节庆，但是越来越多的游客开始发现，在美丽的普那卡所举办的戏剧化多楚节（domchoe）也别有一番风情。普那卡多楚节于2、3月举行，是对于17世纪战争场面的戏剧化庆祝活动。1639年，一支境外军队入侵不丹，想要抢夺最珍贵的佛宝——仙乃日（观世音菩萨）的自生像Rangjung Kharsapani。夏宗法王想出了偷天换日之策，在一场精心炮制的仪式上假装将佛像投入莫曲河中，从而使入侵者悻悻而归。

在为期五天的多楚节结束当日，由136人组成的队伍，身着战士（pazap）服装，在主庭院表演舞蹈，然后一边走下宗堡前的台阶，一边大声呐喊。接下来，由杰堪布率领的一队僧人在铜钹、鼓点和小号的伴随下前往河边。在河边，杰堪布抛出一把橙子，象征着将观音自生像抛入河中。这既是夏宗法王小把戏的场景再现，也是向河神纳迦（naga，宗卡语为lu）的献祭。歌唱和欢呼的战士们随后簇拥着将军回到宗堡，烟花爆竹也呼啸冲天。面具舞者随后庆祝夏宗法王修建了宗堡。为期三天的普那卡戒楚节紧随多楚节之后举行，人们会跳起查姆舞来纪念莲花生大师，节庆最后一天会展出以夏宗法王为主题的巨幅唐卡。

其他节庆

除了声名远扬的戒楚节，不丹历一年中还有其他各种宗教节日和文化庆典（见23页）。值得注意的是，这里还有一些非宗教节日，例如布姆唐的牧民节和富毕卡的黑颈鹤节。

节庆日期

节庆日期根据不丹历而定，而不丹历源于藏历，但是与后者有一天的差别。因此如果使用在线藏历表时，要注意区别。不丹历可在网上找到，甚至还可下载不丹历手机应用！目前确定节庆日期最方便的办法是关注不丹旅游局（Tourism Council of Bhutan；www.tourism.gov.bt）网站，这里标明了30多个节庆的具体日期。

行程预订

尽管给人以排外、偏远难至的表象，但不丹其实并不是一个难以成行的旅行目的地。你可以和一群朋友结伴而行，或者与爱人同行，甚至可以单人成行，这里对入境的游客数量也没有任何限制。

固定价格

每日固定费用

旺季和平季的游客每人每日最低费用为250美元。在淡季（12月至次年2月以及6月至8月）则降低至每人每天200美元。

如果是1或2人组成团队游，还需加收每人40或30美元的附加费。

费用折扣

5岁以下的儿童旅行者免费，6至12岁的小旅行者可以免除65美元的政府提成税，这是每日250美元费用的组成部分，剩下每日费用也仅需支付50%。

年龄在25岁以下的全日制学生，凭借有效身份证明，在直接向不丹旅行社预订时可享25%的折扣。

长时间旅行者可享受“政府提成税”（并非每日费用）折扣——从第9晚起减免50%（也就是32.50美元），第15晚之后全部免除。

如果游客在边境城镇如庞措林、萨姆德鲁琼卡尔或盖莱普过夜，可以免除一晚的政府提成税（即65美元折扣）。

何时预订

不丹的旅行社通常至少需要一个月来安排各项事宜，包括银行转账、签证和预订不丹皇家航空公司机票。行程和团队游价格的最终确定可能需要几个星期的电邮沟通。如果你想在游客向往的节庆期间到访，那么就得提前几个月预订不丹皇家航空公司机票以及当地住宿。

预订旅程

与大多数国家不同，政府法规要求外国游客通过不丹旅行社按照预付费的预定行程来旅行。你可以参加成熟线路的旅行团，或者找一家不丹旅行社进行定制计划。在去哪儿以及做什么等方面，游客通常都享有很大的自主权。但是不管到哪儿，都得带上导游。

所有前往不丹的行程都必须通过官方批准的旅行社安排，无论是直接预订或是经由某家海外代理预订。如果找本国的代理，你可以省去烦琐的付款程序所引起的麻烦，在有疑问或特殊需求时，你也会有一个本国联系人，但是这样一来费用通常较高。如果你直接与不丹旅行社联系，你可以有很大的空间来个性化你的行程，但是你需要花时间来收发电邮，而且还得安排一次国际银行转账。

虽然你支付了高昂的费用，但不要认为不丹就专属于你一个人。在旅游旺季，游客酒店、主要宗堡和节庆场地都充满了喧嚣的旅行团，尤其是在帕罗。如果想获得更加独特的专属体验，你可以前往游客较少的哈阿宗和不丹中部寺庙，或者选择在平季前来，也可以前往不丹东部开始一段探索之旅。

如果你不习惯照本宣科的跟团游，我们建议你将行程分为几段，中途加入徒步游、骑行或造访偏远地区的佛寺，从而感受自助游的氛围。

哪家旅行社

不丹有200多家挂牌旅游公司，从一人经营的小店到拥有车队和酒店的大型旅游公司，不一而足。

规模较大的旅游公司，例如Norbu Bhutan Travel、Etho Metho Tours and Treks、Bhutan Tourism Corporation Limited（BTCL）、Yangphel Adventure Travel、International Treks and Tours、Rainbow Tours and Treks以及Gangri Tours and Trekking等，在预订酒店（其中一些为自营酒店）和不丹皇家航空公司机票方面具备相当的优势，但它们通常以接待旅行团为主，很少有时间来回复散客咨询。

根据一位不丹旅馆老板的建议，下面这些公司规模足够大，可接待海外咨询，但与行业巨头相比又比较小，经营者对你的个人行程也会给予足够关注：Bhutan Travel Bureau、Bhutan Mountain Holiday、Bhutan Mandala Tours and Treks、Sakten Tours and Treks、Thunder Dragon Treks、Windhorse Tours以及Yu Druk Tours and Treks。

如果你想要参加山地徒步，可以考虑专业从事这项活动的公司，例如Bhutan Trekking & Hiking Services。

不丹的所有旅行社都需遵循政府制定的相关服务、标准和费用的法规。游客付出的费用由不丹政府保管，直到团队游行程结束时才拨付给旅行社，因此无论你选择哪家公司都会有所保障。在与不丹旅游公司产生问题时，不丹旅游局（Tourism Council of Bhutan；TCB；☎02-323251；www.tourism.gov.bt）可提供建议和协助。

每日费用

不丹的旅游业奉行“高价值、低影响”的宗旨。虽然对游客数量没有限制，但政府规定了每日最低费用，无论你是住酒店或是在山地徒步路线上宿营，都需要缴纳这笔税费。在每日费用中，有65美元是作为提成税来交给政府的。

这笔费用乍一看似乎非常高，但当你考虑到这是全包费用——包括住宿、用餐、私人交通、导游、门票、许可证、面面俱到的山地徒步，因此也不算贵得离谱。专人服务得到广泛称道。就单人山地徒步而言，提供服务的有六位工作人员，再加上六匹驮马！但另一方面，东部偏远地区的住宿和用餐标准很难让人产生“物有所值”的感觉。

单人旅行者和双人组游客可轻松在不丹开展旅行，但是需要支付附加费用。实际上，不丹最常见的团队游就是2人团。

由于有最低费用限制，因此各旅行社之间的价格相差无几。一些旅行社会为直接向其预订的旅行者提供一定的折扣，将原本支付给海外代理商的佣金让利给游客。向当地旅行社直接预订的另一大好处，是旅行社因为无须支付代理佣金，可以用更多资金来安排更好的住宿。如果你通过中国、尼泊尔或印度的代理商预订，你会发现不丹旅行社用于酒店住宿的资金相对较少，因为需要向国外代理支付一笔佣金。

每日费用不包含豪华住宿，如果想要体验奢华就得另外支付附加费用，其数额相当于酒店正常挂牌房价的大部分。一些旅行社的每日费用中包含签证、饮品，也许还有一场文化表演，但大部分旅行社都会对这些项目另外收费。漂流和山地自行车等活动项目都需要额外收费。

特别折扣

➡ **团队领队** 旅行团人数为11至15人时，其中1人可获得50%的折扣。如果团队人员数量超过16人，其中1人所有费用全免。

➡ **旅行社** 打算将不丹纳入其旅游目的地的挂牌旅行社，可申请“考察之旅”折扣。这需要递交旅行前计划和行程结束后的简报。

付款程序

游客必须提前支付全部费用方可获得签证授权。如果是直接向不丹旅行社预订行程，你必须将款额电汇至以下外国银行的不丹国家银行（Bhutan National Bank；简称BNB）账户中：渣打银行（纽约、东京、伦敦、法兰克福分行）或美洲银行（纽约）。旅行社方面会向你提供所有转账所需信息，还会让你发送转账收据复印件，并使其与不丹国家银行资金记录相吻合。旅行社会让不丹国家银行将资金转至不丹旅游局账户（有时也会转至不丹皇家航空公司或某家豪华酒店账户）。最终收款账户是你在不丹的旅行社，但是资金将被不丹旅游局持有，直至行程结束；此举确保在旅游公司违约时，你的权益更有保障。

延期和取消

因天气原因、不丹皇家航空公司自身或道路中断而造成的延期，将不会额外收取每天最低费用。如果延期出发，旅行社只是简单收取住宿、就餐、交通和其他服务的实际费用。

每家旅行社的取消政策都各不相同，可向旅行社咨询具体细则。如果因故需要缩短在不丹的行程，费用将不予退还。旅行保险非常有必要，因为你必须提前支付全款。

不丹旅行社

下面的名单包括了各大旅游公司。如需查阅完整名单，可登录不丹旅游局（Tourism Council of Bhutan；www.tourism.gov.bt）以及不丹旅游经营商协会（Association of Bhutanese Tour Operators，简称ABTO；www.abto.org.bt）网站：

All Bhutan Connection（☎02-327012；www.abc.com.bt）

Bhutan Journeys（☎02-333890；www.bhutanjourneys.com）

Bhutan Mandala Tours and Treks（☎02-323676；www.bhutanmandala.com）

Bhutan Men-Lha Adventures（☎02-321555；www.trekkingbhutan.com）

Bhutan Mountain Holiday（☎02-320115；www.bhutanmountainholiday.com）

Bhutan Tourism Corporation Limited（BTCL；☎02-324045；www.kingdomofbhutan.com）

Bhutan Travel Bureau（☎02-332105；www.btb.com.bt）

Bhutan Travel Club（☎02-334523；www.bhutantravelclub.com）

Bhutan Travel Service（☎02-340370；www.bhutantravel.com.bt）

Bhutan Trekking & Hiking Services（☎02-325472；www.trektobhutan.com）

Bhutan Your Way（☎17641224；www.bhutanyourway.com）

Bridge to Bhutan（☎02-331766；www.bridgetobhutan.com）

Dragon Trekkers and Tours（☎02-323599；www.dragontrekkers.com）

Etho Metho Tours and Treks（☎02-323162；www.bhutanethometho.com）

Gangri Tours and Trekking（☎02-323556；www.gangri.com）

Inner Bhutan（☎77110111；www.hotel-bhutan.com）

International Treks and Tours（☎02-326847；www.intrekasia.com/bhutan.htm）

Jojo's Adventure Tours（☎02-333940；www.jojos.com.bt）

Keys to Bhutan（☎02-327232；www.keystobhutan.com）

Lhomen Tours and Trekking（☎02-324148；www.lhomen.com.bt）

Lingkor Tours and Treks（☎02-323417；www.lingkor.com）

Namsay Adventure（☎02-325616；namsay@druknet.bt）

Norbu Bhutan Travel（☎02-340151；www.triptobhutan.com）

Rainbow Tours and Treks（☎02-323270；rainbow@rainbowbhutan.com）

Raven Tours and Treks（☎02-326062；www.raventourstreks.com）

Sakten Tours and Treks（☎02-325567；www.bhutanhimalayas.com）

Snow Leopard Trekking Co（☎02-321822；www.snowleopardtreks.com）

Thoesam Tours and Trekking（☎02-365101；www.bhutanthoesamtoursandtreks.com）

Thunder Dragon Treks（☎02-321999；www.thunderdragontreks.com）

Village Tours and Treks（☎02-334325；www.bhutanvillagetour.com）

White Tara Tours and Treks（☎02-333224；wtara@druknet.bt）

Windhorse Tours（☎02-326026；www.windhorsetours.com）

Yangphel Adventure Travel（☎02-323293；www.yangphel.com）经营飞钓项目，并且鼓励"钓起后放生"。

Yu Druk Tours and Treks（☎02-323461；www.yudruk.com）

中国旅行社

许多海外旅行社和探险旅游公司都设有前往不丹的旅行团，中国也有数家旅行社定期出团。除了免除资金转账的麻烦，旅行社还可以帮你搞定签证、预订机票和当地的中文向导（视情况而定）等问题。由于中国没有直飞不丹的航班，旅行社大多安排游客在尼泊尔转机，因此许多行程都会打包1~3日的尼泊尔游。也有部分行程取道印度前往帕罗，费用略高。可在欣欣旅游网（www.cncn.com）、途牛旅游网（☎400 799 9999；www.tuniu.com/tours）或驴妈妈旅游网（☎1010 6060；www.lvmama.com）上查看、对比近期组团前往不丹的旅行社。

神游之旅（☎400 688 9469；www.3etravel.com）

中国国际旅行社（☎400 600 8888；www.cits.com.cn）

不丹悠然假期（☎ 400 883 7937；www.517budan.com）

不丹旅游网（☎ 010 8571 1972；www.gobudan.com）

不丹旅游专线（☎ 400 651 5838；www.welcomebhutan.com）

计划你的行程

徒步游计划

宗堡和戒楚节只是游览不丹的起点。道路和观光巴士线路的终点，却是天然未经修饰的喜马拉雅峡谷的原野，散落各地的偏远乡村仅仅通过一片人迹罕至的小路网络相互连接。如果想探索不丹这片原始面貌的处女地，只有一个方法：用双脚去丈量。本章概述了在不丹如何进行徒步游计划；如果想要了解徒步线路本身的详细情况，可参见“山地徒步”章节。

最佳徒步路线

最拉风的徒步路线

艰苦卓绝、成本昂贵（最低5000美元）且危机四伏，“雪人徒步路线（Snowman Trek）”是不丹终极探险之旅，也是你赢得山地徒步资历的一种残酷方式。

最佳喜马拉雅山景路线

“珠穆拉里徒步路线”使你能近距离接触珠穆拉里和吉楚扎杰，这是不丹最美的两座山峰。

最佳山景和人文路线

“拉亚至加萨徒步路线”让你在海拔3700米的地方感受非同寻常的拉亚文化。

最佳大众化路线

帕罗和廷布之间的“雷龙小径徒步路线”沿途有别具韵味的佛寺和令人惊叹的高山风光。

最佳探寻雪人路线

“麦拉克至萨克腾徒步路线”穿越孤绝的山谷和不丹东部有趣族群的聚居地；在公路修通之前，赶快去那里享受徒步之乐吧。

何时去

在计划徒步游行程时，需要考虑的首要问题就是天气。10月的后半段是不丹徒步游的最佳季节；其次是4月中旬。然而，这两个时间段都是旅游旺季，航班座位一票难求，酒店房价居高不下，因此一定要提前预订。在这两段时间里，炙手可热的徒步游路线同样人满为患。无论何时进行徒步游，你都会遇到零星小雨（有时是倾盆大雨）。

最佳季节

➡ **10月至11月** 最佳徒步季节，天空清澈湛蓝，景致一览无余。灿烂的阳光使白昼气温直上舒适怡人的20℃，夜间则降低至5℃左右。上午一般都是万里无云的晴天。下午1点之后开始风起云涌，但是到夜间则会烟消云散，留给你一片繁星满天的夜空。

➡ **3月至5月** 气候晴暖，那些钟情于杜鹃花和其他异域喜马拉雅植物的人们可选择此时出行。然而，这段时间下雨的概率颇高，高山垭口可能会被大雪封堵，尤其是在3月期间。

➡ **12月至次年2月** 冬季是进行低海拔徒步的好时节，例如纳布吉徒步路线或盐帮古道等。气候温暖，但也不是特别热。

避开

➡ **6月至8月** 季风横扫不丹全境，带来连绵不绝的降雨。山体滑坡随处可见，徒步小路变得湿滑难行且危机四伏，沿途还有嗜血的蚂蟥伺机而动。

➡ **9月** 高山上的野花正在怒放，但是雨季带来的泥泞湿滑仍无处不在。群山都被云层所遮挡，很少能遇到放晴的早晨。

徒步游预订

政府法律规定，不丹的所有徒步游必须通过旅行社预订，且宿营等各项事宜均须安排妥当。这一点非常重要，因为大部分路线都要穿越无人区和未开发的林区，徒步游团队在给养、人员和设备方面必须自给自足。

此外，徒步客还必须由在不丹旅游局(TCB)登记注册的持证导游陪伴。不丹的导游工作经验各不相同，经验丰富的徒步游领队往往可遇不可求。如果是在旺季进行徒步，让你的旅行社提前为你安排一位见多识广的导游。

在不丹徒步还涉及获取进入国家公园的众多许可证，以便步行穿越保护区以及参加诸如钓鱼等活动。将详尽的计划告知你的旅行社，以便申请进入这些地方的许可证。

虽然许多不丹旅行社都可安排大部分热门徒步线路，但是如果你想前往人迹罕至之地，仍需要找一家专业旅行社。不丹最具规模的徒步游旅行社包括Yangphel Adventure Travel、International Treks and Tours、Yu Druk Tours and Treks、Lhomen Tours and Trekking以及Namsay Adventure；详情可参见36页。

深度阅读

如果想全面了解不丹的山间小道以及该地区动植物、环境和地质等海量信息，可阅读巴特·乔丹(Bart Jordan)的《不丹：徒步客指南》(*Bhutan: A Trekker's Guide*)。

凯文·葛兰奇(Kevin Grange)的游记《花雨之下：在世界最艰难的徒步路线上探索不丹》(*Beneath Blossom Rain: Discovering Bhutan on the Toughest Trek in the World*)虽然不是我们最喜欢的徒步游书籍，但不可否认这本书描述出了在不丹进行团队徒步游的体验和感觉。

想要获得更多信息，可参考www.greathimalayatrail.com。

携带物品

在不丹，获得徒步装具并不容易，因此最好带上所有需要的个人装备，最好是放在一个上锁的行李袋中。在进行徒步旅行时，将行李重量限制在15公斤。每匹驮畜可承载30公斤重量，而通常是2位徒步客共用1匹驮畜。

你的徒步游旅行社会提供双人帐篷、薄海绵地垫、餐具、厨具、一顶厨用帐篷以及一顶厕所帐篷。不提供睡袋，需要自己准备。法律规定旅行社必须准备急救包；在开展高海拔徒步时还需要准备一个加压袋(便携式压力舱)。

计划变更

虽然计划完备并且提前安排妥当，但是行程可能经常会因为各种不可预知的原因而变更。不期而至的降雨会让小道变得湿滑，降雪则会导致封山，马匹可能无法按计划出现，或者马夫可能会认为你选择的徒步小道对他们的驮畜太过危险。这些因素出现的频率会超过你的想象。因此提前做好因行程改变而导致情绪一落千丈的准备。

在小路上

小路路况

不丹的徒步线路对体力都有较高要求，这是由于其长度、高度以及海拔的急剧变化，但具体情况也要取决于线路本身。一般而言，每天的高度变化是每8~12公里上升500米，但有时也会出现单日上升1000米的情况，而且营地数量较少、距离较远。你经常需要在陡峭的山坡上攀爬——在垂直崖壁、雪崩小道和支流峡谷周围爬上爬下。露营地经常相隔较远，这要求你有时每天需要行走7~9个小时。不过有时候，可能只需要3或4个小时的快速行走。

规划你的徒步旅行

拉亚至加萨徒步路线

难度 中至大
历时 12天
季节 4月至6月，9月至11月
优势 偏远的山区和族群
总结 是珠穆拉里徒步路线的延伸。能欣赏到多样的动植物景观，或许还能有幸碰到岩羊。(174页)

珠穆拉里徒步路线

难度 中至大
历时 8天
季节 4月至6月，9月至11月
优势 山地风景
总结 不丹最受欢迎的徒步线路，在姜戈唐的高山营地能欣赏到海拔7314米的无比壮丽的珠穆拉里峰。(168页)

珠穆拉里2号徒步路线

难度 中
历时 6天
季节 4月至6月，9月至11月
优势 时间短，风景好
总结 比珠穆拉里徒步路线短，开展时间早，终点位于姜戈唐的珠穆拉里大本营，可原路返回，也可走另一条路返回。(173页)

雷龙小径徒步路线

难度 中
历时 6天
季节 2月至5月，9月至12月
优势 初步体验不丹徒步之美
总结 不丹最美、最受欢迎的徒步路线之一，沿着荒野小路，途经一处处偏远的湖泊。虽然路程短，但目的地海拔却很高。(164页)

达嘎拉千湖徒步路线

难度 中
历时 5天
季节 4月，9月至10月
优势 人迹罕至的徒步路线
总结 路程短，离廷布近，带你经过无数个美丽的高山湖泊。当然，远远没有一千个湖那么多。(167页)

其他路线

纳布吉徒步路线(188页)
布姆唐文化徒步路线(183页)

雪人徒步路线

难度 大
历时 24天
季节 9月至10月
优势 富有挑战性
总结 高难度的雪人徒步路线，带你走进遥远的卢纳纳地区，以往成功走完该路线的人不到一半，不是高反就是暴雪让他们知难而退。(178页)

罗当拉山口徒步路线

难度 中至大
历时 6～8天
季节 10月至11月
优势 有游山玩水之感
总结 这条线路穿越不丹东部，难度极大，有大量的陡坡需要爬升。后勤不方便，最后四天常常没有驮畜帮助运载行李。(185页)

杜尔温泉徒步路线

难度 中至大
历时 8天
季节 3月至4月，9月至11月
优势 温泉爱好者的天堂
总结 这条古老的探险路线通往岗卡彭森峰——世界上最高的处女峰。途中在温泉边停留一天。(184页)

麦拉克至萨克腾徒步路线

难度 中
历时 5天
季节 3月中旬至5月，9月至11月
优势 体验乡村生活和少数民族风情
总结 动人的文化之旅，可在别样的布罗克帕农家借宿，还能探寻原始的雪人栖息地。(190页)

中国地图出版社供图

个人装具清单

衣物

- 抓绒衣
- 防水外套或雨披，以及雨伞
- 徒步裤或徒步裙
- 导汗或速干T恤或衬衫
- 长袖衬衫
- 能挡住耳朵的遮阳帽

鞋具

- Vibram硬底防水徒步鞋（最好已经经过磨合）
- 营地鞋、人字拖或凉鞋
- 袜子（聚丙烯材质）

装备

- 小背包
- 睡袋（羽绒填充，以备高山徒步）
- 薄睡袋内胆
- 水壶（最好是金属材质，以便冷却开水）
- 手电以及备用电池

其他物品

- 洗漱用品
- 用密封袋放置的手纸和打火机
- 小刀
- 防晒霜（SPF 30+）和润唇膏
- 旅行毛巾
- 可降解洗涤皂
- 药物和急救包
- 免水洗手液
- 净水器或净水药物
- 水泡贴和胶带
- 缝纫包
- 护目镜或太阳镜，以及备用眼镜
- 度过漫漫长夜的书籍
- 收纳袋以及保持睡袋干燥的密封袋
- 用于寄存的箱包，内装徒步时用不上的城市服装
- 登山杖

海拔4000米以上的徒步路线

- 羽绒或合成纤维外套
- 秋衣秋裤
- 毛线帽或绒线帽
- 手套
- 绑腿
- 山地徒步靴（最好已经经过磨合）

许多跟随古老贸易线路的徒步路线，都在公路建成后不再使用。其中一些小路，尤其是在不丹东部地区，在过去几十年里一直疏于维护，因此道路情况难以预料。路上经常会遇到下雪，尤其是在高山垭口。地形的崎岖令人惊讶，有时你需要凭借石头穿越延绵的河道，而它们通常都难以立足。小路经常极为泥泞，尤其是在春天和初夏，改道现象相当普遍。

向导和营地工作人员

对于一个小型旅行团来说，徒步游阵容通常包括向导、厨师、助手、马夫及驮畜等。不丹通常没有背夫，这一点与邻邦尼泊尔截然不同。重要的决定都由向导做出，他与厨师负责解决后勤问题。较大规模的团队还设有“徒步游管家”，专门负责露营时的各种杂务，还有负责打包和行李服务的打包工人以及几位专司上菜和厨房杂务的“服务员”。在我们的“雷龙小径”单人徒步游过程中，旅行社安排了六位工作人员和七匹驮马！

住宿

你将在帐篷里过夜，睡在海绵垫上。晚上，你的所有装具都会放在你的帐篷里。每天早晨工作人员都会给你端来一盆水用于洗漱。在路上某些地方会有石头建筑，工作人员可将其用作厨房和遮风挡雨之所，有时也会被徒步客用作餐厅或紧急避险处。

在麦拉克至萨克腾以及纳布吉等徒步路线上，你在途中可以选择借宿乡村民宿。在其他村子里，你只能住在社区经营的露营地，所得收入将进入社区基金。

用餐

不丹徒步路线上的餐饮服务可谓是无微不至，这样说绝对丝毫不为过。大部分厨师都擅长将西方风味和亚洲菜肴恰到好处地融合到一起。你可以完全依靠营地餐食，这些菜肴通常丰富可口；如果事先获得通知，厨师还能满足任何特别的饮食要求。所有口粮都是从出发地携带上路，食物用气罐炉头进行烹饪。

通常你还没起床，工作人员就已为你准备好热气腾腾的茶水，接下来的早餐有麦片或粥、果酱、面包和鸡蛋，时不时还伴有速溶咖啡或茶。偶尔在早餐上甚至能吃到炸薯条，这更让你觉得（如果你还不确定的话）不丹就是传说中的香格里拉。午餐是热乎乎的饭菜，通常在早餐时就备妥，和一壶热茶一起装在能够保温的金属容器内。晚餐可以吃到红米饭或白米饭、印度薄饼、扁豆汤和蔬菜。前两天的晚餐中会有新鲜肉类。餐后甜点通常是罐装水果拼盘。在不丹徒步，一路上的体重可能会不减反增！你需要携带的仅仅是一些燕麦能量棒和巧克力，以免道德压力过大。

驮畜

由于没有背夫，驮马（在海拔较高的地方则是牦牛）成为在不丹徒步必需的生命线。它们驮着所有个人和公共徒步用具，让你能够背着一个小包就轻松上路。旅行社会安排全程驮畜，它们的主人将陪伴在侧，安排其负重，并确保它们的健康。不丹古老的dolam制度为每个村庄都分配了特定的牧场。因此，驮畜一般不会跨越宗界（行政区划边线）。旅行公司会提前安排好，从而使替换的驮畜（如果运气够好）在边界上等待。

负责任的徒步游

火

➡ 篝火被明令禁止，如果工作人员建议点火，你应当坚决拒绝。带上足够保暖的衣物，你就无须烤火取暖。但是，如果马夫升起篝火，或是在村庄里作为“文化秀”的一部分，将会使你感觉进退两难。

➡ 从1996年起，用柴火烹煮食物就已被法律所禁止，这要求工作人员携带足够的燃料。但是，想要贯彻这一规定却并非易事，牧民有时会违反守则，自己生火做饭。

➡ 燃烧垃圾会冒犯神灵，尤其是在珠穆拉里等神山的范围内。

垃圾

➡ 鼓励你的向导和工作人员将团队所有的垃圾打包带走。不要忽略一些容易遗漏的小物品，例如锡纸、烟头和塑料包装以及其他人留下的垃圾。它们没有多重，可以装进专门的垃圾袋中。

➡ 如果没有将卫生巾、卫生棉条和避孕套带离徒步路径，这些垃圾会对环境造成严重的破坏。

人体排泄物处理

➡ 被人类粪便污染的水源可能会导致肝炎、伤寒和肠道寄生虫病的传播，并对其他徒步客、当地居民和野生动物带来严重的健康风险。每个营地都会架设一个厕所帐篷。

➡ 如果没有厕所帐篷，可以考虑将排泄物掩埋。在离水道至少100米之外的地方挖一个15厘米深的坑。不妨带上一柄铲刀来做这件事情。用土壤和石头将排泄物埋起来。尽量节约使用卫生纸，用后焚烧或将其与废弃物一同掩埋。如果是在雪地上，记得要一直挖到土里，否则在雪化之后就会暴露在外。

清洗

➡ 洗洁剂和牙膏即使是可降解材质，也会污染水源。在个人洗漱时，要使用脸盆和可生物降解的香皂，洗漱地点至少要在离水道50米以外。将废水泼洒开来，使其在回归水道前能经过土壤的充分过滤。

滑坡

➡ 山腰和山坡极易发生滑坡。沿现有小道行进、不走捷径将有助你避开这种危险。如果你在斜坡上直接开辟出一条新道路，那么下

地形图

获取质量较好的不丹地图绝非易事。整个国家由印度测绘局（Survey of India）按1:50 000的比例进行测量，但这些都是秘密文件，同样不对外公布的还有不丹测绘局制作的相关地形图。另外还有1:200 000的俄罗斯军事地形图，其中有10页包括不丹各地，但是图上却是采用俄语标注。

通过与奥地利的合作项目，不丹旅游局（TCB）在不丹测绘局系列地图的基础上，制作了高比例的珠穆拉里和达嘎拉千湖徒步路线等高线图。如果你能找到这些地图的话，它们便是最佳的（尽管并非完全准确）徒步游参考。

次降雨时它就会变成水道，造成水土流失，从而让后来者胆战心惊。

➡ 有时，小路会从泥地里径直穿过。从泥地中穿行而过，可以维持小道通畅；如果从边缘绕行，则会增加泥地的面积。

➡ 避免移走或破坏保持水土的植物。

文化保护

➡ 思虑周全的旅行者应当尊重当地村庄、工作人员和马夫的文化习俗。

➡ 向当地人，尤其是儿童赠送糖果、金钱、药品或礼物，会助长乞讨行为。

➡ 向村民购买当地家居用品和宗教用品，可能会让他们失去难以取代的传家宝或珍贵文物及器皿。这也会被认为是不敬的行为。

地区速览

确定前往不丹何处旅行，在很大程度上取决于你能在这里停留多长时间。绝大多数游客都理所当然地将目的地设定为不丹西部和廷布周边。这里有完善的旅游基础设施、精彩绝伦的景点以及令人瞩目的节庆，使你能够在最短的时间里尽览不丹风情。

另一方面，不丹中部地区游客较少，这里是由高山峡谷和古老寺院构成的一幅静谧而梦幻的山水画。蜿蜒向东的盘山公路专为探险爱好者、织造研究者和雪人（migoi）探秘者而设。这里气候或温暖、或湿润、或狂野，拥有更加原汁原味的旅程——有人称其为“真正的”不丹，是尚未被旅行团侵扰的古朴之地，其中一些地方甚至没有丝毫现代社会的痕迹。

廷布

购物
博物馆
现代不丹

手工艺品

廷布不仅有国内最棒的手工艺品商店（实事求是地说），而且还是观赏工艺品制作过程的最佳地点——从传统造纸和熏香工厂到当地银匠铺和织造工坊。

纺织品和传统工艺品

不丹最棒的综合博物馆不在廷布（可以去帕罗和通萨看看），但是如果对特定主题感兴趣，例如不丹医药、传统乡村生活以及国内最多姿多彩的传统纺织品，那么廷布就是最佳选择。

咖啡馆和文化

廷布身处不丹全球化的最前沿。这里的当代不丹艺术和文化蓬勃兴盛，当然还有意式浓缩咖啡和比萨。这里是见证不丹特有的文化碰撞的最佳地点——拿着手机的僧人和使用笔记本电脑的喇嘛成为司空见惯的日常景象。

见48页

不丹西部

建筑
徒步
美丽风景

宗堡和佛寺

如果你在不丹只能造访两座城镇，那无疑应选择帕罗和普那卡。西部地区不仅有得天独厚的迷人宗堡（普那卡），而且还有许多让人心驰神往的拉康（祈楚寺）和令人叹为观止的佛寺（虎穴寺）。这些都是必须一游的名胜之地。

古道

从让徒步客大呼过瘾的珠穆拉里到拉亚人世代生活的偏远土地，以及人流如梭的雷龙小径（Druk Path）——不丹最热门的徒步路线，西部地区为你提供了通过山地徒步来领略最佳文化景点的机会。

喜马拉雅全景

在10月或11月前往多楚拉山口，观赏喜马拉雅群峰以及各种佛塔和经幡，会让你觉得如梦似幻；也许只有在上帕罗山谷观赏到的珠穆拉里风景才能与之匹敌。

见74页

不丹中部

建筑
徒步
佛教

迷人的寺庙

不丹中部的核心地带是布姆唐，有着瑞士风格的峡谷和闪闪发光的金顶佛塔、偏远的红墙佛寺以及神圣庙宇，包括已有1500年历史的壮观佛殿——简培寺。

村庄邂逅

布姆唐拥有绝佳的一日游徒步线路，可在竹林和高山草甸间漫步，穿过各种佛塔前往偏远的佛寺。让人心旷神怡的布姆唐文化徒步线路从布满青苔的森林中穿行而过，乌拉和辛卡哈等村庄也非常适合漫步。

圣地

在不丹，现实与传说之间的分界线往往非常模糊。站在莲花生大师与雪狮搏斗的地方，用手掌轻触有圣人身印侵蚀痕迹的冥思洞窟，凝视只有得道高僧才能看到满是宝藏的湖水。这是一片神圣的土地。

见113页

不丹东部

另辟蹊径
激动人心的乘车历程
手工艺品

纯粹的不丹

不丹狂野的东部比较适合吃苦耐劳者。漫长、多弯而且颠簸的道路那一头，等待你的是简单至极的住宿环境，这在当地不足为奇。这里的生活更加淳朴，节奏更加缓慢。而且你会觉得整个世界都属于你。不过，别在雨季来这里……

高山垭口

在东部地区，公路经常沿着悬崖峭壁蜿蜒而行，有些地方的宽度甚至无法容纳两车并行。不期而至的浓雾和季风带来的倾盆暴雨，会使你经历一次惊心动魄的驾乘之旅。从琼辛拉山口的皑皑白雪，到郁郁葱葱的喜马拉雅山麓亚热带地区，风景的多样化同样让人印象深刻。

传统纺织品

东部地区是这个国家丰富多彩传统编织工艺的中心。爱好者可以在Khoma的乡村织机间漫步，还可在卡林试着找找哪些天然染料是用昆虫分泌物制成的。

见139页

在路上

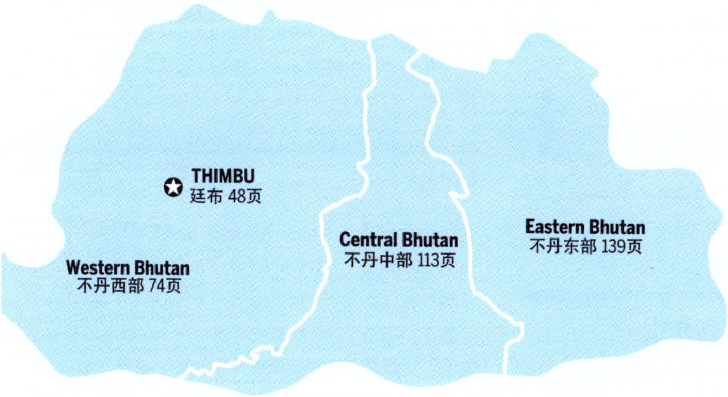

THIMBU
廷布 48页
Western Bhutan
不丹西部 74页
Central Bhutan
不丹中部 113页
Eastern Bhutan
不丹东部 139页

廷 布

☎02 / 人口95,100 / 海拔2320米

包括 ➡

最佳餐饮

- Seasons Restaurant（见65页）
- Ambient Café（见63页）
- The Zone（见64页）
- Bhutan Kitchen（见64页）

最佳住宿

- Druk Hotel（见62页）
- Hotel Jumolhari（见61页）
- 泰姬扎西酒店（见62页）
- Hotel Pedling（见61页）

为何去

作为世界上最有趣的旅游目的地国家之一的首善之都，廷布差不多已经摆脱了人们心目中好客村庄的形象。城市中繁荣的商业氛围，似乎与这个国家自然保护主义和香格里拉的形象背道而驰。在数年前甚至闻所未闻的车辆交通，正随着道路网络的扩张和基础设施建设而日益增多。然而，新老并存本身就是廷布魅力的一部分。绛红僧袍的喇嘛、印度劳工、身着帼（Gho）和旗拉（Kira，传统服装）的政府部长以及拿着相机的游客一起行走在坑坑洼洼的路面上。

对旅行者而言，在廷布可以暂时将既定的行程安排抛在一边。除了传统佛教景点名胜，这里还有许多咖啡馆、酒吧、夜店和餐厅。在佛教奥义（传统）和浓缩咖啡（新潮）之间寻找平衡，是深入体验这座迷人城镇的关键。

何时去

- 舒适的秋季气候、清澄高远的蓝天以及异彩纷呈、激动人心的廷布多楚节（dromchoe）和戒楚节（tsechu），使9月至11月成为旅行旺季，届时机票和酒店预订将较为紧张。
- 春季，周围山上的杜鹃花尽情绽放，每年杰堪布也于这时率领僧团从普那卡迁移至位于廷布的夏季驻锡之地。
- 一年到头，每个周六都是在这个城市游荡的好时候，这里会举办射箭比赛，宗堡开放时间有所延长，周末市场开市，夜生活也多姿多彩，但是有些景点和政府部门会休息。

景点

★扎西曲宗堡

佛教、宗堡

（Trashi Chhoe Dzong；见50页地图；⏲周一至周五17:00~18:00，周六和周日8:00~18:00，冬季至17:00）这座宏伟的宗堡，屹立于城市北部，地处旺曲河西岸，与整个峡谷浑然一体，使城市兼具了帝王的显赫和寺院的厚重。这座宗堡是2008年第五任国王举行华贵的加冕礼之所，廷布每年最盛大的庆典——多姿多彩的戒楚节庆也在此举办。

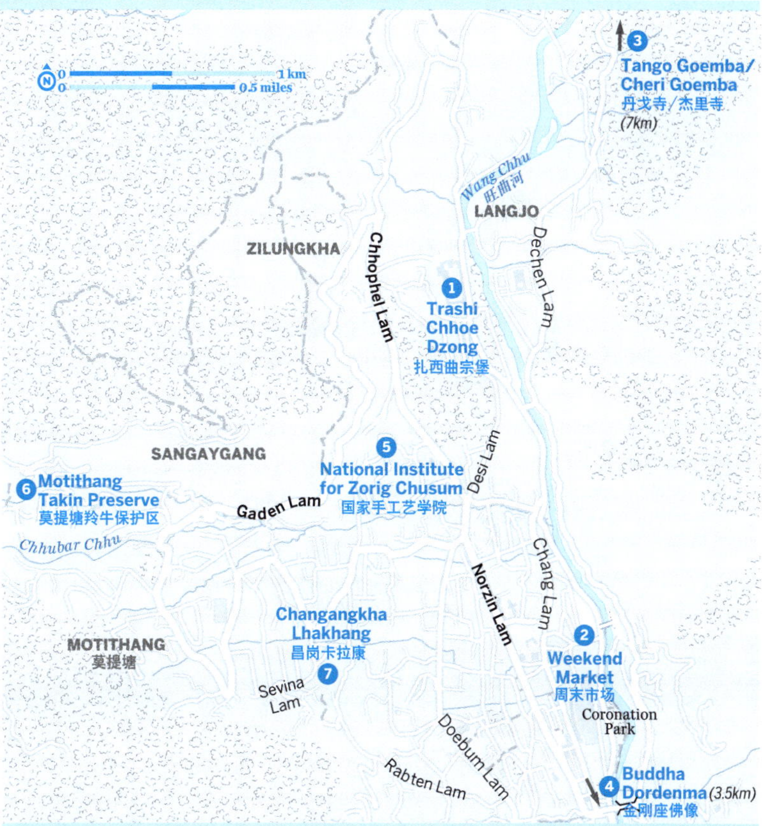

廷布亮点

❶ 在宏伟而宁静的**扎西曲宗堡**（见49页）的静谧庭院里漫游。

❷ 逛逛百味杂陈、热闹繁华的**周末市场**（见52页），购买熏香和手工艺品。

❸ 穿越在风中轻声低语的松树林和杜鹃林，前往宁静偏远的**丹戈寺**（见71页）或**杰里寺**（见71页）。

❹ 抬头遥望时刻注视着城镇、令人敬畏的**金刚座佛像**（见57页）。

❺ 探访**国家手工艺学院**（见52页），对不丹工艺品的精美技艺啧啧称奇。

❻ 前往**莫提塘羚牛保护区**（见57页），近距离观赏和拍摄看起来很奇怪的羚牛。

❼ 在多姿多彩的**昌岗卡拉康**（见58页）加入朝圣者队伍，一睹廷布最热闹寺庙的风采。

Greater Thimbu 大廷布

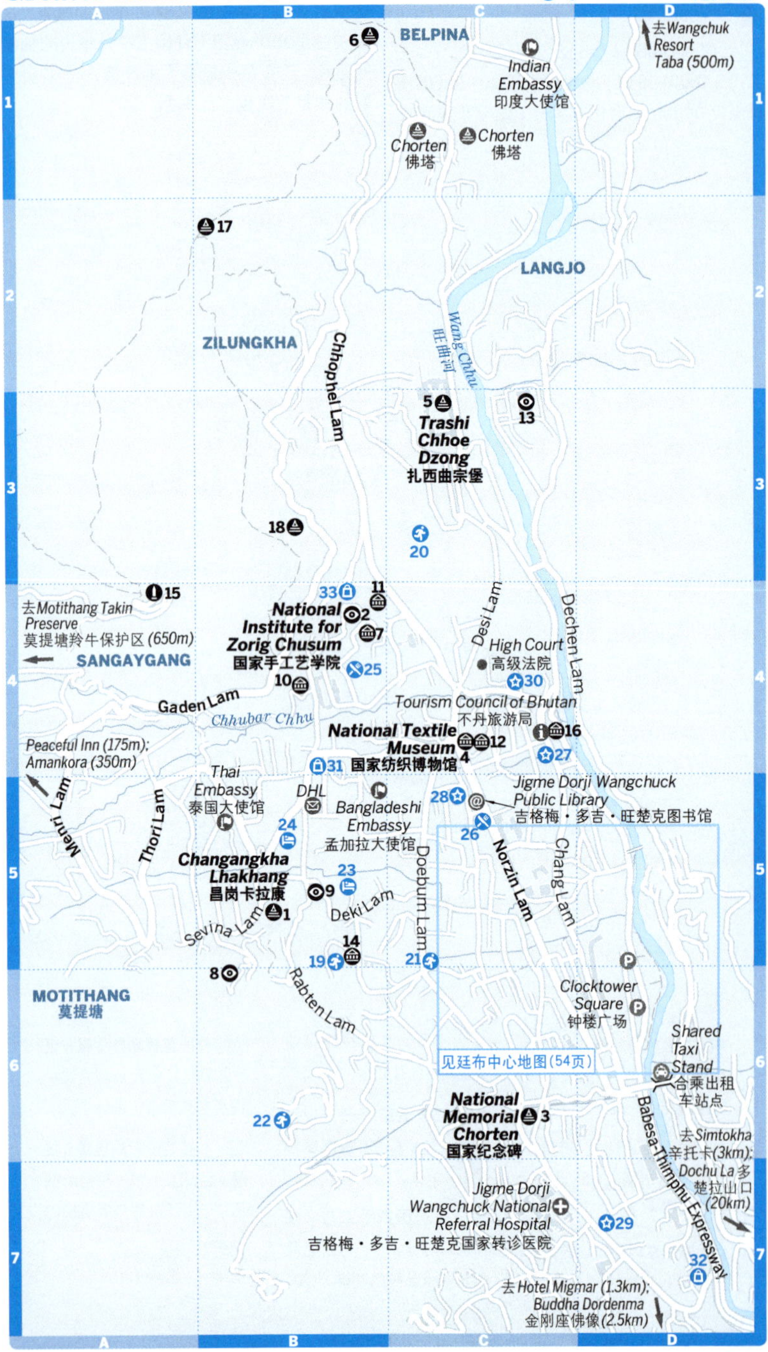

0 500 m
0 0.25 miles
A
B
C
D
1
2
3
4
5
6
7
BELPINA
Indian Embassy
印度大使馆
去Wangchuk Resort Taba (500m)
Chorten
佛塔
Chorten
佛塔
LANGJO
ZILUNGKHA
Chhophel Lam
Wang Chhu
旺曲河
Trashi Chhoe Dzong
扎西曲宗堡
去Motithang Takin Preserve
莫提塘羚牛保护区(650m)
SANGAYGANG
National Institute for Zorig Chusum
国家手工艺学院
Desi Lam
Dechen Lam
High Court
高级法院
Gaden Lam
Chhubar Chhu
Tourism Council of Bhutan
不丹旅游局
National Textile Museum
国家纺织博物馆
Peaceful Inn (175m);
Amankora (350m)
Thai Embassy
泰国大使馆
DHL
Bangladeshi Embassy
孟加拉大使馆
Jigme Dorji Wangchuck Public Library
吉格梅・多吉・旺楚克图书馆
Menri Lam
Thori Lam
Changangkha Lhakhang
昌岗卡拉康
Doebum Lam
Norzin Lam
Chang Lam
Deki Lam
Sevina Lam
Rabten Lam
MOTITHANG
莫提塘
Clocktower Square
钟楼广场
见廷布中心地图(54页)
Shared Taxi Stand
合乘出租车站点
National Memorial Chorten
国家纪念碑
Babesa-Thimphu Expressway
去Simtokha辛托卡(3km);
Dochu La多楚拉山口(20km)
Jigme Dorji Wangchuck National Referral Hospital
吉格梅・多吉・旺楚克国家转诊医院
去Hotel Migmar (1.3km);
Buddha Dordenma
金刚座佛像(2.5km)
1
2
3
4
5
6
7
8
9
10
11
12
13
14
15
16
17
18
19
20
21
22
23
24
25
26
27
28
29
30
31
32
33

Greater Thimbu 大廷布

◎ 重要景点
1 昌岗卡拉康......B5
2 国家手工艺学院......B4
3 国家纪念碑......C6
4 国家纺织博物馆......C4
5 扎西曲宗堡......C3

◎ 景点
6 德钦颇章......B1
7 民俗博物馆......B4
8 Nado Poizokhang 香厂......B6
9 Nado Poizokhang 香厂陈列室......B5
10 国家传统医药学院......B4
11 国家图书馆......B4
12 皇家纺织学院......C4
13 南亚区域合作联盟大楼......C3
14 不丹印象博物馆......B5
15 电信塔......A4
16 廷布志愿者艺术家工作室和阿拉亚画廊......C4
17 旺迪奇寺......B2
18 兹鲁卡庵......B3

活动、课程和团队游
19 廷布鹿苑......B5
20 廷布皇家高尔夫球场......C3
21 体育中心......C5
22 “鼻岩”......B6

住宿
23 Bhutan Suites......B5
24 Khang Residency......B5

就餐
25 Big Bakery......B4
26 Chula......C5
Sharchhogpa Grocery......（见26）

娱乐
27 City Cinema......C4
28 Club Ace......C5
29 Khuju Luyang......D7
30 皇家表演艺术学院......C4

购物
31 Choki Handicrafts......B4
32 Gagyel Lhundrup Weaving Centre......D7
33 Sangay Arts & Crafts......B4

现在你所能看到的建筑实际上已经不是原来的廷布宗堡了。1216年，嘉瓦拉囊巴喇嘛（Lama Gyalwa Lhanangpa）在如今德钦颇章所在的山头上主持修建了Dho-Ngen宗堡（蓝石宗堡）。几年后，将竹巴噶举派带到不丹的喇嘛帕久·竹贡西博（Phajo Drugom Shigpo）接管了这座宗堡。1641年，夏宗从帕久喇嘛的后代手中获得这座宗堡，并将其重新命名为扎西曲宗堡（意为“荣耀宗教城堡”）。他将宗教僧团和世俗政府都安置在宗堡内，但宗堡的面积实在是太小了，于是他后来在峡谷较低处为世俗官员修建了另外的办公场所。在13世不丹第悉（druk desi）确吉·喜饶·旺楚克（Chhogyel Sherab Wangchuck，1744～1763年）执政期间，扩建了扎西曲宗堡，从而使其能同时容纳世俗官员和僧团。

原来的上宗堡于1771年毁于一场大火，之后被废弃，僧俗众人迁往经过扩建的下宗堡。宗堡于1866年再次发生火灾，之后还经历了两次大火。五层楼的乌策（utse，中央高塔）在1897年的地震中被毁，1902年得以重建。

在1962年迁都廷布之后，吉格梅·多吉·旺楚克开始实施一项五年计划，对宗堡进行重新装修和扩建。御用建筑师负责修缮工作，但乌策、萨尔帕拉康（Lhakhang Sarpa，意即“新庙”）以及位于中心的其他佛堂都保留原貌。除了上述建筑外，整个宗堡都按照传统方式——未使用铆钉或者未提前制订计划——进行重建。宗堡内曾经设有国民议会，如今秘书处、王宫、国王办公处、内务部和财政部也都设在此地。

宗堡外墙为白色的双层结构，在四个角上都建有突出墙壁的三层塔楼，上面是红色和金色的三层屋顶。宗堡东部有两个主入口，南入口通往行政区（不对游客开放），北入口则通往寺院区和中央僧团（dratshang）的夏季居所。

从东北入口进入宗堡，首先映入眼帘的是四方天王神像，台阶两侧守护着竹巴衮列、汤东杰布和托登帕久（Togden Pajo）及其配偶。在进入庭院（dochey）后，很难不为建筑的恢宏气势而感慨万千，空气中只有鸽子的展翅声、移动的脚步声和转经筒呼呼作响的声

游览廷布

大部分主要景点都已被纳入你的旅行社行程之中。如果在廷布还有闲暇时段，可以参考下面这些不无裨益的建议。

1日游

在酒店用完早餐后，前往**周末市场**，逛逛传统农产品摊点，然后穿过独具氛围的悬臂廊桥到旺曲河东岸的纪念品摊铺。如果市场未开张，可以到**昌里米唐射箭场**（见57页）碰碰运气，看看有没有比赛；还可以去参观**国家纺织博物馆**（见56页）、**国家手工艺学院**（绘画学校）或**廷布志愿者艺术家工作室**（见57页），观赏艺术家工作，或者寻找心仪的纪念品。之后前往**Mid Point**（见63页）或**Musk**（见63页）餐厅简单吃点午饭，也可以到**Ambient Café**（见63页）或**Karma's Coffee**（见65页）去品品咖啡和蛋糕。下午则可以去廷布的众多购物中心看看，欣赏手工艺品、书籍或不丹琳琅满目的邮票。随着啤酒时光的临近，可以前往**The Zone**（见64页）喝一杯。吃过晚饭后，如果还想娱乐一番，那么可以找一家迪厅或营业至深夜的现场音乐场所，例如**Mojo Park**（见66页）等。

音。一座巨大的乌策将北部寺院广场和萨尔帕拉康与南边的世俗行政院落分隔开。北部的大殿供有一尊大型释迦牟尼佛像，并设有第三任国王、前任国王和杰堪布的宝座。天花板上绘有精美的曼陀罗图案。

如果机缘巧合，你也许能够进入乌策。如果获准进入，可以到第四层楼看看第69世杰堪布的灵塔，朝圣者在这里接受从其槟榔果容器中取出的赐福槟榔果；还可以到隔壁夏宗法王从前的起居室内去参观他的厕所，如果你对此感兴趣的话。

宗堡东北部有一座经典的传统风格悬臂桥。东南部是现任国王的低调居所，过河之后你可以看到令人印象深刻的南亚区域合作联盟大楼（SAARC building，见50页地图），它是国民议会（the National Assembly）的所在地。宗堡西部有一座禁止参观的小庙Neykhang Lhakhang，里面供奉着当地保护神Gyenyen Jagpa Melen和Dorji Daktshen。宗堡北部的大广场在每年9月都会举办戒楚舞蹈节。节日氛围在宗堡展示Sangay Tsokhorsum巨幅唐卡（thondrol）时达到高潮。

★周末市场 市场

（Weekend Market；见54页地图；⏲周六和周日）周末市场位于昌里米唐体育场以北，在旺曲河两岸挤满了各式摊位。这个地区的摊贩们于周四和周五就抵达这里，一直待到周日晚上。

随意漫步，你会闻到各种鱼干、猪肉和自制软奶酪（datse）混杂在一起的味道。在冬季，你甚至能找到整只牦牛腿（还连着牛蹄）。香区是一个更加有趣的区域，有各种气味芬芳的香味原料，以及看上去像是骰子、装有藏红花的粉红小块儿，把这些香料加入圣水赐给拉康的朝圣者。装有杂粮和草的袋子则是用来在宗教仪式上向天空抛洒的供品。

根据季节不同，你会在这里发现香蕉荚（banana pods）、菠萝蜜和蕨菜（nakey）。谷物区有红米和糌粑，后者是高海拔地区的不丹人最爱的炒青稞制品。

从悬臂桥（当地人叫Kundeyling Baazam）过河就到了西岸，这里既有服装摊位，还有一个手工艺品市场。售卖的产品包括木碗、念珠、雕版、护身符、牦牛尾和转经筒，其中一些商品来自尼泊尔，东西的品质良莠不齐，但偶尔也可发现珍品。这里连讨价还价都很有秩序，你的向导会对你想要购买的商品质量给出评价。

★国家手工艺学院 艺术学校

（National Institute for Zorig Chusum；见50页地图；☎322302；izc@druknet.bt；Pedzoe Lam；⏲周一至周五10:00~12:00和14:00~15:30，周六10:00~12:00）这家学院被人们俗称为“绘画学院”，设有不丹13种传统手艺的4~6年课程。学生们可选择绘画（家具、唐卡——通常在画布上绘制的宗教图画）、木雕（面具、雕像、碗）、刺绣（挂饰、靴子、服装）或塑像制作（黏土）。

大多数旅行社在观光线路中，都会加入这所学校的游览行程。虽然大型旅行团的游客可能会干扰教学，但技艺展示场景一定会让摄影师欣喜若狂，而且年轻学生们的技艺和纪律一定会给你留下深刻印象。

学校附近有几家手工艺品商店。

★国家纪念碑 佛教、佛塔

（National Memorial Chorten；见50页地图；Chorten Lam）这座藏式大佛塔是廷布最显眼的宗教建筑之一，对许多不丹人而言，这里也是他们平日朝拜的中心。它于1974年为纪念第三任国王吉格梅·多吉·旺楚克（1928～1972年）而建。

这座金顶白身的佛塔，四面各有一座色彩炫丽的附属建筑，此外还有精致的曼陀罗、塑像和一个供奉第三任国王的神龛。

在白天，无数信众会到这里来转塔，他们转动巨大的红色经筒，然后到塔内的一个神龛前朝拜。最引人注目的是在正门旁巨型转经轮之间打坐的老人们。这里的清晨格外安宁，老人们三三两两来到这里，打扮整齐的孩子们在上学路上经过这里时也会进来转一圈以示敬意。

民俗博物馆 博物馆

（Folk Heritage Museum；Phelchey Toenkhym；见50页地图；☎327133；Pedzoe Lam；南亚区域合作联盟国家公民/成人25/150努扎姆；⊙周一至周五9:00～16:45，周六和周日10:00～13:00）这个经过修复的三层建筑，按照传统农舍风格采用夯土和木材建造、装饰，看起来已经屹立于此上百年。门票包含了导览服务，这座生动鲜活的博物馆使你能够用一种趣味盎然的方式一窥不丹乡村生活。精彩的展品包括古董压面机、猎豹皮袋、Brokpa牦牛毛“蜘蛛”帽。这里的餐厅供应不丹风味午餐（250努扎姆）。

国家图书馆 博物馆、图书馆

（National Library；见50页地图；☎333301；www.library.gov.bt；Pedzoe Lam；⊙夏季周一至周五9:00～17:00，冬季至16:00）国家图书馆始建于1967年，用来保存古老的宗卡语和藏语文献。对于游客而言，这里的看点固然是其典型的不丹建筑风貌，同时这里也是阅读有关不丹的书籍的好地方。

传统书籍和历史手稿都保存在顶层，其中有来自著名的藏区德格印经院和日喀则纳塘寺的印刷经文。所有宗教流派的经文都在此展出，其中包括苯教。大部分书籍都是藏式风格，在长条形手工纸上印刷或书写，然后用木板固定装订，再用丝布包裹。其他展品还包括一些重要的历史照片、不丹第悉（世俗统治者）1783年写给英国陆军军官兼测绘员萨穆尔·特纳（Samuel Turner）的信件复制品，以及用来印刷书籍和经幡的雕刻木板。

国家传统医药学院 博物馆、诊所

（National Institute of Traditional Medicine；见50页地图；☎324647；Serzhong Lam；门票100努扎姆；⊙周一至周五9:00～15:00，周六至13:00）这处有趣的政府机构成立于1978年，为民众研发、筹备并分发传统草药和其他药物。小博物馆内展出了从草药和矿物到动物器官、贵重金属和宝石在内的各种配方材料。学院从不丹喜马拉雅的偏远角落，例如Lingzhi、拉亚和卢纳纳等地收集药用植物，然后将其制成药丸、片剂、膏剂和药茶，提供给国内各地的医疗机构。

其中最让人感兴趣的是冬虫夏草（yartsa goenbub），这是一种生长于高海拔地区、包治百病的“喜马拉雅伟哥”，但实际上它是由一种真菌和虫子组成的“木乃伊”。这种奇

不要错过

不丹，一本大书

在国家图书馆，一定要去参观世界上已出版图书中最大的一本。这本书的名字就叫《不丹》，给人一种十分应景的感觉，它重达68公斤，高度超过2米，这本重量级大部头可以轻松压碎任何茶几。图文并茂的书页每个月翻动一页（在它没有进行维护修理时）。关于这本书的细节以及如何购买副本（全尺寸版本价格15,000美元，略小版本价格为100美元）可参考www.friendlyplanet.org。你还可以在乌玛帕罗（Uma Paro）酒店的图书室近距离阅读这本书的副本。

Thimbu Centre 廷布中心

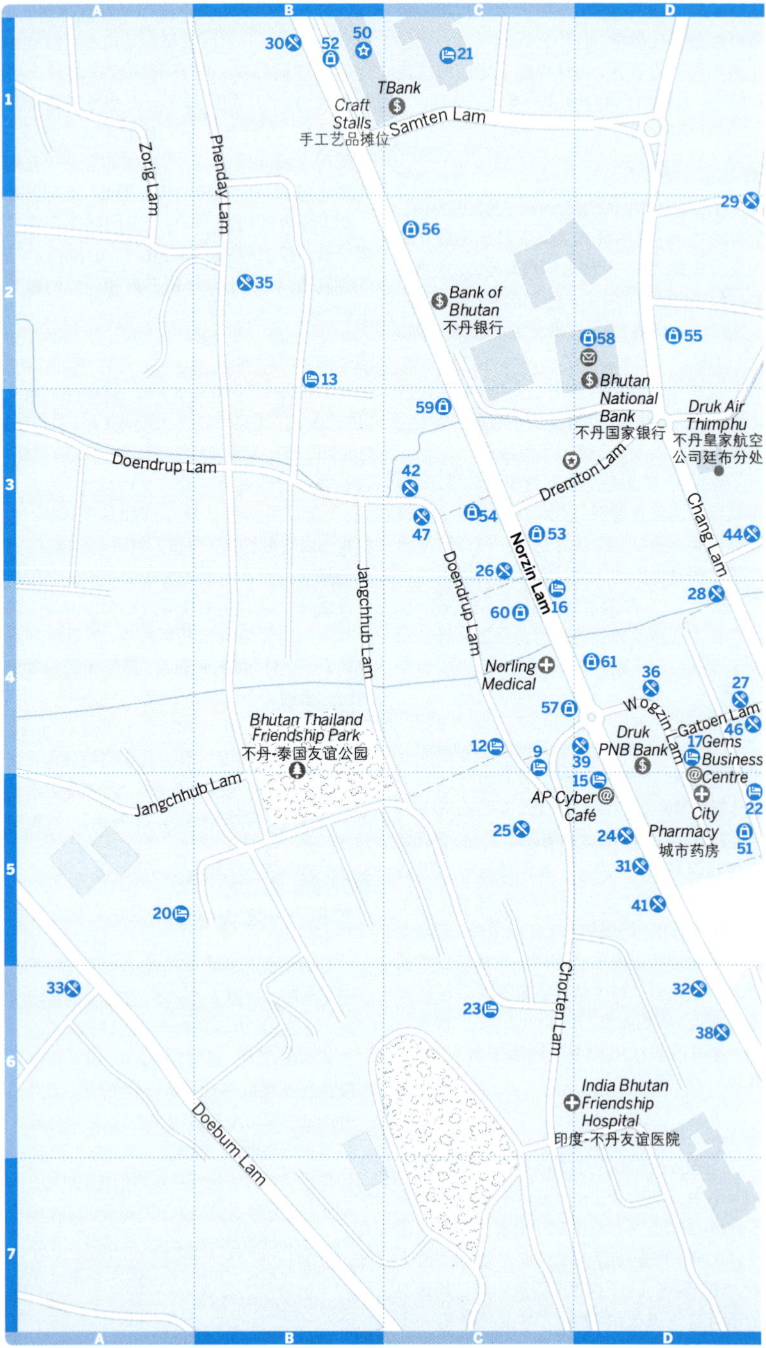
A
B
C
D
1
2
3
4
5
6
7
TBank
Craft Stalls
手工艺品摊位
Samten Lam
Zorig Lam
Phenday Lam
Bank of Bhutan
不丹银行
Bhutan National Bank
不丹国家银行
Druk Air Thimphu
不丹皇家航空公司廷布分处
Doendrup Lam
Dremton Lam
Norzin Lam
Chang Lam
Jangchhub Lam
Norling Medical
Wogzin Lam
Gatoen Lam
Druk PNB Bank
Gems Business Centre
Bhutan Thailand Friendship Park
不丹-泰国友谊公园
AP Cyber Café
City Pharmacy
城市药房
Chorten Lam
Doebum Lam
India Bhutan Friendship Hospital
印度-不丹友谊医院
30
52
50
21
29
56
35
58
55
13
59
42
47
54
53
44
26
16
28
60
61
36
27
57
46
12
9
39
17
15
22
25
24
51
31
41
20
33
32
23
38

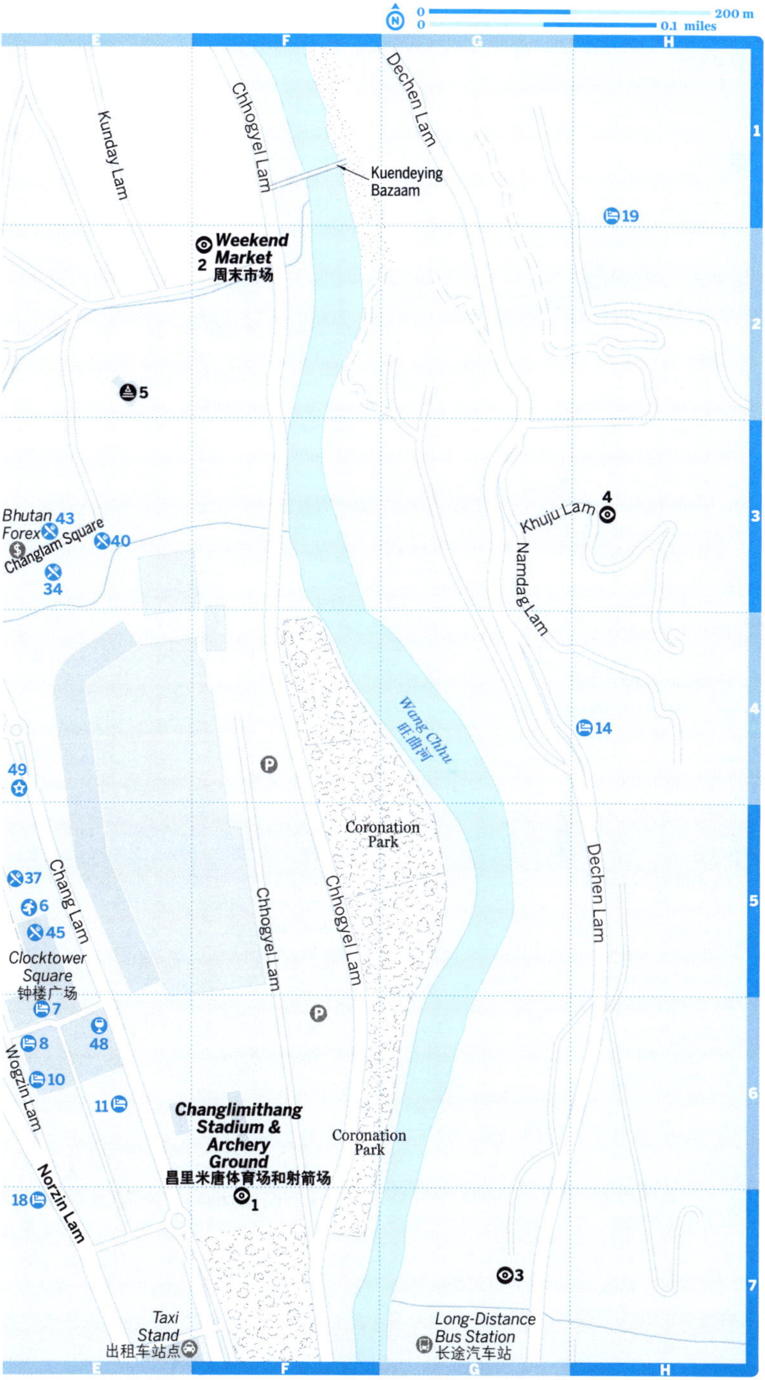
0 200 m
0 0.1 miles
E
F
G
H
1
2
3
4
5
6
7
Kunday Lam
Chhogyel Lam
Dechen Lam
Kuendeying Bazaam
19
Weekend Market
2
周末市场
5
4
Khuju Lam
Namdag Lam
Bhutan Forex
43
Changlam Square
40
34
Wang Chhu
旺曲河
14
49
P
Coronation Park
37
Chang Lam
6
45
Chhogyel Lam
Chhogyel Lam
Dechen Lam
Clocktower Square
钟楼广场
7
48
8
Wogzin Lam
10
11
Changlimithang Stadium & Archery Ground
昌里米唐体育场和射箭场
Coronation Park
1
18
Norzin Lam
3
Taxi Stand
出租车站点
Long-Distance Bus Station
长途汽车站

Thimbu Centre 廷布中心

◎ 重要景点

1 昌里米唐体育场和射箭场 F7
2 周末市场 F2

◎ 景点

3 金匠工坊 G7
4 琼施手工纸厂 H3
5 桑东巴瑞寺 E2

活动、课程和团队游

6 Yu-Druk Tours & Treks E5

住宿

7 Druk Hotel E6
8 Hotel Dragon Roots E6
9 Hotel Galingkha C4
10 Hotel Jumolhari E6
11 Hotel Kisa E6
12 Hotel Pedling C4
13 Hotel Phuntsho Pelri B2
14 Hotel Riverview H4
15 Hotel Singye D5
16 Hotel Tandin C4
17 Hotel Yoedzer D4
18 Hotel Zey Zang E7
19 Jambayang Resort H1
20 Namgay Heritage Hotel A5
R Penjor Lodge （见 24）
21 泰姬扎西酒店 C1
22 Wangchuk Hotel D5
23 Yeedzin Guest House C6

就餐

24 Ambient Café D5
25 Art Café C5
26 Baan Thai C3
27 Bhutan Kitchen D4
28 Bhutan Orchid D4
29 Chhodon Restaurant D2
Cup N Slice （见 41）
30 Cypress Hotel B1
31 Hotel Ghasel D5
Hotel Jumolhari （见 10）
32 Hotel New Grand D6
33 Jichu Drakey Bakery A6
34 Kar Gyal E3
35 Karma's Coffee B2
36 Mid Point Restaurant D4
37 Musk Restaurant E5
38 NT Hotel D6
39 Plums Café D4
40 Relish Restaurant & BBQ E3
41 Rice Bowl D5
42 Seasons Restaurant C3
43 Sharyang Enterprise E3
44 Sonam Tshoey Ice Cream D3
45 Tashi Supermarket E5
46 The Zone D4
47 Zombala C3

饮品和夜生活

Hi Jinks （见 7）
48 Om Pub E6

娱乐

49 Mojo Park E4
50 尼赫鲁－旺楚克文化中心 B1
Space 34 （见 55）

购物

51 艺术商店画廊 D5
52 工艺品摊档 B1
53 DD Shop C3
DSB Books （见 48）
54 香港市场 C3
55 Lungta Handicraft D2
56 国家手工艺品商场 C2
57 Norling Audio C4
58 Philatelic Bureau D2
Sachok Enterprise （见 26）
59 Sephub Gyeltsen Tsongkhang C3
60 Tsering Dolkar Handicrafts C4
61 Yarkay Central Building D4

怪的“虫草”在中国的售价可达到每公斤2.5万美元。

如果你感到身体不适，学院内的现场诊所可为你提供诊断，看看你的气、胆、痰是否处于平衡，然后根据情况开出相应药物或治疗，全部免费。据说Lasgang的根对咽喉肿痛具有神奇疗效；但我们不确定大象胆结石是否具有药用功效。

★ 国家纺织博物馆 博物馆、艺术中心

（National Textile Museum；见50页地图；☎321516；Norzin Lam；南亚区域合作联盟国家公民／成人25/150努扎姆；⏲周一至周六9:00~16:00）廷布的国家纺织博物馆值得一游，这里是了解不丹民族编织工艺的好地方。首层侧重展示查姆舞（cham，宗教仪式舞蹈）戏服，楼上则主要展出织造工艺、当地服

饰风格和男士/女士制作的纺织品类型。商店内通常会有一小群织工在操作织布机，展示着不丹东北部著名织造中心伦奇宗的织造工艺。每一件商品上都附有织工的名字，其价格为1500~25,000努扎姆间不等。

在我们调研之际，这座博物馆正在迁往马路对面皇家纺织学院（Royal Textile Academy；见50页地图；www.royaltextileacademy.org）前那座漂亮的新楼内。楼内将设有一个保护中心、商店兼咖啡馆，旁边的学院内则会设置一个织造中心。

金刚座佛像

佛教、纪念物

高达50米的金刚座巨佛镇守在廷布山谷入口的要冲之地。预计将在这座三层楼高的巨型宝座内修建几个佛堂，而大佛像内本身供奉了125,000尊小佛像。这尊佛像由中国制造（这是理所当然），被拆卸为多个小部分，经由庞措林入境后装车并运送到这里（我们非常想知道当超大佛像的部件经过村庄时，当地农民脸上浮现的是何种诧异表情！）。如果想了解这座令人叹为观止的大佛像的更多细节，可浏览www.buddhadordenma.org。沿着柏油路驾车或骑车前往Changri Kuensel Phodrang一定会让你深感不虚此行，在这里除了可以近距离欣赏巨大的佛像，还可以饱览廷布山谷的迷人风光。

★昌里米唐体育场和射箭场

体育场

（Changlimithang Stadium & Archery Ground；见54页地图；Chhogyel Lam）国家体育场建立在不丹首任国王乌金·旺楚克1885年赢得政治主导权的战场上。你也许偶尔能看到在这里举行的足球赛，但是隔壁的射箭场有着更多乐趣。不妨看看这里是否正在举行射箭比赛：无论是传统竹弓或是高科技碳纤维弓比赛，其中的技术、情谊和幽默的戏谑总是趣味盎然。在这里还能欣赏到传统歌曲和胜利舞蹈。上午，经常会有弓箭手到此练习。

廷布志愿者艺术家工作室和阿拉亚画廊

画廊

（Voluntary Artists Studio Thimphu & Alaya Gallery；VAST；见50页地图；☎325664；www.vast-bhutan.org；Tarayana Centre，Chang Lam，Chubachu）令人印象深刻的廷布志愿者艺术家工作室是首都最主要的艺术家聚集地。这个工作室建立的初衷是促进不丹传统和当代艺术发展、为年轻艺术家提供职业培训，同时也是富有创意的艺术家的聚会场所。这里是了解廷布艺术界并与艺术家进行交谈的好地方。学生和导师创作的艺术品在这里的阿拉亚画廊以及艺术商店画廊（见67页）中销售。

不丹印象博物馆

博物馆

（Simply Bhutan；见50页地图；www.bhutanyouth.org；南亚区域合作联盟国家公民/成人50/100努扎姆；⏲周一至周六9:00~13:00和14:00~17:00）不丹印象博物馆（Simply Bhutan）由不丹青少年通过不丹青少年发展基金会（the Bhutan Youth Development Fund）开发，是专门面向不丹青少年的"逼真的"互动式博物馆。在午休之前参观，可以观看"神奇时刻"现场表演。游客可在此了解不丹传统，试穿传统服装，在彩绘背景前拍照留念。这里还设有工艺品展和一家纪念品商店。

莫提塘羚牛保护区

动物园

（Motithang Takin Preserve；Sangaygang）沿着前往电信塔观景台的上坡路走一小段，就能看到一条小路，通往被围起来的保护区，这里曾经是一座动物园。几年前，不丹第四任国王认为这样的设施有悖不丹的环保和宗教信仰，因此将其遣散。动物被放归自然，但不丹的国兽羚牛，实在是太过驯服，以至于它们只能到廷布街头游荡和觅食，于是唯一的办法就是将它们重新送回圈地内。你不妨花点

峡谷风光

观赏廷布山谷风景的最佳地点之一是位于海拔2685米的电信塔（见50页地图）下面挂满经幡的山坡，这片高居城镇上方的区域被称为Sangaygang。从这里走上30分钟，就能到达旺迪奇寺（Wangditse Goemba；见50页地图），沿途风景优美。此外这里还是一些徒步、跑步和山地骑行（见该地地图）的起点。通往此处的道路成为健身爱好者的最爱，落日西沉后也引来了一对对情侣。下午时的拍照效果最好，但是注意不要拍到电信设施。

转经筒

摇动转经筒是在不丹随处可见的风景。经筒内有印刷的经文，每摇一圈都相当于念一遍经文。转经筒既有装饰精美的手持（mani lhakhar）经筒，也有建筑大小（mani dungkhor）的经筒，还有尺寸介于二者之间的。其中一些由水流带动旋转（mani chhukhor），甚至由火堆上方的热空气推动。僧侣和信众转动人力驱动的经筒来积累功德，用经筒中的咒语和经文来涤荡心灵。记住：转经筒要顺时针方向旋转。

时间来看看这些相貌古怪的哺乳动物，当你到访时，这里新建的游客中心和咖啡馆应该也已经建成开放，此外还有可能会引入门票制度。观赏它们的最佳时段是清晨，它们会聚集到围栏附近觅食。

★昌岗卡拉康 佛教、寺庙

（Changangkha Lhakhang；见50页地图；Sevina Lam）这座香火旺盛的堡垒状寺庙栖息于廷布中心的一座山岭上，定期会举办各种朝圣活动。它建于12世纪，庙址是由来自中国西藏拉聋（Ralung）的帕久·竹贡西博喇嘛所选定的。父母们回到这里来为新生儿祈请一个吉祥的名字，或者为幼儿向保护神Tamdrin祈福（神像位于左边有格子窗的神殿内，就在观音殿旁边）。在参观完离开之前，记得到后面的转山小路（kora）上俯瞰廷布风景，一路都会有黑色和金色转经筒相伴。

兹鲁卡庵 佛教、尼姑庵

（Zilukha Nunnery；见50页地图；Gadem Lam）在参观完电信塔之后，经Gaden Lam欣赏廷布和扎西曲宗堡的宏伟风景。在路上方就是这座现代尼庵，它也被称为Drubthob Goemba。这座尼庵与汤东杰布（Thangtong Gyelpo）密切相关，在主院里有一间十分有趣的全封闭式佛塔。

德钦颇章 佛教、寺院

（Dechen Phodrang；见50页地图；Gaden Lam）德钦颇章位于Gaden Lam街尾，是廷布12世纪的宗堡所在地。自1971年起，这里成为国家佛学院所在地，为450多名学生提供8年制课程。寺内古鲁拉康（Guru Lhakhang）里的12世纪绘画已经过修复，楼上有一尊夏宗·阿旺朗杰的大型塑像，以及一座贡康（goenkhang，供奉保护神的殿堂）。

桑东巴瑞寺 佛教、寺庙

（Zangto Pelri Lhakhang；见54页地图）这座私家庙宇由谱写不丹国歌的音乐家Dasho Aku Tongmi于20世纪90年代修建，位于周末市场西南。它与历史较久的玛尼邓卡尔拉康（Mani Dungkhar Lhakhang）为邻，相传是按照莲花生大师居住的天国净土而建。寺内有许多高达4米的神像，包括数尊莲花生大师像。可以找找装在盒子里的象头骨——据说是在挖掘地基时出土的。

活动

也许你会一直忙着观光、徒步或购物，无法挤出时间来进行游泳、骑车或攀岩等运动，但是如果你确实对这些感兴趣，它们也在随时等待你的到来。

昌里米唐体育场北端设有网球场、壁球场和一个篮球场，**体育中心**（Sports Complex；见50页地图；☎322064；Doebum Lam；⏰2月至11月 周一至周五16:00~20:00，周六和周日13:00~18:00）有一个公共游泳池。

廷布皇家高尔夫球场 高尔夫

（Royal Thimphu Golf Club；见50页地图；☎325429；www.golfbhutan.com；Chhophel Lam；果岭费 南亚区域合作联盟国家公民/成人1500努扎姆/40美元，每天球棒租赁费用20美元；⏰周二至周日8:00~17:00）廷布皇家高尔夫球场拥有一块让人心旷神怡的九洞球场，它坐落于扎西曲宗堡上方，占据得天独厚的地理位置。在20世纪60年代末，驻扎此地的印度准将T·V·Jaganathan获得吉格梅·多吉·旺楚克国王首肯，修建了仅有几个洞的球场，这个球场于1971年正式落成。你能够在离雄伟的不丹宗堡不远处开球，中途击球时还要避开佛塔等障碍物，在别处你还能获得这样的体验吗?

学生球童的费用约为300努扎姆。在这里打球无须预约，但是在周末时可能需要等候开球。俱乐部餐厅（周一歇业）供应可口的

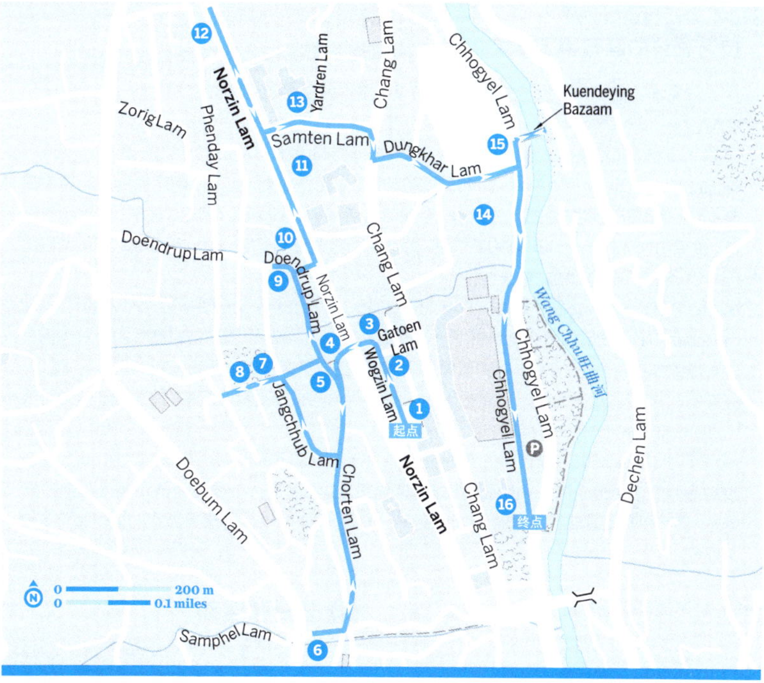

步行游览
廷布城区

起点 钟楼广场
终点 昌里米唐射箭场
距离 4公里；耗时2~3小时

从❶**钟楼广场**（Clocktower Sq）出发，沿着Wogzin Lam路向北，经过❷**达瓦诺布宗教用品商店**（Dawa Norbu Religious Shop，销售经幡和服装）和❸**Gasep Sangay Wangdi Tsongkhhang**（僧人服装店）等商店，走到著名的❹**交叉路口**，不断变换手势的警察是这里的交通灯。沿上坡路走到❺**瑞士面包房**，这里饱经沧桑的装饰从1970年以来就从未改变，然后沿着Chorten Lam向西南前进，走到❻**国家纪念碑**（见53页），看看这里转塔的虔诚当地人。

然后沿着返回瑞士面包房的路前行，在Jangchhub Lam路口左转，向北一直走到不朽的❼**卓玛寺**，转动这里的巨大经筒。旁边的❽**泰式亭阁**是不丹-泰国友谊公园的明显标志。

沿路下山，在Doendrup Lam转向北行。在四季餐厅（Seasons Restaurant）旁边，可以逛逛❾**桑培传统家具商店**，这里销售诸如漆画衣箱和密宗鼓等物件，然后穿梭于名为香港市场的菜市。左转沿Norzin Lam上坡路前行50米，你会经过❿**Sephub Gyeltsen Tsongkhang**（见67页），这里有琳琅满目的传统布料、经幡和地毯。⓫**国家手工艺品商场**（见67页）和⓬**国家纺织博物馆**（见56页）都值得前往一游，接着到⓭**泰姬扎西**（Taj Tashi）酒店的华丽大堂和咖啡厅坐下来稍事休息。

沿Samten Lam路向东走到Chang Lam路，接下来顺着Dungkhar Lam路前行，经过本地风格的曲登餐厅（Chhodon Restaurant）。进入⓮**桑东巴瑞寺**（见58页），转动玛尼邓卡尔拉康外面的巨大经筒，然后继续前往⓯**周末市场**（见52页）。最后，沿Chhogyel Lam路向南，到达⓰**昌里米唐射箭场**（见57页），看看是否有运气能观看一场充满趣味的射箭比赛。

值得一游

技艺超群的廷布手工作坊

廷布拥有规模不大的工艺品行业。可以让旅行社安排前往廷布的下列工坊和传统工厂参观。

琼施手工纸厂（Jungshi Handmade Paper Factory；见54页地图；☎323431；www.gawaling.com；Khuju Lam；⊙周一至周六8:30~17:00）这家小工厂采用传统制造工艺，用瑞香树皮制造不丹手工纸。你可以观赏整个流程，从树皮浸泡和煮沸，到分拣、粉碎、打浆、压条、压制和干燥等。这里出售的产品包括可爱的装饰纸（每张350努扎姆），以及卡片、笔记本、灯罩和日历等。"Jungshi"的意思是"纯天然"。

Nado Poizokhang香厂（Nado Poizokhang Incense Factory；见50页地图；☎323107；www.nadopoizokhang.com；Changangkha；⊙周一至周五9:00~17:00）大概是廷布最香的游览项目，这一传统作坊每月能生产10,000支熏香。你可以在此了解各种不同的配料（杜松、丁香、小豆蔻等），并且在位于昌岗卡拉康上面的主工作间观看生产过程，或者在**陈列室**（见50页地图；Rabtem Lam）欣赏最终成品。

金匠工坊（Goldsmiths Workshop；见54页地图；⊙周一至周五9:00~13:00和14:00~17:00）这个政府开办的工坊位于汽车站后面，工作间略显粗放，但这是一个观看铜器和银器雕镂的好地方，其产品从精美珠宝到大件寺庙用品不一而足，例如torana（塑像上方的塔门装饰）和尖顶等。

食物，以及满目的绿色风景。

Yu-Druk Tours & Treks 山地自行车

（见54页地图；☎321905；www.yudruk.com）这家本地公司可组织骑行活动并出租山地自行车（每天35美元，含头盔）。它还可以帮助你连人带车运送到骑行路线开始的地方。

垂直不丹 攀岩

（Vertical Bhutan；☎322966；www.verticalbhutan.com）不丹唯一的攀岩俱乐部，大部分周末都会组织前往攀登**"鼻岩"**（The Nose；见50页地图），这是一块位于廷布西南方的岩壁。这里有几条固定路线，都以"结婚礼物（Wedding Present）"和"到达布道（Reach and Preach）"等有趣的名字命名。可向俱乐部工作人员咨询攀岩项目的日程安排。

廷布鹿苑 禅修

（Deer Park Thimphu；见50页地图；www.deerparkthimphu.org；Nazhoen Pelri Youth Development Centre）对于那些追求精神信仰超过身体实践的人而言，这座小小的禅修中心提供面向成人和儿童的周二晚间冥想课程、周末静修以及佛教教义探讨等活动，周五晚上还播放电影。具体日程安排可浏览中心网站。

节日和活动

在不丹历每年八月（公历9月、10月）连续举办8~10天的多楚节和戒楚节期间，廷布变得热闹非凡。在节日高潮期间，许多商店都会闭门歇业参加节庆狂欢。

住宿

如果你持有普通旅游签证，旅行社通常会为你安排舒适的中档酒店，除非你已经多付了额外费用要求入住顶级酒店（下文中标注为"豪华酒店"）。如果你正在不丹从事某个项目，你可以选择价格更经济的酒店。当地的经济型酒店与旅游酒店相比，住宿条件虽有差距，但也足够了。

Hotel Zey Zang 经济酒店 $

（见54页地图；☎334707；Norzin Lam；房间800~1500努扎姆）与所有经济型酒店一样，这里并无出彩之处，但这里有干净舒适的房间、有线电视和电暖气，同时还有一间纯素食餐厅。

Hotel Tandin 经济酒店 $

（见54页地图；☎322380；Norzin Lam；房间1150努扎姆起）房间平淡无奇，而且时常被喧嚣所烦扰，但是浴室很干净，房间很温暖，还有一间相当不错的不丹菜/印度菜餐厅。

R Penjor Lodge 经济酒店 $

（见54页地图；☎325578；Norzin Lam；标单/双750/1000努扎姆）位于Ambient Café楼上，由同一热情友善的老板经营，房间物有所值、干净整洁并都带有卫生间。

Hotel Singye 经济酒店 $

（见54页地图；☎333229；hotelsingyethimphu@yahoo.com；Norzin Lam；房间/豪华套间1500/2000努扎姆）一个雅致、干净且友好的选择，带有多国风味的餐吧，并且经常可以获得折扣房价。

Hotel Yoedzer 经济酒店 $

（见54页地图；☎324007；mendrell@druknet.bt；City Centre Complex，Wogzin Lam；房间/豪华套间660/1320努扎姆）房间略显陈旧，床垫较薄，热水只在上午供应（豪华房间有独立的热水器），但是房间很干净，地理位置也不错。

★Hotel Jumolhari 酒店 $$

（见54页地图；☎322747；www.hoteljumolhari.com；Wogzin Lam；标单/双3600/4200努扎姆，豪华套间4440/5040努扎姆；Wi-Fi）这个地理位置十分方便的酒店号称精品酒店，以其优雅的氛围和时尚的装饰而自豪。房间品位不凡，铺有地毯，非常舒适；酒店里还有带桑拿和蒸汽室的健身房，以及供应美味印度菜肴的餐厅。总而言之，如果你能无须支付附加费就订到房间，这里将会是不错的选择。

Hotel Pedling 酒店 $$

（见54页地图；☎325714；www.hotelpedling.com；Doendrup Lam；标单/双3240/3840努扎姆，豪华间4080努扎姆；Wi-Fi）焕然一新的Hotel Pedling拥有时尚的装饰、柔和的色彩和舒适的床，但是浴室看上去略显不搭，装修显得较为简单匆忙。这里的员工非常热心，早餐很棒，还有厨师为你烹制现点现做的鸡蛋——这一般只在高档点的酒店里才有吧。酒店由岗提寺开设，经常有到访的佛教团体下榻此处。

Namgay Heritage Hotel 酒店 $$

（见54页地图；☎337113；www.nhh.bt；Jangchhub Lam；标单/双3680/4255努扎姆，豪华5750/6325努扎姆；Wi-Fi）这家酒店拥有时尚的装饰，价格在旅游酒店中属于较高水平，带有一个漂亮的中庭。房间很舒适，采用佛教装修风格，此外还有一间不丹菜餐厅，以及免费的桑拿、蒸汽室和健身房。到此拜访的喇嘛都会入住套房，套房中本身就带有一间冥想室。与廷布大部分酒店不同的是，这里的Wi-Fi并不免费。在你到访的时候，游泳池应该已经建成并投入使用。

Hotel Kisa 酒店 $$

（见54页地图；☎336495；www.hotelkisa.com；Chang Lam；房间/套4800/7800努扎姆起；Wi-Fi）Kisa酒店一直是城内口碑最好的酒店之一。它地处城中心，风格时尚，有35间十分舒适的客房以及一间在城内数一数二的酒店餐厅。这里在旅游酒店中处于较高水平，值得推荐。

Yeedzin Guest House 客栈 $$

（见54页地图；☎325702；yeedzin@druknet.bt；Jangchhub Lam；标单/双/套1650/1980/2200努扎姆；Wi-Fi）从这家低调且宁静友好的客栈可俯瞰廷布镇中心，且这里弥漫着浓浓的怀旧气息。这里非常受当地非政府组织职员和顾问的欢迎，他们对这里的5间带有厨房的套房情有独钟。舒适的一楼餐厅内有火塘取暖，主人在客厅里织布，从而让这里充满了宾至如归的温馨氛围。

Hotel Galingkha 酒店 $$

（见54页地图；☎328126；www.hotelgalingkha.com；Doendrup Lam；标单/双 3360/3960努扎姆起；Wi-Fi）这家地处中心的酒店可俯瞰南部的交叉路口，近年来经过了密集改造，外部透露着些许巴黎风情。在酒店内，你会看到柚木地板、秋日金黄色调以及现代化的装饰。一楼的咖啡厅兼餐厅是享用咖啡的好地方——如果咖啡机能正常工作的话。

Bhutan Suites 酒店、公寓 $$

（见50页地图；☎333377；www.bhutansuites.com；Changangkha；标单/双 3795/4600努扎姆起；Wi-Fi）商务旅客和游客一定都会爱上这里独立的起居室、地暖和迷你厨房，以及可以眺望廷布风景的私人阳台。这家酒店所处位

不要错过

真人交通岗

廷布显然是世界上唯一一个没有交通灯的首都。其实早年这里曾安装过一套交通灯，但廷布居民用典型的不丹方式抱怨说，这样的交通灯太不人性化了，于是政府再次启用戴白手套的交警来指挥车流量日益增长的交通，他们的动作看上去有如20世纪80年代的机器人舞。除了展现不丹的复古气质外，这也是城里最上镜的风景。

置比较适合拜访政府部门，而非到市区享用晚餐，但是酒店里很棒的素食餐厅可以提供送餐服务。

Wangchuk Hotel 酒店 $$

（旺楚克酒店；见54页地图；☎323532；www.wangchukhotel.com；Chang Lam；标单/双含早餐 2875/3335努扎姆；📶）这座酒店可俯瞰体育场，是许多外籍人士的最爱。木板装饰、铺有地毯的房间宽敞、明亮而舒适，不要被光线黯淡的大堂所迷惑。餐厅菜品有口皆碑。

Jambayang Resort 客栈、公寓 $$

（见54页地图；☎322349；www.jambayangresort.com.bt；Dechen Lam；标单/双 2750/3300努扎姆起，套/公寓 5400/2970努扎姆；📶）这座老式但迷人的度假村地处旺曲河东岸高处。宽敞的客栈内有18间舒适（但不奢华）的客房，其中许多都有阳台并能观赏美丽风景，另外还有4间带厨房的独立公寓。注意前往这里需要爬很多个台阶。当地人非常喜欢这里的餐厅，除了能够俯瞰廷布，还有户外桌椅和烧烤区。

Hotel Riverview 酒店 $$

（见54页地图；☎325029；hotelriverview@druknet.bt；Dechen Lam；标单/双/套3480/4080/5400努扎姆起；📶）这家拥有47间客房的酒店位于旺曲河东岸。所有的房间都坐拥河景和城内风景，其中楼上带有私人阳台的房间景致更佳。建筑本身并没有太大吸引力，而且到市区也不是很方便，但是这里的宁静氛围仍打动了不少人。酒店内还设有餐厅、商务中心和水疗中心。

Hotel Phuntsho Pelri 酒店 $$

（见54页地图；☎334970；phuetshopelri@druknet.bt；Phenday Lam；标单/双/豪华2875/3450/4025努扎姆起；📶）这家当代风格的酒店地处中心位置，房间围绕一个庭院分布，带有抛光地板和加厚的床垫，以及茶饮和咖啡器具。酒吧和土耳其风格的水疗中心在一定程度上减少了这里的商务氛围。

Peaceful Resort 酒店 $$

（☎337012；www.bhutanpeacefulresort.com；Moti- thang；标单/双2200/2875努扎姆，豪华 2875/3450努扎姆，套3450/4025努扎姆；📶）坐落于莫提塘林木茂盛的小山丘上的豪宅内，这个地方远离城镇喧嚣，因此对于长期停留的游客来说出行会略有不便。这里的7个标准间位于阁楼上，豪华房间是更好的选择。计划中的扩建方案包括新增一个水疗中心、会议中心，以及将房间数量翻倍。

Hotel Dragon Roots 酒店 $$

（见54页地图；☎323256；droots@druknet.bt；Wogzin Lam；标单/双2400/2900努扎姆；📶）老式风格但略显嘈杂的房间足够舒适，而且地处中心，但是其品质处在旅游酒店的中下水平，房间亟须彻底清理。工作人员似乎总是踪影难觅，在我们调研时部分设施亟待维修。

泰姬扎西酒店 豪华酒店 $$$

（Taj Tashi；见54页地图；☎336699；www.tajhotels.com；Samten Lam；房间/套间624/960美元起；📶🏊）五星级的泰姬扎西酒店外部是气派的宗堡式风格，内部装修则低调而不失时尚。酒吧和户外露台都是坐下来静静喝一杯的好地方。这里的4套豪华房都带有阳台，还配有遮阳板和躺椅，是非常不错的选择。转角的房间因为坐享无敌风景也饱受追捧。住客可以享受顶级健身房和室内泳池；情侣一定会爱上这里的烛光香薰精油按摩，之后还可以来一次玫瑰花瓣浴并开一瓶香槟。

★ Druk Hotel 酒店 $$$

（见54页地图；☎322966；www.drukhotels.com；Wogzin Lam；标单/双6600/8160努扎姆，套12 000努扎姆；📶）在相当长一段时间内，它都是廷布首屈一指的酒店，近年来虽然经过了大量重新装修，但仍被后来者居上。这座酒店位于城镇中心，可俯瞰钟楼广场，酒店内设有一间时尚酒吧、一家以印度餐为招牌菜的多国风味餐厅、一个24小时营业的商务中心，以及一个带有健身房、桑拿和蒸汽室的康体俱乐部。

安缦酒店 豪华酒店 $$$

（Amankora；☎331333；www.amanresorts.com；Thori Lam；标单/双含全膳宿1740/1860美元；📶）这座简约主义风格的五星级酒店位于城郊的森林带。酒店看上去像是一座迷你版的宗堡，石头铺砌的通道为虔诚的客人带来内心的宁静。这里开敞式布局的客房里采用了大量木材和棕色纺织品，让房间看上去更具禅意。传统的布哈里木炉非常不错。与其他安缦酒店一样，这家酒店内设有豪华水疗中心，房费中包含了机场接送服务和餐费。

Khang Residency 酒店 $$$

（见50页地图；☎339111；www.khangresidency.com；Lower Motithang；房间6600努扎姆起；📶）这家现代化的酒店靠近昌岗卡拉康，没有其他许多酒店那样无处不在的松树，宽敞的房间里流露着一种时尚的国际氛围。这里有地板采暖、阳台、独立的淋浴间和浴缸，以及你所需要的全部设施，包括一间颇有品味的设计餐吧，住客还可免费享用桑拿浴。

Hotel Migmar 酒店 $$$

（☎338901；www.hotelmigmar.bt；Thimphu Expressway，Olakha；标单/双4025/5175努扎姆，套8625努扎姆；📶）这家酒店在同类旅游酒店中处于较高水准，所以价格也会高很多。这里有一间餐吧、27个宽敞豪华的房间，房内备有吹风机和保险箱等物品。酒店位于城南郊外，只要你要一间不靠公路的房间，就能尽享静谧氛围，不过如果你想步行去周边游览的话就显得不是很方便了。

Termalinca Resort & Spa 豪华酒店 $$$

（☎351490；www.termalinca.com；Babesa；房间/套间420/540美元；📶）这家豪华度假村位于距廷布7公里的旺曲河岸边峡谷内。30个被松树掩映的石头房间非常宽敞、前卫且时尚，内设落地窗、开放式浴室和传统中式家具。房间没有阳台，因此可以在赏心悦目的河畔酒吧或令人心旷神怡的瑜伽室、体育馆、水疗中心放松心情。这个度假村的主人是第四任国王迎娶的“四姐妹”王妃中最年长的那位。

就餐

廷布是你在不丹摆脱千篇一律的酒店自助餐，品尝一些正宗本地特色食物的好地方。

钟楼广场和周边（Clocktower Square & Around）

Lower Norzin Lam路两旁经济型酒店林立，在午餐和晚餐时间都能提供简单实惠的印度素食食物，价格为30~70努扎姆；可以试试Hotel New Grand（见54页地图；☎324290；主菜60~120努扎姆）或Hotel Ghasel（见54页地图；主菜55~180努扎姆）的美味南印度素菜；以及NT Hotel（见54页地图；☎323458；主菜50~160努扎姆）的实惠咖喱菜以及周二特价汤。

Mid Point Restaurant 不丹菜、印度菜 $

（见54页地图；☎321269；Wogzin Lam；主菜45~100努扎姆；⏲周一至周六10:00~22:00）这家餐厅以其厚道的分量（尤其是卷饼以及其他南印度菜肴）、合理的价格受到许多不丹人的青睐。鱼肉咖喱味道很棒，hogey（卷心菜、胡萝卜和辣椒）沙拉也不错。这里的室外区域是城内极少数的露天就餐区之一。

Musk Restaurant 不丹菜 $

（见54页地图；☎323388；Clocktower Sq；主菜70~120努扎姆，套餐140~180努扎姆；⏲周二至周日9:00~22:00）这家钟楼广场边的餐厅是结识当地人的好去处——他们坐在外面聊天，偷偷吸烟。菜单上大部分是不丹菜肴，但也有一些泰国菜和印度菜。周四特色是尼泊尔塔利套餐，周五则是不丹风味的bang-chung（便当）。

★Ambient Café 咖啡馆 $$

（见54页地图；Norzin Lam；咖啡50~100努扎姆，主菜110~175努扎姆；⏲周二至周日9:00~

21:00; 📶) 一家坐拥地利、明亮整洁、经营良好的咖啡馆，非常受常驻外国人喜爱，提供免费Wi-Fi，可口的浓缩咖啡、自制蛋糕和每日午餐特价菜，包括烤三明治和卷饼等。楼上可以俯瞰Norzin Lam街景。

★ The Zone 西餐 $$

（见54页地图；☎331441；Chang Lam；主菜150~280努扎姆；⊙周三至周一11:00~22:00）这个深受外国人喜爱的地方将美式餐厅和不丹特色融为一体。这里供应汉堡、自制冰激凌、肉排（包括牦牛肉）、比萨、藏饺（炸或蒸的饺子）、热狗以及炸鱼和薯条等。户外酒馆的风格桌椅非常适合边看报纸边享用Illy咖啡和自制甜甜圈，还可以在夜幕降临后到这里来喝一杯啤酒。

★ Bhutan Kitchen 不丹菜 $$

（见54页地图；☎331919；Gatoen Lam；套餐350努扎姆；⊙12:00~15:00和18:30~21:30）这家优雅的餐厅拥有宽敞温馨的环境，供应各种不丹美食，这里的传统桌椅和与众不同的厨房一定会给你留下深刻印象。这里充分考虑了旅行团的需要，因此你可以品尝ema datse和其他当地菜肴而不会被辣得冒烟。此外在午餐时还可以尝尝当地的烈酒（arra）或酥油茶（sud-ja）。

Plums Café 不丹菜、欧陆菜 $$

（见54页地图；☎324307；Chorten Lam；主菜110~180努扎姆；⊙周一至周六12:00~14:30和18:00~21:00）这家温馨的餐厅位于主路口附近，是品尝辣椒奶酪（ema datse）、蘑菇奶酪（shamu datse）或煎蕨菜（nakey）的地方，其次则是味道鲜美的苹果派。早点来这里找一个靠窗的位子坐下，就能一览无余地欣赏交警在楼下指挥交通的英武身姿。

Hotel Jumolhari 印度菜 $$

（见54页地图；☎322747；www.hoteljumolhari.com；Wogzin Lam；主菜60~190努扎姆；⊙7:00~22:00）这家让人愉悦的餐厅位于廷布人气最旺的酒店内，这里美味的泥炉菜和咖喱、精致的印度烤饼（naan）、凉爽的冰啤酒和休闲的氛围都让人流连忘返。

Relish Restaurant & BBQ 各国风味 $$

（见54页地图；☎335655；Changlam Sq；150~380努扎姆；⊙10:00~21:00）这里之前曾经是一家中餐馆，如今外表的感觉并无太大变化。这家充满浪漫氛围的餐厅供应不丹菜、意大利菜和中国菜，以及鲜美多汁的烤肉。你可以在室内用餐，也可以选择燃着火盆的温暖庭院。这里有各种烧烤，如沙爹烤肉、羊肉串、鱼、虾或香辣鸡翅，再来一杯冰爽的Red Panda啤酒。

Rice Bowl 中国菜 $$

（见54页地图；☎333844；Norzin Lam；主菜60~275努扎姆；⊙周一至周六9:00~22:00）供应美味的辣子炒肉、川香辣子鸡和湘味手撕羊排，但是上菜速度略慢，有些菜肴——例如新加坡面条——有失水准。

Cup N Slice 咖啡馆 $$

（见54页地图；Norzin Lam；咖啡45~100努扎姆，主菜150~340努扎姆；⊙9:00~21:00；📶）这家廷布最新开业的咖啡馆供应美味的浓缩咖啡和免费的Wi-Fi。此外，你还可以坐下来享受小吃和大餐，例如比萨饼和意面等。这里可俯瞰Norzin Lam和钟楼广场，但是入口设在背街一侧。如果楼门紧锁，可以从楼南侧的小巷进入店中。

其他区域

Chhodon Restaurant 不丹菜 $

（见54页地图；☎323679；Dungkhar Lam；主菜70~100努扎姆；⊙9:00~19:30）如果你真的想尝试当地风格，这家位于传统老房子里的家族餐厅制作的香辣肋条（tsidro）在城里鼎鼎有名。可以再点上一些辣味风干牛肉（shikam），搭配米饭和sud-ja，从而体验一顿真正的不丹餐。

Cypress Hotel 尼泊尔菜 $

（见54页地图；☎334453；3楼，FCB Bldg，Norzin Lam；主菜40~150努扎姆，素食/非素食套餐150/200努扎姆；⊙周一至周六9:00~22:00；🖉）低调而迷人的家庭餐厅，供应热辣可口的不丹和尼泊尔食物（推荐shahi paneer——五香肉汁烩酥酪），周五晚上还有十分受欢迎的八道菜塔利套餐。

Sonam Tshoey Ice Cream 冰激凌 $

（见54页地图；Changlam Plaza；100/500毫

升65/280努扎姆）一家瑞士手表商店[留意"天梭（Tissot）"招牌]，同时供应美味的自制冰激凌！全天然香草和巧克力冰激凌卫生且可口，在你到访此处时，他们开发的时令水果雪葩应该也开始供应了。

Zombala 不丹菜 $

（见54页地图；Doendrup Lam；藏饺每盘50努扎姆；⊙周一至周六9:00~21:00）任何一位廷布人都会告诉你，城内最棒的饺子（momo）就在这里。Zombala是位于香港市场附近的一家经济实惠的当地餐厅。可以选择牛肉或奶酪，人多需等位。

Art Café 咖啡馆 $

（见54页地图；☎327933；Doendrup Lam；蛋糕和汤90~130努扎姆；⊙周二至周日9:00~19:00；📶）这家位置隐秘的小店用时尚舒适来形容最合适不过了。虽然在我们调研期间这里正等待新主厨到位，但是在全面营业后，你会在这里发现醇香的咖啡、可口的蛋糕、美味的汤、意面和汉堡。它位于Swiss Bakery附近。

Jichu Drakey Bakery 面包房 $

（见54页地图；☎322980；Doebum Lam；油酥点心40努扎姆起；⊙7:30~21:00）沿着上坡路上山，到这家店享受美味的外卖蛋糕和油酥点心（店内无餐桌）。苹果派和果馅卷是我们的最爱。

Big Bakery 面包房 $

（见50页地图；蛋糕40努扎姆起；⊙周一至周五9:00~19:00，周六和周日10:00~17:00）这个公益项目将有学习障碍的不丹年轻人培养为烘焙师。这里值得你付出爱心，更何况你要做的只是点一杯咖啡和一块羊角面包而已。

★ Seasons Restaurant 意大利菜 $$

（见54页地图；☎327413；Doendrup Lam；比萨190~430努扎姆；⊙周三至周一10:00~15:00和16:00~21:00）这家人气很旺的餐厅，拿手菜是比萨，同时也提供每日特色菜，如牛扒和肋排等；这里还有很棒的沙拉，包括熏牛肉、蓝奶酪和雪梨沙拉。露台可俯瞰熙熙攘攘的香港市场，是享受一杯"Red Panda"啤酒的好去处。甜品包括长盛不衰的经典，例如苹果派和冰激凌等，此外还有浓缩咖啡。

Chula 印度菜 $$

（见50页地图；☎336275；Norzin Lam；主菜120~290努扎姆；⊙周一至周六12:00~14:30和18:00~21:00）在我们看来，这里是城内最棒的印度菜餐厅。鸡肉tikka masala、dal Lakhnavi和palak paneer都很正宗，午餐塔利（250努扎姆）也非常超值。菜肴按游客口味进行调整，因此如果你喜欢吃辣，记得说明要求。

★ Karma's Coffee 咖啡馆 $$

（见54页地图；Tashi Rabten Bldg，Phenday Lam；咖啡75~120努扎姆，主菜160~195努扎姆；⊙10:00~21:00；📶）一家舒适的咖啡馆，拥有各种能想象到的咖啡品种（热咖啡、冰咖啡，甚至希腊法拉沛咖啡），在我们看来这里供应廷布最好的咖啡。这里有舒适的座椅、充足的读物、全天供应早餐品种，包括汉堡、炸鸡、美味的巧克力蛋糕，后面甚至还有一间吸烟室。

Baan Thai 泰国菜 $$

（见54页地图；☎339966；5楼，Karma Kangzang Bldg，Norzin Lam；主菜130~275努扎姆，午餐套餐180努扎姆；⊙周三至周一12:00~15:00和18:00~21:00）这里的泰国菜辣味十足，咖喱菜量很大，足够两个人吃。热情的泰国店主可提供各种建议，或者可以试试美味的tom kha ghai（鸡肉椰子汤）和som tam（青木瓜沙拉），都是用酸橙和鱼露调制而成。

Bhutan Orchid 不丹菜 $$

（见54页地图；☎336660；Chang Lam；套餐350努扎姆起；⊙9:00~14:00和16:00~22:00）一家井井有条的自助餐厅，经常有旅行团来此光顾，你可以在这里吃到辣度适中的不丹菜肴。特色菜品包括各种地区菜，例如哈阿的hentey（菠菜馅的荞麦面饺子）和布姆唐的puta（荞麦面条）等。

Kar Gyal 印度菜 $$

（见54页地图；☎336037；Changlam Sq；主菜100~150努扎姆；⊙周一至周六10:00~22:30）这家环境一般但热情友好的餐厅供应各种经济实惠的菜肴，主打北印度和南印度菜、泥炉菜和塔利套餐。

自炊

如需购买新鲜农产品，可以前往热闹的周末市场和香港市场（Hong Kong Market，见54页地图）的街市摊点。

Tashi Supermarket 超市 $

（见54页地图；☎322980；Clocktower Sq；⏰8:00~19:30）供应品种丰富的进口和本地商品，地处中心，交通便利。

Sharyang Enterprise 超市 $

（见54页地图；Changlam Plaza；⏰周二至周六10:00~20:00，周日12:00~20:00）也被称为"Wangdi's Supermarket"，是廷布最棒的食品购买地，其中许多商品都是从泰国进口的。

Sharchhogpa Grocery 超市 $

（见50页地图；Norzin Lam；⏰7:00~21:00）友好的商店，有各种谷物、面包和许多包装食品出售。

饮品和娱乐

值得推荐的咖啡店包括Ambient Café（见63页）和Karma's Coffee。

廷布有许多街角小酒馆，但是只有极少数值得推荐给那些不满足于carom（无袋台球）和痛饮廉价威士忌的外来者。城内有无数小酒吧，包括酒店内的酒吧。在下午1点之后才可饮酒，酒吧在"全国无酒日"的周二闭门歇业。工作日里，酒吧于每天晚上23时打烊，周五和周六会营业至午夜。

娱乐选择相对有限，但你可以让导游带你找一家当地的drayang酒吧：观众可以花100努扎姆点一首歌，随后由当地人或居民组织以传统方式进行演唱。

对一座小城而言，夜店之间存在一些竞争，营业额十分可观。有时候，男士也许会被要求支付一小笔入场费。工作日期间夜店通常在午夜闭店，周五和周六可营业至凌晨2点。

Hi Jinks 酒吧

（见54页地图；Wogzin Lam；⏰周三至周一13:00~23:00）Druk Hotel内用皮革和木头打造的迷人酒吧，是餐前饭后小饮一杯放松身心的好地方。

Om Pub 酒吧

（见54页地图；☎326344；Jojo's Shopping Complex，Chang Lam；⏰周三至周一18:00至深夜）专门面向年轻职场人士的场所，位于人气不高的Jo Jo's大楼3层；入口在北边。

Mojo Park 现场音乐

（见54页地图；Chang Lam；⏰周三至周一19:00至深夜）廷布最热门的现场音乐场馆和酒吧。乐手们从晚上21时开始表演。

City Cinema 电影院

（见50页地图；☎17608471；City Mall，Chubachhu；门票150努扎姆起）这家现代化电影院有各种不丹电影可供观看，其所在的新购物中心还有一家超市、餐厅和咖啡馆。

Club Ace 夜总会

（见50页地图；Phenday Lam；⏰周三21:00至午夜，周五和周六21:00至次日凌晨2:00）紧邻廷布中心的热门场所，有巨大的舞池、驻场DJ和强劲的节奏。

Space 34 夜总会

（见54页地图；Chang Lam；⏰周三、周五和周六21:00至次日凌晨1:00）舒适而热闹，位于Lungta Handicraft楼下。

Khuju Luyang 文化表演

（见50页地图；☎328649；khujuluyang@druknet.bt；Gongphel Lam；每组表演 5000努扎姆）这个12人的团体表演非常受欢迎的宗教、地区和民俗歌舞，一小时的节目包括查姆舞、面具舞以及拉亚和萨克腾地区的歌曲，此外还有齐特琴、长笛、小提琴和drangyen（鲁特琴）现场伴奏。节目略显做作，但是非常有意思，值得看一看，尤其是如果你的旅程与重大节日缘悭一面时。

皇家表演艺术学院 文化表演

（Royal Academy of Performing Arts；见50页地图；☎322569；Chhophel Lam；⏰周一至周五8:45~16:30）皇家舞蹈团所在地，负责传承不丹民俗舞蹈，并且培养在廷布戒楚节表演节目的专业舞者。如果提前预订，他们可为游客提供一个小时的精彩表演，或者你可以让导游打听是否能够观摩他们的排练。

当地服装：挑选一套旗拉和帼

为自己挑一身帼（传统男装）或旗拉（传统女装），它们会是非同寻常的纪念品，而且你还可以穿上它们去参加不丹的节日或重大活动。廷布有许多商店（包括纪念品商店）都有这种传统服装的成衣出售。

根据廷布最棒的服装店之一Sephub Gyeltsen Tsongkhang（见54页地图；Norzin Lam；⏲8:00~21:00）的店员Chimmi介绍，棉毛混纺的成品帼起步价为1500努扎姆，仿丝面料的价格为2500努扎姆，手纺布料制作的成衣售价可高达6000努扎姆。旗拉起步价750努扎姆，低腰外套（toego）价格在400努扎姆（传统式）~700努扎姆（现代式）。如果想要更合身的衣物，Chimmi建议需要几天时间量身定制产品。别忘了还要搭配一条窄腰带（kera；250努扎姆），男士还得购买白色的内衬（lhagey）和长袜（omso），女士则需要一件上衣（wonju）。

在获得心仪的帼或旗拉之后，你也许会需要当地人来加以指点，学习如何穿着。此外需要咨询帼的存放建议，包括如何保持原有的褶痕等。

尼赫鲁-旺楚克文化中心 表演艺术

（Nehru-Wangchuck Cultural Centre；见54页地图；☎322664；Tashi Centre，Norzin Lam）这个中心位于泰姬扎西酒店前面，经常上演各种演出、纪录片和讲座，主题是以印度为代表的南亚文化。这里还有一间涵盖南亚地区和中国西藏地区宗教文化的图书馆，以及一间瑜伽室。可查阅其Facebook主页，了解当前节目播出情况。

购物

廷布有不计其数的“综合”商店，里面的商品五花八门，从经幡到鱼肉罐头等。为了给客人提供更好的“一站式购物体验”，一些街角商店甚至可按杯销售烈酒，他们的招牌上写着“商店兼酒吧（shop-cum-bar）”或者更加包罗万象的“综合酒吧商店（general-cum-bar-shop）”。

许多“纪念品”其实是在印度或尼泊尔制造的，但是也能找到许多不丹原产的商品，特别是纺织品、篮子、珠宝、香、书籍、小丑面具（atsara）和宗教用品。当地商品包括Tsheringma藏红花和醋栗味道的香草茶，以及由Bio Bhutan（www.biobhutan.com）制作的有机柠檬草精油和喷雾。在Tashi Centre对面有一长排工艺品摊档（见54页地图；Norzin Lam），你在这里能找到心仪的纪念品。当然不容错过的还有周末市场（见52页）的手工艺品区，这里是检验你还价技巧的试验场。

艺术商店画廊 工艺品

（Art Shop Gallery；见54页地图；☎325664；Wogzin Lam；⏲11:00~17:00）坐落于钟楼附近，这家商店画廊销售各种艺术品、传统造纸和手工艺品，以及来自廷布志愿者艺术家工作室（见57页）的当代画作。

Gagyel Lhundrup Weaving Centre 服装

（见50页地图；☎327534；Changzamtog；⏲周一至周五9:00~17:00）位于廷布最南端的这座私营中心，生产手工纺织品，有多种布料和成衣可供选择。这是为数不多的你可以亲眼看到织工工作的地方。一件精美刺绣的旗拉需要制作一整年，售价超过1000美元；较便宜的服装起步价为50美元。

DSB Books 书籍

（见54页地图；☎323123；Chang Lam；⏲9:00~20:00）廷布最全的杂志和报纸销售处，还有许多关于佛教、不丹和廷布的休闲书以及其他书籍。书店位于Jojo's购物中心1楼；入口位于Chang Lam背后的巷道里。

国家手工艺品商场 手工艺品

（National Handicrafts Emporium；见54页地图；Norzin Lam；⏲9:00~13:00和14:00~18:00）这座政府经营的纪念品商店采用固定价格，许多游客都会前来购物。从11月至翌年2月，这里会提早一个小时关门。

Lungta Handicraft 手工艺品

(见54页地图; www.lungtahandicraft.com; Chang Lam; ⌚8:30~20:30)这里最值得购买的物品都是些大家伙，例如竹盒、地毯、大口金属水壶，甚至还有马鞍和寺庙内用的筒钦(大长喇叭)。这些古董都有来自国家文化事务委员会(NCAA)的印章，这意味着它们可以顺利通过海关查验。与许多店铺类似，这里可以安排价格较高但非常方便的敦豪快递(DHL)。

Tsering Dolkar Handicrafts 手工艺品

(见54页地图; Shop 36, Norzin Lam)与许多廷布工艺品商店不同，这家店里大部分都是不丹工艺品，其中又以珠宝首饰居多。接受Visa卡付款。

Choki Handicrafts 手工艺品

(见50页地图; ☎324728; www.chokischool.com; Thori Lam)这家商店销售面具、唐卡、绘画和名为"choektse"的喇嘛桌子。许多商品都来自联营的Choki传统工艺学校。

Yarkay Central Building 手工艺品

(见54页地图; Norzin Lam)如果你不喜欢逛街，那么这座将众多工艺品商店聚拢到同一屋檐下的购物中心就是你的最佳选择，这里的商店包括Druk Handicrafts、Kelzong Handicrafts和Kurtoe Handicrafts。

Sangay Arts & Crafts 手工艺品

(见50页地图; ☎327419; Pedzoe Lam)你可以在国家手工艺学院(the National Institute for Zorig Chusum)旁边的这家商店里购买由学生制作的各种商品。店主就毕业于这所学校。

Philatelic Bureau 邮票

(见54页地图; ☎322296; Dremton Lam)位于邮局大门旁边的这家商店有最全的不丹邮票纪念品，但最受游人欢迎的还是定制邮票服务。花费180努扎姆(约3美元)便可将你的个人照片做成邮票，一版12张，面值不等，即时可取，而且可以用于邮寄。现场备有SD卡读卡器和手机数据线供传送照片。建议早点前往，午饭前后这里会挤满大型旅行团。此外如果你是真正的集邮爱好者，Hotel Tandin(见60页)的一楼有一个小摊，那里有一些明信片和许多漂亮的邮票。

Norling Audio 音乐

(见54页地图; Norling Centre, Norzin Lam)不丹和宝莱坞歌曲CD在此有售，价格从200~400努扎姆不等。

Sachok Enterprise 户外用品

(见54页地图; ☎333880; Norzin Lam)如果你的山地徒步行程中缺少某件装备，那么可以到这里来购买。店里有正品和山寨的大牌户外装备，店主非常诚实，会向你和盘托出，绝不以次充好。

DD Shop 户外用品

(见54页地图; Etho Metho Plaza, Norzin Lam)中国制造的King Camp品牌产品在此有售。虽然不怎么高端大气上档次，但水壶、袜子和绑腿这样的物品还是非常实用的，此外还有进口的徒步鞋靴。这里的大品牌商品都是来自尼泊尔的山寨货。

ℹ 实用信息

紧急情况

警察局(见54页地图; Dremton Lam)

上网

城内大概有十几家网吧，收费为每小时60努扎姆。大多数酒店都有Wi-Fi，通常可以免费使用。此外酒店里的商务中心可提供付费上网服务。

AP Cyber Café(见54页地图; Norzin Lam; ⌚9:00~20:00; 📶)隐藏在2楼。

Gems Business Centre(见54页地图; City Centre Complex, Wogzin Lam; ⌚10:00~20:00)位于Hotel Yoedzer附近。

吉格梅·多吉·旺楚克图书馆(Jigme Dorji Wangchuck Public Library; 见50页地图; ☎322814; Norzin Lam; 每小时50努扎姆; ⌚周一至周五12:30~18:30，周六11:00~15:00)这个小地方感觉如同是英式乡村图书馆，有一些关于佛教和不丹的书籍，此外还提供上网服务。

医疗服务

药房可提供各种药物，包括非处方抗生素。还可以考虑到国家传统医药学院(见53页)的门诊就诊。

城市药房（City Pharmacy；见54页地图；☎321382；City Centre Complex, Wogzin Lam；⏲周一至周六8:30～21:00，周日10:00～21:00）位于Hotel Yoedzer附近，这家药房还可买到兽医用品。

印度-不丹友谊医院（India Bhutan Friendship Hospital；见54页地图；☎322485；Chorten Lam）当地医院。

吉格梅·多吉·旺楚克国家转诊医院（Jigme Dorji Wangchuck National Referral Hospital；见50页地图；☎322496；Gongphel Lam）不丹最好的医院。

Norling Medical（见54页地图；Norling Centre, Norzin Lam）位于购物中心1楼的药房。

现金

大部分酒店都可以政府规定的汇率兑换外币，但通常他们的现金量都较为有限。不丹银行（Bank of Bhutan，简称BOB）和Druk PNB的自动柜员机可使用Visa卡和MasterCard卡。

不丹银行（Bank of Bhutan；见54页地图；☎322266；Norzin Lam；⏲周一至周五9:00～13:00，周六9:00～11:00）这家最大的分行（有自动柜员机）业务相当繁忙。附近的Wogzin Lam还有一家较小的分行，在Norzin Lam上的Hotel Tandin外面还有2台自动柜员机。

Bhutan Forex（见54页地图；Room 24，2楼，Changlam Plaza；⏲周一至周六9:00～19:00）按照银行汇率兑换美元现金，无须手续费，营业时间也比银行更长。

不丹国家银行（Bhutan National Bank；见54页地图；☎322767；Chang Lam；⏲周一至周五9:00～16:00，周六9:00～11:00）与邮局在同一栋楼内，这家银行可兑换现金。

Druk PNB Bank（见54页地图；⏲周一至周五9:00～13:15和14:00～16:00，周六9:00～12:00）有一台自动柜员机，可使用Visa卡和MasterCard卡。

TBank（见54页地图；Norzin Lam；⏲周一至周五9:00～13:00和14:00～16:00，周六9:00～12:00）位于泰姬扎西酒店对面，可兑换现金和旅行支票。

邮局

许多酒店和商店都有邮票销售；你可以高枕无忧地将明信片和信件直接投进这里的邮箱。

敦豪快递（DHL；见50页地图；sangay_wangmo@dhl.com；19-13 Thori Lam）

邮局（见54页地图；Chang Lam；⏲周一至周五9:00～17:00，周六10:00～13:00）井井有条，还有一家明信片和集邮店。

ℹ 到达和离开

长途汽车站（见54页地图）位于镇南、桥（zampa）东边的下方。（长途车站的院子里也有一个转经筒，而且客运公司的名称就是“吉祥八宝”！）。每天有20多班长途车[它们被戏称为“呕吐彗星（vomit comets，美国宇航局对零重力飞机的昵称）”]发往庞措林（91～121努扎姆，Coaster汽车票价210努扎姆），还有几趟车发往帕罗（60努扎姆），1班发往哈阿（115努扎姆），以及班次较少的客车发往距离更远的目的地。

合乘出租车乘车点就在长途车站外，目的地包括庞措林（每个座位650努扎姆）、帕罗（200努扎姆）和旺杜波德朗（200努扎姆）。

ℹ 当地交通

如果你持普通旅游签证，那么在不丹停留期间都会有一辆小汽车/面包车、司机和向导陪伴。大部分商店和景点都在廷布主要酒店的步行范围内，因此外出散步、畅饮或购物都十分方便。

虽然道路标记通常都非常明晰，但当地人基本不使用街道名称，包括出租车司机；地标和建筑名称在问路或指路时会更加实用。

抵离机场

在帕罗机场外，你可以雇一辆出租车前往廷布，费用固定为800努扎姆。从廷布长途车站乘坐出租车到机场的费用只需400努扎姆左右。机场与廷布相距53公里；车程不到2个小时。

如果你的旅行社没有给你安排返程时前往机场的交通，最靠谱的选择是让酒店帮你安排一辆车。如果你是从帕罗乘坐早班飞机（大部分航班都在这时出发），最好是提前到达帕罗过夜，以免误机。

出租车

廷布的出租车都是小汽车和面包车，设有司机从来不用的计价器。出租车司机有向外国人（包括印度人在内）漫天要价的习惯——这是不丹为数不多的宰客行为之一。乘坐出租车前往城镇周边的短途目的地费用约为60努扎姆，或者你能以800努扎姆的费用租一整天出租车。Chang Lam路上的出租车站有穿梭于峡谷内的合乘出租车，坐满发车。

廷布周边

廷布北部

当你沿着旺曲河东岸向上游游览时，你会经过非常显眼的南亚区域合作联盟（SAARC）大楼（国民议会所在地）和宴会厅。河对岸就是Samtenling王宫——这栋别墅样式建筑是国王的居所。

廷布中心以北6公里是近郊塔巴区

Around Thimbu 廷布周边

（Taba），你可以入住独具氛围的Wangchuk Resort Taba（☎365262；www.wangchukhotel.com；Dechen Lam附近；标单/双2875/3680努扎姆起）。这座度假村与城里的Wangchuk Hotel由同一个老板经营，这里有宁静的气氛、茂密的松林、舒爽的热石浴、一座古董博物馆和在前宫殿废墟上修建的私人佛寺，是进行禅修的理想场所。带阳台的房间可以饱览美丽的峡谷风光。

占地广阔的德钦曲林皇宫（Dechencholing Palace）始建于1952年，目前是王室和政府所在地，因此谢绝游客入内参观。宫殿北部是王室卫队（the Royal Body Guard，简称RBG）所在地。

Pangri Zampa

Pangri Zampa位于德钦曲林宫以北，由两棵巨大柏树旁的两座雄伟建筑组成。它始建于16世纪初，夏宗·阿旺朗杰在1616年初抵不丹时曾在此居住，因为这座寺庙出现在引领他从中国西藏前往不丹的梦境之中。这里是传统占星术的中心，2008年国王加冕礼的黄道吉日就是由这里的首席占星师卜算决定的。

附近的德钦朴拉康（Dechenphu Lhakhang）供奉的是峡谷守护神Gyenyen，游客禁止入内参观。

如果你对工艺品感兴趣，可以前往参观乔基传统艺术学校（Choki Traditional Art School；☎380219；www.chokischool.com），这里专为残障儿童提供绘画、雕塑和雕刻等传统艺术培训。这所学校在廷布以北10公里的卡比萨（Kabisa）村内。

丹戈寺和杰里寺 (Tango Goemba & Cheri Goemba)

前往河谷源头处的丹戈寺和杰里寺是一段十分美妙的体验，但是沿途没有餐饮设施，因此记得带上水壶并打包午餐。

从Pangri Zampa出发继续向峡谷深处漫游，道路在Begana穿过旺曲河东段，附近有一幅巨大且十分上镜的莲花生大师岩画。过桥后，会看见一些绘有鱼和猫鼬的“自生”岩画。继续前行，很快就能看到远处山坡上的白色建筑，这就是杰里寺。

在距廷布12公里的Begana继续前行几公里，右边出现一条岔路，向上行进一小段距离就可抵达一处停车场。沿着小路往上走280米就到丹戈寺，如果沿陡峭的山路抄近道只需半个小时即可抵达，如果循规蹈矩地走地势平缓但路途较远的小道则需要1个小时。这座佛寺由嘉瓦拉囊巴喇嘛于12世纪创建，“癫圣”竹巴衮列喇嘛于15世纪修建了现在的建筑。1616年，夏宗·阿旺朗杰造访丹戈寺，并在附近的洞窟内禅修。竹巴衮列喇嘛的后人，一位大喇嘛将佛寺献给夏宗法王，他在这里雕刻了一尊檀香木的观音像，供奉在寺院大殿里。由于夏宗法王曾在此修行，在4月或5月夏宗法王辞世纪念日［即“夏宗库楚节（Zhabdrung Kuchoe）”］，丹戈寺会成为信众热衷前往参拜的圣地。

风景如画的三层塔楼和附近的建筑由第八任第悉竹立杰（Druk Rabgye）于18世纪修建，夏宗·吉格梅·确吉（Zhabdrung Jigme Chhogyel）于19世纪增建了金顶。丹戈寺是面向僧人们的佛教研修大学，也是重要的活佛（trulku，转世喇嘛）杰西仁波切（Gyalse Rinpoche）的驻锡之地，他被认为是第四任第悉杰西·丹增立杰（Gyalse Tenzin Rabgye，塔希冈寺建造者）的七世转世。

这里还有一些佛堂可供参观，包括在4楼的zimchung（生活区），第四任第悉曾经在此居住，你可以在此接受他手杖的赐福。丹戈寺的名称（意思是“马头”）来自露出地面岩层的天然形状。如果你抄近道从这里下山，你可以顺道参观位于这块岩石上的夏宗禅修洞（Tandin Ney）。

回到之前通往丹戈寺的那个岔路口，往北前行一小段距离，就到了Dodina（海拔2600米）和旺楚克国家公园（Wangchuk National Park）的入口。徒步约45分钟可到达杰里寺（Cheri Dorji Dhen），它是不丹的第一座寺院。经过旺曲河上的一座美丽廊桥（非常不错的野餐地），就到了徒步小路的起点，然后顺着陡峭的山路前往寺院，一路上你会看到一些性格温顺的褐色山羊（岩羊）。夏宗·阿旺朗杰于1620年建立了这座佛寺，并在此成立了第一个僧团。在将父亲的遗体运到这里并火化后，他将骨灰埋藏在佛寺高处的一座装饰华丽的银塔内。

廷布周边一日徒步游

除了前往丹戈寺和杰里寺的短途步行游览外，这里还有几条前往廷布周边佛寺和观景台的一日游徒步线路。Piet van der Poel和Rogier Gruys合著的《廷布周边一日徒步：轻松版和狂野版》(*Mild and Mad Day Hikes Around Thimphu*)详细列出了27条徒步路线，以及许多备选和附带行程建议。你可以从www.bhutan-trails.org/index.html下载徒步指南和地图。

旺迪奇寺（Wangditse Goemba）

这段30分钟的平坦道路能欣赏扎西曲宗堡的宏伟风光，起点为Sangaygang电信塔，终点是建于1750年的旺迪奇寺。寺内大殿中有一座两层楼高的释迦牟尼佛像。北望可以看到如今第五任国王居住的Samtenling宫，以及上方山坡上的Dhey和Dorje Drak禅修所。从旺迪奇寺你可以顺着陡峭的小路从东南下山，右转前往兹鲁卡庵，或者可以选择东北更险峻的小路前往德钦颇章。

Drolay寺

从丹戈寺停车场到海拔3400米的Drolay寺之间往返需要2~3小时。沿途可以领略廷布山谷的壮丽风光，你还可以顺便探访下丹戈寺。

Thadranang寺

前往Thadranang寺（海拔3270米）的路是一段费力的上坡路，全程需要2小时。路线起点是Yangchengphug高中，沿着陡峭山路爬升至山脊，然后还要穿过一片乔松森林。

伦楚泽卡寺（Lungchuzekha Goemba）

也许该地区最轻松的徒步路线就是往返4小时的多楚拉山口至伦楚泽卡寺路线。沿途能欣赏奇伟的喜马拉雅山风景，你可以原路返回，也可以走下坡路前往塔希冈寺和Hongtsho。从108座佛塔出发，沿着这条小路慢慢爬升，穿越杜鹃花林，这部分行程历时1个半小时，其中有一些地方地势险峻。接下来是一个路口，左转前往伦楚则卡寺，右转则是去塔希冈。出发之前，你可以欣赏下多楚拉山口的日出，这将会是一段非常棒的半日旅程，或者可以上午先去普纳卡，然后再去伦楚泽卡寺。

帕久丁寺（Phajoding Goemba）

从上莫提塘到帕久丁寺（海拔3950米）是一段5公里的上坡路。帕久丁寺内有10座拉康和15座僧舍，其中许多建筑都被用作禅修所。Togden Pajo，一位来自中国西藏的瑜伽士，于13世纪创建了这座寺庙，但这里大部分建筑都于1748年在第9任杰堪布Shakya Rinchen的努力下修建，这位杰堪布的画像如今供奉在这里的康赞拉康（Khangzang Lhakhang）内。佛学院在贾贝拉康（Jampa Lhakhang），氛围比廷布的德钦颇章佛学院更神圣。

从帕久丁离开，可以沿小路往上走300米，前往Thujidrag寺。这是雷龙小径徒步路线（见164页）返程的最后一天路程。

塔拉卡寺（Talakha Goemba）

这座建于15世纪的佛寺（海拔3080米）坐拥不丹喜马拉雅和廷布山谷的壮丽景观。你可以乘车行进至半途，然后下车徒步，或者在走达嘎拉千湖徒步路线（见167页）的最后一天去塔拉卡寺。从这座小佛寺出发，你可以通过6~9小时的艰难跋涉，前往海拔4280米的塔拉卡山顶。

塔希冈寺（Trashigang Goemba）

从Hongtsho下方的山坡上徒步2小时，可直抵海拔3200米的塔希冈寺。这座佛寺由十二世杰堪布于1786年建造，是一处重要的禅修中心，有许多朝圣者客舍。除了15位僧人，这里还有几位尼姑（anims）。在拉康内，供奉着几座曾在此禅修的杰堪布塑像。

隔壁的goenkhang供奉着杰里和丹戈的两位保护神。从这里出发，继续沿着陡峭的山路爬升（朝圣者会一口气完成这段路程）至建在峭壁上的降魔寺（the Demon-Subjugating Monastery），相传夏宗曾在此降服当地的恶魔。

杰里如今仍是一处重要的禅修所，约有30位僧人在此按照标准的3年3个月又3天进行修行。

廷布南部

从Babesa出发，有一条上山路通往Serbithang的**皇家植物园**（南亚区域合作联盟国家公民/成人30/50努扎姆；⏲9:00~16:00，夏季开放至17:00），它于1999年正式落成，里面有近500种植物，是廷布居民最喜欢的周末野餐地。

从植物园观景台极目远眺，你可以看到峡谷另一边的**Gangchen Nyezergang Lhakhang**，这座古老的拉康于2001年经过了重建和重新开光。

辛托卡宗堡

辛托卡位于廷布以南5公里，在通往帕罗和庞措林的老路上。宗堡前方有一个路口，路口的一条岔道通往不丹东部。

辛托卡宗堡的官方名称是Sangak Zabdhon Phodrang（密咒玄义之宫），由夏宗·阿旺朗杰于1629年修建。据说它是不丹境内的第一座宗堡。但事实上，早在1153年不丹就已有许多宗堡，但这却是由夏宗法王主持修建的第一座宗堡，也是第一座兼顾佛教和世俗行政职能的建筑，更是整体结构得以幸存的最古老的宗堡。语言文化研究学院（the Institute for Language and Culture Studies）就位于宗堡上方。

在修建期间，辛托卡宗堡就受到来自敌对佛教流派的攻击，他们因为反对夏宗的统治而联合到一起。这次攻击被挫败，联军领袖班旦喇嘛（Palden Lama）被杀。1630年，敌对势力再次卷土重来并攻占了宗堡。但是随后主楼被火海淹没，房顶坍塌，入侵者全部葬身火海。如今人们还可以通过两位葡萄牙耶稣会牧师的记述一窥辛托卡宗堡最初的风采，他们于1629年经由此处前往中国西藏。

在18世纪60年代，第三任不丹第悉敏珠丹巴（Mingyur Tenpa）对这座宗堡进行了扩建和重修。从那时起，辛托卡宗堡先后经历了多次扩建和修缮，最近一次是由一个日本建筑师团队主持开展。

据说这座宗堡是为了镇守一个消失在附近山岩中的恶魔，因此取名为Simtokha，其中simmo的意思是魔鬼，do则是石头。当然，这座宗堡所在地也位居战略要冲，可拱卫廷布山谷和前往多楚拉山口和不丹东部的要道。宗堡占地60平方米，唯一的大门位于南边（但最初的大门其实在西侧）。

乌策（utse）高达3层，在外墙的转经筒后面，有300余块石板画，栩栩如生地刻画了众多圣人和哲学家。中央大殿内供奉着巨大的释迦牟尼佛像，另有8尊菩萨像分列两侧。这座大殿内的黑色壁画是不丹最古老、最美丽的画作。在**西殿**中供奉着观音菩萨（仙乃日）、绿度母和白度母，以及一幅夏宗·阿旺朗杰的早期画像，这幅画在1995年进行了修复，但仍有不少裂纹。东边贡康的柱子上挂着虎尾和火枪。**保护神神殿**供奉着不丹的保护神大黑天（Yeshe Goenpo）和吉祥天母（Pelden Lhamo）。

不丹西部

包括 ➡

最佳住宿

- Gangtey Palace（见82页）
- Lechuna Heritage Lodge（见94页）
- Dewachen Hotel（见107页）
- 普那卡乌玛酒店（见102页）

最佳餐饮

- Bukhari Restaurant（见85页）
- Sonam Trophel Restaurant（见85页）
- Phuenzhi Diner（见102页）

为何去

无论你是乘坐飞机抵达赏心悦目、群山环绕的帕罗山谷，还是通过潮湿氤氲的庞措林从陆路入境，你很快就会意识到自己进入了一个如同世外桃源般的特殊目的地。几乎每栋房子顶上都有经幡招摇，俊男靓女身着传统服饰，佛塔和舍利塔立于河流和道路交会口，城堡外形的寺院居高临下俯瞰整个峡谷。

不丹西部是大部分游客都乐此不疲地观光目的地，他们的选择不无道理。这里是竹巴人（Drukpa）世代生活的家园，也是这个王国的主要机场、首都、最热门的节日和最古老壮观的宗堡（僧侣机构）所在地。再加上异彩纷呈的山地徒步线路，无与伦比的越野之旅以及相对较短的驾车时间，这里的吸引力显而易见。无论它是你旅行开始的第一站，或是你在不丹探索的唯一目的地，西部地区都是了解这个神奇国度的最佳窗口。

何时去

- 9月至11月是造访不丹的理想月份。天气晴暖，多楚拉山口的风景一览无余，廷布和旺杜波德朗有多姿多彩的节日。
- 黑颈鹤于10月末至11月初抵达富毕卡山谷越冬。3月和4月也是旅行旺季，其间帕罗戒楚节是最大的看点，春季怒放的杜鹃使高山垭口变得极富魅力。

帕罗宗
（PARO DZONGKHAG）

“穿桥过河，突然感觉犹如移步换景。如同《爱丽丝漫游仙境》中的女主角一样，当她穿过镜子时，发现自己来到一个全新和前所未见的世界；当我们到帕曲河对岸时，同样发现自己仿佛搭乘时间机器，光阴倒转，使我们回到几个世纪前的中世纪封建主义时代。”——罗纳谢伯爵（Earl of Ronaldshay），《雷电之国》（*Lands of the Thunderbolt*，1923年）。

帕罗山谷毫无疑问是不丹最令人心驰神往的地方之一。路旁随处可见杨柳树和苹果园，白色外墙的农舍和寺庙，与绿油油的梯田相映成趣，林木茂密的小山经常出现在视线里，从而创造出风光旖旎、浑然天成、宁静平和的整体印象。

肥沃的土地、温和的气候以及地处前往中国西藏商贸路线要冲的地理位置，为帕罗居民奠定了坚实的经济基础。在19世纪大部分时间里，帕罗都是政府所在地，同时也是不丹的商业、文化和政治中心。

几条徒步线路从帕罗或者附近的地方出发。“雷龙小径（Druk Path）”向东逶迤而行，在经过海拔4200米的垭口后下降至廷布。珠穆拉里、拉亚至加萨和“雪人”徒步路线都从杜克耶宗堡（Drukgyel Dzong）出发向西，穿越珠穆拉里登山大本营以及加萨和拉亚景色壮丽的高海拔地区。

帕罗（Paro）

☎08 / 海拔2280米

迷人的帕罗城镇坐落于帕罗曲河（又称帕曲河）两岸，位于壮观的帕罗宗堡西北不远处。修建于1985年的主街两侧布满五颜六色的木制彩绘店面和餐厅，但是这种古朴的风情正随着城内拔地而起、不断扩张的多层水泥建筑的日益增加而面临威胁。如今，帕罗仍然是不丹最值得步行探访的城镇之一，可以在一天观光结束之际用一两个小时在城内漫步。

景点

★ 帕罗宗堡 佛教、宗堡

（Paro Dzong；Rinpung Dzong；见80页地图；⌚9:00~17:00）帕罗宗堡是不丹最引人注目和最有名的宗堡之一，也许还是你能见到的最经典的不丹建筑。宗堡巨大的扶剁墙高居城镇之上，在峡谷里的任何地方都抬头可见。

宗堡真正的名字是日清蓬宗堡（Rinchen Pung Dzong，通常简称为Rinpung Dzong，即日蓬宗堡），意思是“宝石堆上的堡垒”。1644年，夏宗·阿旺朗杰下令在莲花生大师创建的佛寺原址上，修建一座宗堡。这座宗堡无数次挫败了周边敌对势力入侵帕罗山谷的野心。英国政府官员约翰·克劳德·怀特（John Claude White）在1905年曾记录，这座宗堡走廊的椽木下还能见到老式的巨石投掷车。

帕罗宗堡在1897年的大地震中躲过一劫，但在1907年的一场大火中却未能幸免，遭受重创。这里此前曾是国民议会的会议厅；如今它和其他大部分宗堡一样，成为僧团和地区政府的办事处，此外还设有当地法院。

这座宗堡建于陡峭的山坡上，行政区的前院比寺院区高6米。前往国家博物馆的路上有一条岔路通往宗堡的东北门，从这里进去就是位于第4层楼的**dochey**（庭院）。Dochey内的**乌策**（中央高塔）高5层，于1649年首任帕罗佩罗（penlop，行政长官）执政期间修建。乌策东边是一座供奉观音菩萨11面化身Chuchizhey的小**拉康**。华丽的木雕，配以金色、黑色和赭色彩绘，加上高耸的白色围墙，使这里弥漫着浓浓的权力和财富气息。

顺着楼梯向下到达**僧舍**，这里有约200名僧人。作为僧人课堂之用的*kunre*位于东南角（左手边）。注意看门廊下的“神秘螺旋”壁画，这是不丹独有的坛城版本。对面较大的**大殿**（dukhang）有着漂亮的外墙壁画，讲述的是中国西藏诗人、圣人米拉热巴（Milarepa）的生平。春季**帕罗戒楚节**的首日活动就在这个院子中举行，届时这里会变得人山人海。从窗口望出去，风景怡人。

在入口东北的宗堡外部，有一片石头铺成的场地，面具舞者每年戒楚节时都会在这里表演舞蹈。一幅以莲花生大师为主题、超过18平方米的巨大唐卡（thondrol，绘制或刺绣的宗教图画），在戒楚节最后一天破晓之后不久在这里迎风招展——平时你可以看到悬挂它的柱杆。它于18世纪时由素有“不丹第

不丹西部亮点

❶ 探访诗情画意的**普那卡宗堡**（见99页），这是17~19世纪不丹的首都。

❷ 徒步前往依附于悬崖绝壁之上的**虎穴寺**（见87页），它是不丹最著名的景点。

❸ 参观雄伟的**帕罗宗堡**（见75页），在帕罗的**国家博物馆**（见79页）快速了解不丹文化和历史。

❹ 在偏远的**富毕卡山谷**（见105页）观赏黑颈鹤或体验徒步小路。

❺ 前往**祈楚寺**（见86页）朝拜，它是不丹历史最悠久、最美丽的寺庙之一。

❻ 在游客罕至的**哈阿山谷**（见93页）寻找稀有的喜马拉雅鲜花并造访偏远的寺院。

❼ 在**切米拉康**（见97页）——哪怕只有一天——向一根10英寸长的阳具祈福，这里是供奉“癫圣”竹巴衮列的寺庙！

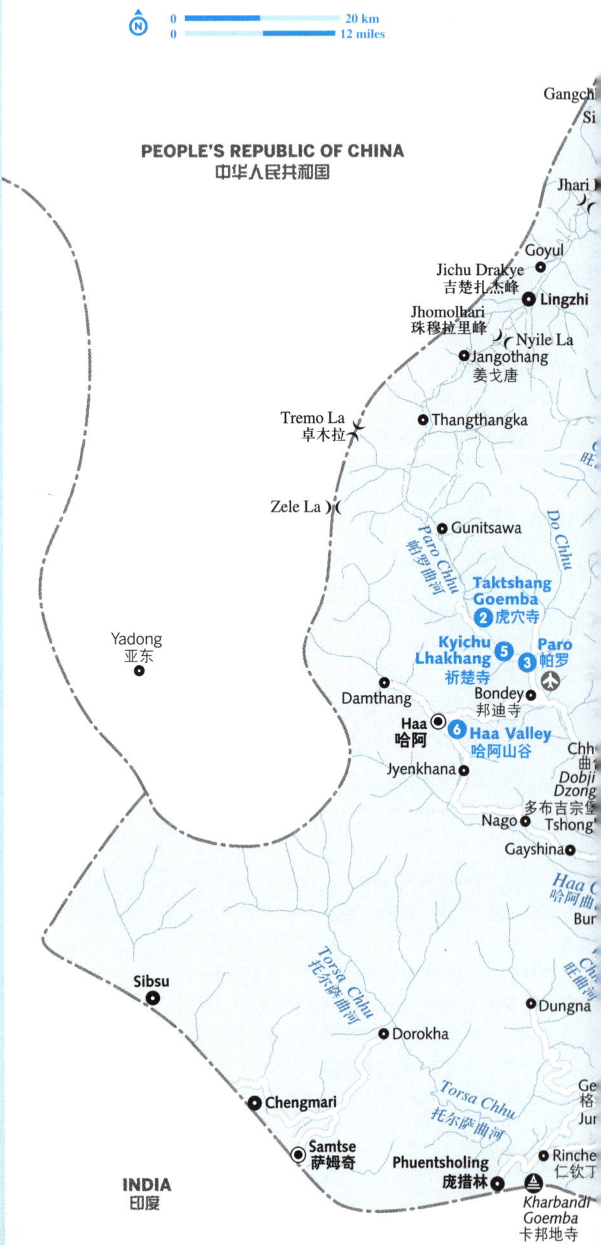

中国地图出版社供图

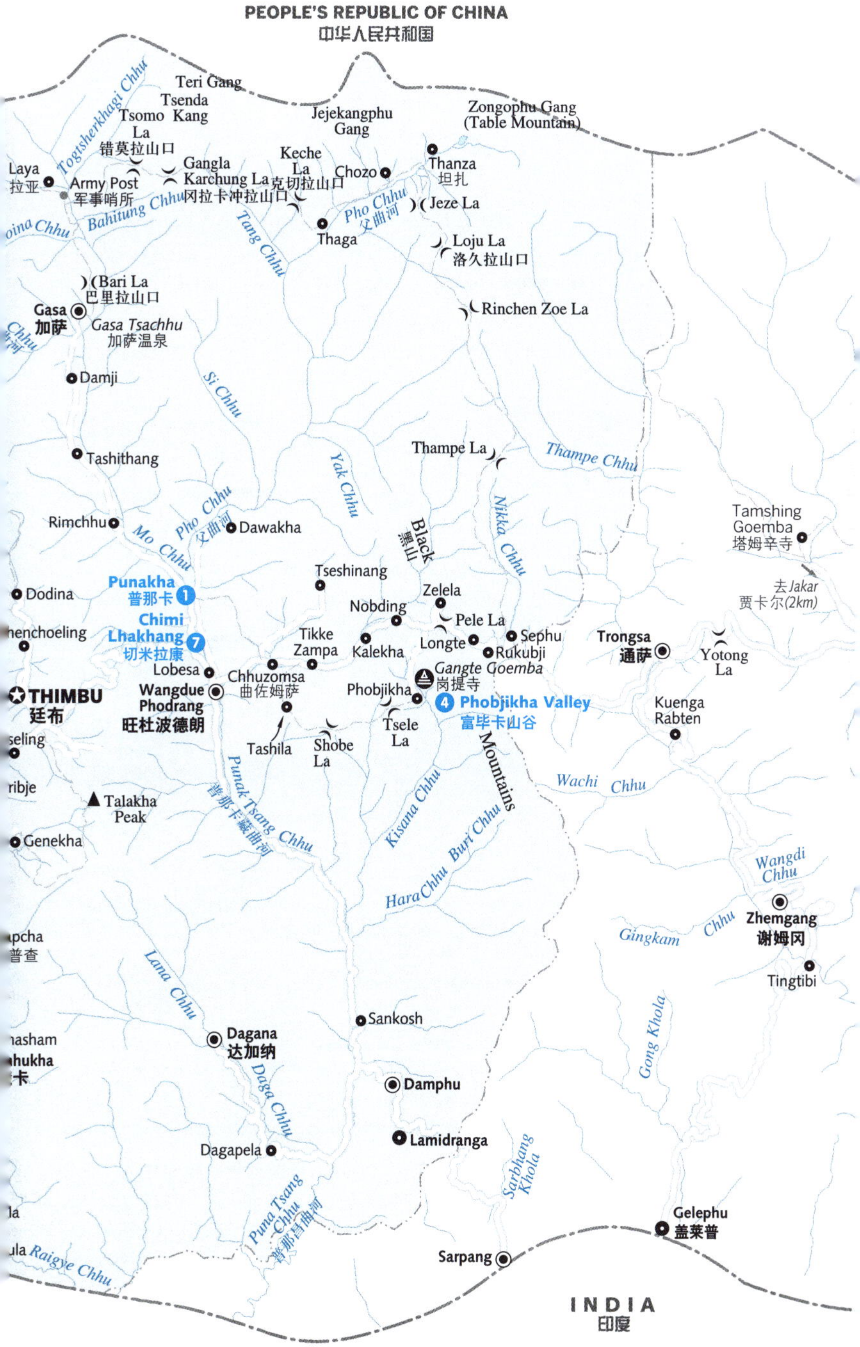

PEOPLE'S REPUBLIC OF CHINA
中华人民共和国
Teri Gang
Tsenda
Tsomo Kang
La
错莫拉山口
Togtsherkhagi Chhu
Laya
拉亚
Army Post
军事哨所
Gangla
Karchung La
冈拉卡冲拉山口
Bahitung Chhu
Jejekangphu
Gang
Keche
La
克切拉山口
Chozo
Zongophu Gang
(Table Mountain)
Thanza
坦扎
Jeze La
Pho Chhu
父曲河
Tang Chhu
Thaga
Loju La
洛久拉山口
Rinchen Zoe La
Bari La
巴里拉山口
Gasa
加萨
Gasa Tsachhu
加萨温泉
Damji
Si Chhu
Tashithang
Thampe La
Thampe Chhu
Yak Chhu
Rimchhu
Pho Chhu
父曲河
Dawakha
Mo Chhu
Black
黑山
Nikka Chhu
Tamshing
Goemba
塔姆辛寺
去Jakar
贾卡尔(2km)
Tseshinang
Punakha
普那卡
1
Dodina
Zelela
Chimi
Lhakhang
切米拉康
7
Nobding
Pele La
Tikke
Zampa
Kalekha
Longte
Sephu
Rukubji
Trongsa
通萨
Yotong
La
Lobesa
Chhuzomsa
曲佐姆萨
Gangte Goemba
岗提寺
THIMBU
廷布
Wangdue
Phodrang
旺杜波德朗
Phobjikha
4
Phobjikha Valley
富毕卡山谷
Kuenga
Rabten
Tashila
Shobe
La
Tsele
La
Mountains
Wachi Chhu
Punak Tsang Chhu
普那卡藏曲河
Talakha
Peak
Kisana Chhu
Buri Chhu
Genekha
Hara Chhu
Wangdi
Chhu
Zhemgang
谢姆冈
Gingkam Chhu
Tingtibi
Lana Chhu
Sankosh
Gong Khola
Dagana
达加纳
Daga Chhu
Damphu
Lamidranga
Dagapela
Sarbhang
Khola
Puna Tsang
Chhu
普那昌曲河
Gelephu
盖莱普
Raigye Chhu
Sarpang
INDIA
印度

Paro, Thimbu & Punakha Valleys 帕罗、廷布和普那卡山谷

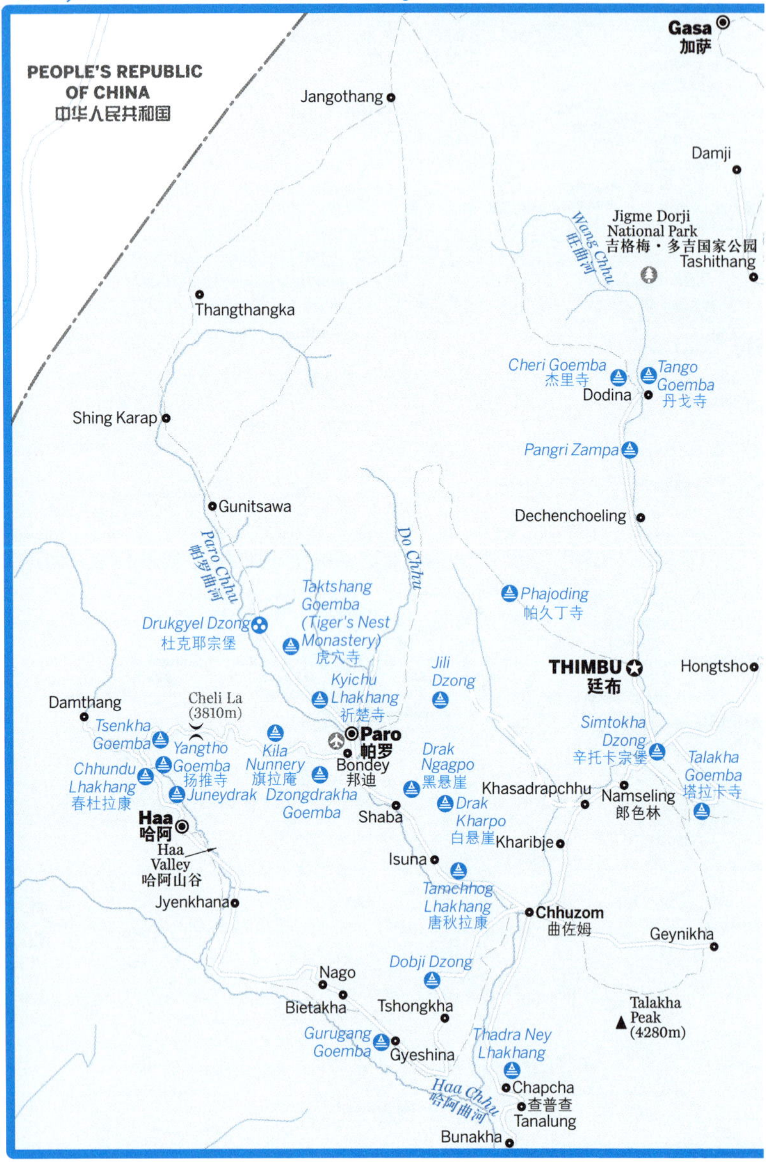

悉”（druk desi）之称的第八任第悉（不丹世俗统治者）确吉·喜饶·旺楚克（Chhogyel Shera Wangchuck）委托制作。

在宗堡下方，一座名为**Nyamai Zam**（见80页地图）的传统木制廊桥横跨帕罗曲河两岸。它按旧桥的原貌复建而成——旧桥被1969年的一场洪水冲走。之前此处的廊桥每到战时都会被拆除，从而使宗堡能够据守帕罗曲河的天险。在河西能拍出最美丽的帕罗宗堡照片，具体位置就在离桥不远的下游处。

宗堡庭院每天开放，但周末时政府办公区较为冷清，大部分殿堂都闭门谢客。

趣味小插曲：贝纳多·贝托鲁奇（Bernardo Bertolucci）1995年的电影《小活佛》（*Little Buddha*）曾经在此取景。

★国家博物馆 博物馆

（National Museum；Gyelyong Damtenkhang；见80页地图；☎271257；南亚区域合作联盟国家公民/成人50/150努扎姆，僧人、尼姑和10岁以下儿童免费；⌚9:00~16:30，国家节假日闭馆）在帕罗宗堡上方的山顶上，有一座古老的瞭望塔。它于1968年经过重修后，成为国家博物馆。这座非同寻常的圆形建筑，据说采用了海螺造型，墙壁厚度达到2.5米。它最初建成于1656年，曾经是下方不设防的帕罗宗堡的瞭望塔（ta dzong）。据说，这座瞭望塔和下面的供水点之间有一条地下隧道相连。

在我们调研期间，这座瞭望塔因2009年和2011年地震所导致的损坏而闭馆。博物馆的展品样品在邻近的附楼展出，这座附楼曾经是肖像画展厅。瞭望塔的修复工作有望在2015年完成。

博物馆内禁止拍照，但是你可以拍摄瞭望塔和周围的场地。

在各个展厅中的展品，包括令人印象深刻的唐卡展，展品既有传世的，也有当代佳作，其主题为不丹的重要古圣先贤；此外还有面目可怖的节日面具等。馆内还有一座自然历史展厅，而文化遗产展厅（Heritage Gallery）展出了一些宗教造像和早期的石刻，以及附近唐秋桥（Tamchhog，见92页）上拆下的铁链原件。

如果驾车到博物馆，会经过一条4公里的环线，通往Dop Shari山谷。在参观博物馆后，你可以顺着一条小路步行下山，到宗堡参观后返回城内，途中可领略怡人的峡谷和美丽的邬金巴瑞宫（Ugyen Pelri Palace）。

邬金巴瑞宫 宫殿

（Ugyen Pelri Palace；见80页地图）木结构的邬金巴瑞宫地处偏僻，由帕罗佩罗Tshering Penjor于20世纪初期下令建造，如今是王太后的居所，因此谢绝公众入内参观。这座宫殿按照莲花生大师的居所“桑东巴瑞”（铜色吉祥山）修建，是不丹建筑的经典之作。如果想从高处俯瞰宫殿美景，可以前往宗堡。

邬金巴瑞宫附近的路边有5座方形佛塔（见80页地图），它们是为了纪念不丹首任国王乌颜·旺楚克（Ugyen Wangchuck）而修建的。

Paro 帕罗

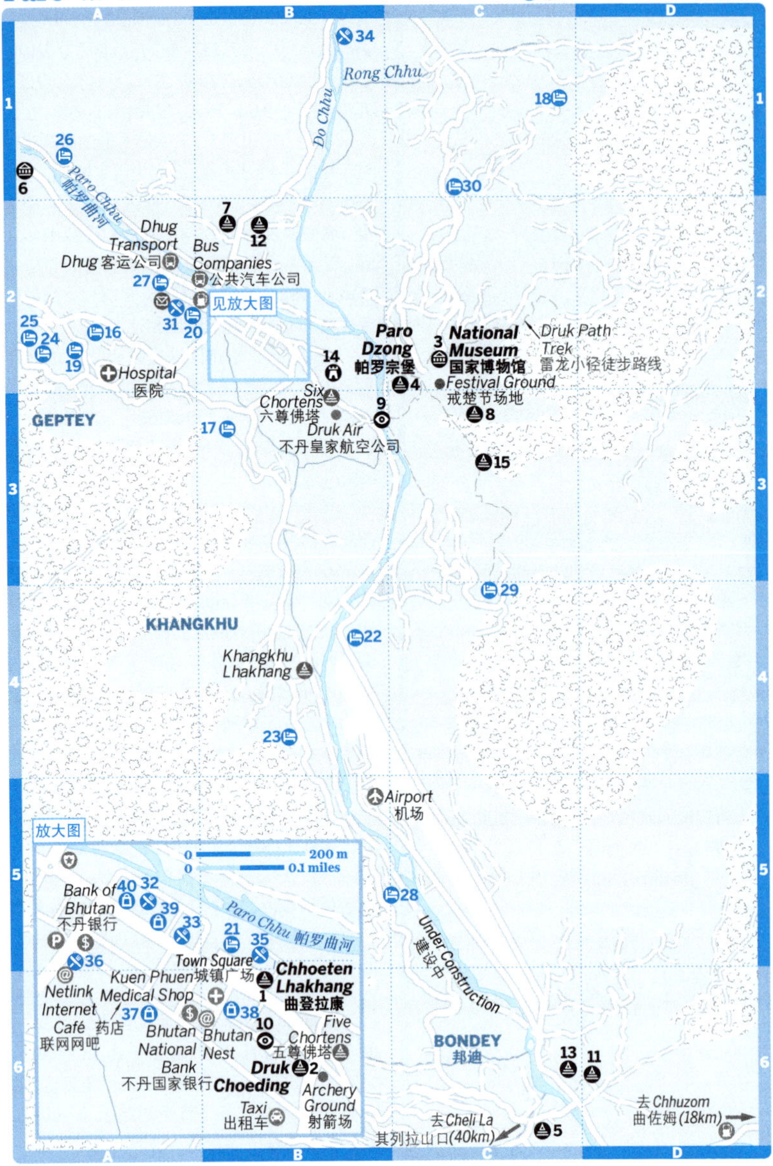

★曲登拉康 佛教、寺庙

（Chhoeten Lhakhang；见80页地图）塔形的曲登拉康位于城镇广场东南侧。看门人也许会允许你参观楼上的小殿，其中心供奉着觉阿释迦牟尼佛像，两侧分立着莲花生大师像和观音大士像。

★Druk Choeding 佛教、寺庙

（见80页地图）也被称为Tshongdoe Naktshang。宁静祥和的Druk Choeding是帕罗镇的寺庙。它由阿旺确吉（1456~1540年）

Paro 帕 罗

重要景点

1 曲登拉康....B6
2 Druk Choeding....B6
3 国家博物馆....C2
4 帕罗宗堡....C2

景点

5 邦迪寺....C6
6 雷龙之家博物馆....A1
7 杜泽寺....B2
8 Gönsaka Lhakhang....C3
9 Nyamai Zam....B3
10 帕罗周日市场....B6
11 巴瑞寺....D6
12 普纳拉康....B2
13 塔格寺....C6
14 邬金巴瑞宫....B2
15 足日宗堡....C3

住宿

16 Dechen Hill Resort....A2
17 Gangtey Palace....B3
18 Haven Resort....C1
19 Hotel Galingkha....A2
20 Hotel Jigmeling....A2
21 Hotel Peljorling....B5
22 Hotel Tashi Phuntshok....B4
23 Khangkhu Resort....B4
24 Olathang Hotel....A2
25 Pelri Cottages....A2
26 Rema Resort....A1
27 Sonam Trophel Hotel....A2
28 Tashi Namgay Resort....C5
29 帕罗乌玛酒店....C4
30 Valley View....C1

就餐

Bukhari Restaurant....（见29）
31 Chharo and Dho Restaurant....A2
32 Chharo Restaurant....A5
33 Sonam Trophel Restaurant....A5
34 Tshering Farm House....B1
35 Tshernoyoen's Café....B5
36 Yue-Ling Restaurant....A5

购物

37 Chencho Handicrafts....A6
38 Made in Bhutan....B6
39 Vajrayana Art Gallery....A5
40 Zhayden Nagtsho Traditional Boot Unit....A5

于1525年建立。阿旺确吉是中国西藏拉砻的一位活佛，也是夏宗·阿旺朗杰的先祖。这里供奉的主像是弥勒佛（未来佛）坐像，此外还有被可怕的旧式不丹盾牌和武器所簇拥的本地守护神Gyenyen、吉楚扎杰（Jichu Drakey）和Hong Gyelri等。

杜泽寺
佛教、寺庙

（Dumtse Lhakhang；见80页地图）杜泽寺位于通往国家博物馆道路的西侧，这座非同寻常的佛塔形寺庙始建于1433年（有些资料显示为1421年），建造者为桥梁大师汤东杰布（Thangtong Gyalpo）。这座寺庙用来镇压一个邪灵，所以牢牢扎入地下。这里的三层分别代表地狱、人间和天堂，拥有一些不丹最精美的壁画。最好带上照明效果良好的手电。探访这里需要许可证，因此记得提前向旅行社说明你想造访此地，以便对方进行安排。

在杜泽寺对面的道路东面，小小的**普纳拉康**（Puna Lhakhang；见80页地图）的历史据说可追溯至公元7世纪。

雷龙之家博物馆
博物馆

（Druk Home Museum；见80页地图；☎77224488；门票150努扎姆；⏲3月至10月9:00~17:00，11月至次年2月9:00~16:00）这座小型私人博物馆位于前往虎穴寺的路边，由一栋传统民居改建而成，旨在让人们能够"快速了解不丹"。这里的展品包括节庆面具、地区服饰和围巾（kabney），并介绍不同阶层的人围围巾有什么讲究。这里展出的风干食物和草药品种丰富（甚至包括玉米片！），你还可以尝尝当地小吃和酒。

帕罗周日市场
市场

（Paro Sunday Market；见80页地图）帕罗每周一次的蔬菜市场规模不大，但充满传统氛围，也是认识一些不丹特色农产品的好地方。你会看到串起来的干牦牛奶酪（chugo），有白色（用牛奶煮沸后在阳光下风干）和棕色（烟熏）两种。看上去像橙色鸡蛋的水果其实是从印度进口的新鲜槟榔果。粉红色的瓶子里装着与槟榔一起食用的酸橙。此外还有极

另辟蹊径

帕罗短程徒步

如果有兴趣在帕罗山谷开展一日徒步游，那么你会拥有几个选择。在祈楚寺东南朝向帕罗方向的山顶上坐落着Tingchok Goemba（见88页地图）和Dranjo Goemba（见88页地图），寺内供奉着财富女神Tserim。这两座寺庙都是开展短途徒步游的绝佳目的地。从那里，你可以经由Olathang Hotel步行返回帕罗。此外还有难度略高的有氧徒步线路，从医院前往Olathang Hotel背后山脊上的Gorena Lhakhang。

结束国家博物馆之旅的另一种好方式，是沿着林木葱郁的山坡前往足日宗堡（Zuri Dzong，见80页地图），然后下山到帕罗乌玛酒店，你的车可以在这里等着接你。一路上你将经过Gönsaka Lhakhang（见80页地图），这是建于帕罗宗堡之前的一处迷人景点。不要错过这里的禅修洞窟。从这里俯瞰山谷和宗堡的风景堪称震撼人心。足日宗堡建于1352年，在双层堡墙的保护下得以完好保存。这里供奉着山谷的守护神。

富异国情调的蕨菜、杜松粉香、被称为khoo（一种当地小吃）的方形干果冻牛皮糖以及砖形的datse（在几乎每一种不丹菜肴中都能见到的奶酪）。市场最热闹的时候是在早晨6点半至上午10点之间。

在逛完市场后，可以去东南方的射箭场（见80页地图）看看是否有比赛可以观看。

住宿

帕罗比较不错的住宿选择都是散布于峡谷内的度假村型酒店，而非在市内。离市区最近的选择是在帕罗西边的山坡上一片名为Geptey的城郊地带，从这里可以俯瞰整个山谷的瑰丽风景。

在春季帕罗戒楚节期间，酒店房价会飙升，届时所有酒店乃至当地农舍都会人满为患。当有足够的客人参加时，一些酒店会在院子里燃起篝火，客人和当地人会一起跳起欢快的舞步。

Hotel Jigmeling　　经济酒店 $

（见80页地图；☎271444；jighotel@hotmail.com；标单/双1430/1650努扎姆，豪华1430/1870努扎姆；📶）在深受印度游客喜爱的风格千篇一律的当地酒店中，Jigmeiling也许是最好的一家。这里有时尚、干净的房间、门廊和阳台座椅，还有一间精致的餐吧。入住期间，Wi-Fi仅收费200努扎姆即可在入住期间全程使用。

Hotel Peljorling　　经济酒店 $

（见80页地图；☎271365；标单/双550/750努扎姆）与庞措林的Peljorling属于同一老板。这处简单但地理位置绝佳的当地风格酒店，有着再普通不过的带卫生间的房间，餐厅不错，但早餐却很寒酸——豆子加吐司！

★ Gangtey Palace　　精品酒店 $$

（见80页地图；☎271301；www.gangteypalace.net；标单/双3360/3840努扎姆，豪华4200/4800努扎姆；📶）这家建于19世纪的传统不丹建筑曾经是通萨佩罗的宅邸，充满了浓郁的历史气息。主楼中宽敞的豪华房间伴有吱吱作响的楼梯和一些古董，但是标准间也很不错，坐拥美丽的花园和山谷风景。可以让工作人员带你参观主楼神殿里的壁画。从餐厅阳台上也能看到非常不错的风景，这里还有一间舒适怡人的酒吧。这个地方一定会让你感觉相见恨晚。

Olathang Hotel　　酒店 $$

（见80页地图；☎271304；www.bhutanhotels.com.bt；标单/双2875/3450努扎姆，小屋单/双3450/4025努扎姆，豪华小屋单/双4025/4600努扎姆，套6325努扎姆起；📶🖂）这家酒店于1974年为迎接受邀参加第四任国王加冕礼的贵宾而建造，虽然经历了时光的洗礼，但它仍保持着庄严宏伟的气息。主楼中的房间围绕一个美丽的庭院；宁静的标准小屋有一个起居室，因此非常适合家庭和小型团体入住；松林中的私密豪华小屋是情侣的好选择。

Tenzinling Resort　　酒店 $$

（见88页地图；☎272503；www.tenzinling.com.bt；Lango；标单/双3600/4200努扎姆，套3500努扎姆；📶）安静且具有田园风情，这个

时尚的地方位于Lango村上面，距离帕罗6公里，是一个非常棒的住宿选择。宽敞的木地板房间拥有免费的Wi-Fi和阳台风光。别具氛围的“Zomasa”酒吧有一个柴炉（bukhari）加热器，楼下舒适的茶室供应当地茶、浓缩咖啡、比萨和小吃。这里还有一家各国风味的餐厅。

Janka Resort 酒店 $$

（见88页地图；☎272352；www.jankaresort.com；Nemjo；标单/双2530/3220努扎姆，豪华4025/4600努扎姆）这个度假村充满了田园风情，并且距离帕罗市区仅2.5公里。标准间围绕庭院而建，主楼中有5间时尚的豪华客房。度假村里有一个巨大的转经筒，员工们可以帮住客安排参观主人在附属农舍里的私人佛堂。路口附近有一个小射箭场。

Ugyen Phendeyling Resort 酒店 $$

（见88页地图；☎272017；www.upresortparo.com；标单/双 含早1800/2400努扎姆起，豪华2400/3000努扎姆；📶）这个静谧、舒适的地方建有简单的水泥别墅，非常受佛教徒团体的青睐。这里由当地仁波切邬金多杰（Rinpoche Ugyen Dorji）经营，他还将隔壁的佛堂用作住客的静修所。这家酒店后面的徒步小路可通往山腰上的Dosu Lhakhang。

Dewachan Resort 酒店 $$

（见88页地图；☎271744；www.dewachanresort.com；Nemjo；标单/双3000/3600努扎姆起，套4800努扎姆；📶）从bukhari（柴炉）取暖的饭厅向外望，可欣赏到美丽的峡谷景观。这座山腰上的赭色建筑以及邻近当地徒步小路的地理位置，是吸引我们到这里来的原因。带阳台的房间物有所值，但是当地经常会刮大风。

ℹ 传统不丹风味

大多数旅行社都可安排传统农舍内的热石浴或不丹餐。帕罗一个比较受欢迎的地方是位于Dop Shari山谷的Tshering Farm House（见80页地图），这里供应很棒的传统食物（套餐价格420努扎姆），以及加入草药的传统风格木盆浴（550努扎姆）。

Tashi Namgay Resort 酒店 $$

（见80页地图；☎272319；www.tnr.bt；Damsebu；标单/双3278/3393努扎姆，豪华4025/4485努扎姆，度假屋 双4600努扎姆，套13 800努扎姆；📶）这家经营良好的酒店位于帕罗曲河西，河对岸就是机场，可以欣赏到河景和帕罗宗堡。豪华河景房非常宽敞，配有藏毯装饰；标准间位于主楼楼上。这里是为数不多的对Wi-Fi收费的住宿地之一。

Tiger Nest Resort 酒店 $$

（见88页地图；☎271310；www.tigernest.bt；标单/双3600/4200努扎姆，套5760努扎姆；📶）位于前往上河谷的Taktshang路口附近，这座令人愉悦的度假村距离帕罗9公里，可以仰望虎穴寺的绚烂风景，在天空晴朗时还可以看到白雪皑皑的珠穆拉里雪峰。两座别墅和主楼里都有设备齐全、提供现代化地板供暖的客房，主楼有一个阳光灿烂的露台。

Khangkhu Resort 酒店 $$

（见80页地图；☎272393；www.khangkhuresort.com；Khangkhu；标单/双3450/3795努扎姆，套5750努扎姆起）这座焕然一新的度假村与位于帕罗镇西南的机场隔河相望。它也许不那么亲切，但宽敞的房间设备齐全，而且配有私人阳台座椅。这里有一家各国风味餐吧，以及一座禅修中心。

Kichu Resort 酒店 $$

（见88页地图；☎271468；www.intrektour.com；Lango；房间3105努扎姆，豪华4255努扎姆，套8050努扎姆；📶）距离帕罗5公里的一处大型综合建筑，位于祈楚寺附近，深受山地徒步团队和印度游客的喜爱。房间在八角形小屋中，每间小屋都有8个房间，豪华房间值得你为其多花点钱。

Pelri Cottages 村舍 $$

（见80页地图；☎272473；www.pelricottages.com；Olathang；标单/双3000/3600努扎姆，套4800努扎姆；📶）位于Olathang Hotel上方的山上，Pelri Cottages是位于一片从前的苹果林中的低调小屋。干净的木头房间采用藏式地毯装饰，与其说豪华，不如说是复古，让住客感觉舒适怡人，小小的木制阳台更是让人心旷神怡。

Dechen Hill Resort 酒店 $$

（见80页地图；☎271392；www.dechenhillresort.com；Geptey；标单/双2070/2875努扎姆起）位于道路下方的一片隐秘区域，距离帕罗镇中心约2公里，这里是外籍人士的最爱，供应山谷里最棒的印度食物。这家酒店有一个漂亮的花园，房间感觉较为一般；最好的房间带有阳台，其他房间则显得窄小昏暗。

Hotel Galingkha 酒店 $$

（见80页地图；☎272498；www.hotelgalingkha.com；Geptey；标单/双1800/2160努扎姆起；📶）这家酒店和廷布的Hotel Galingkha所属同一老板。新业主的重新装修工程包括铺设大量的油毡，虽然房间仍各不相同，但其中一些设有怡人的阳台休息区。

Sonam Trophel Hotel 酒店 $$

（见80页地图；☎274444；www.tropheltraveltour.com；标单/双2160/2400努扎姆，豪华房间/套3360/4200努扎姆；📶）如果你想住在帕罗市中心，这家干净舒适的客栈深受本地人和游客的喜爱。这里没有山谷度假村的那种宁静，但你能在这里喝上一杯镇上产的本地啤酒——只要你能忍受街道的喧嚣。

Rema Resort 酒店 $$

（见80页地图；☎271082；www.paroremaresort.com；房间2040努扎姆，豪华2400努扎姆，套3000努扎姆；📶）这家距帕罗1.5公里的小度假村只有10间客房，地处谷内北边，环境清幽，四周农舍环绕，餐厅、酒吧和小屋里都能欣赏到壮丽的风景。这里的特色包括射箭场和热石浴，餐厅食材都是自己种植的有机蔬菜。

Hotel Tashi Phuntshok 酒店

（见80页地图；☎272254；www.hoteltashiphuntshok.com；Changnanka；房间2400努扎姆，豪华3000努扎姆）就在机场跑道的尽头，从这家中档酒店前往机场绝对方便。虽然感觉一般，但松香味道的房间宽敞、干净、舒适，餐吧可提供各国菜肴。如果你觉得天花板太低会让你感觉压抑，就别选顶层的阁楼房间。

Valley View 酒店 $$

（见80页地图；☎272541；valleyview@druknet.bt；标单/双1800/2280努扎姆）由于酒店的规整布局，所有松树掩映的房间都与酒店主打的"峡谷风光"无缘，但是它们都挺舒适，而且这里有一家舒适的餐吧。这家酒店非常适合"雷龙小径"徒步客们入住。

★ **帕罗乌玛酒店** 豪华酒店 $$$

（Uma Paro；见80页地图；☎271597；www.uma.paro.como.bz；高级/豪华房间含早360/480美元，套720美元，别墅840~1320美元；📶🏊）乌玛酒店在将传统建筑与顶级设施融为一体方面有口皆碑，打造出镇上首屈一指的豪华酒店。这里的特色包括一流的餐厅和水疗中心、健身房、室内加热泳池、草药热石浴等。所有房间都格外奢华，而且豪华间设有阳台、享有美景，是最好的选择。活动包括免费的瑜伽和射箭课程。此时，你是不是也想和梁朝伟、刘嘉玲一样，在这里办一场世纪婚礼？在帕罗戒楚节期间，该酒店要求最少入住5晚。

芝华林酒店 豪华酒店 $$$

（Zhiwa Ling；见88页地图；☎271277；www.zhiwaling.com；Satsam Chorten；标单/双 含早312/342美元起，套446美元）这家气派的豪华酒店距帕罗8公里，拥有一个中央小屋以及气派的大堂，周围被石塔环绕。古董、豪华沙发和一个水疗中心（泰式、指压和瑞典按摩）使这里更加迷人，在3楼甚至还有一座用有400年历史的支柱（曾是岗提寺的构件）搭建的寺庙。多数房间带有阳台，皇家套房甚至设有私家佛堂。这里还有现场制作和上彩的陶器。

Nak-Sel Boutique Hotel & Spa 豪华酒店 $$$

（☎272992；www.naksel.com；Ngoba；房间高级/豪华/奢华138/201/397美元，套200~300美元；📶）以旅游酒店的价格提供豪华设施，是这家华丽度假村的承诺；事实上这里的一切也足以与双倍于其价格的其他酒店媲美。这里的餐厅供应印度菜、西餐和不丹菜；另外还有一间咖啡厅；舒适的水疗中心内有一间瑜伽室。房间带有地板供暖和阳台，能看到珠穆拉里和虎穴寺。它坐落于僻静山谷上面3公里处，位于森林边缘，附近有一些徒步路线。在淡季，房价可获得高达20%的折扣优惠。

Haven Resort 豪华酒店 $$$

（见80页地图；☎270999；www.haven-bhutan.com；Dop Shari；房间/套300/660美元）泰国风格的豪华度假村，位于静谧的Dop Shari山谷内。餐厅有风景特别的全景落地窗、粗砺雕凿的家具，以及泰国北部和不丹风味餐饮。这里最让人难忘的是泰国菜肴以及奢华的水疗，包括热石浴。

安缦酒店 豪华酒店 $$$

（Amankora；见88页地图；☎272333；www.amanresorts.com；标单/双 全膳宿1855/1995美元；📶）"设计师宗堡"（Designer dzong）是这里的主题，由几栋掩映在乔松林中的夯土建筑组成。房间特色包括森林环境、柔和的家纺面料、浪漫的开放式浴室和传统的柴炉（bukhari）。水疗中心提供各种放松身心的治疗，这里设有一间温馨的餐厅和阅览室。这里当然不乏光鲜时尚，但是仍让人难以产生物有所值之感。大部分住客预订的都是安缦酒店多日旅行套餐。这座度假村邻近Balakha村，距离帕罗约14公里，离杜克耶宗堡不远。

Udumwara Resort 豪华酒店 $$$

（见88页地图；☎271133；www.udumwara.com；Satsam；标单/双9600/10 800努扎姆；📶）这座大型度假村在我们调研时刚开业不久，还有一些收尾工作尚未完成。房间非常宽敞、舒适，设备齐全，但大量使用胶合板使奢华的感觉略有打折。其他设施包括一间佛堂、各国风味的餐厅、露天就餐区和两间酒吧。

> **值得一游**
>
> **和当地人一样购物**
>
> 帕罗有一些有趣的传统商店，顾客大多是当地人而非旅行者。他们没有固定的营业时间。Dophu Dolma General Shop和Lama Tshering Dorji General Shop，这两家商店都有一行转经筒作为标志，是销售各种佛教用品的商店，店内有经幡、香炉、塑像、酥油灯、喇叭，以及khuru飞镖和竹箭等非宗教用品。在主街上，**Zhayden Nagtsho Traditional Boot Unit**（见80页地图；☎272345）是购买传统手工不丹靴子的地方，一双刺绣靴子的起步价为150美元。

🍴 就餐

大多数游客都在入住的酒店内吃晚餐，但是你可以要求到下列地点用午餐。

Tshernoyoen's Café 咖啡馆 $

（见80页地图；咖啡90努扎姆，蛋糕50~70努扎姆；⏰周二至周日10:00~21:00；📶）帕罗第一家真正的咖啡馆，位于河流下游处，提供让人精神振作的浓缩咖啡和美味的萝卜糕，拥有轻松休闲的环境，非常适合坐下来喝上一杯咖啡，歇歇脚、读读报。

★ Sonam Trophel Restaurant 不丹菜 $$

（见80页地图；☎271287；主菜35~80努扎姆，套餐480努扎姆）位于楼上的这家餐厅供应经过改良的不丹家常风味菜，以迎合外国游客的口味，摆上餐桌的套餐（并非自助餐）很受小型旅行团的欢迎。午餐包括至少7道菜。饺子（momos）、无骨鸡肉、姜薯和菠菜奶酪（hentshey datse）都很不错。

Yue-Ling Restaurant 餐厅 $$

（见80页地图；☎272802；套餐420努扎姆）非常受旅行团欢迎的靠谱选择，供应可口的咖喱、素菜、馕和普利面包。如果你想试试热辣的当地菜肴，可以让导游给你端一盘专供司机和导游的食物。

Chharo Restaurant 各国风味 $

（见80页地图；☎272642；主菜60~110努扎姆）这家不错的游客餐厅（chharo意思是"友谊"）拥有品类丰富的意大利菜、中国菜和不丹菜，还可以制作布姆唐风格的荞麦烤饼和面条，不过需要提前预约。

Chharo and Dho Restaurant 餐厅 $$

（见80页地图；☎272802；套餐420努扎姆）为旅行团提供可口的套餐。

★ Bukhari Restaurant 餐厅 $$$

（见80页地图；☎271597；Uma Paro hotel；主菜450~1800努扎姆，套餐3000努扎姆；📶）乌玛酒店内的精致餐厅，被认为是峡谷内最棒的餐厅。菜单每三天更换一次；在我们调研时，这里的菜品包括温热的烤甜菜根汤、一种用Sechuan辣椒和酸橙酱制作的不丹hogey沙

拉。如果要用午餐，这里有受热捧的乌玛汉堡，用牦牛肉饼和布姆唐的"Gouda"奶酪制作而成。这里还提供不丹菜或印度菜套餐。

购物

镇上有许多手工艺品商店，销售从邮票到首饰的各色商品，大部分都接受信用卡付款。

Chencho Handicrafts 手工艺品

(见80页地图)这里有趣味盎然的当地手工艺商品，其中织造和刺绣尤为出色；这里还有织工现场工作。

Made in Bhutan 手工艺品

(见80页地图)这家热情待客的商店有一些价格昂贵的物品，例如银护身符和鲁特琴等，此外也有一些便宜的纪念品、珍稀邮票和明信片。

Vajrayana Art Gallery 工艺品

(见80页地图；chhidorj@hotmail.com)画廊销售自学成才的不丹艺术家Chimmi Dorje的作品，他将经幡和坛城图案等不丹主题融入抽象画之中。除了旺季，这家画廊经常关门歇业。

实用信息

不丹银行(Bank of Bhutan；见80页地图；☎271230；⊙周一至周五9:00~13:00，周六至12:00)设有一台自动柜员机。

不丹国家银行(Bhutan National Bank；见80页地图；⊙周一至周五9:00~16:00，周六至11:00)

Bhutan Nest(见80页地图；☎272689；每分钟3努扎姆；⊙9:00~21:00)除了上网服务，这里还出租山地自行车，每天1500努扎姆，也出租其他徒步游装备。

医院(见80页地图；☎271571)位于城北的小山上，可为游客提供急救。

Kuen Phuen药店(见80页地图)提供最基本的药品；位于Made in Bhutan对面。

联网网吧(Netlink Internet Café；见80页地图；每分钟1努扎姆；⊙9:00~20:30)

警察局(见80页地图)城镇广场西北，靠近帕罗曲河上的渡桥。

邮局(见80页地图；⊙周一至周五9:00~17:00，周六8:30~12:30)

到达和离开

帕罗机场(见80页地图)位于帕罗镇以南7公里处，距离廷布53公里。在帕罗市区六尊佛塔和帕罗宗堡廊桥附近，有一间不丹皇家航空公司办事处(见80页地图)。

合乘出租车前往廷布的费用为每座200努扎姆，或者每车600努扎姆；前往庞措林价格为每座400~500努扎姆。每天有Coaster客车前往廷布(45努扎姆)和庞措林(200努扎姆)，从帕罗镇上最西北的Dhug和Metho客运公司站点发车。

上帕罗山谷(Upper Paro Valley)

帕罗山谷向西一直延伸至边境的皑皑雪峰，但是道路最远只能通达杜克耶宗堡附近的Sharna Zampa，即帕罗再过20公里处。道路沿途有十几座度假村、田园风光以及一些不丹最著名的景点。在经过宗堡之后，有一个侧面山谷通往海拔5000米的卓木拉(Tremo La)山口，这里曾经是通往中国西藏的重要商贸通道。

祈楚寺(Kyichu Lhakhang)

从帕罗驾车，不用多久即可抵达祈楚寺(见88页地图)，这是不丹最古老且最美丽的寺庙之一。人们普遍认为这座庙由藏王松赞干布于659年下令建造，以镇压巨型妖怪的左脚，这个妖怪试图阻碍佛教传入藏区。1839年，帕罗佩罗和第25任杰堪布修建了其他建筑和金顶。

在进入温馨的内院时，你会在门廊右手边看到一幅壁画，画中人物是岭国的格萨尔王——藏族传说中的英武国王，其故事被编成世界上最长的史诗。

不丹第三任国王的格桑·旺楚克王后(Ashi Kesang Wangchuck)，于1968年捐资修建了古鲁拉康(Guru Lhakhang)。这里供奉着一尊高达5米的莲花生大师像以及红度母(Kurukulla)的塑像，后者手持由鲜花制作的弓箭。莲花生大师右边是供有顶果

降伏妖魔

公元641年，藏王松赞干布迎娶唐朝的文成公主时，她的嫁妆中包括一尊觉阿释迦牟尼佛像，这尊无价之宝是佛祖12岁的等身佛像。在前往拉萨的路途中，载着佛像的木车深陷在湿地之中，无法继续前行。文成公主觉悟到这是一个巨大的仰卧妖女在作祟，于是在妖女肚脐处的湖泊旁修建了拉萨最重要的寺庙——大昭寺。

公元659年，藏王决定在同一天建立108座寺庙，从而将妖女永远镇于地下，此举无意间也使得所有藏民都成为佛教信徒。寺庙建于妖女的肩部和臀部，对应的是卫藏四区，还有膝盖和肘部，位于康青各省。妖女的手脚则被钉死在藏地边界，不丹境内的几座寺庙则镇住妖女的左腿。

其中最著名的寺庙就是镇住左脚的帕罗祈楚寺以及钉住左膝的布姆唐简培寺（见127页）。其他知名度稍逊的寺庙已经被毁，但人们相信，布姆唐的Konchogsum Lhakhang、伦奇南部的Khaine Lhakhang和哈阿宗的两座寺庙可能都是这个宏大计划的一部分。

钦哲仁波切（Dilgo Khyentse Rinpoche）骨灰的灵塔，他是受人崇敬的宁玛派佛教大师和太后的禅修上师，于1991年圆寂，后来在附近被火化。这里有一尊他的雕像，以及第四任国王的祖母和第一任国王的老照片。拉康角落里摆放着一堆由造桥师汤东杰布锻造的铁制连接件。华丽的雕刻木柱让人叹为观止。

主要的觉阿拉康（Jowo Lhakhang）内殿里供奉着峡谷内最重要的财富，一尊7世纪的觉阿释迦牟尼佛像，据说与拉萨大昭寺的著名塑像建于同一时期。在佛像前面，你会看到无数代信众在此磕头朝拜时在木地板上造成的凹槽。藏王松赞干布像位于左上角。大门的镀金工艺华美瑰丽。顶果钦哲仁波切生前的住所位于左手边，谢绝游客参观。

继续向北，在寺外沿着芝华林酒店旁边的一条侧路前行，就到了顶果钦哲仁波切1991年被火化的地方。他的转世灵童生活在拉康内，但通常不接受游客朝觐。转角处个头小巧而不起眼的Satsam Chorten（见88页地图），曾经是两个敌对佩罗之间的无人区的标志。从Satsam Chorten佛塔返回帕罗的土路是山地自行车手的理想选择。

桑伽哲千佛学院 (Sanga Choekor Shedra)

夜幕降临后，你会看到位于山谷北侧山顶上的桑伽哲千佛学院（见88页地图）一片灯火辉煌。约有100名僧人在这座佛学院（shedra）内学习佛法，造访这里的主要原因是可以在蜿蜒的之字形盘山公路上观赏峡谷风景。可以看看大门入口处的棕熊标本。在下山回城的路上，可以拜访小巧迷人的Kuenga Choeling Goemba（见88页地图），这里的僧人们会热情地向你指明前往附近Tsendo Girkha Goemba（见88页地图）的下山小道。

从河流北岸的土路前往桑伽哲千佛学院有12公里的路程。山地车爱好者可以骑车前往，然后经过人行桥前往祈楚寺。

虎穴寺 (Taktshang Goemba)

虎穴寺是不丹最有名的寺院，奇迹般地栖身于帕罗山谷上方900米的陡峭悬崖上，这里能听到的声音只有风吟、水流和转经筒的摩擦声。据说莲花生大师身骑母虎（莲师明妃益西措嘉的化身）飞到寺院所在的位置，降服了当地恶魔Singey Samdrup。然后，他在这里的一个洞中禅修了3个月。

这里长久以来就被视为一处圣地（ney）。据说米拉日巴曾在此打坐，汤东杰布曾在此取出伏藏（神圣的经文和法器），夏宗·阿旺朗杰也于1646年到访此处。来自不丹各地的信众都会到此朝圣。帕罗佩罗杰西·丹增立杰（Gyalse Tenzin Rabgye）于1692年在Dubkhang（又被称为Pelphu，莲花生大师曾经禅修的神圣洞穴）周围建造了主要的拉康。

1998年4月19日，一场大火（有传言是人为纵火以掩饰盗窃行径）使虎穴寺主体结构

Upper Paro Valley 上帕罗山谷

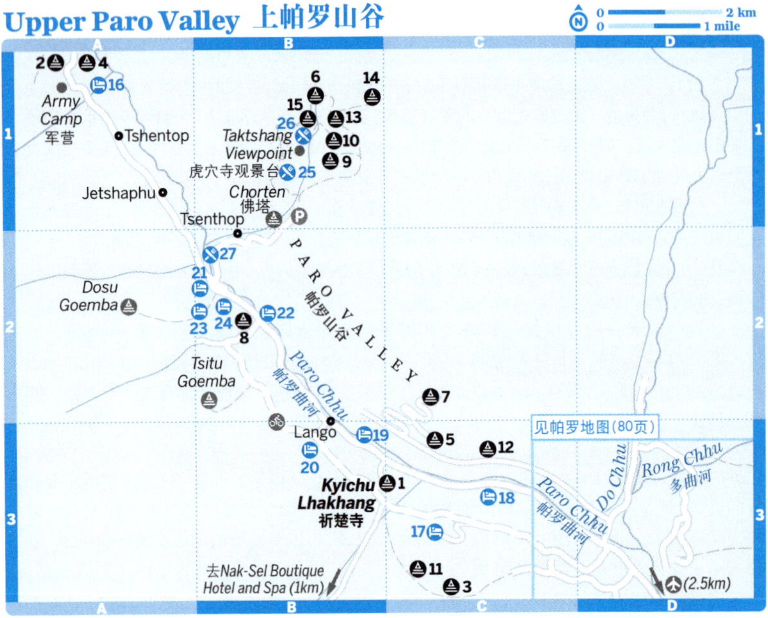

及内藏物品化为灰烬。此前这座寺庙在1951年也曾遭遇火灾并进行重修。火灾后的重建工程于2000年4月开始，为此耗资1.3亿努扎姆，2005年国王出席了寺庙重建完工的再开光仪式。传说原来的建筑是用空行母（dakinis；佛教女性上师）的头发固定在崖壁上。最早的建筑材料都由空行母运到崖壁上。重建团队只能借助一套钢缆设备完成这一重任。

从帕罗往北行驶8公里，右转进入一条平整的道路，然后爬升3公里，路过一座白色佛塔和一座小拉康，就到了海拔2600米的虎穴寺停车场，然后下车步行前往虎穴寺吧。

景点和活动

虎穴寺 佛教、寺院

（Taktshang Goemba；见88页地图；⏲10月至次年3月每天8:00~13:00和14:00~17:00；4月至9月至18:00）游客可以进入寺院，只要你的向导已经提前安排好标准许可证。包、手机和相机都必须寄存在大门处，在驻守军人的监督下进行登记。

当你走进建筑群，首先要经过三怙主（文殊菩萨、观音菩萨和金刚手菩萨）画像下方。往右看，找找那块古老的石头，不丹人站在划定的线前，试图闭着眼睛将拇指塞入石头上的小洞中，据说这是一种测试功德的方法。

大部分旅游团接下来都会参观Dubkhang（Pelphu Lhakhang），这是莲花生大师曾经禅修三个月的洞窟。洞外是一尊莲花生大师骑乘母虎飞来虎穴寺时的化身，忿怒金刚塑像。内洞被一扇金碧辉煌的门封住。莲花生大师的壁画——莲师八相，布满了墙壁。在你身后，大门内侧上方是一幅汤东杰布手持铁链的壁画。

从这里开始上坡，首先是Guru Sungjem Lhakhang，里面供奉着莲花生大师的八个化身之一——白玛炯内。这座佛像如今取代了毁于1998年大火的那座著名的“会说话”的塑像。墙壁上是无数可怖的兽头人身神像和Phurba之神的化身，外面则是保护神Tseringma雄跨雪狮的形象。

左手边的下一个殿堂与金刚亥母（Dorje Phagmo）有关，岩画上描绘的是这位女神的王冠藏匿于地板上的洞中。内殿供奉的是Langchen Pelgye Tsengay，9世纪莲花生大师的弟子，他也曾经在洞内打坐。殿堂后面有

Upper Paro Valley 上帕罗山谷

重要景点

1 祈楚寺……C3

景点

2 Choedu Goemba……A1
3 Dranjo Goemba……C3
4 杜克耶宗堡……A1
5 Kuenga Choeling Goemba……C3
6 玛吉布寺……B1
7 桑伽哲千佛学院……C2
8 Satsam Chorten……B2
9 Shama Lhakhang……B1
10 虎穴寺……B1
11 Tingchok Goemba……C3
12 Tsendo Girkha Goemba……C3
13 Ugyen Tshemo Lhakhang……B1
14 Yosel Choekhorling……B1
15 桑东巴瑞拉康……B1

住宿

16 安缦度假村……A1
17 Dewachan Resort……C3
18 Janka Resort……C3
19 Kichu Resort……B3
20 Tenzinling Resort……B3
21 Tiger Nest Resort……B2
22 Udumwara Resort……B2
23 Ugyen Phendeyling Resort……B2
24 芝华林酒店……B2

就餐

25 自助餐厅……B1
26 Tashi Tashi Cafe……B1
27 Yak Herders Hut……B2

一眼圣泉。

继续往前，左手边是Drole Lhakhang，僧人们在这里送出祈福绳（sungke），右边则是Guru Tsengye Lhakhang，里面供奉着这座寺庙17世纪创建者杰西·丹增立杰的塑像。可以向殿内的僧人请教暗门所在！继续向前是一个酥油灯殿堂（可以捐20努扎姆请上一盏）。你还可以去看看殿堂上方的虎穴洞，但是攀上爬下太过危险。

参观完虎穴寺，顺路重新爬升至之前的观景点，如果意犹未尽，可以顺着一条明确标识的小路攀爬15分钟去参观玛吉布寺（Machig-phu Lhakhang，见88页地图），不丹信众到这里来祈求生子。殿堂后面有一个洞窟，选择右边的圣人玛吉拉尊（Machig Labdron）祈求生女，或者洞内左边墙壁上的阳具图案祈求生男。殿堂内供奉的主神像是玛吉（Machig）及其丈夫帕当巴·桑杰（Padampa Sangye）。

➡ 徒步前往虎穴寺

前往虎穴寺的方法包括步行、骑马或骑乘飞虎从天而降（这通常只有密宗法师才能做到）。1小时45分钟的步行之旅是所有观光线路必不可少的一段，其间的瑰丽风景不容错过。如果你打算开展山地徒步，那探访虎穴寺的这段路程也是不错的热身。如果全程徒步让你心生畏惧，那么你可以步行（或骑马）1小时抵达木屋茶餐厅“cafeteria（自助餐厅）”，这里是欣赏虎穴寺全景的好地方之一。如果你想骑马（500/800努扎姆前往自助餐厅/寺庙），一定要提前将要求告知向导。戴上帽子，备足饮用水。

这条小路顺着乔松林向上爬升至三座由流水推动的转经筒处，然后顺着陡峭的山岭按Z字形前行，那里会有一个标语提示你：“步向上师的荣耀！在这个国家，有一个无比受人爱戴的国王！”如果你刚飞抵帕罗，那么就走慢一点，否则可能会有轻微的高原反应。

在抵达山岭后，能够俯瞰美丽的山谷，向西南还能欣赏到杜克耶宗堡。在攀爬约1小时后，高度上升300米，你会在山岭上看到一座小佛塔以及五彩经幡。在这里时要小心一点，因为小路穿过一个射箭场。随后行走一小段距离就到了自助餐厅（海拔2940米），你可以在这里坐下来边喝茶，边享受不远处寺庙的壮丽风景。**自助餐厅**（见88页地图；☎17601682；茶和饼干84努扎姆，自助午餐420努扎姆；⏲12:00~15:00；✎）还可供应全素套餐；如果行程安排得当，你可以在这里享用简单的早餐或午饭套餐。

小路从这里继续向前，行走30分钟后会到达一眼泉水以及陈设简单的寺庙客舍。如果你仍被饥饿感包围，旁边有一条小路通往Tashi Tashi Cafe（见88页地图；套餐410努扎姆）。一个洞窟和牌匾标志着一位杰堪布的诞生地，他此前的居所就在山上。顺着主道继续

另辟蹊径

布姆扎徒步路线

这已经不再是神话：你的确可以“从天而降”虎穴寺，但不是骑在飞虎的背上。需过夜的布姆扎徒步路线第一天将带你到虎穴峰高处，确保你第二天能穿越森林，下降到举世闻名的虎穴寺。徒步路线和露营地都由Bhutan Trekking & Hiking Services（☎02-325472; www.trektobhutan.com）开发，可通过你在不丹的旅行社预订。

这条徒步路线的起点是海拔2800米的桑伽哲千佛学院（Sanga Choekor Shedra，见87页），小路从这里平稳地穿越乔松林，直抵一片红杜鹃盛放的高大橡树林。从起点出发徒步4小时后，你会到达Chhoe Chhoe Lhakhang，它高居一片可俯瞰帕罗曲河和多曲河（Doriver）的山坡上，在这里可以享受突如其来的喜马拉雅风景以及热乎乎的午餐。

午餐之后，走一小段即可抵达布姆扎拉康（Bumdra Lhakhang; 海拔3900米）旁的牦牛牧场里的一片开阔露营地。如果体力允许，你可以爬到北边的一座山峰上，尽享雪峰胜景，并参观悬崖边供奉着莲花生大师神像的拉康。

第二天早晨，吃过热乎乎的早饭后，穿过落叶松和高大的胶冷杉树林抵达海拔3300米的Ugyen Tshemo Lhakhang，它就位于此时尚未露出真容的虎穴寺正上方。徒步2小时后，你会渡过一条小溪，溪水推动着转经筒，在虎穴寺旁的悬崖上形成一道瀑布，接着小路就与前往虎穴寺的主路汇合。在探访虎穴寺（见87页）之后，可以沿着主路前往停车场，让疲惫的双腿休息一下。

前行一小段，就到了壮观的观景台（见88页地图），这里海拔3140米，使你能够与这座神奇寺庙面对面——感觉它就像是从岩石上长出来的一样。

从这个角度看，虎穴寺似乎已经触手可及，但是它其实地处一个深达150米的峡谷的另一边。小路峰回路转，经过一个迷人的酥油灯小殿，下降至Singye Pelphu Lhakhang（雪狮洞）旁边的瀑布处。这座洞窟是莲花生大师的明妃益西措嘉（Yeshe Tshogyel）的精修之地，它位于一道狭窄的石缝中。随后向上攀登直抵寺庙山门。

➡ 虎穴峰徒步（Taktshang Hiking）

除了原路返回停车场外，你还可以选择用2～3个小时徒步前往高处的佛堂，然后沿着更陡峭的小路下降至停车场。在玛吉布寺（Machig-phu Lhakhang）旁边，就有一条小路顺着几座木头梯子向上爬升，随后的路口向右步行15分钟可到达Ugyen Tshemo Lhakhang，向左则前往桑东巴瑞拉康（Zangto Pelri Lhakhang; 见88页地图），以莲花生大师居住的铜色吉祥山为蓝本建造，栖息于悬崖峭壁上，从寺后可以俯瞰整个虎穴寺。在大殿内摇动骰子，你生小孩的概率就会大增。从这里出发，沿小路开始下降并经过一口迷人的圣泉（在一扇木门后），然后回到寺庙的客舍。

Ugyen Tshemo Lhakhang（见88页地图）外面是4位引人注目的保护神。寺内有一座立体坛城，以及从60年前的一场火灾中抢救出来的一些烧焦的塑像。如果你体力充沛，在返回前还可以继续前往Yosel Choekhorling（Yoselgang; 见88页地图）。

从Ugyen Tshemo Lhakhang出发，沿着陡峭的小路向谷底步行15分钟，然后在岔路口右转，经过一座佛塔后，就到了悬崖边上的Shama Lhakhang（见88页地图），它就在虎穴寺边上，但是从虎穴寺无法直接前往。小心这里的雪羊（jaru）。

回到路口，沿着陡峭的下坡路走45分钟，就到了停车场前面的3座流水转经筒处。前往虎穴寺加上从这条线路返回共需6个小时。下雨时最好不要尝试这条险峻的小路。

就餐

Yak Herders Hut 餐厅 $$

（见88页地图；☎17111142；早/午/晚餐套餐240/420/450努扎姆）你的向导可以帮忙在这个舒适的地方预订早餐、午餐或晚餐。这座餐

厅位于通往虎穴寺的分岔路上，有传统的桌椅，以及别具一格的氛围。

杜克耶宗堡 (Drukgyel Dzong)

在距离帕罗14公里的公路尽头，屹立着杜克耶宗堡（见88页地图；⏲8:00~17:00）的遗址。这座宗堡由夏宗·阿旺朗杰建于1649年，旨在扼守前往中国西藏商路的要冲。宗堡的名字由“不丹（Druk）”和“胜利（gyel）”组成，以纪念不丹在1644年击败外来入侵者。宗堡的一大特色就是拥有一扇假门，它曾将发起第二次进攻的入侵者引入一个封闭的庭院中。

这座宗堡地处藏地古道翻越卓木拉山口进入帕罗山谷的必经之地，后来逐渐发展成为一条重要的商路。不丹的稻米被运往中国西藏的小镇帕里（位于中国西藏亚东县），换回食盐和茶砖。如今历史上的商队早已被徒步游团队所取代，你可以在这里看到准备在珠穆拉里徒步的赶骡人。

这座宗堡一度被用作世俗行政中心，但是1951年一盏酥油灯引发的大火使其损毁严重。你仍然能看到断壁残垣中被烧焦的横梁。后来尝试了几次重修，但是如今已完工的仅仅是在五层的主体结构上安装了新屋顶，以防止其被侵蚀和发生坍塌。

在宗堡漫步时，你会经过左手边的一座小殿，右手边有一座佛塔，然后就是高塔遗迹和引水渠遗迹，这条水渠曾经在宗堡遭遇围困时用于从山下取水。宗堡结构所剩无几，较完整的只有前面庭院遗迹后面的瞭望塔（ta dzong）。

回到村里，你可以轻松漫步到小巧的Choedu Goemba（见88页地图），里面供奉着一尊当地保护神Gyeb Dole的塑像。

前往宗堡的公路中途经过Jetshaphu村、几座军营以及安缦度假村。在天空晴朗的日子里（通常是10月或11月），一路上能看到珠穆拉里的锥形雪峰，因此这也是一条不错的骑行线路。

帕罗东南

有两条公路从帕罗向南前往邦迪（Bondey），在我们调研期间，那条位于河流和机场之间的新路正在修建中。从邦迪出发，公路向西直抵哈阿，向东南通往距离帕罗24公里、距离邦迪18公里的曲佐姆（Chhuzom）河口。

帕罗至邦迪 (Paro to Bondey)

6公里

帕罗南部的西岸公路经过机场和Khangkhu村直抵邦迪，邦迪位于机场东南处，横跨帕罗曲河两岸。一些分岔路上可以欣赏飞机在机场起起落落的风景。

经过前往其列拉山口（Cheli La）的岔道后，在帕罗曲河西岸有一座400年历史的邦迪寺（Bondey Lhakhang，见80页地图）。在帕罗曲河东岸靠近Bondey Zam的主路边上，有一座由汤东杰布建造的迷人而与众不同的塔格寺（Tago Lhakhang，见80页地图）。一座圆形佛堂占据了上层楼，如果看门人不在，可以找隔壁Tharpala General Shop的店主拿钥匙进门参观。从塔格（Tago）开始一段15分钟的上山步行路程（驾车只需几分钟），会带你到达小巧的巴瑞寺（Pelri Goemba，见80页地图），这是一座罕见的宁玛派佛殿。这个流派在与占主导地位的噶举派发生矛盾后，影响力已大不如前。

其列拉山口 (Cheli La)

如果你没有时间造访哈阿山谷，那么可以从帕罗驾车35公里前往海拔3810米的其列拉山口，来一段趣味盎然的一日游。这里也是前往旗拉庵（Kila Nunnery）的单日徒步游的起点。在天空晴朗的时候，这里能清晰地看到珠穆拉里以及哈阿山谷的美丽风景。了解经由山口前往哈阿山谷的详情，可参见93页。

帕罗至廷布 (Paro to Thimphu)

53公里

从帕罗到廷布驾车需要2个小时，如果中途停车游玩，时间会更长一些。

邦迪至曲佐姆 (Bondey to Chhuzom)

18公里 / 30分钟

如果你是从机场出发，那么首先会经过有着美丽传统民居和佛堂的邦迪镇。

铁桥建筑师

汤东杰布（1385~1464年）是建造了无数奇观的中国西藏圣人，同时据说也是首位在建造悬索桥过程中采用重型铁链的工程师。他在中国西藏和不丹共建造了108座桥，为自己赢得了“铁桥活佛（Lama Chakzampa）”的绰号。

1433年，他来到不丹寻找铁矿石，期间在帕罗和塔希冈等偏远之地建造了8座桥。在帕罗的国家博物馆和帕罗山谷的祈楚寺，你还能看到一些用来建桥的铁链。遗憾的是，唯一有幸留存至今的汤东杰布桥——位于不丹东部前往塔希央奇道路上的Duksum桥，于2004年被洪水冲毁。

使这位中世纪文艺复兴时期的巨匠流芳的，不止是工程方面的成就。他还创造了许多传唱至今的民歌，人们在扬麦或建房夯土时都会高声唱起，此外他还是拉姆藏戏（Lhamo）的创始人。他同时也是一位重要的宁玛派伏藏师（terton，找到被莲花生大师封藏的神圣经文和法器的人），并享有“大魔术师（Drubthob）”的头衔。在帕罗，他建造了奇妙的佛塔形杜泽寺。他的后裔仍负责维护附近的唐秋拉康。

汤东杰布的雕像将其塑造为身材矮胖、上身赤膊、留有胡须、卷发结顶、手持一节铁链的形象。

距离邦迪1公里处就是家庭经营的**岑登香厂**（Tshenden Incense Factory；☎271352；⏲周一至周六），你可以在此欣赏煮沸、染色、挤压和干燥等全部过程，当然你得让导游提前预约。继续前行2公里，在Shaba有两处悬崖上的景点。从军营旁的一条小道出发，走一小段距离就到了**Drak Ngagpo**（黑悬崖）隐修处，继续沿着起伏不平的道路往前走一小段，就到了**Drak Kharpo**（白悬崖），莲花生大师曾在这座悬崖峭壁上的寺庙里禅修数月。在距离邦迪12公里、距曲佐姆8公里的Isuna，一座桥将道路引向帕罗曲河南岸。

在距离曲佐姆还有5公里的地方，道路经过**唐秋拉康**（Tamchhog Lhakhang），这座私人寺庙位于河对岸，其所有者是著名的中国西藏桥梁建造师汤东杰布的后裔。这里的传统风格铁桥于2005年重建，采用了汤东杰布在不丹东部建造的Duksum桥所使用的一些铁链。桥梁上方的一个小洞以及蛇形山坡口上的神殿，据说就是汤东杰布的铁矿所在地。

在进入有600年历史的寺庙时，你几乎可以感觉到时间在这里放慢了脚步。美丽的壁画在数百年的时光里被酥油灯烟雾熏黑。主殿内的Kora（转经）道路中间是汤东杰布及其子德瓦赞布（Dewa Tsangpo）的壁画。楼上goenkhang（保护神殿堂）的门框上挂着骷髅头和犀鸟喙，里面供奉的是当地保护神Maza Damsum。这是一个充满神奇魅力的地方。

曲佐姆（chhuzom），众所周知是“河流交汇处”，位于帕罗曲河和旺曲河（“chhu”意思是“河”，“zom”意思是“交汇”）交汇之处。由于不丹传统认为河流交汇处是不吉利的地方，因此这里建有3座**佛塔**来镇压当地的邪灵。这三座佛塔分别采用三种建筑风格：不丹式、藏式和尼泊尔式。

曲佐姆也是一个重要的陆上交通枢纽，向西南可至哈阿（79公里）、向南可达边境小镇庞措林（141公里）、朝东北可前往廷布（31公里）。当地农民坐在马路边，出售蔬菜、苹果和干酪。

曲佐姆至廷布 (Chhuzom to Thimphu)

31公里 / 1小时

道路沿着旺曲河谷盘旋而上，山坡开始出人意料地变得荒芜。在经过曲佐姆之后3公里，有一条崎岖的小路通往Geynikha（Geynizampa）以及达嘎拉千湖徒步线路的起点。

在经过前往Kharibje的路口以及从前的Khasadrapchhu水电站后，峡谷在小村**郎色林**（Namseling）变得豁然开朗。道路上方有许多苹果园。其中许多水果都远销国外，尤其是孟加拉国。到秋天时，人们都会在路边临时搭建的摊位上叫卖苹果和蘑菇。

廷布"高速公路"渐渐降入谷底，从南部进入廷布。还有一条年头久远的公路经由Babesa和辛托卡前往廷布，你可以在途中参观辛托卡宗堡，或者完全绕过廷布前往普那卡。

哈阿宗(HAA DZONGKHAG)

与世隔绝的哈阿山谷位于帕罗山谷西南，隐匿于高耸的其列拉山脊背后。除了能方便地前往中国西藏，这个偏远的山谷一直游离于主要商路之外和蓬勃兴起的旅游业边缘。这道山谷是多杰家族的源起之地，如今的太皇太后格桑·旺楚克太后就是这个家族的一员。

在前往不丹的游客中，只有不到10%的人会探访哈阿，但这里的确是一个诗情画意的山谷，尤其适合山地自行车骑行和徒步，而且这里为你提供了众多"不走寻常路"的机会。峡谷里至少有10多座佛寺。也许探索这里的最佳方式是用一天的时间，骑行前往附近的景点。

有两条路前往哈阿。一条从帕罗出发，经海拔3810米的其列拉山口到达。另一条则是在廷布—庞措林公路（Thimphu-Phuentsholing）上的曲佐姆处转弯，然后南行，沿着旺曲河前行，然后转弯进入哈阿山谷。

帕罗经其列拉山口至哈阿（Paro to Haa via Cheli La）

68公里 / 2.5小时

在帕罗南边的邦迪（Bondey）拐上岔路，可经由不丹海拔最高的机动车道——其列拉山口，用2.5小时抵达哈阿。随着公路爬升，左手边会出现一条通往2公里外Dzongdrakha Goemba的小路，寺内的4座殿堂和1座白色大型尼泊尔风格佛塔，都坐落于悬崖边缘。这里是莲花生大师降妖伏魔的几处圣地之一，值得前往探访。

随着你向山口爬升，可以注意看路边的泉水（drub chuu），附近还有莲花生大师及其2位明妃的岩画。从Dzongdrakha路口前行约20公里有一条非常容易错过的岔道（可以在这里野餐），这条路通往旗拉庵（Kila Nunnery）。

当你最终到达其列拉山口时，不妨像不丹人一样发自肺腑地高声喊出"愿神明得胜！（lha-gey lu!）"。有一块公告牌标明山口的海拔为3988米，但是真实数字其实是3810米。如果帕罗在下雨，那么这里很可能会下雪——即便是在4月末。在10月和11月天气澄明的日子里，你可以在小道上步行1个半小时，登上山脊饱览壮观的珠穆拉里山景。如果你喜欢不走寻常路，而且愿意活动筋骨，可以考虑前往旗拉庵，这是一座建于公元9世纪的静修所，据说是不丹历史最悠久的尼庵。一条小路从其列拉山口出发，下行至这座尼庵，从这里你可以继续下山返回主路，坐上在此等候的汽车。

在沿着蜿蜒曲折的道路行进26公里，从山口前往哈阿时，你很快就能看到哈阿宗堡的金顶。

哈阿（Haa）

☎08 / 海拔 2670米

哈阿城镇沿着哈阿曲河两岸分布，形成了两个截然不同的区域。南岸大部分都被印度军事训练营（IMTRAT，还有一座沙地高尔夫球场）和不丹陆军训练营占据。这里还有宗堡和佛寺。北部的中心市集是主要商店和当地餐馆所在地。

镇南的三座小山以佛教三怙主（the Rigsum Goempo）命名，分别是仙乃日（观音菩萨）、夏诺多吉（金刚手菩萨）和央迈勇（文殊菩萨）；它们同时也被认为是峡谷内三位保护神的化身。

沿着风景如画的道路继续一路向北，经过塔伦山谷（Talung valley）和春杜拉康（Chhundu Lhakhang），最后在离哈阿城镇15公里的Damthang画上句号。劝你还是在碰到不丹军事基地的大门之前赶紧掉头回去吧。

景点

旺楚罗宗堡（Wangchulo Dzong） 宗堡

哈阿的旺楚罗宗堡是不丹最年轻的宗堡

之一，建于1915年，用来替代此前较小的另一座宗堡。如今它位于印度陆军营院内（一个醒目的佛塔就是营院大门），宗堡内设有一些陆军办公室以及一座配给商店。

哈阿扎仓寺（Haa Dratshang） 寺院

由70位僧人组成的僧团并不在宗堡内，而是在哈阿扎仓，这里也被称为白色大殿（Lhakhang Kharpo），位于镇南入口处。每年不丹历八月初八和初九，这里都会举办戒楚节，初十则会在旺楚克宗堡晒唐卡。向扎仓（佛学院）后面步行10分钟就到了黑色大殿（Lhakhang Nagpo），这里有几条小路通往Shek Drak。

Shek Drak 佛堂

在哈阿扎仓向峡谷内步行一小段就到了Shek Drak，这是位于山坡上的一座小型静修中心。沿着哈阿扎仓南边的小路步行至Domcho村，然后继续前行至半山腰（约3.5公里）可到达Takchu Goemba。从这里出发，继续向上走10分钟就到了小巧迷人的佛堂，这里有一位喇嘛和一名僧人值守。

食宿

★ Lechuna Heritage Lodge 历史度假屋 $$

（☎347984；www.bhutanlhl.com；Lechu；标单/双3300/3810努扎姆；📶）这个美丽的度假屋由经过复建的农舍构成，共有7间客房、3间公共浴室和4间独立厕所。当然，它其实比听上去要舒服得多，因为修复工作成功地将现代化的舒适设施与原有的传统结构紧密结合到一起。楼下有一间惬意的酒吧，公共区域提供滴滤咖啡和茶，独立的厨房内还有一张公用餐桌。这座客栈地处哈阿镇以北10公里，位于风景如画的Lechu村内，是开展谷内短程或远途环游的理想休息地。

Risum Lodge 酒店 $$

（☎375350；risum_77@yahoo.com；Wantsa；标单/双2400/2640努扎姆）这里有干净舒适的标准住宿，掩映于松树绿荫之下，房内带有热水浴室、加热器，楼上的房间还有阳台。餐厅内的相册里有许多附近寺庙的信息，包括离此不远、步行可至的Wantsa Goemba。这座酒店位于连接城镇南北片区的道路东侧。

Hotel Lhayul 餐厅 $

（☎375251；主菜70~85努扎姆）这里是一个吃午餐的好地方，有舒适的沙发和一间酒吧，但你需要让导游提前预订。虽然人们到这座酒店通常都是为了吃饭而非住宿，但这里也有条件简单、价格略贵的房间（单/双1800/2280努扎姆）。它位于镇上的中心集市区内。

哈阿山谷周边

Juneydrak

在哈阿以北约1公里处，Two Sisters Hotel酒店和医院附近的主桥前，一条越野车道向东1公里可抵达卡措村，从这里你可以愉快地前往Juneydrak hermitage（也被称为Juneydrag）。这座悬崖边的静修所有一处玛吉拉尊（1055~1132年）的足印，她是著名的密宗修行者，据说习得了施身法（chöd ritual），即在禅定练习中，想象切割自己的身体，布施给一切众生。

从这个村子出发，有一条小路沿着小溪经过一个玛尼堆后，到达“两条腿”的拱门佛塔（被称为“khonying”）。过桥后，沿小路向上穿过一片杜鹃林。在看到一块用宗卡语（不丹官方语言）书写的标牌后，选择左边的小道，向上爬直到看到一座佛塔，你就到了静修所的山门前了。这里有一处标示，上面写着请游客不要打扰隐修者，因此不要进入拉康。如果你想试试，那么门廊处的一个青面恶魔像会打消你的念头。

在这里，有一排木头梯子向上通到悬崖，小路在裸露的断崖上蜿蜒前行。如果你恐高或是在下雨，不要尝试这条线路。小路最终通往卡措寺（Katsho Goemba），在这里能饱览卡措村（Katsho）的美丽风光。你可以让车辆在此等待。

另一种路线难度不高，你可以驾车前往卡措寺，然后从这里出发下山去Juneydrak。

扬推寺和周边（Yangtho Goemba & Around）

在前往卡措村路口的北边，有条主路，穿过河来到南岸，再向峡谷延伸，途中经过几座村庄。从哈阿出发5公里，一条小路向右过河经过扬唐村（Yangthang），前往几座地处偏

寻找蓝花绿绒蒿

如果你想要一睹著名的喜马拉雅蓝花绿绒蒿（Meconopsis grandis，不丹的国花），那么就得从哈阿出发步行前往。从6月中旬至7月底，各种类型的花朵在哈阿周边的高山垭口附近争奇斗艳。其列拉山口和琼辛拉是最佳观赏地。不丹共有5种喜马拉雅蓝花绿绒蒿，此外还有红色、黄色和白色的花。爱花者还会寻找较大的奶白色绿绒蒿，这是哈阿特有的花儿。夏季则是各种高山花朵竞相绽放的季节，但是观花者需要带齐雨具，并且预防蚂蟥！

僻的佛寺，它们都值得你进行一番探索。

道路蜿蜒进入支流河谷，随后将经过扬唐村的祭祀地，如今这里每年都会被用来祭祀当地神灵春杜（Chhundu）。在Makha Zampa桥右转，前行1.5公里到达山脊上的扬推寺（Yangtho Goemba）。这座寺院迷人的上殿壁画描绘了桑东巴瑞（莲花生大师的居所）以及据说居于寺外池内的错满（tsho-men，水神）。可以请寺内僧人展示一下那套神奇的中世纪捕鼠器。

回到桥边，沿左边的道路向峡谷深处前行2公里到达塔伦村（Talung）和Tsenkha Goemba（标有Changkha）。意志坚定、身体强壮的探索者可以从这里的支路前行2公里，绕行至Jangtey Goemba。此外还有一条2天的徒步路线，继续沿着塔伦峡谷上行，经过萨嘎拉山口（Saga La）前往杜克耶宗堡。

春杜拉康（Chhundu Lhakhang）

沿着主路继续前行3公里（距哈阿11公里）就到了春杜拉康（又名Getsu Lhakhang），这是供奉谷内保护神的几座殿堂之一。从Chenpa Haatey（Lechu）村沿一条水泥路向下步行5分钟，经过Yakchu Zam桥后，就到了这座古朴沧桑的大殿。如果寺庙关门，可以打电话给看门人（☎77210520）。蓝脸的春杜神和他红脸的表亲Jowya分处主佛坛两边的玻璃柜里，怒视着每位来访者。

春杜是一位爱惹麻烦的神，他先是与廷布的保护神Gyenyen不睦，后来又与帕罗的吉楚扎杰（Jichu Drakey）发生争执，导致帕罗的保护神偷走了哈阿的所有水——据说这就是哈阿无法种植水稻的原因，最后这位不安分的保护神被夏宗法王流放到哈阿。附近的扬唐村每年都会举行祭祀春杜的仪式，这也向外界展示了在佛教到来之前，本土信仰就已深深扎根于这片土地上。

哈阿至曲佐姆（Haa to Chhuzom）

79公里

从哈阿镇出发，前行6公里到达Karnag（又名“Karna”），继续前行2公里到达Jyenkana，然后再走19公里到达Nago，这里的流水转经筒画面令人陶醉。接着往前走几公里就是Bietakha，这里的宗堡在2009年和2011年地震后显得摇摇欲坠。在40公里处，距离Gyeshina不远的地方，可以在公路下方找找非常上镜的Gurugang Goemba。

在河流上方，高高的道路盘旋转入一个深阔的支流河谷内，从苏萨那村（Susana）下方经过，前往蒙德冈（Mendegang）。在Tshongkha的民居和朴素的饭馆附近，有一条路上行15分钟通抵Phundup Pedma Yoeling Shedra。道路在支流河谷进进出出，中途经过多布吉宗堡（Dobji Dzong），这里从1976年开始就是不丹的中央监狱，如今则是一座有着22位僧人的小型宗教学校（古老的监牢摇身变为教室！）。传说米拉日巴（Milarepa）曾经在此过夜。在我们调研期间，当地正在修建一条通往这座宗堡的新路，以替代目前需要穿过一座采石场的土路。

道路继续下行至旺曲河边，在曲佐姆与主路交会。从曲佐姆前行24公里（45分钟）到达帕罗，或者31公里（1小时）前往廷布。

普那卡宗（PUNAKHA DZONGKHAG）

廷布至普那卡（Thimphu to Punakha）

76公里／2小时45分钟

从廷布驱车前往普那卡，沿着国家公路

(the National Hwy)翻越多楚拉山口(Dochu La),从海拔较高的廷布直下到清爽怡人、郁郁葱葱的普那卡山谷。

廷布至多楚拉山口 (Thimphu to the Dochu La)

23公里 / 45分钟

从廷布出发,有条公路通往帕罗和庞措林,这条公路上有条向东走的分叉小路,顺着这条小路盘山前行,就到了东西走向的国家公路。在经过路口约1公里处,是观赏辛托卡宗堡的好地点。公路逐渐爬升,穿越苹果园和乔松林,到达海拔2890米的Hongtsho,这里有一个出入境检查站,控制着所有前往不丹东部的通道。你的导游会出示已办理好的禁区旅行许可证,使你有机会和路边的核桃、苹果以及干奶酪小贩们讨价还价。

在对面南边山谷的山脊上屹立着塔希冈寺(Trashigang Goemba),你可以从Hongtsho(见72页)下面的一条小道前往拜访。

公路渐渐爬升至海拔3140米的多楚拉山口(Dochu La),最醒目的标记是风中飞舞的无数经幡,以及108座佛塔。在天气晴好的时候(只有在10月至次年2月之间),站在山口能看到壮丽的不丹喜马拉雅全景——一些旅行团会特意开展黎明之旅,来到这里观赏日出时的喜马拉雅胜景。这些纪念碑修建于2005年,以纪念在驱逐不丹南部阿萨姆武装分子的战斗中牺牲的将士们。你可以自带经幡到这里悬挂起来。

附近的楚克旺耶拉康(Druk Wangyal Lhakhang)值得探访,参观现代卡通风格的壁画。其中的图画包括第四任国王与印度叛乱者在丛林中作战、僧人使用笔记本电脑、一架不丹皇家航空公司的客机,以及这个王国的一段现代史。这是21世纪和15世纪不丹典型场景的大杂烩。在你读到本书时,附近的Druk Wangyel Café Dochu La应当已经开业,你可以在此享受热饮和小吃,此外还有一家礼品店。每年12月13日,拉康附近都会举办多楚拉旺耶节(Dochu La Wangyal Festival)。

佛塔上方山头上的美丽杜鹃林,是占地47平方公里的皇家植物园(Royal Botanical Park)的一部分。如果你是在3月中旬至4月底之间来这里,不妨花点时间在森林中漫步,欣赏繁花似锦。这里也是一个观鸟的好去处。多楚拉自然小道(Dochu La Nature Trail, 1.2公里,1小时)从多楚拉咖啡馆附近出发,在Lamperi拐上公路。鲁密沙瓦古道(Lumitsawa Ancient Trail; 4.7公里,2小时)从这里下山,在鲁密沙瓦汇入公路。这两条小道都是廷布和普那卡之间最原始道路的一部分。如果时间充裕,你可以花半天时间经由伦楚泽卡寺(Lungchuzekha)和塔希冈寺步行返回Hongtsho(见72页)。从Hongtsho上方的Tharana出发,可以沿山脊徒步半天抵达多楚拉山口。

山口下方的山上是多楚拉度假村(Dochu La Resort; ☎02-380404; www.dochularesort.com; 标单/双1920/3000努扎姆),许多人都会在此小憩,打尖喝茶(早/午餐360/480努扎姆)。度假村主人还经营着刺绣唐卡(thangka)业务,其中包括戒楚节上的巨幅唐卡,此外这里还有一间小特产商店。在景色清丽的10月和11月,这里是非常热门的过夜地点。

这里还有一部威武的双筒望远镜,它是京都大学登山俱乐部(Kyoto University Alpine Club)队员在1985年首次成功登顶马桑刚峰(Masang Gang,海拔7165米)之后留下的纪念品。这里的一张照片标明了地平线上拔地而起的诸峰(名称拼写和标示海拔与本书不大一样)。其中岗卡彭森峰(Gangkhar Puensum,海拔7541米)是完全在不丹境内的最高峰,库拉冈日峰(Kulha Gangri,海拔7554米)更高,但它地处不丹和中国的边境线上。通过这部望远镜,你也许还能看见加萨宗堡,它是位于北边50公里外的一个白色小斑点。

山口附近据说多为邪灵栖身之所,其中包括一个吃人的女魔。"癫圣"竹巴衮列喇嘛在普那卡山谷建造了切米拉康(Chimi Lhakhang),以震慑这些邪灵恶魔。

多楚拉山口至梅钦那 (Dochu La to Metshina)

42公里 / 1.5小时

从谷底到山口,植被发生着层次鲜明的剧烈变化,从橡木、枫木和蓝松,到杜鹃、桤木、柏木、铁杉和冷杉等湿润山地森林。这里还生长着大量的瑞香植物，这种灌木的皮可以用来制作传统纸张。位于下方几公里处的白色大佛塔因该路段事故发生率较高而修建，以佑众生平安。

位于山口下方11公里处的兰佩里（Lamperi），是进入**皇家植物园**（Royal Botanical Park；门票50努扎姆；⌚9:00~17:00）的入口，你可以在这里租一辆自行车（每小时200努扎姆），或者沿着古道步行下山前往鲁密沙瓦（Lumitsawa），全程2小时。

接下来是漫长而曲折的下山弯路，经由鲁密沙瓦（Lumitsawa）前往**Thinleygang**，空气渐渐变热，植被越来越富有热带气息，可见到仙人掌、橙子和竹子等。每年11月（不丹历十月初一），杰堪布和扎仓（dratshang）在从廷布的夏季居所到普那卡的冬季居所的两天路程期间，都会在此过夜。

附近的山上很快开始出现各种寺庙；首先映入眼帘的是山顶醒目的贾卡尔寺（Jakar Goemba），然后是达累寺（Dalay goemba）和塔洛寺（Talo goemba）。公路还会经过一座圣水（drub chhu）流过的佛塔，据说水源是最上方的高山湖。

道路继续盘旋下降，在支流河谷内进出，直至梅钦那（Metshina）的路口和加油站，然后进入左边岔道离开国家公路前往普那卡。如果你想要去8公里外的旺杜波德朗（Wangdue Phodrang），就保持在主路上继续前行。如果你想品尝热辣的午餐，可以在主路旁梅钦那蔬菜市场对面的**Kumar Restaurant & Bar**（☎02-376052；Metshina；主菜50~140努扎姆；⌚7:00~22:00）小憩一下。这是一家正宗的尼泊尔路边简餐厅（dhaba），供应咖喱、咖喱角、木豆和面条。

梅钦那至普那卡（Metshina to Punakha）

11公里 / 30分钟

通往普那卡的道路千回百转，经过**Sopsokha**的餐厅和民居，你可以从这里前去探访切米拉康。从这里出发，道路越过Teop Rong Chhu小河，绕着山脊盘旋进入普那卡藏曲（Punak Tsang Chhu）河谷。山谷另一头静谧的柏油公路，为山地车骑行提供了不错的条件。

继续前行2公里，公路在沃拉卡村（Wolakha）分岔，沿左边的道路向上前往Meri Phuensom和Zangto Pelri酒店。酒店上方有一座尼庵（anim goemba），以及第四任国王的岳丈出资修建的尼泊尔风格大佛塔，在沿路向下进入山谷时这些风景都历历在目。

在半山腰，这条路继续盘旋上升15公里直抵**塔洛寺**（Talo Goemba）。你需要持有特定的许可证才能造访这座寺院。在附近的山岭上，诺布岗村（Norbugang）据说有几座精美的拉康，但是不对游客开放，因为这里是第四任国王的四位王后（四姐妹）的娘家。在到达塔洛寺之前5公里处，有一条1公里长的分岔路通往**达累寺**（Dalay Goemba），这是一座佛学院（lobdra），由一位年轻的转世活佛（trulku）主持。这座寺院由七世杰堪布创建，也被称为“那烂陀（Nalanda）”，得名于著名的印度佛教大学。

回到主路上，从路口前行不到2公里，在距离梅钦那6.5公里的地方，有一座新建小镇库鲁唐（Khuruthang）。1999年，普那卡的所有商店都被搬迁到这个毫无吸引力的水泥世界里。这里有几家餐厅、本地酒店以及一个周六菜市。

道路一侧是年轻的**库鲁唐寺**（Khuruthang Goemba），它由太皇太后建造并于2005年开光。寺内主殿桑东巴瑞拉康（Zangto Pelri Lhakhang）天花板上绘有精美的坛城。远处墙上的壁画描绘的是夏宗法王及其建立的各座宗堡。这里的尼泊尔风格大佛塔由印度上师纳吉仁钦（Nagi Rinchen）建造，据说供奉着被尊为“Guru Sungzheme”的莲花生大师传法像。

继续前行3公里到达一所中学，这里还有一个很棒的观景台可以欣赏普那卡宗堡。接着往前1公里就到了停车场，以及横跨母曲河（Mo Chhu）的人行桥，对面就是华丽的普那卡宗堡。

切米拉康（Chimi Lhakhang）

在梅钦那下方峡谷中心的小山丘上，坐落着黄色屋顶的切米拉康。为了纪念竹巴衮列喇嘛用“大神通霹雳”降服附近多楚拉山口的魔女，这位喇嘛的堂兄于1499年修建了这

“癫圣”竹巴衮列

竹巴衮列喇嘛(1455~1529年)是最受不丹人尊敬的圣人之一，也是“大智若癫”的一个好例子。他出生于中国西藏，负笈拉砻寺(Ralung Monastery)，是白玛林巴(Pema Lingpa)的同时代人和弟子。他在不丹和中国西藏游历，进行瑜伽士(neljrpa)修行，用歌曲、幽默和出格的行为将他的教义传授给民众。他认为，宗教和世俗的条条框框是阻碍人们习得佛祖真正教义的障碍。

他的放浪形骸(通常伴着淫秽色彩)、激进行为和性噱头是促使人们放弃成见的另类方式。丹戈寺(Tango Goemba)为持有一幅唐卡(thangka，宗教绘画)而自豪，其中绘制的就是这位喇嘛在小便！人们还相信是他将山羊头放在牛身上，创造出不丹最奇怪的动物——羚牛。

他的性能力早已成为传奇，你在民宅外墙上看到的飞天阳具图案以及屋檐下悬吊的阳具模型，都是这位“癫圣”喇嘛的象征。竹巴衮列用性能力征服的人物甚至包括资助者和他们的妻子。一次在接受一条本该挂到脖子上的哈达时，他居然将其缠在阳具上，并宣称希望这样能让他交上更多的桃花运。

一次在遇见白玛林巴时，他吟诵了以下诗句：

我本祁梭竹珂(Kyishodruk)一狂人，
东游西荡四处闲；
自在随心做喇嘛，
不拘成规修佛法。
一切品性皆幻想，
万般神灵都虚妄。
敬语能灵验，粗言也成谶，
美女佳酿助禅定；
为所欲为虚空行，
布姆唐活佛与你曾并肩；
精进业力伴我成。
朝圣轮上遇见君，必是吉兆寻我来！

了解竹巴衮列的生平，以及他所创作的歌、诗和推杯换盏间佐餐下酒的奇闻逸事，可以阅读凯斯•岛曼(Keith Dowman)的《癫圣》(*The Divine Madman*)一书。

座拉康。一道木制的霹雳雕像如今仍保存在拉康内，尚未怀孕的女性会到这座寺庙来向这位圣人祈福(wang)。新生儿也会被带到这里来取名，所有人都用一个名字：切米(Chimi或Chimmi)。

大多数游客都会用20分钟时间，从Sopsokha的路边经由小道穿过田野前往寺庙(戴上帽子，做好防风、防尘或防泥的准备)。小路穿越稻田一路下到Yoaka(意思是“在排水沟里”)，随后到达名为Pana的小村落(意思是“田野”)。道路随后经过一座射箭场(一定要小心谨慎！)，接着向上攀爬一小段距离抵达切米拉康。如今越来越多的导游会让车辆沿着狭窄的土路直接开到Pana村。

庙里有几名僧人，周围环绕着一圈转经筒以及一些漂亮的石板雕刻。人们认为这里的菩提树来自菩提伽耶。你会在中心神殿中看到这位喇嘛和他的小狗Sachi的塑像，以及夏宗法王、释迦牟尼、观世音菩萨的神像。捐一点功德，你就会收到来自这位喇嘛的木制阳具、长牙和铁箭的灌顶赐福。准妈妈会到这里来拜送子娘娘，然后从一堆竹筒中选出未来宝宝的名字。佛坛上的小佛塔据说是由竹巴衮列本人亲自制作的。殿内右边的壁画讲述了竹巴衮列多姿多彩的一生。

位于Sopsokha的Chimi Lhakhang Cafeteria（☎17612672；套餐420努扎姆）经营有方，是吃午饭或喝茶的好地方，靠窗的桌子可以欣赏到Yoaka和Pana等村落的田园风光。附近的Village Restaurant（Sopsokha；套餐420努扎姆）提供类似服务，但没那么地道，到这里需要爬上一段摇摇晃晃的楼梯。

普那卡和库鲁唐（Punakha & Khuruthang）

☎02 / 海拔1250米

普那卡位于一个湿热、富饶且美丽的山谷内，地处母曲河（Mo Chhu）和父曲河（Pho Chhu）交汇之处。守望着河口的建筑就是璀璨的普那卡宗堡，它也许是不丹让人印象最为深刻的建筑。

普那卡曾经在300多年的时间里是不丹的国都。首任国王于1907年在此加冕，第三任国王于1952年在这里召开首次不丹国民大会。2008年，如今在位的第五任国王在这座宗堡内举行了秘密仪式，接过了渡鸦皇冠，随后才在廷布举行正式的加冕典礼。

普那卡山谷的低海拔，使这里每年能种两季水稻，而且盛产橙子和香蕉等水果。普那卡还会举办这个国家最著名的节日之一，即春季的多楚节（domchoe，见33页），这个节日旨在祭祀当地保护神大黑天（摩诃迦罗，又名Yeshe Goenpo）。

普那卡的所有商店和便利设施都设在南边4公里处毫无吸引力的库鲁唐新镇上。

景点

★普那卡宗堡 宗堡

（Punakha Dzong；⏲8:00~17:00）这座宗堡是不丹修建的第二座宗堡，在廷布于1950年代中期成为国都之前，这里一直是不丹首都和世俗政府所在地。它无疑是不丹国内最美丽的宗堡，尤其是在春天，紫色的丁香花让宗堡的白色高墙增添了几分郁郁葱葱之感。精心涂抹的金色、红色和黄色木雕也平添了几丝艺术气息。

莲花生大师曾经预言普那卡宗堡的建立，他说：“……某个名为朗杰的人将来到一座外形似大象的山边。”当夏宗法王到访普那卡时，他选择在沉睡大象的象鼻尖上，即母曲河和父曲河交汇处，建起了这座宗堡。

早在1326年，这里就建有一座供奉有佛祖像的小宗堡（Dzong Chug）；如今的宗堡于1637年建造，第二年建成时这里被命名为彭唐德钦颇章（大幸福宫，Pungthang Dechen Phodrang）。后来增建的建筑包括一座纪念1639年击败入侵者的佛堂。那次战役中俘获的武器仍被保留在宗堡里。

夏宗法王在这里建立了一个僧团，其中有600名来自上廷布山谷杰里寺的僧人。如今，这座宗堡仍是扎仓（dratshang，中央僧团）的冬季居所。

普那卡宗堡长180米，宽72米，中央乌策高达6层。乌策的金色穹顶由当地统治者杰西·丹增立杰（Gyalse Tenzin Rabgye）于1676年修建。宗堡内的许多特色建筑都是第13任第悉喜饶·旺楚克（Sherab Wangchuk）在位的1744~1763年间修建。他出资打造的另一个大项目是巨幅唐卡（chemo thondrol），描绘的是夏宗法王。这幅大唐卡在每年戒楚节期间向公众展示。宗堡的黄铜屋顶是来自七世达赖喇嘛格桑嘉措（Kelzang Gyatso）的礼物。

频发的火灾（最近一次是在1986年）使宗堡屡次受损，此外1897年的地震也让这座宗堡遭到重创。1994年，一座冰川湖的溃决导致父曲河河水猛涨，最终造成宗堡损坏，从那时起宗堡一直在进行各种修缮。

除了位居河口的重要战略地位之外，宗堡还依靠一些别出心裁的设计来抵挡敌人的进攻。陡峭的木制门楼梯采用可拉起设计，厚重的木门直到如今仍会在夜间关闭。

这座宗堡的另外一个与众不同之处在于，堡内有三座庭院（dochey），而非通常的两座。第一座（北边的）庭院用于世俗行政部门办公，院里有一座白色大佛塔和菩提树。在最左边的角落里有许多石头以及供奉蛇神纳迦的配偶措勤（Tsochen）的神龛，纳迦的形象在旁边。第二座庭院内是寺庙区，乌策将其与第一个庭院相隔。在庭院里有两座大殿，其中一座是第一任国王乌颜·旺楚克于1905

年接受约翰·克劳德(John Claude)授予的印度帝国爵级司令勋章(Order of Knight Commander)的地方。

最南边的庭院是供奉伏藏师(terton)白玛林巴以及夏宗·阿旺朗杰遗体的地方。夏宗法王在普那卡宗堡内去世,其遗体仍保存在1995年重建的Machey Lhakhang(“machey”意思是“经过防腐处理的神圣躯体”)。棺材为密封状态,且不能打开。除了两位守卫喇嘛外,只有国王和杰堪布能进入这个房间里。这两位都在就任职位前到这里来接受赐福。第四任国王出人意料的退位,意味着除了上述四人外,只有另外一个人——太上皇能够进入殿内。

最南边是“百柱”礼堂(事实上只有54根柱子)。由第二任不丹第悉下令制作的精彩绝伦的壁画,讲述了佛祖的生平。佛祖、莲花生大师和夏宗法王的金像可追溯至18世纪中叶,柱子上还有一些精美的金饰板。

不丹最珍贵的财富是观音自生像(Rangjung Kharsapani),这是一尊保存在普那卡宗堡乌策内Tse Lhakhang里的观世音神像。它由夏宗法王从中国西藏带到不丹,在普那卡最著名的多楚节上会接受朝觐。平日不对公众开放。

从北门离开宗堡后,你可以参观小宗堡,向一尊有求必应的释迦牟尼像请求赐福。这座建筑现在位置是最原始的宗堡所在之处。宗堡北面是一个火化场,立着一个大佛塔,东边则是一座王宫。

上普那卡山谷(Upper Punakha Valley)

河谷

沿母曲河西侧山谷上行的公路中途会经过几座不丹贵族的田园宅邸,其中包括彭措巴瑞宫(Phuntsho Pelri),即王室的夏宫。第四任国王的岳父在谷内建立了许多拉康,并且拥有包括Damchen Resort在内的几座酒店。

宗堡以北1公里处是Nazhoen Pelri Training Centre(☎584664;www.bhutanyouth.org;⏲9:00~16:00),这里给女孩子们提供一年制的手工艺品制作培训课程。生产的产品包括手织袋、拖鞋、绣花钱包、餐桌垫、经幡书签和圣诞装饰品等。产品设计颇费心思、价格较为合理,因此不妨前往参观一下。

在道路的左侧,距离普那卡4.5公里之外,有一座Dho Jhaga Lama Lhakhang,美丽的花园围着一块奇迹般分成两半的巨石而建。传说印度的神奇上师纳吉仁钦(Nagi Rinchen)用霹雳和冰雹将这块岩石一分为二,以解救被困其中的母亲逃出生天。大殿内供奉着这位上师的塑像(在最右边),其结顶上有清晰可辨的经文。仁钦上师在河对岸的一个洞内冥思(在第三任国王曾经的王宫Sona Gasa后面),在洞中被描述为一个长头发的隐修术士(drubthob)。最左边是身骑雪狮的当地女保护神Chobdra的塑像。

在普那卡以北7公里处的Yambesa,巨大的卡姆沙耶里纳耶佛塔(Khamsum Yuelley Namgyal Chorten)矗立于河对岸的小山上。这座30米高的佛塔(也被称为Nyzergang Lhakhang)用了6年时间来建造,于1999年开光。佛塔旨在为第五任国王祈福以保护全国,因此佛塔内可谓集不丹传说轶闻中的神鬼形象之大成;其中一些为鸦头或象首,其他一些则骑着雪狮或迦楼罗(garudas,鹰头人身的金翅鸟),大部分都被火焰所环绕。在一楼的楼梯间里有一位骑着棕色、多毛的雪人(migoi)的保护神图案。在顶上可以饱览峡谷美景。

前往佛塔的山路起点在一座小桥边,从这里开始需要吃力地爬上45分钟。最好是在上午出发,以避开热辣的亚热带阳光。可以让导游指给你看气味迷人的花椒(tingye)树,它生长在辣椒和豌豆田边的小道旁。

你也可以在桥边展开一段惬意的漂流和皮划艇之旅,沿着母曲河而下直抵普那卡宗堡的起点(见266页)。在经过佛塔后,道路继续爬升,经过Kabesa村和乌玛普那卡度假村(Uma Punakha Resort)直到塔西唐(Tashithang),然后继续通往加萨温泉,以及拉亚至加萨徒步路线的终点。

活动

普那卡的山地自行车小路提供了摆脱越野车的最佳机会,但是你必须自带自行车,因为当地没有自行车出租。

另辟蹊径

加萨宗堡和温泉

沿着母曲河谷前行的道路在离开普那卡后一路向北，最后到达加萨宗（Gasa Dzongkhag）和吉格梅·多吉国家公园（Jigme Dorji National Park）。直至现在，这条线路的大部分路段都需要徒步前往，虽然路况正在稳固改善，但它仍然是一段粗犷、艰难的驾车之旅。从普那卡到加萨（从卡姆沙耶里纳耶佛塔出发往返路程约为133公里）驾车需要一整天。当然作为回报，你会获得诗情画意的风景、无与伦比的观鸟体验，也会看到巍峨高耸的宗堡。另外，这里的温泉是病人和老人寻求身心解脱的好地方。

从卡姆沙佛塔出发，19公里后就到了塔西唐村（Tashitang）。从这里开始，道路沿母曲河旖旎前行，穿过鸟儿歌唱的葱茏森林。停下车，在路边静静走一段，观赏有着绚烂羽毛的太阳鸟、天蓝色的鹟鸟和嘤嘤成韵的画眉鸟。即使不是鸟类爱好者，也会为这里别具一格的飞禽秀感到心旷神怡。

继续在森林、梯田和村庄中穿行47公里，到达加萨的扎西唐孟宗堡（Trashi Thongmoen Dzong），这是一座栖身于莽莽群山间的雄伟却偏远的要塞。虽然在历史上因为遭受火灾而数次损毁，但这座宗堡的珍贵文物仍供奉在昌卓拉康（Chanzho Lhakhang）：跟随夏宗从中国西藏拉砻寺前来不丹的绵羊的骨架，以及装在金属箱中保存完好的夏宗的马鞍。

前往加萨温泉（Gasa tsachhu）的陡峭下坡小道会让膝盖苦不堪言，正好到4座公共浴池中最烫的那座来治疗关节疼痛。另外3座浴池据说有助于治疗其他疾病。浴池上方的"蒸汽水疗（vapour spa）"是一个散发着臭味的石窟，硫黄烟雾从用塑料软饮瓶改装并塞入岩壁中的漏斗里喷涌而出。对治疗鼻窦炎有显著疗效！

这里推荐一条27公里的环线，从库鲁唐出发，过桥后从峡谷东侧上山，沿着分支路线骑行14公里到达萨丁卡（Samdingkha），然后顺着一条小路骑行7.5公里抵达普那卡宗堡，最后沿着柏油路下坡回到库鲁唐。

除此之外，还有一条更长的40公里环线，从旺杜波德朗以北建成不久的小镇巴霍（Bajo）出发，顺着峡谷东侧上坡到达Jangsabu（14公里），然后是一段需要施展骑行技巧的小道（有些地方需要扛车通过）到达Olodama和Tscho-chagsa（9.5公里）。从这里你可以前往Lingmukha或下坡10公里直抵Aumthekha路口，在切米拉康过到河对岸，然后骑回巴霍和旺迪（Wangdi）。

住宿

许多人从廷布出发来普那卡作一日游，或者在前往旺杜波德朗途中顺道参观。后者的酒店住宿选择更多。

★Meri Puensum Resort 酒店 $$

（☎584195；www.meripuensum.com.bt；标单/双2300/2500努扎姆，豪华2500/2760努扎姆；📶）这家温馨的酒店位于普那卡以南6公里，沿着一条小路上行1.2公里，地处普那卡山谷一座小山上。舒适、温暖的房间位于中间建筑，以及散布于陡峭山坡上的小屋里，从房间里能够俯瞰普那卡山谷里的水稻梯田。花园凉亭（有Wi-Fi）是享用早餐或在漫长的一天观光后坐下来用一杯啤酒放松身心的好地方。

Hotel Y.T. 酒店 $$

（☎376014；hotelyt@druknet.bt；标单/双2160/3000努扎姆起；📶）在Lobesa的公路局大楼上方，从梅钦那（Metshina）前往旺杜波德朗1.5公里处。这个热情友好的家庭经营酒店于1991年开始营业，如今仍然住客盈门。酒店装修略显过时，真正的魅力在于富有亲和力的老板，在我们调研时这里正在新建房屋。老板曾经当过护林员，这也是院子里满是芒果树、牛油果树和木瓜树的原因。

Hotel Zangto Pelri 酒店 $$

（桑东巴瑞酒店；☎584125；hotzang@druknet.bt；标单/双2000/2400努扎姆，豪华2300/2760努扎姆，套6000努扎姆；📶）以莲花

生大师的居所为名，这家酒店在中心建筑和周围安静的小屋里共有45间客房（楼上房间条件最佳）。大部分房间都带有阳台。如果你要在此（或附近）留宿，不妨考虑在黎明破晓时起床，沿柏油路驾车8公里前往海拔1900米的Lapthska，以观赏周围群山的美丽景致。

Damchen Resort 酒店 $$

（☎584354；www.damchenresort.com；标单/双2300/2530努扎姆，豪华房2990/3220努扎姆起）位于库鲁唐下方的普那卡曲岸边，这座河畔度假村位置得天独厚，但略显冷淡沉闷，毫无生气的内饰和单调乏味的餐厅让人想起学校夏令营。邻近库鲁唐的地理位置，意味着你可以自行前往镇上或寺庙游玩。一些豪华客房有面朝河流的阳台。

★普那卡乌玛酒店 豪华酒店 $$$

（Uma Punakha；☎584688；www.comohotels.com；房480~960美元；📶）沿着母曲河谷溯流而上，在距离普那卡14公里处，这家豪华酒店位于卡姆沙耶里纳耶佛塔北边，是只有11间豪华客房的高档场所。从主露台上看到的田园风光、小河淌水以及圣洁佛塔无与伦比。可在帕罗的连锁酒店内咨询预订事宜（见84页）。

Kunzang Zhing Resort 豪华酒店 $$$

（☎584705；www.kunzangzhingresortbhutan.com；房/套13，200/19，800努扎姆；📶）这家新酒店采用醒目的“木石”结构建筑，位于Meri Puenum Resort附近。设施齐全的客房拥有现代化的浴室和美丽的风景。大堂内设有商务中心、阅览室和特产商店，多国风味的餐厅里有两间酒吧，室外酒吧还可燃起篝火。

安缦酒店 豪华酒店 $$$

（Amankora；☎584222；www.amanresorts.com；标单/双 全膳宿1740/1860美元；❄📶）这大概是安缦集团旗下最温馨的豪华度假村，3座建筑内仅有8套客房。主要的农舍（如今是餐厅和阅览室）是皇太后曾经的居所，配有传统的佛坛佛堂。水疗中心位于古老的农舍厨房内，户外的就餐区被稻田和果园所环绕。将车停在帕罗以北6公里处、母曲河上的一座廊桥边，然后换乘高尔夫球车前往度假村。

就餐

★Phuenzhi Diner 不丹菜 $

（☎584145；Dungkhar Lam；套 早餐/午餐300/350努扎姆）这家餐厅显然是库鲁唐的最佳就餐地，在许多旅行指南上都赫赫有名。食物美味可靠（而且有舒适的空调），如果你人品够好，菜单上还会出现薄烤饼。如果你不在这里就餐，那么导游很可能会在某家旅游酒店的餐厅预订午饭。

实用信息

不丹银行（Bank of Bhutan；Khuruthang；⏲周一至周五9:00~13:00，周六9:00~11:00）兑换现金和旅行支票，设有一台自动柜员机。

旺杜波德朗宗（WANGDUE PHODRANG DZONGKHAG）

风景优美的旺杜波德朗宗（dzongkhag，不丹的行政区划）以宏伟的宗堡曾经屹立之处为中心，向帕勒拉山口（Pele La）和富毕卡山谷（Phobjikha valley）延伸。在“旺迪（Wangdi，当地人对这里的简称）”以南的Tsirang地区，就是印度出资建设的大型水电项目——普那藏曲水电站（Punatsangchuu）。

普那卡至旺杜波德朗（Punakha to Wangdue Phodrang）

21公里 / 30分钟

从普那卡驾车半小时即可抵达旺杜波德朗。沿公路回到梅钦那（Metshina），沿着普那藏曲河前行1.5公里至Lobesa。位于河流上方山脊末梢的旺杜波德朗宗堡的断壁残垣很快就映入眼帘。在普那藏曲河渡桥前面有一个警察检查站。

横跨普那藏曲河的现代桥梁建成之前，河上原来是一座建于17世纪的悬臂木桥，1968年被洪水冲毁。

旺杜波德朗和巴霍（Wangdue Phodrang & Bajo）

☎02 / 海拔1240米

传说夏宗·阿旺朗杰在云游四方时，于

普那藏曲岸边沙滩上看到一个名叫旺迪（Wangdi）的小男孩在玩耍，于是福至心灵，将新宗堡命名为“旺迪”——后来变为“旺杜”波德朗（意思是“旺迪的宫殿”）。

通往宗堡的公路两旁分布的沧桑小镇，如今已迁往北边4公里外，曾经形成了千篇一律的新城镇巴霍（Bajo）。

景点

旺杜波德朗宗堡 佛教、宗堡

（Wangdue Phodrang Dzong; ⌚8:30～17:00）旺杜波德朗宗堡由夏宗法王于1638年建造，位于普那藏曲和当曲（Dang Chhu）之间的山脊上，选择这里的原因是这里可以让下方的河谷尽入眼帘。传说选择这里修建宗堡还有另一个原因：在人们寻找修建宗堡的地点时，有四只渡鸦分别朝四个方向飞。这被视为一种吉祥的征兆，代表着佛法宣扬四方。

Wangdue Phodrang
旺杜波德朗

0 400 m
0 0.2 miles

旺迪在不丹历史上占据重要地位，因为很久以前这里曾是不丹的第二国都。在通萨宗堡于1644年修建后，旺杜波德朗佩罗（penlop）成为权势排行第三的统治者，仅次于帕罗佩罗和通萨佩罗。宗堡重要的战略地位使佩罗得以控制前往通萨、普那卡、达加纳和廷布的贸易路线。

2012年6月24日，一场大火袭击了宗堡（据说是电路故障导致的），除了下方的墙壁外，其他结构基本化为灰烬。政府立即筹措了修复资金，在我们调研期间，这项庞大复建项目的一期工程正在进行中。

在每年秋季戒楚节最后一天的清晨，描述莲花生大师的莲师八相巨幅唐卡（Guru Tshengye thondrol）都会在这里展开。在宗堡重建期间，戒楚节的各项活动将会在附近的陆军训练中心（Army Training Centre）场地里举行。

★ Radak Neykhang 佛教、寺庙

宗堡前方地区法院里高大的柏树掩映着的，就是这座古老的寺庙。它建于17世纪，旨在纪念古时候一位能征善战的国王。庙内前厅里摆满了头盔、刀和盾牌。里面有当地保护神的五个化身，最右边是生活在河里的错满（tshomen，水神）塑像，据说他曾经阻挠过这座建筑的修建。

捐一些功德，然后摇动签筒，随后可以找寺里的僧人帮你解签，占卜未来吉凶。

住宿

旺迪的游客住宿需求量不大。许多旅行者来这里都是进行一日游，参观宗堡或选择住在普那卡（驾车30分钟），然后继续驱车前往岗提（Gangte）、通萨或布姆唐。但是，在秋季的戒楚节期间，镇上会人山人海，房价也会随之一飞冲天。

Hotel Tashiling 经济酒店 $

（☎481403；tashilinghotel@gmail.com；Dzong Lam；标单/双1800/2160努扎姆；📶）这家位于宗堡附近的当地宾馆，有16间松木墙壁的客房，屋顶还晾晒着香气四溢的辣椒。这里对印度游客而言极为优惠，房费只是其他外国游客的一半。塞满冰啤酒的大冰箱绝对会让你的精神为之一振。

Punatsangchhu Cottages 酒店 $$

（☎481942；www.punacottages.bt；标单/双2645/3220努扎姆，豪华3795/4370努扎姆，套5175努扎姆；📶）又被称为"Puna Cottages"，这是一个不错的住宿选择，位于道路下方，紧邻河流，距离旺迪5公里。现代化的房间大小各不相同，其中一些带有阳光明媚的阳台，可以俯瞰河景。餐厅还不错，温暖的午后在舒适的草坪上享用一瓶冰啤酒，一切都那么完美。

Dragon's Nest Resort 酒店 $$

（☎480521；www.dragonsnesthotel.com；标单/双2400/3120努扎姆起，豪华2760/3360努扎姆；📶）这个靠谱的地方位于河流西岸，在旺迪下方4公里，与斜对面的巴霍镇隔河相望。宽敞的房间和绿树成荫的草地可遥望河水和新城镇。酒店正在进行装修，因此等你们到达时一切都会焕然一新。

Kichu Resort 酒店 $$

（☎481359；www.intrektour.com；房/套间3105/5175努扎姆）位于旺迪以东9公里处的曲佐姆萨（Chhuzomsa），这座安静的度假村有24间设备齐全的客房，周围是一座美丽的花园，可俯瞰奔涌的当曲河（Dang Chhu）。店主的儿子是一位仁波切（rinpoche），因此餐厅仅提供素食。但是这里有一间酒吧和一个美丽的花园，是坐下来喝一杯的好去处。记得要一间带河景阳台的房间，并且带上驱蚊水以赶走讨厌的飞虫。

ℹ 实用信息

不丹银行（Bank of Bhutan；Bajo；⏲周一至周五9:00~13:00，周六至12:00）可兑换现金和旅行支票。这家银行在旺杜波德朗以北2.5公里处的巴霍镇。

不丹国家银行（National Bank of Bhutan；Bajo；⏲周一至周五9:00~16:00，周六至11:00）兑换现金和旅行支票。

旺杜波德朗至帕勒拉山口（Wangdue Phodrang to Pele La）

61公里 / 1小时45分钟

这段风光旖旎的驾车行程，一路向东通往帕勒拉山口，带你进入不丹中部和富毕卡山谷，后者以到此越冬的黑颈鹤而享有盛名。这个垭口让你能够翻越黑山（Black Mountains），这座大山是不丹西部和中部的实际分水岭。

从旺杜波德朗出发，道路在当曲河（Dang Chhu）上方的崇山峻岭间来回穿梭。道路下方河畔的大型建筑是一座用来关押被判终身监禁囚犯的监狱。

在抵达距旺迪9公里、地处帕曲和当曲交汇处的**曲佐姆萨**（Chhuzomsa）时，道路开始和河流齐平（"曲佐姆萨"的意思是"两河交汇处"）。小村下方是风景如画的河畔酒店Kichu Resort。

在经过曲佐姆萨后，有一条在6公里距离内爬升1340米的索道，其终点是塔西拉（Tashila）。这条索道主要用来将货物运到村里，将原木运到山下，但是每天会有两趟"客运"轿厢，分别是上午8点和下午5点。乘客们坐在一个特殊的开放式木箱里，在树顶上方摇摇晃晃，行进45分钟后可到达山顶。

从曲佐姆萨前行4公里就到了**Tikke Zampa**，道路进入当曲河南岸，然后逐渐爬升至帕勒拉山口。继续前行10公里，你将看到一座位置卓绝的拉康矗立于左边的山冈上。随着向谷顶爬升，道路坡度越来越大。在许多地方道路都是在宛如刀砍斧劈的悬崖之上，下面就是峡谷内的幽密森林。

道路在支流河谷内时进时出，中途经过**Kalekha**（或者拼写为"Khelaykha"），这里是从富毕卡山谷出发的沙斯拉山口（Shasi La）徒步线路的终点（见107页框内文字）。从这里前行12公里就到了Nobding（海拔2640米），这里热情好客的**Kuenphen Restaurant**（☎442000；午饭套餐420努扎姆）是停下来

吃午饭的好地方。继续前行7公里，就到了前往帕勒拉山口老路（已废弃）的岔道口。在春天里，山坡上半部分都被红色、白色和粉色的杜鹃花所覆盖。接下来，道路以极其陡峭的坡度上升5公里，直至前往一个岔道口，带你前往富毕卡山谷内的岗提。

从岔道口出发，最后行驶3公里，穿越森林后即到了最高处的帕勒拉山口（Pele La，海拔3420米），这里有一座显眼的佛塔以及无数的经幡。在晴朗无云的日子里（这种气象环境在当地极为罕见），沿着Nobding和帕勒拉山口之间的旧路下行500米，有一个观景台，能够清晰地看到珠穆拉里峰（海拔7314米）、吉楚扎杰峰（海拔6989米）和Kang Bum峰（海拔6526米）的雄伟身姿。在山口处看不到任何山景。帕勒拉山口是吉格梅·辛格·旺楚克（过去叫“黑山”）国家公园的西部边界，也是通往不丹中部的门户。

富毕卡山谷（Phobjikha Valley）

☎02 / 海拔2900米

富毕卡山谷是位于黑山（Black Mountains）西坡的一个碗状的冰川峡谷，也是吉格梅·辛格·旺楚克国家公园（Jigme Singye Wangchuck National Park）的西部边界。由于成群结队的黑颈鹤到此越冬，这里也成为不丹国内最重要的野生动物保护区之一。除了黑颈鹤，周围群山里还栖息着山羌（赤麂）、野猪、水鹿、鬣羚、喜马拉雅黑熊、猎豹和红狐。纳吉曲（Nakey Chhu）流经谷内湿地，最终汇入普那藏曲下游。有些人将整个地区称为岗提（Gangte或Gangtey），这个名称来自峡谷山脊上那座著名的寺庙。

在到达帕勒拉山口之前3公里的地方有一条岔路前往富毕卡。从岔路口出发，驱车1.5公里，穿越森林后到达海拔3360米的洛瓦拉山口（Lowa La），在这里你可能会遇到一些四处游荡的牦牛。翻越山口后，树木消失无踪，场景摇身变为低矮的竹子，道路也慢慢下降至岗提村和岗提寺。从寺庙路口出发，道路蜿蜒下行，经过前往安缦度假村的路口，直抵谷底，中途会经过密密麻麻的赤褐色土豆田。岗提土豆是该地区最主要的经济作物，也是不丹向印度出口的重要产品之一。

富毕卡山谷在冬季会大雪封山，谷内包括僧人在内的4700名居民，每年12月至次年1月都会前往旺杜波德朗的冬季住宅，此时黑颈鹤就会如约而至占据这里。当地居民被称为岗提人（Gangteps），使用一种名为Henke语的当地方言。

景点

★岗提寺（Gangte Goemba） 佛教、寺院

岗提寺占据了谷内的黄金位置，地处植被茂密的山头，可俯瞰整个富毕卡山谷无尽的绿意。庞大的建筑群包括中心佛寺、僧舍、一座小客舍以及边远的禅修中心。

15世纪的伏藏师白玛林巴在造访富毕卡山谷时曾经预言，一座名为冈滕（gang-teng，山顶）的佛寺将会在这里拔地而起，他的教义也会从这里开始传遍四海。他的孙子同时也是白玛林巴转世的白玛廷莱（Pema Thingley），于1613年在这里修建了一座宁玛派寺庙，规模较大的寺庙是由二世转世活佛丹增·勒佩·登珠（Tenzing Legpey Dhendup）修建。目前的岗提寺活佛（trulku）昆赞·白玛·朗杰（Kunzang Pema Namgyal），是白玛林巴的第九世“肉身”转世。

措康（tshokhang，法堂）采用藏式风格修建，内有八大支柱，是不丹最大的佛殿之一。内部的佛坛设有寺庙创建者丹增·勒佩·登珠的灵塔。这座佛寺有450年历史，其内外的许多木质构件在2001~2008年都因为虫蛀而进行了更换。每年不丹历八月初八至初十（公历9月/10月），都会在此举办为期3天的**戒楚节**，节庆期间会举行查姆舞（cham，宗教舞蹈）表演，最后一天还会悬挂一幅巨幅唐卡（thondrol）。

山上佛寺北边的长形白色建筑是**昆赞曲林**（Kuenzang Chholing），这是一座佛教禅修中心（drubdey）。禅修通常会持续3年3月又3天（有时是又七天），禅修者在此期间闭关修行，饮食都由其他僧人传送。

山谷（The Valley） 山谷

这个古寺庇佑下的美丽冰川峡谷里，散布着许多村庄、徒步小道、土豆田、拉康，如果你在恰当的时间到访（11月至次年2月中

Phobjikha Valley
富毕卡山谷

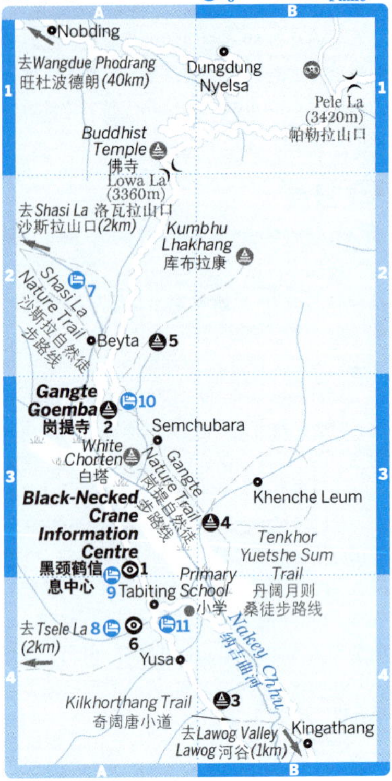

Phobjikha Valley 富毕卡山谷

重要景点

1 黑颈鹤信息中心……A3
2 岗提寺……A3

景点

3 多楚寺……B4
4 克旺寺……B3
5 昆赞曲林……A2
6 旺姆手纺地毯厂……A4

住宿

7 岗提安缦度假村……A2
8 Dewachen Hotel……A4
9 Gakiling Guest House……A3
10 Gangtey Goenpa Lodge……A3
11 Phuntshocholing Farm House……A4
Yue-Loki Guest House……（见6）

旬），还能看到黑颈鹤。这是徒步探索周边山谷的好地方，要确保留出半天时间来进行徒步游览。

你的第一站会是皇家自然保护学会（Royal Society for Protection of Nature，简称RSPN）设立的**黑颈鹤信息中心**（Black-Necked Crane Information Centre；☎442536；⊙11月至次年3月周一至周五5:00～13:00和14:00～17:00，4月至10月9:00起），这里有关于黑颈鹤和山谷环境的信息展示；你可以使用该中心非常实用的单筒望远镜。如果天气阴晴不定，你可以参观阅览室和手工艺品商店，10:00和15:00还会播放影片（每个团队200努扎姆）。这里也是谷内刚刚起步的生态旅游活动的中心，它可以帮助你安排当地徒步导游，以及在当地家庭寄宿一夜，或者由专人进行讲座。

前行1.5公里到达Tabiting村，这里有一些酒店。在彭措曲林客栈（Phuntsho Chholing Guest House）后面有一座小型的**旺姆手纺地毯厂**（Wangmo Hand-Woven Carpet Factory；☎442553）。这座工厂由一位当地妇女多杰旺姆（Dorji Wangmo）于1992年创立，每年可生产30块地毯。

继续前行，道路在经过Yusa村前往**多楚寺**（Domchoe Lhakhang）时，逐渐变为崎岖的四驱车道。这座拉康据说是谷内最古老的殿堂，可追溯至公元7世纪。从Tabiting步行至此大概需要45分钟。

在Tabiting对面山谷里有建于15世纪的**克旺寺**（Khewang Lhakhang），不丹历九月初三这里都会举办**戒楚节**，届时本地男子（而非僧人）会跳起舞蹈，庆祝古时一场击败当地恶魔的胜利。

住宿

山谷已经通电，大部分基础设施都建在地下，以保持山谷的风景如画，吸引黑颈鹤继续前来，但电力供应并不十分稳定。高海拔山谷可能会非常寒冷，因此记得带上保暖衣物。

Phuntshocholing Farm House 客栈 $

（☎442554；标单/双1320/1870努扎姆）这座属于岗提寺活佛（trulku）的传统农舍于1994年摇身变为一家酒店。这里有吱嘎作响的木地板、墙上悬挂的绘画、一间舒适的餐厅和位于三楼的一个佛坛，但是房间本身相对于价格而言略显简单，客栈里有干净的公用浴室。如果你更重视体验而非现代化设施，那么住在这里是近距离接触不丹传统乡村民居的好机会。

★ **Dewachen Hotel** 酒店 $$

（☎442550；www.dewachenhotel.com；标单/双3840/4440努扎姆）这座醒目的木石结构建筑位于Tabiting村，是大多数旅行者的首选。房间宽敞时尚（转角房间最棒），不错的餐厅有从天花板到地板的大型落地窗，在这里可以饱览秀美的峡谷风光。酒店名称是阿弥陀佛的"西方净土"。

Gakiling Guest House 酒店 $$

（☎442540；标单/双2280/2760努扎姆）这家由当地人经营的酒店就在黑颈鹤信息中心背后。新建的水泥建筑里有16间双人房，可提供舒适温暖的落脚之地，而最初修建的客栈在装修工程结束后将提供传统的不丹风格房间。从由柴炉（bukhari）加热的餐厅里可以看到美丽的峡谷风景。

Yue-Loki Guest House 客栈 $$

（☎17874116；标单/双2160/2640努扎姆）这家秉承传统风格的新客栈由多杰旺姆（Dorji Wangmo）经营，她在附近还开设了旺姆手纺地毯工厂（Wangmo Hand-Woven Carpet Factory）。餐厅和松树掩映的8间客房中的7间都有bukharis柴炉取暖，使舒适氛围变得更加浓郁。房间和独立浴室大小各异，上到楼上需要爬一段陡峭的楼梯。

Gangtey Goenpa Lodge 豪华酒店 $$$

（www.easternsafaris.com；标单/双含早餐600/780美元；📶）虽然在我们调研期间仍在建造之中，但是毫无疑问这座全新的12间客房酒店将极度奢华。所有房间都能坐享峡谷和佛寺风光——即使浴室也拥有如诗如画的

另辟蹊径

富毕卡山谷徒步

峡谷里有一些非常不错的徒步线路，而且大多是不丹最难能可贵的平地线路！黑颈鹤信息中心（The Black-Necked Crane Information Centre）推荐以下徒步路线（你可以在这座中心了解到这些路线和其他小径的相关信息）。

一条不错的短程徒步路线是**岗提自然徒步路线**（Gangte Nature Trail，历时1个半小时），从岗提寺北边的玛尼堆（mani stone wall）出发，下山前往Khewang Lhakhang。这条小路下降至Semchubara村，然后在佛塔处继续直行进入森林边缘，接着下坡走到一座方形佛塔前，后面就是拉康。从这里你可以经由铁桥走到小学。

在抵达Khewang Lhakhang后，你可以沿着**丹阔月则桑徒步路线**（Tenkhor Yuetshe Sum Trail）增加另一段历时半天的徒步旅行。这条路线将Gophu、Doksina和Pangsa等村庄以及江楚寺（Jangchu Goemba）连成一条环线，最后返回Khewa。

另一种选择是历时1小时的**奇阔唐小道**（Kilkhorthang Trail），从Kingathang极具现代风情的大拉康出发，穿越峡谷前往Tabiting以南的Damchoe Lhakhang。此外，还可从Kingathang驾车南行至美丽的支流河谷Lawog，用双脚来探访这里。

难度略高的半日**沙斯拉自然徒步路线**（Shasi La Nature Trail）向上穿越Beyta学校后面的山谷，但是这条小路线路明确，从岗提安缦度假村（Amankora Gangtey resort）后面的小路出发，这条小道穿越杜鹃林直至Ramgokha村、Mani Thongju的佛塔群，然后就是沙斯拉山口（Shasi La pass），随后经过古老的森林抵达旺杜波德朗主道旁的Kalekha。可以安排车辆在此等候，然后继续前往旺迪。这是岗提寺活佛（trulku）和当地农民离开山谷前往旺迪过冬的传统路线。找一位当地向导会是非常明智的选择。

黑颈鹤信息中心还可以向你提供从岗提寺前往**昆赞曲林**（Kuenzang Chholing）以及继续前往**库布拉康**（Kumbhu Lhakhang）的徒步路线信息，其中后者是一座供奉古代苯教保护神Sipey Gyalmo的大殿。

观赏黑颈鹤

富毕卡山谷中心的湿地意味着最好不要步行前往，但是这里却是366只（10年前这个数字还是212只）稀有和濒危黑颈鹤的完美越冬地，它们每年深秋从青藏高原飞往不丹，通常会在10月23日至26日之间抵达。不丹人非常尊敬这些“天堂的鸟儿”（本地人称其为“thrung thrung kam”），吟诵黑颈鹤的歌曲在民众中颇为流行。在2月中旬，这些黑颈鹤会绕着岗提寺转圈飞行，然后飞越喜马拉雅山脉，返回它们在中国西藏的夏季繁殖地。富毕卡山谷最流行的一首民谣会在黑颈鹤离开山谷时被所有人唱响。

观赏黑颈鹤的最佳月份是10月末至次年3月，其中最好的时候是11月和次年1月之间。最佳观赏时间是黎明或黄昏，谷内所有的鸟儿都会聚在一起过夜。你可以在黑颈鹤信息中心（Black-Necked Crane Information Centre）或谷内徒步小道的观景区来观赏这些鸟儿。记得穿暗色衣服，保持距离，拍照时不要用闪光灯。

皇家自然保护学会（Royal Society for Protection of Nature，简称RSPN）发起并主办每年11月12日的**黑颈鹤节**（Black-Necked Crane Festival）。节日的主要目的是向富毕卡山谷的居民宣传环保，同时也欢迎游客前来观赏，期间的主要节目是学校孩子们上演的民间舞蹈。

景致。这家公司曾在缅甸开设一家豪华客栈，与那里一样，公司计划在富毕卡山谷引入热气球观光项目（只在黑颈鹤离开这里前往中国西藏后才开设）。

岗提安缦酒店 豪华酒店 $$$

（Amankora Gangtey；☎442235；www.amanresorts.com；标单/双 全膳宿1740/1860美元；📶）从岗提寺下方的一个岔路口前行1公里，即可抵达这座顶级酒店。这里的8套客房与廷布的安缦酒店颇为类似，风景怡人的大窗、舒适的水疗按摩和无懈可击的服务绝不会让你失望。

楚卡宗（CHHUKHA DZONGKHAG）

除非要从陆路出入印度，否则大部分外国旅行者都会对楚卡宗敬而远之。对于那些坚持陆路前往的人而言，该地区由曲折多弯的盘山公路，在崇山峻岭间穿越不丹南部的茂密热带山麓，直至边境线上的新兴小镇庞措林；国境线另一侧则是属于印度的Jaigaon。这是一场颇富戏剧性的公路之旅，将赋予你乘坐飞机前往帕罗所无法感受到的地理连续性。一路上，你会看到路边有许多“失落的世界”里巨大的蕨类植物，以及数十座的瀑布，从层层叠叠的高崖飞流直下，散发出氤氲水雾。

这条公路大部分都为盘山路段，许多地方还是非常危险的1条半车道，经常因为道路拓宽工程而封闭。沿途你都会乐此不疲地向司机指出妙语连珠的印度警示牌，上面写着各种诙谐标语，例如“超速早超生（Speed is the knife that kills life）”、“速度换激情，当心丢性命（Speed thrills but kills）”和“速度太快，到医院来（Impatient on Road, patient of Hospital）”等！

廷布至庞措林（Thimphu to Phuentsholing）

172公里 / 5 小时

从廷布到庞措林的下坡路，沿着1962年由印度边境公路公司Dantak修建的不丹第一条公路前行。它如今依然是国内最重要的道路，长年累月地进行拓宽和修缮——你会时不时看到一些路政人员辛苦地进行道路拓宽工程。在道路修成之前，两地间的旅行需耗时10天。

这条路线的第一段是从廷布至曲佐姆（31公里，40分钟）。关于该路段的详细介绍可参见92页。

曲佐姆至查普查（Chhuzom to Chapcha）

23公里 / 20分钟

宽敞的双车道高速公路从廷布延伸至

Watsa，该地距查普查还有10公里的路程。这条路沿着旺曲河谷逶迤南行，沿途你可以看到前往哈阿的道路在对面的山谷爬升。随后经过坐落于河道上方山头的多布吉宗堡（Dobji Dzong）下方，以及海拔2020米的Hebji Damchu村。查普查的支路在本书写作时仍在铺设，在你读到这段文字时有望完工。但目前的公路从小小的Hotel Damchu处开始爬升，在峡谷外盘旋往复。

最后，道路爬上一座山脊，经过查普查岩（Chapcha Bjha），你会发现自己身处左右各一座相对而立的岩面之间。翻越查普查山口（Chapcha La），到达查普查（海拔2450米）的Dantak道路施工营地。

查普查至楚卡 (Chapcha to Chhukha)

34公里 / 1小时

从查普查出发，你可以看到醒目的建于右边高处一座悬崖岩壁上的Thadra Ney Lhakhang。道路在森林中千回百转，不断下行，直至Tachhong Zam（意思是“最佳高桥”）和Tanalung的出入境检查站。继续前行10公里，穿过一片森林下坡就到了海拔2270米的Bunakha，这里的Tourist Hotel Bunagu（☎08-460522；套餐300努扎姆）可为提前预订的旅行者提供餐饮，而且有怡人的阳台座位。

从Bunakha出发，经过一座美丽的瀑布后，到达Chhukha Rabdey寺。继续前行几公里，在Tsimasham（之前叫Chimakothi；海拔2210米）较低的地方，是新建的楚卡宗堡（Chhukha Dzong），它于2012年由杰堪布开光，作为楚卡宗的世俗政府和地区僧团（rabdey）的新家。新宗堡和旧宗堡一样都有着引人注目的雄姿；但是外墙用大窗户取代了狭窄的箭垛。这里的戒楚节是在佛历9月初7至初10，公历为3月或4月。

道路随后盘山下降至楚卡水电站（Chhukha hydroelectric project）。空气变得浓厚温暖，几条辅路可通往谷底的大坝。在陈设简单的Deki Hotel & Bar后面是Thegchen Zam（意思是“坚固的高桥”），公路过桥后转至旺曲河西岸。这里是廷布和庞措林的中间点，距离两边都是95公里。

楚卡至格都 (Chhukha to Gedu)

38公里 / 1小时

道路向上爬升至一个能够俯瞰楚卡水电站的观景台，后面就是通往装机容量1020MV塔拉水电站（Tala hydroelectric project）众多道路中的第一条。这条路前行8.5公里就是进水结构，水流在这里进入一条22公里长的隧道。在观景台上，你能将变电站和传输站尽收眼底，配送站旁边就是黄色屋顶的桑东巴瑞拉康（Zangto Pelri Lhakhang）和旧楚卡宗堡。这两个水电项目满足了整个不丹西部的电力需求，多余电力则出口至印度。旺卡（Wangkha）的大坝景观餐厅（Dam View Restaurant）有一间游客和贵宾室（Tourist & VIP Room），除了尽享山谷美景，这里还提供自助式香辣食物，例如香辣鸡肉配米饭（150努扎姆）。

剩下的爬升都在山脊上进行。这座山脊是旺曲河谷和托尔萨曲湿地的分水岭。注意观赏东边峡谷里壮观的高山瀑布。前方的小桥下面是曾经声势磅礴的Toktokachhu瀑布（Takti Chhu），其中大部分都因一场洪水导致巨石被冲落而消失无踪。

在海拔2020米的下一座山脊上，有一处售卖各种印度美食的Dantak餐厅，食物品种包括马沙拉卷饼（masala dosa）以及香甜奶茶等。这还设有公共厕所（右手边的“仅供官员使用”）。在通往塔拉（Tala）水电站的第二条路后面，是Makaibari（意思是“庄稼地”）的道路施工营地。随后会经过Asinabari（即“冰雹场”）和小村庄Chasilakha（la kha意思是“牧场”）。在距离格都（Gedu）9公里处，有Tsatse Lhakhang的一座佛学校（shedra）。

道路继续上行至格都，这是一个规模较大的路边城镇，有几间小餐厅。格都最好的餐厅当属镇南的Lhamu Restaurant & Bar（☎05-272332），这里供应美味的尼泊尔风格食品以及精心泡制的茶水。附近的Laptshakha Lhakhang有一些新壁画。

经过格都之后，有一条下行分支路前往Mirching和塔拉水电站，之后在仁钦丁（Rinchending）以北与前往庞措林的道路交会。这条路可供车辆同行，但通常只在主路因山体滑坡或道路作业封闭时才作为替代道路使用。

格都至仁钦丁（Gedu to Rinchending）

41公里 / 1小时15分钟

离开格都后不久就到了海拔2050米的Jumja村。一个急弯过后，就是巨大的Jumja滑坡带，在雨季时，这里经常发生塌方导致道路中断数天。在Kamji村经过Kuenga Chholing Lhakhang后，道路转一个弯，然后一路下坡直至平原地带。

在Sorchen，一座道路施工营地里居住着常年在此进行山体滑坡抢险的工人。2001年，这里修建了一条绕行路（“bye pass”），在主路发生山体滑坡时可以让车辆绕行通过。此外一条从Jumjia经Pasakha前往庞措林的新路修建工作已在准备中，从而使人们能够截弯取直，不再受山体滑坡的困扰。

从这里出发，前行12公里，经过一个工业区和一座陆军兵营，抵达仁钦丁的检查站。根据行进方向的不同，你需要在这里加盖进入或离开戳。在检查站上方就是Peling Resort（☎77100865；www.pelingresort.com；Rinchending；标单/双2300/2875努扎姆，套4025努扎姆；❄📶），这里是在尘土飞扬的庞措林住宿之外的另一种选择。

仁钦丁至庞措林（Rinchending to Phuentsholing）

5公里 / 15分钟

如果你是从这里深入不丹腹地，那么仁钦丁是你补充水果等易腐口粮的最后地点。请相信，之后的价格会与海拔高度成正比增长。

仁钦丁下方是小小的卡邦地寺（Kharbandi Goemba），它是已故的太皇太后平措·曲卓太后（Ashi Phuentso Choedron）于1967年修建的冬季居所。这座现代化的寺庙供奉有释迦牟尼佛、夏宗法王和莲花生大师。在植被茂盛的土地上，伫立着8座不同风格的藏式佛塔。

在Kharbandi下方，道路盘山下降至庞措林，沿途可以观赏在平原上流淌的托尔萨曲的秀美风光。

庞措林（Phuentsholing）

☎05

庞措林是一座小巧而闷热的边境小镇，与规模大得多的印度集镇Jaigaon形成鲜明对比。两座城镇之间被一道脆弱的栅栏和不丹风格的“国门”隔开——很多人在这里拍照。这是一个拥挤嘈杂的小镇，到处都是商人、保安和外来务工者。但是，如果是从印度入境，你会感觉到市政清洁和秩序瞬间得到改善。除非是别无选择要在此过夜，否则你绝不会找到任何在庞措林闲逛的理由，除了等待入境检查外。这里的空气中弥漫着汽车尾气，基础设施急功近利。此外，这里的夏天非常炎热潮湿。

景点

★桑东巴瑞拉康 佛教、寺庙

（Zangto Pelri Lhakhang；⏲黎明～黄昏）充满现代气息的桑东巴瑞拉康仿照莲花生大师的铜色吉祥山而建，但是我们猜想莲师的原始版本绝对不是用水泥建造的！这里没有太多可供欣赏的亮点，但是周围的花园非常怡人，转动经筒的信众也是摄影的好素材。

鳄鱼繁育中心 动物园

（Crocodile Breeding Centre；南亚区域合作联盟国家公民/成人20/50努扎姆；⏲9:00～17:00）有一个小时的时间要消磨掉？不妨前往鳄鱼繁育中心去看看这些凶残的大家伙。从汽车站向北步行10分钟可达。这里会在每隔一天的中午进行鳄鱼喂食。

食宿

以下酒店都是获得不丹旅游局（Tourism Council of Bhutan，简称TCB）认可的酒店，拥有带独立卫生间的客房。除了这些获批的酒店，庞措林还有无数小旅馆，其中只有数量有限的空调房，住客大多为印度商人和旅行者。主要的酒店都附设很不错的餐厅，提供可口的印度菜、不丹菜、欧陆菜和中国菜。

Centennial Hotel 2008 酒店 $

（☎251663；centennial_hotel@yahoo.com；Phuensum Lam，Lower Market；标单/双/套1430/1650/2200努扎姆；❄📶）位于小镇下半

Phuentsholing 庞措林

Phuentsholing 庞措林

重要景点

1 桑东巴瑞拉康 B2

住宿

2 Centennial Hotel 2008 .... A1
3 Hotel Druk B3
4 Hotel Namgay B2
5 Hotel Peljorling A2
6 Hotel Sinchula A2
7 Lhaki Hotel C3

饮品和夜生活

8 Hotel Green Valley A1

购物

9 Bhimraj Stores B2
10 Druk Carpet Industries A2
11 DSB Books B2

段的这家酒店，定位于当地酒店和旅游酒店之间，是许多旅行社的选择。房间简单干净，多国风味的餐吧装修得体，热情好客。电梯在需要时会启用。

Hotel Sinchula 酒店 $

（☎252589；www.hotelsinchula.com；Phuensum Lam；标单/双1026/1146努扎姆起，带空调2100/2700努扎姆；❄）深受当地人和印度旅行者的喜爱，这家复古风格的建筑位于一棵大菩提树旁，有干净整洁的房间并带有热水浴室。这里的最大特色是屋顶餐吧，你可以点一瓶冰啤酒，搭配鸡肉和蔬菜配米饭或炒饭（sizzler，250努扎姆）。但是要爬许多级楼梯！

Hotel Peljorling 酒店 $

（☎252833；Zhung Lam；标单/双450/510努扎姆起，豪华900努扎姆）这家酒店拥有干净简单但没有空调的房间，在夏季会十分不好受。但是，这里的餐厅为它赢得了许多分数。餐厅可供应美味的烧饭以及印度和不丹风味食物。前面的餐厅专门供应印度素食，独立的后部厨房则提供肉类不丹佳肴。

Hotel Namgay 酒店 $

（☎252374；hotel_namgay@yahoo.com；Tharpai Lam；标单/双1210/1430努扎姆起，套2145努扎姆；❄）可俯瞰桑东巴瑞拉康，这家酒店十分舒适，配有空调，大堂里摆有热带植物，还可提供货币兑换服务。前台员工热情友好，在一段令人精疲力竭的公路旅行后，这里绝对是一个停下来歇歇脚的好地方。

★ **Hotel Druk** 酒店 $$

(☎252426; www.drukhotels.com; Zhung Lam; 标单/双3240/3840努扎姆起，套8400努扎姆; ❄📶)这是镇上最好的酒店，拥有舒适和品味高雅的房间，中间是一块修剪整齐并设有花园座椅的草坪。它地处海关和移民办事处后面，远离闹市，绝无尘嚣之扰。酒店里有一间酒吧，多国风味的餐厅在镇上堪称一流，供应可口的印度食物。

Lhaki Hotel 酒店 $$

(☎257111; lhakihotel@druknet.bt; Pelkhil Lam; 标单/双2300/2875努扎姆起，套3680努扎姆起; 📶)一家富有现代气息的酒店，提供干净宽敞的房间，大堂明亮通风。酒店大门位于小镇上半段的一条小巷内，但是后面的房间正对嘈杂的主街。记得要一间无烟房。这里吸引人的地方还有提供可口印度菜和类似中国菜的餐厅，以及一间按摩房。最好提前预订，因为许多旅行社会让旅行团下榻此处。

购物

庞措林有不丹最便宜的消费品，许多不丹人和印度人都会专门到这里来购物。这也是以最低的价格购买帼(gho)或旗拉(kira)——不丹传统男女装束——的好地方。

Bhimraj Stores 布料

位于市集上，在这里你能以每米200~400努扎姆的价格购买布匹；制作帼(gho)或旗拉(kira)需要约4米布料。

Druk Carpet Industries 地毯

(☎252004; ⏲周三至周一9:00~20:00)这家工厂位于镇北，但如果想要购买商品，可以去镇上的陈列室。一块宽46厘米、长122厘米的地毯价格约为450美元。

DSB Books 书籍

(☎251898; Gechu Shopping Mall; ⏲9:00~21:00)销售关于不丹的小说、报纸和书籍。

饮品

如果想要一瓶冰啤酒(80努扎姆)，不妨去Hotel Peljorling的露台上，看着下面人来人往；或者到Hotel Sinchla去发发呆。**Hotel Green Valley**(Jorden Lam)的花园酒吧是坐下来安静休息一下的好去处。

实用信息

所有银行都可以开展不丹努扎姆和印度卢比的双向兑换。印度卢比可以在不丹自由使用，但现钞面额不得超过100卢比。

不丹银行(Bank of Bhutan; Samdrup Lam; ⏲周一至周五9:00~13:00，周六至11:00)兑换外币现钞和旅行支票。设有一台自动柜员机。

不丹国家银行(Bhutan National Bank; Samdrup Lam; ⏲周一至周五9:00~16:00，周六至11:00)兑换外国货币。

Bhutan Photo Studio(Gatoen Lam)拍摄护照快照(100努扎姆)的照相馆之一。

Druk PNB Bank(Zhung Lam; ⏲周一至周五9:00~15:00，周六至11:00)提供货币兑换以及有限的自动柜员机服务。

GPY Cyber Café(每小时40努扎姆; ⏲9:00~21:00)打印、复印和长途电话。位于Gechu Shopping Mall后面。

庞措林综合医院(Phuentsholing General Hospital; ☎254825)一个有50张床位的医院，配有现代实验室、手术室和急救室。

邮局(Samdrup Lam; ⏲周一至周五9:00~17:00，周六至13:00)位于不丹银行旁，在镇上的山上。

到达和离开

各家客运公司，如Dhug、Metho、Pelyab和Sernya每天上午都有Coaster小巴从汽车站发往廷布(210努扎姆，车程7小时)和帕罗(200努扎姆，车程6小时)，每周有数班长途车开往哈阿(245努扎姆，车程9小时)、旺杜波德朗和普那卡(价格都为400努扎姆，车程10小时)。每天清晨有小巴发往印度西里古里(80努扎姆，车程4小时)，但这些巴士其实并非为外国人士开通，沿途还要经过出入境检查站。不丹邮政下午3点有一班巴士发往加尔各答(印度; 550努扎姆，车程18小时)，如果打算乘坐这趟巴士，希望你不会因此患上椎间盘突出症!

不丹中部

包括 ➡

另辟蹊径

- 辛卡哈（见135页）
- 曲梅（见119页）
- 谢姆冈（见136页）
- 皇家玛纳斯国家公园（见138页）
- 鲁格罗维寺（见130页）

最佳景致

- 通萨观景台（见116页）
- 通萨塔皇家历史博物馆（见118页）
- 贾卡尔宗堡（见122页）
- 佩策林寺（见129页）
- 衮藏卓寺（见133页）

为何去

不丹中部林木茂密的群山和地肥水美的峡谷，共同构筑了这个国家的文化腹地。这里不仅有不丹最古老、最重要的神庙和佛寺，而且还有无数心旷神怡的一日徒步游线路，以及众多让人大开眼界的民俗节日。

翻越海拔3420米的帕勒拉山口（Pele La），来到黑山的东侧，你会看到宏伟雄壮且在历史上具有重要地位的通萨宗堡，它扼守着3条道路交会之要冲。从通萨出发，驾车沿着陡峭的道路爬升没多远，翻越海拔3425米的永同拉山口（Yotong La），接下来就是布姆唐的4座峡谷，在这片神奇的土地上，到处都流传着圣人和寻宝者、降妖伏魔和璀璨奇迹的传说，遍布着莲花生大师和白玛林巴造访后留下的丰富遗迹、隐修所和圣地。

相比不丹西部而言，前往不丹中部的游客数量一直相对较少，但是布姆唐的新机场可能会改变这一状况。如果真的想欣赏“奇伟、瑰怪、非常之观”，可以向南前往谢姆冈（Zhemgang），去探访偏远村庄里的拉康，以及游客罕至的皇家玛纳斯国家公园（Royal Manas National Park）。

何时去

- 不丹中部，尤其是肥沃的布姆唐峡谷，四季游玩皆宜：夏季让人愉悦，春秋两季亦十分理想（春季杜鹃花开，山口附近一派繁花似锦的景象）。
- 冬季气温较低，在布姆唐尤甚，但是白天通常阳光明媚，而且基本没有游客踪影——记得带上保暖衣物，如果山口因降雪而封闭一两天，也不用感到惊讶。
- 最好选在一个多彩迷人的节日期间造访，至少碰上一个节日也好，例如乌拉、通萨宗堡、简培寺或古杰拉康的节日盛会等。

中国地图出版社供图

不丹中部亮点

1 探访巍峨高耸的**通萨宗堡**（见117页），这是传统不丹建筑的最佳典范。

2 前往**通萨塔皇家历史博物馆**（见118页）了解通萨历史传承。

3 在**布姆唐山谷**（见129页）选一条线路进行徒步观光。

4 在莲花生大师修建的**古杰拉康**（见128页）建筑群中徜徉。

5 探访不丹最古老和最重要寺庙之一的**简培寺**（见127页）。

6 在**塔姆辛寺**（见132页）身着白玛林巴打造的链甲绕寺转经。

7 在仿照加德满都猴庙（Swayambhunath）佛塔修建的**成德布吉佛塔**（见116页）停车野餐。

8 前往唐谷参观有着上百年历史的**邬金曲林宫**（见134页）。

历史

不丹中部被认为是不丹最早有人居住的地区，在布姆唐的乌拉山谷和Khyeng（谢姆冈周边）南部的史前定居点就是最好的证明。这些地区和其他一些山谷都曾是由独立国王所统治的公国。这些国王中最重要的一位，是8世纪印度信度（Sindhu）的布姆唐大公，他后来在莲花生大师的指点下皈依佛教。布姆唐则一直是一个独立王国，统治者在贾卡尔发号施令，直到17世纪夏宗·阿旺朗杰一统天下。

在首任第悉（世俗统治者）丹增珠杰（Tenzin Drugyey）统治期间，不丹东部所有地区都在普那卡的竹巴政府控制之下。秋贾·敏珠·丹巴（Chhogyel Mingyur Tenpa）将不丹中部和东部划为8个省，即Shachho Khorlo Tsegay。随后他被擢升为通萨佩罗（行政长官）。由于通萨宗堡的重要战略位置，通萨佩罗在整个国家都具有举足轻重的地位。第一任国王的父亲晋美朗杰（Jigme Namgyal），正是从通萨开始逐渐掌权的。

在第一任和第二任国王统治期间，布姆唐保持了其政治上的重要地位，这两位国王都将办公地设在贾卡尔的旺迪曲林宫（Wangdichholing Palace）。这里依然留存了许多令人瞩目的王室居所以及乡村宅邸，其中包括Kuenga Rabten、Eundu Chholing和邬金曲林（Ogyen Chholing）等。

通萨宗
（TRONGSA DZONGKHAG）

旺杜波德朗至通萨（Wangdue Phodrang to Trongsa）

129公里 / 5小时

不丹西部风起云涌的小镇旺迪（旺杜波德朗的口头称呼）和通萨之间的道路，经由海拔3420米的帕勒拉山口翻越黑山（the Black Mountains），然后进入广袤无垠、水土肥美的芒德曲（Mangde Chhu）河谷。

帕勒拉山口至成德布吉（Pele La to Chendebji）

27公里 / 1小时

从帕勒拉山口开始，道路从山坡上铺满了奇形怪状的名为“cham”的矮竹丛里穿过。这种竹子永远也长不大，没有任何实用价值，但它们较为低矮时却是牦牛和马匹最喜欢的食物。在帕勒拉山口附近，你也许可以看到牦牛在路边吃草。

随后道路下降至Longte山谷的常绿森林内，从高高在上的Longte村下方经过。在过了山口之后9公里，舒适惬意的Tushita Cafe（☎17608153；Kemepokto village；早/午套餐250/390努扎姆）可提供优美的峡谷风景、可口的午餐和休息地，同时也为早起的观鸟者准备早餐。

随着道路渐渐深入山谷内部，植被摇身变为色彩斑斓的阔叶树和竹子。道路经过对面的Rukubji村，这里有一所大学校和佛寺，它们地处一个巨大冲积扇的末端，据说这里曾是一条巨蛇的身体。这座村庄里的房子都紧紧建在一起，这种布局在不丹极为罕见。村庄周围是广袤的芥菜、土豆、大麦和小麦田地。

在经过山口后16公里，注意看看道路左侧的岩刻和壁画，这里是2002年不丹电影《旅行者和魔术师》（*Travellers and Magicians*）的拍摄场地。在佛教箴言后，紧接着就是“第112场，第101镜头（Scene 112, take 101）”！

继续前行1公里，道路进入支流河谷，然后下行至Sephu（海拔2610米），这里也被称为Chazam，附近就是横跨尼卡曲（Nikka Chhu）的公路桥。这是穿越卢纳纳（Lunana）地区的24天史诗级“雪人徒步路线（Snowman Trek）”的终点。你可以停下来看看这里出售的手编竹席和竹篮，但是大部分都是日常生活用品（而非纪念品）。较大的竹篮（名为“zhim”）用来绑在马鞍上运输货物。度假屋风格的Norbu Yangphel Restaurant（☎02-441844；午饭套餐380努扎姆）就在村庄上方，是一个很好的午饭打尖处，在这里还可以品尝一些当地特色的河苔汤（juru jaju）。

道路沿着尼卡曲前行，直至这条河与尼亚拉曲（Nyala Chhu）交汇处的两座佛塔。道路随后蜿蜒穿过杜鹃、蓝松、云杉、橡树和低矮的竹林，直至成德布吉村（Chendebji），这里的标志物就是河对岸黄色屋顶的拉康。在第二任国王统治时期，这里是马帮的过夜之地。

从成德布吉村继续前行2公里，就到了位于河口处的**成德布吉佛塔**（Chendebji Chorten）。这座白色大佛塔仿照加德满都的猴庙佛塔，于19世纪由来自中国西藏的悉达喇嘛建造，用来震慑曾经在这里被除掉邪灵的残魂。这座佛塔的正式名称是Chorten Charo Kasho；这是早期"佛塔之路"佛教徒弘法路线的最西端标志物。附近的不丹风格佛塔建于1982年。

经过佛塔之后500米就到了**Chendebji Resort**（☎03-440004；房2160~2880努扎姆，套餐 早/中/晚200/300/350努扎姆），这里是一个很受欢迎的午餐地，有一家特产商店，老板是一位知名艺术家，同时也经营着多楚拉度假村（Dochu La Resort）。河畔的房间带有独立卫生间，其中一些还有浴缸，睡床都配有柔软的床垫。

成德布吉至通萨 (Chendebji to Trongsa)

41公里 / 1小时15分钟

经过成德布吉佛塔之后，道路经过一些农场，越过一条山涧，然后再次爬升至一道山脊上，从高处经过下方的Tangsibi村。山谷豁然开朗，道路转过一个弯，进入开阔的芒德曲河谷。道路两边长有可以用来造纸的结香属灌木。在这个路段你可能会看到棕色的猕猴。

在Tashiling村，你会看到**塔希曲林寺**（Tashichholing Lhakhang），这里是格拉工艺品培训学校（Gayrab Arts and Crafts Training Institute）所在地。学校内供奉着一尊9米高的千手观音像（Chaktong Chentong）。壁画精致而美妙，出自在此学习六年制传统寺院艺术课程的40位僧人之手。

继续沿路前行，你会看到附近美丽的Tsangkha村，这里颇具规模的佛学院（shedra）专门研究星相。

当公路蜿蜒进出于一个个支流河谷后，终于可以遥望到通萨，以及气势磅礴的白色宗堡，看上去如同悬浮在谷口的空中。路中间一座小佛塔旁的**观景台**是一个拍照的好地方，还可以在观景台下面的**Viewpoint Restaurant**（观景餐厅；早/午餐200/300努扎姆；⏲7:00~19:00）享用一杯茶。宗堡看上去仿佛近在咫尺，但其实仍有14公里车程。不过你可以从这里出发经过**芒德步道**（Mangdue Foot Trail）步行前往宗堡，这是一段需要两小时的小路，先是走陡峭的下坡路至芒德曲河上的一座传统廊桥（baa zam），然后爬同样陡峭的上坡路至宗堡的西门。你的司机需要提前驾车前往宗堡等候，确保你走到那里时西门仍向你敞开。

在观景台和公路上方，经过一小段湿滑的车道，就是颇具规模但感觉夸张的**Raven Crown Resort**（☎77190799；www.ravencrownresort.com；标单/双4320/5700努扎姆，套5700/7140努扎姆），这里提供了在通萨镇之外的另一个住宿选择。33间宽敞的客房分布在好几栋楼内，里面还建了水疗设施和泳池。

继续前往通萨，你需要绕行一长段距离前往芒德曲河谷上段，在Bjee Zam检查站过桥到波涛汹涌的河流对岸，接着在北岸继续爬升，经过一座瀑布和Yangkhil Resort，然后进城。

通萨（Trongsa）

☎03 / 海拔2180米

通萨位于不丹国土的中心，地处前往普那卡、布姆唐和谢姆冈的交通要冲，但崇山峻岭又形成一道天然屏障，将其与东部和西部隔开。宗堡与周围的城镇位于峡谷上方，向西南可以遥望黑山山脉的美丽风景。这是一座静谧而宜人的小镇，路旁布满传统白色外墙、盆栽植物装点的商店。这个小镇在20世纪50年代末至60年代初接纳了大批涌入境内的藏民，因此这里的大部分店铺都由成为不丹人的藏族后裔在经营。

景点

贯穿东西的公路在宗堡上方绕行而过，途经小型周末**蔬菜市场**和小小的**Thruepang Palace**（禁止参观），第三任国王吉格梅·多吉·旺楚克于1928年在此出生。镇中心的环岛连接着向南前往盖莱普（Gelephu）的道路。沿着这条路步行一小段，即可观赏到壮丽的宗堡景观。

★通萨宗堡　　佛教、宗堡

（Trongsa Dzong；☎521220；⏲8:00~17:00，冬季至16:00）这座威风凛凛的宗堡居高临下，俯瞰着芒德曲河。它算得上是不丹选址最引人瞩目的建筑，建筑向南一路下降，直至消失在云雾深处。

通萨宗堡拥有悠久的历史，可追溯至16世纪。这里的第一座建筑由纳杰·旺楚克（Ngagi Wangchuck，1517~1554年）下令建造，他是夏宗·阿旺朗杰的曾祖父。他于1541年来到通萨，在发现保护神吉祥天母（Pelden Lhamo）坐骑显现的马蹄印后，于此地建造了一座小禅修室（tshamkhang）。“通萨”（Trongsa，在当地方言中是“新村”之意）得名于随后很快在禅修室周边拔地而起的静修所、神庙和隐士居所。

宗堡小道自山脊而下，穿行于布局散乱的各式建筑中，并由一连串小巷似的门廊、宽阔的石头台阶和美丽的庭院连到一起。宗堡最南面的塔寺（Chorten Lhakhang），是1543年第一座静修所的所在地。目前的宗堡建筑于1644年由秋贾·敏珠·丹巴修建，这位官员当时受夏宗法王指派，试图将不丹东部纳入中央政府统治之下。17世纪末，时任第悉丹增立杰（Tenzin Rabgye）对宗堡进行了扩建。它的正式名称是Chhoekhor Raptentse Dzong，更广为人知的是缩写的Choetse Dzong。这座宗堡在1897年大地震中严重受损，时任通萨佩罗晋美朗杰——不丹第一任国王之父——对其进行了重修。

通萨宗堡与王室家庭密切相关。第一任国王和第二任国王都在这里统治全国，如今的不丹王室仍沿袭了王储在即位前担任通萨佩罗的传统。

宗堡的战略位置使其在不丹中部发挥着不容忽视的巨大作用。不丹东部和西部之间的唯一道路仍旧穿越通萨而过，过去更是直接穿越宗堡内部。这使通萨佩罗能卓有成效地控制东西贸易，获取源源不断的税收。如今大部分游客都从东面的大门进入宗堡，但是体力充沛的旅行者可以尝试从观景台开始的“芒德步道（Mangdue Foot Trail）”徒步，这段陡峭的步行线路终点是宗堡的西门，这也是最为传统的造访方式。

Trongsa 通萨

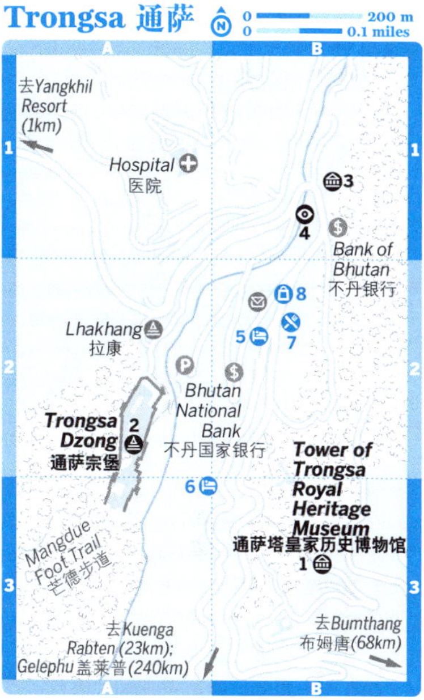

Trongsa 通萨

◎ 重要景点

1 通萨塔皇家历史博物馆........B3

2 通萨宗堡........A2

◎ 景点

3 Thruepang Palace........B1

4 蔬菜市场........B1

住宿

5 Norling Hotel........B2

6 Tashi Ninjay Guest House........A3

就餐

7 Oyster House........B2

购物

8 Phuntsho Wangmo Bhutanese Handicraft & General Shop........B2

通萨地区的僧团（rabdey）会在冬季（通萨）和夏季（布姆唐）住所间往返迁移，这一点与主扎仓（dratshang，中央僧团）在廷布和普那卡间迁移颇为相似。

宗堡内有23座彼此独立的拉康，但是你能进入哪些建筑里面就得凭运气了。大部分现存的精美装饰都在第一任国王乌颜·旺楚克在位期间设计制作。

值得造访的房间包括别具氛围的北部法堂和南面的Mithrub Lhakhang，后者内部供奉有宗堡最初创建者纳吉·旺楚克（Ngagi Wangchuck）的灵塔。不妨感受木地板上由虔诚的朝圣者留下的凹陷足印。

每年12月或1月，为期5天的通萨戒楚节都会在北边的庭院里举行，节日的高潮是晒大佛（展示一种巨幅唐卡——绘制或刺绣的宗教图画）。宗堡旁边是射箭场和现任国王（当时的王储）于2004年晋升为佩罗的仪式举办地。

★通萨塔皇家历史博物馆 博物馆

（Tower of Trongsa Royal Heritage Museum；门票200努扎姆；⏲4月至5月周一至周六9:00~17:00，11月至次年3月周一至周六9:00~16:00）这座瞭望塔（Ta Dzong）位于宗堡上方的山峦之上，现已被改建成一座高品质的博物馆，负责该工程的团队拥有来自奥地利的资金支持，他们还完成了尼泊尔帕坦博物馆的翻新工作。五层展厅主要展示了佛教艺术和王室纪念品，包括有着500年历史的纳吉·旺楚克的外衣，以及第四任国王在青少年时代穿过的足球鞋等。最神圣的宝物是一本叫作《Padma Kathang》的书——由莲花生大师的明妃益西措嘉撰写的莲师传记。

在瞭望塔内还有两座拉康；其中Gesar Lhakhang供奉的是19世纪的通萨佩罗晋美朗杰（Jigme Namgyal）。在杜瓦战争期间，据说被俘的两名英军士兵就是在这儿的地牢里被囚禁数月。从顶上可以看到让人心醉神迷的风光，底层的咖啡馆供应茶点（提前预约还可以准备午餐）。

你可以驾车前来此处，或者从市区徒步拾阶而上，期间会经过两座迷人的半圆形塔式佛堂。

食宿

Tashi Ninjay Guest House 酒店 $

（☎521531；tashininjay@gmail.com；标单/双1955/2185努扎姆；📶）从这座旅馆可以看到雄奇的宗堡身姿，因此一定要入住带有阳台的楼上房间。房间十分舒适，员工超级友好，这是市内唯一一家面向游客的酒店。

Norling Hotel 经济酒店 $

（☎521171；标单/双1430/1760努扎姆）这家用水泥砌成的当地旅馆位于市场内，是享用午餐的好地方，供应有冰爽的Red Panda啤酒。楼上的9间客房环境优雅，铺有木地板，带独立浴室，非常受当地人和到访的非政府组织工作人员的青睐。

Yangkhil Resort 酒店 $$

（☎521417；www.yangkhil.bt；标单/双3117/3399努扎姆，豪华4054/4428努扎姆；📶）这座度假酒店位于镇西1.5公里处，是一个不错的选择，有5栋楼，里面共21间客房，建在山坡上，面朝宗堡。所有房间都宽敞惬意，有供暖设备、阳台和极为舒适的床（但是没有电视）。让人身心舒畅的运动场、远景和不错的餐厅，使这里成为放松的好地方，因此在安排行程时不妨早一点到达，或者晚一点离开。要一间能看到风景的楼上房间。

Puenzhi Guest House 酒店 $$

（☎521197；puenzhi@druknet.bt；标单/双2200/2750努扎姆，豪华2750/3300努扎姆；📶）向城镇上方驱车前行4公里就到了由前任通萨行政官员经营的这座酒店。豪华房品质最优——通风、宽敞而且可以将瞭望塔（Ta Dzong）、通萨宗堡和黑山尽收眼底。年头较久的房间面积较小，但仍不失舒适，而且有着同样的阳台风景。露台餐厅很适合在日落时分享用一杯啤酒，精力充沛的住客可以沿着酒店下方的小道直接步行前往瞭望塔。

Oyster House 不丹菜 $

（☎521413；主菜130努扎姆）这家热门的餐厅拥有舒适的沙发座和阳光充裕的露台，可以看到主街风景，菜单上每周供应不同的不丹菜肴。这里的特色还有全尺寸的斯诺克球桌，吸引通萨的青少年到此游乐。

购物

Phuntsho Wangmo Bhutanese Handicraft & General Shop 手工艺品

（⏲8:00~19:00）这个商店有一些手工纺织品、面具和首饰，以及其他一些平淡无奇的烘焙食品。

实用信息

不丹银行（Bank of Bhutan；⏲周一至周五9:00~15:00，周六9:00~11:00）在这里兑换旅行支票需要提供支票的复印件。

不丹国家银行（Bhutan National Bank；⏲周一至周五9:00~15:00，周六9:00~11:00）

邮局（⏲周一至周五8:30~17:00，周六8:30~13:00）

通萨周边

Kuenga Rabten

不丹第二任国王吉格梅·旺楚克（Jigme Wangchuck）的冬宫位于通萨以南23公里（车程1小时）。这是一段趣味盎然的驾车之旅，道路从下方经过Takse Goemba寺（约17公里处）、几座巨大的瀑布以及芒德曲河谷下段的肥沃稻田。从通萨出发，这是一段非常不错的半天或大半天游览路线，如果你可以安排车辆在Kuenga Rabten迎接，这还会是一条无与伦比的骑行线路。路上车辆不多，而且从通萨开始一路下坡！

这座宫殿如今由国家文化事务委员会（National Commission for Cultural Affairs，简称NCCA）负责管理，因此你无须办理特别许可证即可入内参观。U形建筑的首层用来存储粮食；二层是王室侍从和卫队的住所；三层则是王室居所以及国王的私人佛堂。这一层的部分区域已被改建为一座图书馆，里面有来自国家图书馆的一些书籍。国王和王后的房间之间是Sangye Lhakhang，里面供奉着释迦牟尼佛、夏宗法王和莲花生大师。

从冬宫步行15分钟或驾车上山，即可到达Karma Drubdey Nunnery，在勤劳的尼姑（anim）的操持下，尼姑庵正在扩建当中。

继续向谷内前行25公里即可抵达Eundu Chholing，这是第一任国王乌颜·旺楚克的冬宫。从Kuenga Rabten出发，道路沿着壮观的盘山路逐渐下降，经过Refey村到达河边以及Yourmu的修路工营地，接着前行2公里后，一条土路从主路分岔前往宫殿。这座建筑属于一位当地贵族（Dasho），但是由宗本（宗堡的行政长官）打理，通常都允许游客参观。二楼的贡康（goenkhang，供奉保护神的小佛堂；仅男士可进入）里面有一座备受崇敬的白玛林巴佛塔，以及让人目不暇接的各种武器和可爱的不丹鲁特琴（drangyen）。入口大殿内有一些你所见到的最美丽的壁画，诠释了桑东巴瑞（Zangto Pelri）和佛教净土（Sukhavati）等虚构世界。

塔培寺（Taphey Goemba）

如果你在通萨能多待一天、因故延迟启程或真的希望另辟蹊径，不妨考虑造访通萨北部的山峦。从通萨出发，沿着农场道路向北前往Yuling村和拉康，开始一段一日游冒险，步行前往塔培寺的禅修所（drubdey）。继续向山上步行一小时，可以到达山脊线上，从这里向北遥望壮丽的喜马拉雅风光，偶尔还可见到高耸云天的岗卡彭森峰。

布姆唐宗（BUMTHANG DZONGKHAG）

布姆唐地区主要由四座山谷构成，分别是：卓霍（Chokhor）、唐（Tang）、乌拉（Ura）和曲梅（Chhume）。由于宗堡和最重要的寺庙都位于面积较大的卓霍山谷，因此这里通常被称为布姆唐山谷。可参见184页的“布姆唐文化和杜尔温泉路线（Bumthang Cultural & Duer Hot Springs）”地图。

布姆唐这个名字的来源有两种版本的传说。一种说法是这座山谷形状看上去像是一个“bumpa”，这是一种常见于拉康佛坛上装圣水的容器。“Thang”的意思是“田野”或“平地”。不太严肃的解释为这个名字源自生活于此的倾城女子——“bum”的意思是“女孩”。

通萨至贾卡尔（Trongsa to Jakar）

68公里 / 2.5小时

通萨前往布姆唐主要城镇贾卡尔的道路蜿蜒穿过曲梅山谷，沿途经过数不清的村庄和佛寺，是不丹较为轻松有趣的驾车路线之一。中途可以停车游玩，这一天将会变得格外有趣，你会发现时间过得非常快。

通萨至永同拉山口 (Trongsa to Yotong La)

28公里 / 1小时

道路在通萨上方的山脊上曲折前行，在经过Puenzhi Guest House和Dorji Goemba的火葬场后以极为陡峭的坡度向上爬升，抵达谷口。最后道路爬过谷顶，到达**永同拉山口**（海拔3425米），你会看到一座藏式佛塔和许多经幡。在翻越山口时，通向不丹东部的贸易古道与现代公路齐头并行。

永同拉山口至尊尼村 (Yotong La to Zungney)

24公里 / 1小时

从山口出发，沿途的植被由冷杉向乔松过渡，最后变成竹子。公路进入曲梅山谷的上部，标志是Gaytsa路边一座小小的Chuchi Lhakhang。在Gaytsa以北数百米处的山峦上，坐落着宁玛派的**布里寺**（Buli Lhakhang），创建者是多杰林巴（Dorji Lingpa，1346~1405年）之子Tukse Chhoying，如今在美国喜马拉雅基金会（American Himalayan Foundation，详情请见www.ahf-bhutan.com）的协助下进行修缮。底层是Jowo Lhakhang，里面有一尊笑容可掬的强巴佛（弥勒佛，未来佛）和令人印象深刻的12根柱子（kachen）。楼上则是SangyeLhakhang，得名于过去、现在和未来三世佛的画像。窗户边的壁画描绘的是多杰林巴。在沿着楼梯登上二楼时，注意看看刻有当地保护神Yoebar Drakpo的石板。2月举行的布里戒楚节（Buli tsechu）以一场夜间的mewang（与祈求丰收仪式相关的篝火庆典）拉开序幕——这是一种可追溯至佛教传入之前的仪式，整个节日为期3天。几只黑颈鹤会到村子东北的田地里过冬。

视线越过东北悬崖边的树顶，**塔巴林寺**（Tharpaling Goemba）的红色屋顶即映入眼帘。藏传佛教宁玛派（Dzogchen）哲学家和圣人龙钦巴（Longchen Rabjampa，1308~1363年）建立了塔巴林寺，使其与8座周边寺庙（ling）融为一体，并在此居住多年，育有两子。附近的几所寺庙和建筑里有100多位僧人，他们在附属的佛学院（shedra）求学。可以沿一条土路（在雨雪天无法通行）驾车10公里穿越田园风情的乡村，或者从贾卡尔徒步翻山越岭前往参观这座佛寺。下山路非常适合山地自行车骑行，也可以经由Samtengling Goemba步行下山至主干道上。

在塔巴林之上，海拔约3800米的地方，是白色的隐居修行地**Choedrak**，它由两座古老的佛堂组成，中间隔着一座佛塔和一眼圣泉。右边Thukje Lhakhang的中央供奉着一尊千手观音像。而Lorepa Lhakhang得名于12世纪时修建这座佛堂的藏人，里面有莲花生大师的一个石头足印，以及空行母（khandroma；dakini）的石头颅骨。继续向上攀登到达**Zhambhala Lhakhang**，它得名于广受欢迎的财富之神。朝圣者会到拉康后面岩石上的一组圆形凹槽处祈福，这还有一座气势宏大的纽舒堪（Nyoshul Khen）仁波切的灵塔，他是一位重要的中国西藏的喇嘛，于1999年去世。白玛林巴在这些佛寺附近发现了一些伏藏（terma；神圣的经文和法器）。

回到主路上，在经过塔巴林路口后，一座桥横跨Gaytsa Chhu河，沿着一条标示清楚的砂石路前行1公里可到达**Chumey Nature Resort**（☎17114836；www.chumeynatureresort.com；标单/双/套2250/3000/4200努扎姆），这是一处轻松惬意的乡村度假酒店，周围被田野和森林所环绕，拥有无数步行小道，还可前往多姆卡宗堡（Domkhar Dzong，30分钟）。可以租一辆进口山地车，在谷内骑行。这里的14间客房非常舒适、怡人而且温馨，位于主楼旁边的小屋里，水疗和桑拿设施正在建造中，另外还有4间阳光充裕的套房。度假酒店甚至还建有自己的拉康，为希望了解佛教的游客提供方便。

主路继续深入Gaytsa Chhu河谷，前行2公里至多姆卡。一条土路向南通往1公里外的**多姆卡塔希曲林宗堡**（Domkhar Tashichholing Dzong），这里是第二任国王的夏宫。它建成于1937年，仿照Kuenga Rabten修建。后来这里成为第二任国王妻子的居所，如今是王室宾馆，因此内部不对游客开放（你可以参观庭院）。南边的佛学院由噶玛噶举派的前任噶玛巴活佛于1968年修建。

经过多姆卡村和Hurjee之后，就到了**曲**

梅(Chhume),规模较大的两所学校沿着500米的直路排列,也许这是不丹山区最长的直路。路上设有减速带,以确保司机不会利用这段直路来赶时间。

到达尊尼之前,在Yamthrak有一条柏油岔路,前行3.5公里可到达尼玛朗寺(Nimalung Goemba),这是一座重要的宁玛派佛寺和佛学院(shedra),它由道灵活佛(Dorling Trulku)于1935年创建,如今有100位僧人在此修行。底层内殿里有一尊神圣的度母(Tara)像,据说是从中国西藏带来此处。在佛坛后面可以看到有许多黑色帽子,这是在不丹阴历五月(公历7月前后)初十举行戒楚节时使用的。佛坛前有一个装有一幅巨幅唐卡的大金属箱,这幅唐卡描绘的是莲师八变(Guru Tshengye)。楼上是一座贡康(goenkhang)。你在外面可以看到僧人们在玩khuru,这是一种飞镖和射箭相结合的运动。如果你想要舒展下筋骨,可以从普拉卡寺(Prakhar Goemba)主殿前的一排大佛塔出发,走15分钟的小路下山。

回到主路上,从Yamthrak路口出发步行500米可到达Chorten Nyingpo Lhakhang,这是一座充满沧桑感的16世纪佛堂,里面的主要圣物是夏宗父亲丹巴尼玛(Tenpa Nyima,1567~1619年)的塑像。在院子里可以找找白色的法座,据说丹巴曾在这里布道3年。继续沿主路前行,在到达尊尼前,你将经过装机容量1.5MW的曲梅小水电厂,这里向通萨和布姆唐供电。

继续前行5分钟,在尊尼村的两家工艺品商店前面停车,实地参观织工和染工的工作。这里的特产是亚特拉(yathra),即拥有众多颜色和图案的羊毛织品。你可以选择购买布条或是成品的羊毛外套和毛毯。在Thokmed Yeshe Handicraft & Yathra Production Centre(☎03-641124;⏰6:00~20:00)西边是规模不大的尊尼拉康(Zungney Lhakhang),据当地人讲由藏王松赞干布修建,是用来震慑魔女的寺庙之一。在离开尊尼时,注意看看右边不同寻常的双层转经筒。

尊尼村至贾卡尔(Zungney to Jakar)

16公里 / 30分钟

普拉卡寺(Prakhar Goemba)位于尊尼以东河对岸的一处岬角上。步行10分钟可抵达这座佛寺,寺庙有3层,由著名伏藏师白玛林巴之子达瓦贾珍(Dawa Gyaltshen)建造居住。底层供奉的是由尼泊尔工匠制作的释迦牟尼佛像。中间一层供奉的是莲师八变造像。最上面一层有9座小佛塔,以及历史和寺庙一样久远的壁画。普拉卡戒楚节于不丹阴历九月中旬(公历10月或11月)与简培寺竹巴节在同一天举行。"普拉卡(Prakhar)"意思是"白猴"。

道路沿着山谷蜿蜒下行,经过Nangar的苹果园,进入乔松森林。从这里分出一条新修的支路直接通往乌拉。道路爬升不久后到达齐齐拉山口(Kiki La),海拔2860米的垭口处有一座佛塔和许多经幡。经过侧岭后,道路下行进入卓霍山谷。

贾卡尔(Jakar)

☎03 / 海拔2580米

贾卡尔(Chamkhar)位于卓霍山谷谷底

亚特拉羊毛

饰有布姆唐地区独有图案的手纺和手织羊毛布条被称为"亚特拉"(yathra)。它们大多呈现几何图案,有时带有边框。三块这样的布料可以拼接到一起,制成一件毯状的雨披,即"charkep"。

在很久以前,亚特拉通常被用作披肩或雨衣,以抵御布姆唐冬日的严寒。它们曾经用来自中国西藏的羊毛织造;如今一些羊毛是从新西兰进口,另一些则来自附近澳大利亚资助的养羊项目。

由于不丹没有中国西藏那样的地毯编织传统,亚特拉经常被当作藏毯使用。如今流行将亚特拉制成toego,这是一种女性在天冷时穿在旗拉(女子传统着装)外面的短外套。

Jakar 贾卡尔

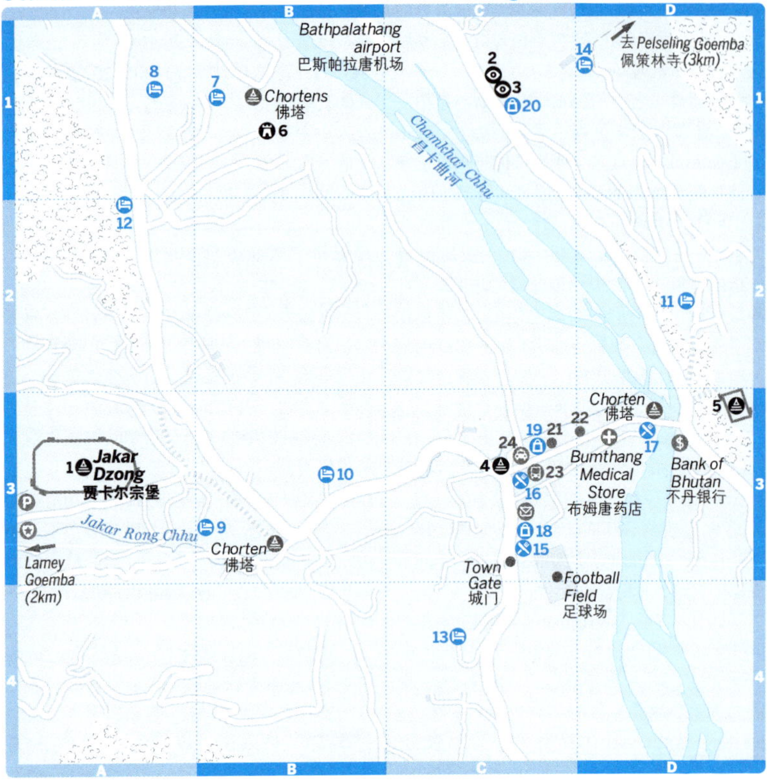

附近，是该地区最主要的商贸中心。在你探访周围峡谷的几天里，这里也许将成为你的大本营。

贾卡尔本身是一座有两条街道的繁华市镇，值得逛一逛，尽管因为2010年的三场大火，这里的大部分店面都比较新。与不丹的其他城镇一样，贾卡尔计划搬迁至赛拉康（Sey Lhakhang）以北的新城镇Dekyiling。新城镇的道路已经完工，但大规模搬迁的最后日期尚未决定。

布姆唐的巴斯帕拉唐机场（Bathpalathang Airport）位于昌卡曲（Chamkhar Chhu）东岸，2011年开通定期航班，将更多的游客带到山谷里观光游览。

每天下午都会从南边刮起强劲的谷风，使得贾卡尔的夜晚颇为寒冷。

景点

交通环岛和建于14世纪的贾卡尔拉康（Jakar Lhakhang）标志着镇中心所在。

主街道从镇中心出发东行，直至昌卡曲（Chamkhar Chhu）河上的桥边。在你准备过河离开城镇之前，可以看看附近的一座小佛塔，这里埋葬着一名敌军将领的头颅，他在17世纪率军入侵不丹时兵败身亡。

★ 贾卡尔宗堡（Jakar Dzong） 佛教、宗堡

根据传说，1549年当喇嘛们聚在一起为修建佛寺选址时，一只巨大的白鸟突然腾空而起，然后落在一座小山脊上。这被认为是一种吉祥的征兆，于是这座小山就被选为贾卡尔宗堡的修建地点，宗堡的名字翻译过来大致意思就是“白鸟城堡”。夏宗的曾祖父纳吉·旺楚克（Ngagi Wangchuck）是这座寺院的创建者。

Jakar 贾卡尔

重要景点

1 贾卡尔宗堡 A3

景点

2 布姆唐啤酒厂 C1
3 奶酪工厂 C1
4 贾卡尔拉康 C3
5 洛卓卡珠寺 D3
6 旺迪曲林宫 B1

住宿

7 安缦酒店 B1
8 Hotel Ugyen Ling A1
9 Jakar Village Lodge B3
10 Kaila Guest House B3
11 Mepham Guest House D2
12 Mountain Lodge A2
13 River Lodge C4
14 Swiss Guest House D1

就餐

15 Himalayan Pizza C3
16 Kinley Hotel C3
17 Sunny Restaurant D3

购物

18 Bumthang Handicraft Shop C3
19 Dragon Roots C3
20 Yoser Lhamo Shop C1

交通

21 Dragon Ride C3
22 不丹皇家航空公司 D3
23 Metho Transport C3
24 出租车 C3

贾卡尔宗堡所在的地方风景如画，可俯瞰卓霍山谷。当前的建筑修建于1667年，其周长超过1500米。这座宗堡的正式名称是Yuelay Namgyal Dzong，用于纪念不丹在一场战役中大获全胜。乌策（utse，中央高塔）的选址异乎寻常，建于外墙之上，因此无法绕行转经。一条有围墙的通道从宗堡一路向下通往附近的泉水——这种设计是为了在长期被围困的情况下保证供水。

前往宗堡需要沿一条石头路步行。大门内是一座狭窄的庭院，周边是行政办公楼。乌策位于庭院东边，乌策的另一面是僧舍和地方法院。宗堡西侧是一个略大的庭院，周边也被行政办公楼合围。在这个院子后面、宗堡的主要建筑之外，是一个半圆形的瞭望塔（ta dzong）。

即便所有宗堡内殿堂都闭门谢客，也值得爬到这里，从前院展望卓霍山谷的美丽风景。

旺迪曲林宫（Wangdichholing Palace） 宫殿

旺迪曲林宫建于1857年，这里曾经是通萨佩罗晋美朗杰的一座兵营。这是不丹第一座没有采用堡垒设计的宫殿。晋美朗杰之子——第一任国王乌颜·旺楚克，就在这里出生，并将其作为主要寝宫。每年春天，整个王室都会从旺迪曲林前往Kuenga Rabten，路上需要用时3天（见186页框内文字）。旺迪曲林还曾经是第三任国王的居所，后来他于1952年将整个王室迁往普那卡。

这座建筑气势恢宏但没得到足够的重视，如今被当作一座寺院学校（lobdra）使用，但是不丹基金会（Bhutan Foundation; www.bhutanfound.org）计划对它进行翻新并改建成一座博物馆。北边的方形佛塔内有5个巨大的转经筒。隔壁错落有致的现代风格建筑是安缦度假酒店（Amankora Resort），一些当地人抱怨这家酒店太过靠近王宫。

洛卓卡珠寺（Lhodrak Kharchu Goemba） 佛教、寺院

贾卡尔东边的山上，坐落着这座占地广阔的宁玛派佛寺。它于20世纪70年代由南开宁波（Namkhai Nyingpo）仁波切修建，寺内有超过380名僧人。新修建的措康（Tshokhang，法堂）供奉着莲花生大师、观音菩萨和释迦牟尼佛的大量雕像。如果你在16:30~18:00（4月至11月）来这里，可以在主寺后面佛学院（shedra）的院子里观看声势浩荡的辩经，僧人们通过跺脚、拍掌等动作进一步阐述自己的佛学观点。不要为了拍照而打扰僧人们的辩论。

节日和活动

布姆唐有许多节日，其中最重要的是不丹阴历九月（公历10月或11月）的简培寺竹巴节（Jampey Lhakhang Drup）。为期3天的贾卡尔戒楚节则在此前一周举行，届时宗堡内会上演面具舞。塔姆辛寺、天鹅寺和乌拉寺

等佛寺在一年中的其他时间都会举办异彩纷呈的大型节庆。

住宿

布姆唐的大部分客栈都采用如出一辙的设计，松树掩映的房间、独立的餐厅，并且大部分都由家庭经营。近年来，许多大型旅行社和酒店经营者纷纷在这里建起富丽堂皇的大型酒店，提供无与伦比的奢华享受，却不如客栈那么接地气。大部分客栈和酒店都有柴炉（bukhari）给房间供暖。如果你觉得冷，可以要求服务员点燃炉子——他们会用撞击取火的方式来点燃煤油！这种柴炉能迅速加热房间，但是烧不了太长时间。

贾卡尔（Jakar）

下面这些酒店位于贾卡尔镇或其镇郊。

Kaila Guest House 酒店 $

（见122页地图；☎631219；kailaguesthouse94@gmail.com；房间2388努扎姆；📶）这是离贾卡尔市集最近的酒店，广受非政府组织工作人员的青睐，他们入住这里舒适且新近装修的房间可享20%折扣。酒店老板曾经担任Swiss Guest House的主厨多年，因此这里的食物非常可口，职员也极为热情好客。酒吧是打听布姆唐新鲜事的好地方，尤其是这里还供应桶装的Red Panda啤酒。

Mepham Guest House 客栈 $

（见122页地图；☎631738；mephamgh@druknet.bt；房间 标准/豪华2262/2400努扎姆；📶）这座隐秘的客栈位于洛卓卡珠寺下面，使其成为清晨前往朝拜的佛教信徒的最佳落脚点。房间陈设简单，但是有一个阳光明媚的餐厅露台，转角的房间可以看到峡谷对面的宗堡。

Swiss Guest House 酒店 $$

（见122页地图；☎631145；www.swissguesthouse.bt；标单/双2376/2398努扎姆）木屋位于山峦之上，四周苹果园环绕，可以俯瞰峡谷，没有比这更具田园风情的地方了。1983年，这里是布姆唐的第一座客栈，之后历经修缮升级。新楼中的房间宽敞温暖，有舒适的床和干净的浴室。气氛欢快的酒吧也是不丹为数不多的能喝到桶装Red Panda啤酒的地方，而且口感绝对鲜醇，因为啤酒厂就在不远处！

Jakar Village Lodge 酒店 $$

（见122页地图；☎631242；www.bhutanlodge.com；标单/双2645/2875努扎姆，豪华3220/3450努扎姆；📶）这家酒店坐落在宗堡下方一条狭窄的村道旁，提供的食物在布姆唐堪称一流。这里的店主以前担任过宗长（dzongdag）一职，伴着茶的芬芳和咖啡的香醇，这位老人会向你讲述流荡在历史长河中的种种轶闻。这里的14个房间干净舒适（豪华房间物有所值），阳光明媚的露台可饱览峡谷瑰丽风情，抬头即可仰望宗堡。

Mountain Lodge 酒店 $$

（见122页地图；☎631255；mtlodge90@gmail.com；标单/双2185/2415努扎姆；📶）这间温馨的小屋有木板装修的房间，两层的大型建筑可俯瞰旺迪曲林宫。友善的员工、可口的食物、舒适的房间和浴室，使这里成为一处非常愉悦的住宿地，尤其是新建的豪华房已落成营业，里面的房间可俯瞰峡谷风光。

Yu-Gharling Resort 酒店 $$

（见128页地图；☎631948；www.yugharling.com；房间 标准/豪华4025/4945努扎姆，套5520努扎姆起；📶）这家四星级"大块头"雄踞峡谷之上，占地面积大，环境奢华。房间较为宽敞，景致极其壮观，尤其是从带阳台的七间小屋望出去。虽然房间里没有电视机，但酒店设施完善，包括一间摆有桌面足球和斯诺克球台的宽敞酒吧，以及提供按摩、极可意按摩浴缸和热石浴的水疗中心。

Hotel Ugyen Ling 酒店 $$

（见122页地图；☎631369；www.bhutanhotels.com.bt；标单/双2415/2875努扎姆；📶）由不丹最大的旅行社经营，这个院落离旺迪曲林宫近在咫尺，提供超越普通住宿的服务。标准房几乎都是套间，有独立的起居区，采用柴炉供暖，还带有独立阳台。但是，狭小的卫生间难负奢华之名。酒店里有一间供应多国菜肴的餐厅，以及一间舒适的酒吧。

River Lodge 酒店 $$

（见122页地图；☎631287；www.drukriver

lodge.com；标单/双2268/2388努扎姆，豪华2700/3000努扎姆起；📶）这家非常受欢迎的酒店拥有可俯瞰镇南峡谷风景的多种房型、热情友善的管理人员、一间提供按摩和热石浴的小型水疗室，以及一间坐拥雄奇峡谷风景的明亮餐厅——提供可口的食物和温暖的柴炉。试试自制的有机野草莓酱或李子果酱。酒店老板还经营着唐谷里充满乡村风情的Mesithang River Lodge。

安缦酒店 豪华酒店 $$$

（Amankora；见122页地图；☎02-331333；www.amanresorts.com；标单/双 含全餐1744/1860美元；📶）布姆唐最豪华的酒店，没有之一。时尚的安缦酒店如同宗堡般坐落于旺迪曲林宫旁边的果园里，四周布满苹果树和梨树。房间宽敞，配有特大号的床、高高在上的天花板和位于中央的豪华浴缸。房费含全餐。

卓霍山谷（Chokhor Valley）

下面这些酒店都位于贾卡尔集市外的卓霍山谷内，但是往返镇上的交通十分便利，而且拥有安静的乡村位置。目前峡谷里还有更多的酒店正在建造中。

Gongkhar Guest House 酒店 $$

（见128页地图；☎631288；tsheringgong@yahoo.com；标单/双2106/2394努扎姆，豪华3600/4200努扎姆；📶）这家很棒的酒店位于贾卡尔东南1.5公里处，有着宽敞、温馨和舒适的客房，房间用柴炉（bukhari）加热，带有超级干净的浴室。从这里可以清楚地欣赏宗堡，花园中的座椅周围是争奇斗艳的玫瑰，服务热情周到，食物的品质和品种在谷内首屈一指。新建的8间豪华房极为舒适。

Rinchenling Lodge 酒店 $$

（见128页地图；☎631147；rinchenlinglodge@gmail.com；标单/双2388/2748努扎姆，豪华3600/4200努扎姆，套5400/7080努扎姆；📶）这家酒店由和蔼可亲的Dasho Jampel Ngedup及其家人经营。这里有宽敞的房间、舒适的床垫以及一流的餐厅。标准房位于苹果树中间（不要选择背面的房间），后面新楼中的豪华房拥有现代化的浴室和漂亮的阳台。采用独创加热方法的热石浴值得一试。

Wangdicholing Resort 酒店 $$

（见128页地图；☎631452；wangdicholingresort@druknet.bt；标单/双1520/2640努扎姆；📶）这家经营有道的度假酒店坐拥俯瞰镇南峡谷的卓越位置。这里的亮点是繁花似锦的露台。房间略显陈旧，但依然舒适；宽敞的转角套间品质一流。

Hotel Pelling 酒店 $$

（见128页地图；☎631222；www.hotelpeling.com.bt；标单/双2645/2875努扎姆，套4320努扎姆；📶）这家豪华的新酒店有着宽敞的房间，带有阳台和美丽风景，但是部分房间亟待维护（我们所住房间的电源插头几乎全都无法使用）。Wi-Fi在前台之外的地方信号不佳。房间有供暖，但是没有电视机。可提供热石浴。

Leki Guest House 酒店 $$

（见128页地图；☎631231；lekilodge@druknet.bt；标单/双2160/3000努扎姆）Leki是谷内最古老的酒店之一，15间客房位于一栋传统风格的建筑里。餐厅里用自制的编织品装饰，可供出售（老板是一位编织高手），纺织迷们可以观看传统染色演示（每团队200美元）。

Yozerling Lodge 酒店 $$

（见128页地图；☎631846；yozerling@yahoo.com；标单/双2040/2160努扎姆，豪华3000/3240努扎姆；📶）这个热情友善、家庭经营的酒店距离镇上2.5公里，外形并不宏伟，可以稍加装饰，但是松树掩映的房间非常舒适，新的豪华楼房内有能看到峡谷风景的新房间。大型餐厅里的舒适沙发成为温馨的晚餐前后喝一杯的好地方。

就餐

布姆唐的酒店为住客提供品质一流的当地菜和欧陆菜，酒店之间在餐饮方面进行良性竞争。由于海拔原因，荞麦是布姆唐最主要的粮食，荞麦面（puta）和荞麦饼（khule）都是当地特色。昌卡曲河（Chamkhar Chhu）的鳟鱼也赫赫有名，虽然佛教禁止杀生，但有时候酒店餐桌上也会出现一些鱼类菜肴。

Himalayan Pizza 比萨 $

（☎631437；每块比萨45努扎姆；⏰9:00~22:00）如果你想从酒店自助餐换换口味，那么在镇南的这家餐厅可提供还过得去的奶酪和番茄比萨，以及搭配胡萝卜、番茄和辣椒酱的牛肉或奶酪饺子（momo）。店主会说瑞士德语，但基本不会英语。

Sunny Restaurant 不丹菜 $

（☎17254212；主菜45~90努扎姆；⏰周一至周六9:00~21:00）贾卡尔的主街两边有许多小酒吧和当地餐厅，但是最明亮和最干净的当属这家供应不丹菜和中国菜的餐厅，掌勺的是安缦酒店的前任主厨。

Kinley Hotel 不丹菜 $

（☎17681354；主菜60~90努扎姆）享用地道当地午餐的好地方，有让人心旷神怡的靠窗座位，可观赏市集风情。

购物

与不丹的大多数城镇一样，贾卡尔的店铺如同各种货物的大杂烩，从鞋子、笔、钉子和肥皂到玩具车、鱼干、经幡和手机充值卡，一应俱全。贾卡尔最常见的产品是干酪（chugo）。除非你想硌掉牙齿，不然就先将干酪含在嘴里一段时间，然后再咀嚼。

Yoser Lhamo Shop 食品

（☎631193；⏰6:00~19:00）这是瑞士农场旗下公司最主要的销售点。这家商店销售Red Panda啤酒、苹果汁、桃子白兰地和苹果或蜂蜜葡萄酒，以及Gouda软酪或Emmental硬酪，价格为每公斤410努扎姆。这种奶酪可直接掰着吃，不像不丹的datse软酪只能用作沙司酱。

Dragon Roots 手工艺品

（☎17120032）镇上最有名的纪念品商店，出售书籍、面具等琳琅满目的商品。

Bumthang Handicraft Shop 手工艺品

（⏰9:00~18:00）市集上的这家商店出售众多来自不丹东部的纺织品。

实用信息

不丹银行（Bank of Bhutan；⏰周一至周五9:00~13:00和14:00~16:00，周六9:00~12:00）

不丹国家银行（Bhutan National Bank；⏰周一至周五9:00~16:00，周六9:00~11:00）

布姆唐药店（Bumthang Medical Store；⏰8:00~19:00）购买医药用品。

警察局 位于贾卡尔宗堡首层。

邮局（⏰周一至周五9:00~17:00，周六9:00~13:00）位于中心路口南边。

到达和离开

布姆唐新建的**巴斯帕拉唐机场**（Bathpalathang Airport）如今每周有两趟或三趟航班飞往帕罗。当前的单程票价约为175美元。**不丹皇家航**

布姆唐奶酪和啤酒

布姆唐著名的**瑞士农场**（Swiss Farm）是由在不丹工作的首批瑞士人弗里茨·毛雷尔（Fritz Maurer）建立的成熟开发项目。这个项目包括向谷地引入奶酪制作、酿酒、农耕机械和高效柴炉，此外还建立了第一座旅游客栈。

这个项目最重要的财富之一，就是不丹最可口的佳酿，采用先进酿造技术酿造的**Red Panda**啤酒。你可以参观**布姆唐啤酒厂**（Bumthang Brewery；☎631197；门票3美元；⏰周三和周六8:00~12:00和13:30~17:00，周一和周五13:30~17:00，周二和周四16:00~17:00），首席酿酒师Tikaram先生首先将带领游客参观瑞士风味的未过滤白啤酒的酿造过程，然后可以品尝最终产品。

瑞士专业人士还成立了不丹唯一的商业化**奶酪工厂**（☎17607239；门票3美元；⏰每天13:00~15:00），游客可以到这里参观。如果你想购买一些奶酪和啤酒以享用丰盛的布姆唐野餐，可以直接前往隔壁的Yoser Lhamo Shop（见126页），这里是两家企业的主要销售网点。

空公司(Druk Air; ☎631739)在镇上设有办事处。

Metho Transport(☎631439)有Coaster中巴开往廷布(323努扎姆,车程11小时),发车时间为上午7点。**出租车**都聚集在贾卡尔拉康附近。

Dragon Ride(☎17120032)设在Dragon Roots纪念品商店的柜台有山地自行车出租,价格为每天1800努扎姆。骑行是游览谷内主要景点的最佳方式。

卓霍山谷(Chokhor Valley)

对大多数人而言,卓霍山谷就是布姆唐,卓霍山谷也经常被称为布姆唐山谷,或者简称为布姆唐。你可以在上午造访简培寺(Jampey)和古杰拉康(Kurjey Lhakhang),之后到河对岸的Do Zam享用午餐盒饭,然后在下午参观塔姆辛寺(Tamshing Lhakhang)。如果你想要参观谷内景点,再开展一段徒步游,那么你需要计划在此停留3~4天。

山谷西侧

沿峡谷西侧上行的道路将一串有趣的寺庙连到一起,这些寺庙都与莲花生大师在746年到访布姆唐有着或多或少的关联。一辆山地自行车使你能够来去自如地探访这些佛寺,并继续前往东岸游玩,你也可以从简培寺经由Do Zam桥步行前往。

赛拉康 (SEY LHAKHANG)

贾卡尔以北有一家医院,在它的远处有一座赛拉康(“赛”的意思是“金色”)。它的正式名称是Lhodrak Seykhar Dratshang,是一座建于1963年的佛学院。拉康中供奉着噶举派著名上师和译经师马尔巴译师(Marpa Lotsawa)。

简培寺 (JAMPEY LHAKHANG)

经过赛拉康之后继续前行1.5公里,一条距离不长的道路直接通往这处气势恢宏的庙宇。据说这座寺庙由藏王松赞干布修建于公元659年,与帕罗的祈楚寺(Kyichu Lhakhang)在同一天建成,以镇住一位魔女。

在造访布姆唐期间,莲花生大师拜访了这座寺庙。信度王公在莲花生大师的帮助下起死回生后,发愿对这座寺庙进行了重修。这是谷中最为古旧的地点之一。

在简培寺主寺内,有三层石头台阶,代表了三个时代。第一个代表过去,即释迦牟尼佛的时代,这层台阶下行至地面,上面被一块木板所遮盖。下一个时代是现世,其台阶与地面齐平。最高的台阶代表一个新时代。人们相信,当代表现世的台阶低于地面高度时,神灵就会下凡,现世世界将会终结。

古老的内殿里供奉着强巴佛,他是未来佛,双脚置于象背之上。这是不丹最古老的寺庙里最古老的殿堂。殿堂入口由一套白玛林巴打造的铁甲拱卫。抬头仰望入口上方的凹壁,可以看到一尊莲花生大师的塑像。他稳坐凹室内静静冥想,留下了一个足印。据说在拉康下面有一座湖,里面有莲花生大师留下的一些伏藏。

殿堂里面的转经道(kora)边上布满了古老的千佛像壁画。中庭有着更精美的壁画。木制影壁右侧是一幅家灶女神Kim-lha的画像。

在庭院北侧是Kalachakra Temple(Dukhor Lhakhang),这是乌颜·旺楚克在担任佩罗时修建的建筑。墙壁上绘制的拥有兽首人身的神灵是在“头七”至“七七”的中阴期间(bardo,从去世到转世之间的状态),亡者需要面对的牛鬼蛇神。贾卡尔宗堡的宗长Chimi Dorji,在庭院(dochey)南边增建了古鲁拉康(Guru Lhakhang),里面供奉着莲花生大师、长寿佛和观音菩萨像。多年来,进进出出的信众们将庭院入口两侧的木板磨得极为光滑。

主寺后面是两座石制大佛塔;一座是为了纪念第二任国王的弟弟,另一座则是为了第一任和第二任不丹国王的上师彭增堪布(Lama Pentsen Khenpo)喇嘛而修建。院落的四角还有其他四座佛塔,颜色分别为黄色、红色、白色和蓝色。

寺前停车场的玛尼堆(刻有六字大明咒的石头)被称为“thos”,代表了四方守护神。

每年10月,不丹最壮观的节庆之一——简培寺竹巴节将在此举行。节日场地和VIP观看台位于殿堂左边(南面)。在晚上,喇嘛舞结束后,寺院将举办一场mewang,朝圣者们会穿过一道燃烧的拱门。另一个深夜里

Chokhor Valley 卓霍山谷

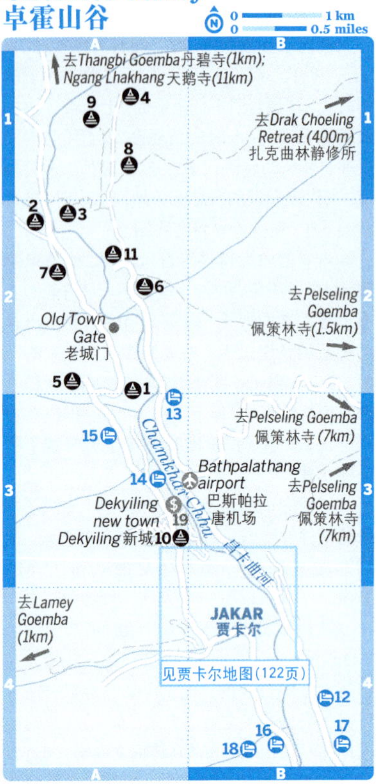

Chokhor Valley 卓霍山谷

景点

1 查卡拉康 A2
2 迪沃塘寺 A2
3 Do Zam A2
4 Dorji Bi Lhakhang A1
5 简培寺 A2
6 Konchogsum Lhakhang A2
7 古杰拉康 A2
8 Pema Sambhava Lhakhang A1
9 岩画 A1
10 赛拉康 A3
11 塔姆辛寺 A2

住宿

12 Gongkhar Guest House B4
13 Hotel Pelling A3
14 Leki Guest House A3
15 Rinchenling Lodge A3
16 Wangdicholing Resort B4
17 Yozerling Lodge B4
18 Yu-Gharling Resort B4

实用信息

19 不丹国家银行 A3

祈求丰收的仪式是tercham（财富之舞），跳舞的人们赤身裸体，仪式通常在午夜举行。

查卡拉康 (CHAKHAR LHAKHANG)

在主路旁边，离简培寺不远处，就是查卡拉康（铁堡寺）。尽管很容易将它误认为是一座民宅，但它的确是一座趣味盎然的寺庙，值得到此稍作游览。这里曾是印度的一位国王Sendha Gyab（即信度王公）的宫殿，最初正是他邀请莲花生大师来到布姆唐。原来的宫殿用铁建造，因此命名为查卡（Chakhar）；传说这里以前有九层楼，尽藏天下珍宝。

如今的建筑是由14世纪的圣人多杰林巴（Dorji Lingpa）所建。大殿内供奉的是莲花生大师，还有数十件面具和黑帽，在简培寺竹巴节庆期间用于舞蹈道具。莲花生大师将信度王公的公主塔西曲登（Tashi Khewdoen）娶为明妃——你可以在佛坛左侧看到她的塑像（由小象牙拱卫），还有一张她的足印照片，这是这座拉康最珍贵的文物之一。

古杰拉康 (KURJEY LHAKHANG)

这座占地广阔、香火旺盛、地位重要的寺院以莲花生大师的身（kur）印（jey）命名。这个身印如今就在构成寺院的三座建筑中最古老的洞窟内。古杰拉康位于柏油路尽头，距查卡拉康约2.5公里。

三座庙宇中的第一座——古鲁拉康（Guru Lhakhang），是最古老的建筑，由时任通萨佩罗的敏珠丹巴（Mingyur Tenpa）于1652年建造。卷檐下面是雪狮和jachung（也被称为迦楼罗）图案，象征着莲花生大师（化身为迦楼罗）和当地魔鬼Shelging Kharpo（化身为雪狮）之间的那场名闻四海的斗法。

底层的Sangay Lhakhang入口处是一条仅供爬行通过的岩石小道；不丹人相信爬过这样一条狭窄通道后，就会将罪恶留在身后。在三尊佛像后面是一条秘密通道，据说这条通道曾经可以通往塔巴林寺。

楼上的圣所是寺院里最神圣的地方。左边墙上有一千座小型莲花生大师像，还有白玛林巴和度母（Tara）等神像。圣所内供奉的主要塑像依然是莲花生大师，旁边是他的八个化身和八座佛塔。这座佛像后面就是禅修洞，他将身印留在此地。远处的墙上有莲花生大师及其化身、25位门徒，以及与莲师有关的其他人物。拉康后面的大柏树，据说是从莲师的手杖中萌芽而生。

不丹第一任国王乌颜·旺楚克，于1900年在这里建造了第二座寺庙——Sampa Lhundrup Lhakhang，当时他还是通萨佩罗。入口门廊上有一些四方守护神以及其他被莲师降服后皈依佛教的本地神灵图案。门廊右手上方，身骑白马的鬼神形象就是Shelging Kharpo；此外还绘有本地保护神，如Yakdu Nagpo（身骑黑牦牛）和Kyebu Lungten（骑着红马）等。寺庙内是一座10米高的莲花生大师造像，两旁是他的八大化身。一座莲师的小型塑像正对着入口处安然端坐。

院内的第三座建筑是由第三任国王的王后格桑·旺楚克王后（Ashi Kesang Wangchuck）于1984年在顶果钦哲（Dilgo Khyentse）仁波切的指点下修建。她还为三座寺庙

徒步游览布姆唐山谷

布姆唐地区有众多的一日徒步游路线，其中大部分都将地处偏远的名胜古迹、开阔的峡谷风景和心旷神怡的野餐地点串到了一起。

最佳短程徒步线路是古杰拉康经由Do Zam前往塔姆辛寺（Tamshing Goemba）和附近的Dorji Drolo岩画（见131页）。你可以在这条路线中加入从简培寺步行前往古杰拉康的15分钟路程。

下面是主要的一日游徒步路线：

佩策林寺（Pelseling Goemba）从贾卡尔的Swiss Guest House前往“莲花丛”佛寺的半日游路程是一段上坡路（2个半小时），海拔上升800米，但这确实是一段让人大呼过瘾的旅程，途中会穿越森林、草甸和村庄。如今有一条11公里的盘山土路通往这座寺庙，因此可以让司机在那里接你。除此之外，还可以沿另一条路下山至塔姆辛寺，总共约需4个小时。

衮藏卓寺（Kunzangdrak Goemba；见133页）如果想体验更长的徒步路线，可以乘车到佩策林，然后徒步登上山脊，沿着支流河谷步行前往唐谷的这处静修之地。让车在这里接你，再去游览谷内其他景点。

塔巴林寺（Tharpaling Goemba；见120页）一条热门的单程徒步路线，从Lamey Goemba经由山岭前往曲梅山谷的塔巴林，然后坐上在此等你的汽车。小路在经过Lamey Goemba寺1公里后，有一条伐木岔道，这座寺庙建于19世纪，曾经是乌颜•旺楚克国王的居所，如今则是政府办公地。小路的前两个小时是一段艰难而陡峭的上山路，途中会穿越杜鹃和竹林，最后翻过一座山口，接着从曲梅山谷光秃秃的山脊往下走至Zhambhala Lhakhang、Choedrak Hermitage，最终抵达塔巴林寺。这条路线在景观方面差强人意，但中途会经过几个圣地，充满朝圣之感。在这条路线徒步时要小心壁虱侵扰。

丹碧寺（Thangbi Goemba）至**天鹅寺**（Ngang Lhakhang）一段让人心旷神怡的徒步路线，大部分路段都为平地，耗时2至3小时，走昌卡曲南岸的小道经丹普宗堡（Draphe Dzong）遗址前往天鹅寺，避开了原本颠簸的驾车路程。

扎克曲林静修所（Drak Choeling Retreat）一段90分钟的上坡步行路，从Pema Sambhava Lhakhang出发，一路穿越森林上行至白悬崖上的这处静修中心（不要打扰在此修行的隐士），从一个经幡环绕的观景台能看到布姆唐山谷风景。

鲁格罗维寺（Luege Rowe；见130页）一段迷人的半日徒步路程，前往鲜为人知、地处偏远的拉康，在这里很难察觉到时间的流逝。继续沿着这条线路前往丹碧寺或进行更加雄心壮志的一日徒步，翻越山岭前往Shugdrak。

前的庭院铺上了石板，并且建造了108座佛塔围住整个寺院。在寺庙前面的门廊上有一个巨大的生命之轮。在下面，你可以看到一个人被审判，黑色和白色石头分别代表他的善举和恶行。对面的墙上有一个神秘的螺旋形坛城。室内的壁画列出了各种规章制度，包括严格的着装规范等。

装饰精美的桑东巴瑞拉康（Zangto Pelri Lhakhang）位于古杰拉康南面不远处，其中最著名的是一幅略显匠气的莲花生大师居住的铜色天堂山的立体复原图，还有一幅旺楚克王后在西方极乐世界（Dewachen）享受生活的壁画。底层有一座极其可爱的小佛塔神龛（tashi gomang）。

沿着山坡向上走5分钟，在靠近入口处有一眼古杰泉（Kurjey Drupchhu），僧人们会到这眼圣泉来洗袜子。

热闹的古杰戒楚节（Kurjey tsechu）于每年6月举行，节目包括再现莲花生大师击败Shelging Kharpo的面具舞。清晨，一幅名为“莲师八变大唐卡”（Guru Tshengye Thondrol）的巨幅唐卡将铺展开来，随后由来自通萨的僧人们进行舞蹈表演。

迪沃塘寺 (DEOTHANG GOEMBA)

这座鲜为人知但充满魅力的私人庙宇迪沃塘寺（又名Dawathang，意思是“月光田野”），坐落于古杰拉康以北，其历史可追溯至1949年。气势恢宏的大殿有一座莲花生大师的塑像，旁边还有12座同样有趣的金属塑像。一尊汤东杰布（Thangtong Gyalpo）的灰色塑像矗立于左边的神龛之上。

鲁格罗维寺 (LUEGE ROWE)

这座美丽且游客罕至的拉康位于峡谷最北端，是开展半日徒步游的好去处。从古杰拉康出发，沿着杜尔曲河（Duer Chhu）前行，经过Taktu Zampa到达Menchugang村。继续向前步行40分钟到达Jusbi村，Menchugang在建桥梁完工后，这个村子就可以通公路了。从这里开始，小路沿着林木茂盛的山侧上行，有时需要从长满竹子的湿地踏着木板穿行。两小时后，沿一条岔路前行，30分钟后你会到达一座佛塔入口处，从这里你可以看到坐落于崇山峻岭之中的拉康。

这座神殿被命名为“绵羊角（sheeps horns）”，因为洞顶有神圣的羊角印和蹄印。朝圣者在洞里的九座坛城间转经，并在此许下心愿。当看门人不在时，这座建筑会大门紧闭，不过这里仍不失为一个迷人之地。

回到路口，继续前行40分钟来到牦牛牧场，有一条小路从这里向左转上一条难度更高的徒步路线，穿越山脊前往Shugdrak。在前后步行4个小时后，到达一处挂满经幡的地方，在这里可以看到布姆唐山谷的壮观风景。从这里出发，只需不到1小时就可下山到达丹碧寺。

丹碧寺 (THANGBI GOEMBA)

黄色屋顶的丹碧寺（Thangkabi Goemba）由Shamar仁波切创建于1470年，后来经过一场纷争，最终归属于白玛林巴。从白玛林巴另一件著名的盔甲下方可以进入纵三世佛（Dusum Sangay，过去佛、现在佛和未来佛）主殿。这里生活着约20位贡千（俗家或已婚僧人），不丹阴历八月中旬（公历10月）这里会举办一场节庆活动（mani）和篝火仪式。

从古杰拉康沿一条土路驱车3.5公里，从Toktu Zampa过河后即可抵达。在主路两侧，你会看到类似邮箱的物品，它们其实是“奶箱”，当地牧民每天都会将鲜奶倒在里面，由专车收集运往贾卡尔。

从这里出发的步行线路可前往天鹅寺和鲁格罗维寺。如若要去天鹅寺，可以沿着大路前往一个较小的khonying（传统佛塔式通道），参观附近的岩画和传统水磨坊，然后从Kharsa村过桥到昌卡曲河对岸。

SHUGDRAK

如想独辟蹊径，还可以选择10分钟的短程徒步前往这座神圣的莲花生大师洞，它位于丹碧寺后方2公里处。一些梯子引导朝圣者经过一座美丽的酥油灯神龛，来到一座岩壁神殿前，僧人会向你指明莲花生大师在石头上留下的脚印、手印和靴印。朝圣者在岩壁的缝隙中塞进了无数的努扎姆纸币。

若要到此处，可以选择左边的土路，经过Goling和Kharsa村，然后驱车1公里到停车场，向上步行10分钟。

天鹅寺（NGANG LHAKHANG）

从丹碧寺出发，沿着卓霍山谷的颠簸土路驱车10公里，就到了当地非常出名的天鹅域（Ngang-yul）。莲花生大师曾经造访这里，但是如今的天鹅寺由白玛林巴同时代的南卡桑珠喇嘛（Lama Namkha Samdrup）于15世纪修建。

除开新近翻修的外观，寺庙内部也有一些迷人的塑像和绘画。这里供奉的主要塑像是莲花生大师，两侧是早期的佛教法师寂护大师（Shantarakshita）和藏王赤松德赞（Trisong Detsen）。正对着神坛的侧墙上有一幅夏宗法王的壁画，以及一幅莲花生大师端坐莲座像，莲座两侧有两只天鹅（像鸭子）。

上层神殿内是一座贡康（goenkhang），供奉着“长寿三尊（Tsela Nam Sun）”像，分别是无量寿佛、尊胜佛母和白度母，其中观世音立于左侧。右边的莲花生大师塑像由白玛林巴亲自建造。保护神隐于阴影之中。大椽上悬吊的是在为期三天的天鹅寺节（Ngang Bi Rabney）时使用的面具。这个节日于不丹阴历十月中旬由村里的两大氏族共同举办，旨在纪念寺庙的创建者。

你可以选择在寺庙旁边的农家院Balakha Farmhouse（☎17292062；标单/双1100/1300努扎姆）借宿。住宿条件相对简单，但你可享受到铺在地板上的舒适床垫，与店主家人共进有机餐，还能使用干净的西式马桶。热情友好的店主世代都负责看护这座寺庙。

昌卡曲上建起的新桥意味着可以直接驱车前往拉康，不过从丹碧寺沿着左侧河岸步行前往寺庙（2小时）是更不错的选择。沿途你可以顺道探索建于17世纪的丹普宗堡（也叫Drapham或Damphel）遗址，从天鹅寺出发往山上走30分钟即可到达。

翻越菲比拉山口（Phephe La，标牌上是“Febila”）前往唐谷里的邬金曲林宫（Ogyen Chholing Palace）的漫长一日游之旅也是从这里启程，如今这条线路被称为“布姆唐文化小道（Bumthang Cultural Trail）”。

NANGSIPHEL

这座迷人的村庄位于峡谷高处，在游客群体中名声渐起。它的另一个名字是Chhokhortoe，这座繁荣村庄中的财富得益于悠久的中国西藏的马帮，以及近年来炙手可热的虫草（yarsa gomba）生意。

每年2月的第3个周末都会在这里举办牧民节（Nomad's Festival），为期两天，期间会举行一系列传统体育运动，例如推铅球、摔跤、射箭、拔河甚至枕头大战，当然还有面具舞。当地人会支起小摊，销售从荞麦产品到发酵奶酪的一切物品。

这座村庄有望成为前往旺楚克百年纪念公园（Wangchuck Centennial Park）路线的新起点，因此这里正在新建一座游客中心。历时5小时的鸦喙（Orochhoto）小道穿过乔松和铁杉树林，以及村庄上的悬崖峭壁，使其成为重要的一日游徒步路线。

在Nangsiphel和Shabjithang以及Dorjung附近村庄的民宿，都可以通过社区经营的Alpine Organic Homestays（☎17292177，17670870；标单/双750/850努扎姆，餐250努扎姆）来预订。近20间民宿条件简单，但都有室内厕所和热石浴。

从前往天鹅寺的路口前行4公里可到达Nangsiphel，2公里时会经过迷人的Shabjithang Lhakhang。从贾卡尔驾车到这里需要约1个小时。

山谷东侧

探访卓霍山谷东侧的最佳方式是从古杰拉康向北步行数百米，然后沿着一条小道向东，经过一座挂有经幡的人行桥到河对岸。在桥上你可以看到自然形成的Do Zam，据说这曾是一位希望与莲花生大师相会的女神所建的石桥，后来被一个魔鬼所破坏，如今只剩下残垣。

从这里出发，你可以沿着东岸的小路南行30分钟前往塔姆辛寺。一段更加有趣的45分钟绕行路程要在过桥之后左转，前行10分钟后到达一座由第二任国王的亲戚建造的庄园。在这里左转，向前行进3分钟，可以看到一幅令人印象深刻的岩画，画上是莲花生大师骑着母虎的忿怒金刚形象。

回到庄园，上山后可来到有着白色大佛塔的Dorji Bi Lhakhang。从这里出发，经过前往Pema Sambhava Lhakhang的路口后，沿一条土路下行至塔姆辛寺。你可以在Dorji Bi拉康或塔姆辛寺与等待的车辆会合。

不要错过

白玛林巴的链甲

在塔姆辛寺昏暗的内部转经道（kora path）边上，有一副白玛林巴制作的链甲，重达25公斤，身披这件链甲绕着转经道走上三圈，会非常吉祥。

对这一侧的山谷寺庙影响最大的人是白玛林巴——16世纪最伟大的伏藏师（找到被莲花生大师封藏的神圣经文和法器的人）。

塔姆辛寺（TAMSHING GOEMBA）

这座寺庙的正式名称是Tamshing Lhendup Chholing（吉讯寺庙），距贾卡尔约有5公里。它由白玛林巴于1501年修建，是国内最重要的宁玛派佛寺。白玛林巴在空行母的帮助下，亲自建造了这些非同寻常的建筑，空行母则制造了这里的众多塑像。内壁上是未经修复的白玛林巴绘制的原作，但是最近的研究发现在下面还有更加古老的绘画。

经过一座拥有众多僧舍的内院后便是拉康入口。左边是建于1914年的Mani Dungkhor Lhakhang，用来安放一个巨大的经筒。

主殿采用了非同寻常的设计，最重要的殿堂位于礼堂中间，感觉像是一座独立的建筑。殿内有为白玛林巴三种形态（身、语、意）准备的三个宝座。在举行重要仪式时，三位转世活佛在此就座，如果某位转世活佛因故不能出席，则在宝座上放上一幅照片。

内殿中的主要佛像是莲花生大师，其两侧是强巴佛（弥勒佛，未来佛）和释迦牟尼佛。这尊塑像非常重要，因为他出自空行母（khandroma）之手。塑像目光略向上方，追随着空中飞舞的天神；这尊塑像的另一个特征是莲花生大师赤着双脚。佛坛上方有两只神话中的鳄鱼（maksara）和一个迦楼罗（garuda）。墙壁上描绘着莲师八变，每边有4个化身形象。殿堂前面有一座纪念白玛林巴的小佛塔，被置于玻璃罩内。

楼上形成了一座围绕诵经殿的阳台。白玛林巴个子不高，传说他按照自己的身高建立了天花板低矮的阳台。外部是10万幅古老的释迦牟尼佛绘画。二层殿堂里供奉着一尊无量寿佛，以及许多用于僧人舞蹈的面具。同样在这里（但是不对游客开放），还有一尊白玛林巴的自塑像。

从塔姆辛寺背后可以欣赏到河对岸古杰拉康的雄伟身姿。

KONCHOGSUM LHAKHANG

在塔姆辛寺下方400米，如今看上去像建筑工地的地方，矗立着这座历史上颇为重要的寺庙。2010年酥油灯引发的一场大火让这座寺庙成为废墟，如今正在进行重建。原来的藏式风格建筑可追溯至6世纪或7世纪，但是如今的核心建筑建于15世纪，当时由白玛林巴进行重建。可以去看看这座拉康是否已经重新开放。

PEMA SAMBHAVA LHAKHANG

沿着通往塔姆辛寺的土路继续向北，沿着谷底陡峭的道路上行一小段，可以到达小小的Pema Sambhava Lhakhang。最初的拉康由白玛林巴于1490年修建，选址在莲花生大师曾经禅修并化身为莲花生形象的洞窟附近。后来由第一任国王的父亲晋美朗杰进行扩建，并于20世纪70年代进行修复。

这里还有几幅岩画，以及当地保护神Terda Norbu Zangpo的形象，他徘徊在门后皮鞭旁的角落里，洞窟本身被漆成多种颜色。可以看看主要的法物——从Do Zam飞到这里的一件法螺。拉康后面有一条陡峭的小路，沿着这条路向山上步行90分钟，可以到达扎克曲林静修中心所在的白色悬崖。

唐谷（Tang Valley）

唐谷是布姆唐最偏远的峡谷。由于它的海拔比卓霍山谷高，土地也没有那么肥沃，因此这里的农业并不发达，但是峡谷在10月份荞麦花开时会变成一片亮粉色。这个峡谷的居民靠牧羊为生，更高海拔的地方则牧养牦牛。

从贾卡尔出发，沿着向北前往唐谷的土路前行11公里。这条路向上经过到蒙巴错火湖（Membartsho，从路口前行1.3公里）的小路路口和Pema Tekchok Choeling Shedra。后者是一座有160名尼姑（anim）

的学校，尼姑们在这里修习12年。接下来是通往衮藏卓徒步路线起点的路口（从路口前行7公里到达徒步起点）。道路随后向上攀升至河流上方，在Pangshing过桥，然后穿过Gemshong，一个位于山脊上的美丽村庄以及一座拉康。下行一小段后，道路回到河边，前行3公里到达Mesithang的一所学校，继续前行1公里抵达Tang Rimochen Lhakhang。贾卡尔River Lodge的老板在这里经营着一个有8间客房的乡村酒店，名字是Mesithang River Lodge（☎03-631287；pemadawa@druknet.bt；标单/双1610/1725努扎姆），那些想要体验正宗不丹乡村生活，又希望条件能比普通民宿好一些的人，可以选择入住这里。

在到达距离路口22公里处的Kizum（Ki Zam）桥边时，路况变得更差，一条土路过桥后直抵邬金曲林（Ogyen Chholing）。路况不断变差的农场道路继续延伸数公里，直到Gamling和Wobtang。

你可以将这一路的所有景点都融合到从贾卡尔出发的一整天行程中，但是最好是在Ogyen Chholing Guest House那样的安静农舍过夜。

蒙巴错火湖（Membartsho）

从道路转弯处的一座停车场步行5分钟，即可抵达唐曲河（Tang Chhu）上一座诗情画意的大水池，这就是被称为“火湖”的蒙巴错（Membartsho）。白玛林巴在27岁那年，于此地发现了许多莲花生大师所埋下的伏藏。这是一个美丽的地方，自然、宗教和神话浑然一体。

一座木桥架于布满经幡的峡谷两侧，是居高临下观赏“湖景”的好地方。只有有缘人才能看到深不见底的湖水中隐藏的寺庙。各种岩龛里堆积着数不清的名为tsha-tsha的小黏土贡品，越发让此地显得神圣不可侵犯。

在一座岩石寺里，释迦牟尼佛和白玛林巴的塑像分列莲花生大师塑像的两旁，寺底有一个洞穴，行善积德者可以爬行通过，无论他们身形如何。请注意：这个洞很小，而且布满灰尘。

衮藏卓寺（Kunzangdrak Goemba）

沿着山坡从Drangchel村往上走45分钟，就在累得不行时，便到达了与白玛林巴相关的最重要圣地之一。他于1488年开始建造这座佛寺，他所发现的许多最重要的圣物都保存在这里。

第一座大殿，Wangkhang Lhakhang，有一条环绕四周的转经道（kora path），大殿仿佛悬浮在半空中，里面供奉着观音菩萨、莲花生大师（Guru Nangsi Zilnon）以及他的弟子南开宁波（Namkhai Nyingpo）。绕行至建筑后方，看到仿佛脱离地心引力的Khandroma Lhakhang，这是益西措嘉的禅修洞

火湖

白玛林巴最重要的两次伏藏发现都是在蒙巴错。

第一次发现起源于一个梦，梦指引他去一处地方，河流在那里形成一个大水池，看上去如湖泊一般。片刻之后，站在一块巨岩上的他看到一座有着许多门的寺庙，其中只有一扇门是打开的。他脱光衣服，赤裸裸地一头扎入湖中，游入一个洞窟，洞内有一个宝座，宝座上有一尊真人大小的佛祖像以及许多大盒子。一位独眼妇人递给他一个箱子，随后他突然就发现自己站在湖边的巨岩上，手捧珍宝。

白玛林巴的第二次探宝之旅更是让他名满天下。他之前获得的伏藏指引他回到湖边，但是当他来到湖边时，许多人都聚到这里观看这一盛事，当时持怀疑态度的佩罗（行政长官）指控他欺诈。白玛林巴顶着巨大的压力要证明自己，他拿了一盏点亮的灯，然后宣称：“如果我就是真正的伏藏师，那么我在灯还在燃烧时就会回来；如果我心怀邪念，那么我会永远消失在水中。”他跃入湖中，很长一段时间过去了，就在怀疑他的人都认为自己的想法正确而洋洋自得之时，白玛林巴突然就出现在巨岩上，灯盏仍在燃烧，他手中拿着一尊佛像和一个宝箱。于是这座湖被人们称为蒙巴错（火湖）。

窟，匪夷所思地位于渗出圣水的岩壁之上。可以看看带有白玛林巴足印的木板和石砧。最后走到小桥的另一边，经过悬崖上一道被火熏黑的裂缝，然后到达贡康（goenkhang）。

这条路线往返需要2个半小时。当地计划修建一条道路直通这座寺庙。

Ta Rimochen Lhakhang

Ta Rimochen Lhakhang由白玛林巴于14世纪修建，以纪念莲花生大师曾经打坐修行的地方。最初的名字“Tag（Tak）Rimochen”（意思是老虎斑纹）源自建筑后面岩石峭壁上的黄色条纹。

岩壁表面留有莲花生大师及其明妃益西措嘉的手印和脚印，以及一些许愿石、神圣符号甚至隐藏的门廊。在通往寺庙的台阶上还有更多足印。主殿内可以看到当地保护神Lhamo Remaley的画像。

拉康下方的两块大岩石代表雄性和雌性jachung（迦楼罗）。在路边，你可以看到莲师的路边浴池，以及益西措嘉的臀部印记，据说这是密宗双修的印记。

邬金曲林宫 (Ogyen Chholing Palace)

从Kizum桥出发，上行3公里可抵达这座位于山顶的16世纪naktshang，最初由时任通萨佩罗的Deb Tsokye Dorji建造，他也是伏藏师多杰林巴（Dorji Lingpa）的后裔。现存的建筑，包括主寺（tshuglhakhang）、乌策（utse，中央高塔）、舞场（chamkhang）、佣人房间（shagkor）和客舍（nubgothang），都于1897年地震之后重新建造。

邬金曲林的主人家族将这座建筑群变成一座博物馆（门票150努扎姆）以传承其历史。引人入胜且保存良好的展品使参观者得以真正深入了解不丹贵族家庭的生活方式。展览亮点包括一本占卜书、一套由骨头制作的dakini舞蹈服装以及用牦牛粪制造不丹火药的说明书等。尤为有趣的是介绍一度十分兴旺的与中国西藏进行贸易的内容，描述了不丹商人将烟草、英国布料、稻米、纸张和靛蓝染料运往洛札等地，换回中国茶砖、砂金、食盐和硼砂（酥油茶材料之一）的过程。记得带上手电筒。有一本不错的博物馆手册（350努扎姆）出售。

简单朴素的邬金曲林客栈（Ogyen Chholing Guest House；☎03-631221；房间840~1560努扎姆）位于宫殿院内，拥有3间舒适的带卫生间套房，以及6间较小的简单客房，提供朴素但安静的住宿环境。所得盈利都转入基金会。你的旅行社还可以帮你安排在附近的农舍里过夜。

如果不想走回头路，那么不妨考虑步行1小时下山前往Kizum桥，中途会经过迷人的曲贾姆寺（Choejam Lhakhang），里面有转经道和挂满节日面具的房间，以及环绕一座神圣洞窟修建的那鲁特寺（Narut Lhakhang，又叫Pelphug），洞内留有莲花生大师的足印，以及供奉当地保护神Garap Wangchu 的神龛。

Thowadrak Hermitage

偏远的Thowadrak（Thowa Drak）隐修所依附于唐谷北端最高的岩石上。据说这里由曼达拉娃（Mandarava）修建，她是莲花生大师的印度明妃，而且莲师本人也被认为曾在此禅修。寺庙由多杰林巴建造。上方的山坡上有无数小型隐修所（不要去打扰隐士们），可以俯瞰峡谷的壮观风景。经文上曾记录，在上峡谷里有一道通往不丹秘境（bey-yul）的大门。这里唯一的声音是哗哗的流水声和沙沙的竹林摇曳声。

这趟徒步往返需6小时，最好从Ogyen Chholing Guest House出发，进行一日游。

乌拉山谷（Ura Valley）

在贾卡尔东南方，乌拉是布姆唐山谷的最高点，据说这里曾是不丹最早有人定居的地方。

贾卡尔至乌拉 (Jakar to Ura)

48公里 / 1.5小时

道路过桥后到达贾卡尔东部，然后沿着昌卡曲东岸一路向南，在经过通往唐谷的路口后，沿着山脊蜿蜒而行。随着道路爬升，回头可以看到卓霍山谷和曲梅山谷的壮丽风景。

几座民宅和拉康组成了距离贾卡尔24公里的Tangsibi村。道路爬升至一座佛塔处，然后翻越希尔唐拉山口（Shertang La，海拔

3590米），这里也被称为乌拉拉山口（Ura La）。在翻越山口前，你可以在西北方看到岗卡彭森峰（海拔7541米），以及下面辛卡哈（Shingkhar）村中的黄顶拉康。

随后是一长段下坡路进入乌拉山谷。如果从山口开始截弯取直，步行或骑山地车，可在风光旖旎的1小时旅程后到达乌拉村。在到达公路下方乌拉村前几公里的路口，有一条通往辛卡哈村的道路。

辛卡哈（Shingkhar）

人口250 / 海拔3400米

传统小村辛卡哈，由35间民居组成，位于一段9公里的碎石小路尽头，与乌拉相隔一道山脊。位于村落上方山头上的Rinchen Jugney Lhakhang，是由宁玛派大师龙钦巴（1308~1363年）修建的，如今正在扩建当中。

村落中心的德钦曲林寺（Dechen Chholing Goemba）由辛卡哈喇嘛（Shingkhar Lama）担任住持，其前任曾在Karma Ura的不丹小说《千眼英雄》（*Hero with the Thousand Eyes*）中担纲重要角色。中央拉康的地板暴露在外，以展示龙钦巴刻在石头上的布道宝座。这里的保护神面目凶憎，却也恰到好处，除了看上去略显狼狈、戴着猩猩面具的Rahulla。辛卡哈节（Shingkhar Rabney）于不丹阴历九月（公历10月）在此展开，特色节目包括一种非同寻常的牦牛舞，期间没有乌拉村外那样人山人海的旅行团。

峡谷内有几条不错的徒步路线。最轻松的是前往悬崖峭壁上Shamsul Lhakhang的往返2小时步行之旅，途中可以观赏美丽的峡谷风景。小路起点是辛卡哈上方3公里外的土路。另一条较长的徒步线路通往新米拉山口（Singmi La），这里曾经是前往伦奇宗的商路要道，更长的多日徒步路线从这里继续前行，穿越琼辛拉国家公园（Thrumshing La National Park），前往伦奇峡谷内的Songme。

辛卡哈静修所（Shingkhar Retreat；☎03-323206；masagang@druknet.bt；标单/双2160/2760努扎姆），就在Rinchen Jugney Lhakhang背后，可以作为探访村落和附近徒步路线的大本营。房间陈设简单，但是比较温馨，采用夯土墙；可提供套餐。

在返回乌拉的路上，可以在迷人的Somtrang Lhakhang稍事停留，拉康里的庭院有几块巨石，村落上方的悬崖上还有一座禅修所。这里有一条步行小道可以直接下行至乌拉村。在不丹阴历九月末（公历11月），为期3天的kangsoe节庆让这个地方变得欢腾起来。

乌拉（Ura）

☎03 / 海拔3100米

乌拉是不丹最有趣的村落之一。约40间紧凑的民居排列于鹅卵石街道两侧，主要的乌拉拉康（Ura Lhakhang）是村子里最重要的建筑，让这里充满了中世纪风情。在天气较冷的季节里，乌拉的妇女们会身披羊皮披肩，披肩同时还可以当作毯子和靠垫用。

在乌拉村雅楚节（Ura Yakchoe）期间，这个小村会被游客挤得水泄不通。不过这个节庆的日期是出了名的飘忽不定，经常会在最后一刻更改，从而使一车车行程紧凑的游客失望而归。如果你希望参加这一节庆（通常是在5月），明智的选择是在行程中留出一两天的机动时间。为期3天的面具舞表演通常从不丹阴历三月十二开始，届时众人会将附近Gaden Lhakhang中的一尊夏诺多吉（金刚手菩萨）神像请到主殿里。节庆前夜可以看到疯狂的sinchhang（一种用小米、小麦或大米蒸馏的酒精饮品）酿造过程，以及深夜的驱魔仪式。即使碰不上节庆，从Gaden Lhakhang下山前往乌拉村的15分钟也会让人感到心旷神怡。

Hotel Araya Zambala（☎17732699；azher bal05@yahoo.com；标单/双1800/2100努扎姆）位于乌拉上方主路旁，有6间陈设简单但带有独立卫生间的客房，路边的小酒店里还可供应简单餐食，其主营业务为草药和干蘑。它就在Gaden Lhakhang上方。

在乌拉节庆期间，即使是露营地也会变得非常抢手；有些旅行团干脆住在90分钟车程之外的贾卡尔。其他时段，乌拉村通常都有民宿可供借宿。

经过酒店（朝向蒙加尔方向）之后再前行数百米，就是乌拉至格赞曲步行小道（Ura-Geyzamchu Walking Trail）的起点，这是一段9公里长、需时5小时的步行之旅，中间会翻越旺塘拉山口(Wangthang La),在格赞曲附近与主路汇合。这是一条难度较大,但非常值得一游的路线,中途会沿着古老的商道穿越杜鹃林、乔松林和高山草甸。了解相关信息,或雇请当地导游,可以访问琼辛拉国家公园游客中心(Thrumshing La National Park Visitor Centre; ☎联系人Pema Dobgay 17750493; chieftnp@yahoo.com; ⊙周一至周五9:00~17:00),主路上在经过乌拉村岔道口之后不远处就是了。

乌拉周围的崇山峻岭中出产不丹最好的松茸(宗卡语为sangay shamu),每年8月的松茸节(Matsutake Festiva)都会有各种食谱、当地摊位,以及其他与菌类有关的各种有趣活动。

南部诸宗 (SOUTHERN DZONGKHAGS)

谢姆冈(Zhemgang)和沙潘(Sarpang)这两宗位于不丹中部地区的南方边境线上。该地区如今已经向旅游业敞开大门,提供了进出不丹的偏远通道。谢姆冈周围地区曾经是一些小公国,统称为Khyeng,在17世纪时被纳入不丹版图。

对于游客而言,这里的主要景点是皇家玛纳斯国家公园(Royal Manas National Park),这里的生物多样性极为丰富,为野生动物爱好者提供了令人惊讶的体验。

通萨至盖莱普 (Trongsa to Gelephu)

通萨南边的公路一开始跟随芒德曲河一路前行,在各种错综复杂的支流河谷里进进出出,沿途经过芒德曲水电站,然后是Kuenga Rabten和Eundu Chholing等宫殿。详情可参考119页。从Eundu Chholing至谢姆冈的距离为61公里。

通萨至谢姆冈 (Trongsa to Zhemgang)

106公里 / 4小时

在Eundu Chholing以南,道路继续沿这个方向前行,经过Lungtel和Taksila等村落(后者有一座拉康在公路上方),然后下降至Tangtongphey的桥边,这里是纳布吉徒步路线(见188页)的起点或终点。经过Koshela和Pangzum等村落后,道路在地质情况不稳的Riotola悬崖滑坡区蜿蜒前行,纳布吉和Korphu等支流河谷中和河对岸的风景让人大开眼界。

在短暂的绕行支流河谷后,道路经过Wangduegang路口,右侧的岔路前往谢姆冈,并直接通往盖莱普。进入纳布吉徒步线路南部终点的道路也在这里分岔。主路继续沿着支流河谷蜿蜒前行,经过一座养牛中心后,下行直抵谢姆冈。

人们一般会在宁静的宗中心谢姆冈过夜。这座壮观的宗堡的历史可追溯至12世纪,是70位僧人和峡谷保护神Dorji Rabten众多塑像的栖身之所。在每年3月,这里会举办戒楚节,其高潮是展示一幅巨幅唐卡。风景如画的老镇,依然保留了最初的名字Trong,其中的拉康值得一游。

这里的最佳住宿地(虽然条件依然较为简单)是当卡尔社区旅游项目(Dangkhar Community Tourism project; ☎17704962; 标单/双750/1500努扎姆,餐200~350努扎姆),它包括三处简单的小屋以及几座外部公共厕所。当卡尔(Dangkhar)位于谢姆冈中心下方3公里处,非常难找——朝着低处的中学走。这里风景如画的村庄拉康供奉着当地神灵Kiba Luntse的神像,他将自己的冬季居所设在山谷内。如果你有更多时间,可以考虑前往参观Dongbi村和拉康,往返大概2小时。

在谢姆冈镇上,Bajay Guesthouse(☎17680943; 标单/双800/1600努扎姆)是一处氛围独特的当地午餐地,附楼中有几间客房。对面长相较为现代化的Sonam Gakeeling Hotel(☎17389739)正在建造中,在建好后或许值得进去看一看。

谢姆冈至盖莱普 (Zhemgang to Gelephu)

131公里 / 5小时

在离开谢姆冈之后,公路迅速转弯进入一座支流河谷中,经过Dueduel Namgyel Chorten到达Dakpa的路口,这条路通往偏远但具有重要历史意义的布里和Dali等拉康。在这条路上可以碰碰运气看看能否看到金叶猴。

通往谢姆冈的岔路在跨越芒德曲河的桥上与主路会合。在过桥后到新镇Tingtibi附近就是前往Gomphu的路口，以及前往皇家玛纳斯国家公园北部地区的道路和徒步入口。Tingtibi提供了一个不错的午餐地，以及一座销售当地农产品的商店。附近的一座大型水电项目无疑将在未来几年里推动Tangtibi的发展。这里距谢姆冈22公里，到盖莱普还有98公里。

接下来，道路开始一段长长的上坡，在塔玛（Tama）村下方的尼泊尔风格佛塔绕行经过。这个村子上方是规模不大但颇具氛围的天母拉康（Lhamo Lhakhang）。更古老且更重要的塔玛拉康（Tama Lhakhang）由白玛林巴修建，位于向山口方向驱车10分钟的路边，需要下车步行一小段距离。

道路在塔玛拉山口（Tama La）达到最高点，车辆在这里围着白色佛塔顺时针转经。在下坡时，可以在另一边找找查普查（Chapcha）上方悬崖上的野蜂窝，以及Lungsilgang附近的宝塔，后者既是一个观景台，也是野餐的好地方。道路向下直至Samkhar Zam桥，然后向上爬升至Surey村，许多柑橘园、豆蔻田和拉康就位于村庄上方。这里的Gurung Hotel是一处不错的茶馆。Surey的官方宗卡语名字是晋美曲林（Jigme Choling），但是大部分本地人都使用当地的尼泊尔语名称。

道路继续向上爬升，经过一片滑坡区，右边是让人胆战心惊的1000米悬崖，随后到达一座白色佛塔，标志着通往Shershong温泉（tsachhu）的路口。距离不远但是颇为陡峭的下坡路通往三处温馨干净的温泉住所——这是从长途坐车中恢复精力，并结识一些不丹朋友的好地方。

主干道进入河滩，在Pasang Zam桥边有一处入境检查站，旁边有一条小路通往山顶的Sershong Lhakhang和重要的火葬场。从这里出发，接下来是一段距离较近且一马平川的路程，最后直抵盖莱普。

盖莱普（Gelephu）

☎06 / 海拔280米

边境线上的重镇盖莱普是通往不丹中南部的门户。这是一座怡人的城镇，但是平心而论，它只适合作为离开不丹之前或进入不丹之后的一个过夜地。

如果你想要设法消磨时间，可以去趟周末市场、转动足球场旁边大佛像处的转经筒、或者参观由军队福利部门经营的大型酿酒厂。位于城镇以北1公里处的尼玛伦扎仓（Nyimalung Tratsang）是曲梅山谷中尼玛伦寺僧人们的冬季居所。

住宿

一些当地酒店可帮助安排边境交通，其中包括Dragon Guest House（☎17448394；房间1500~2000努扎姆）、Hotel Chorten（☎251252）和Hotel Dechen（☎251293）。

Tshendhen Hotel 酒店 $

（☎251536；bees@druknet.bt；房间1440~2160努扎姆；❄📶）这家由家庭经营的酒店也许是镇上的最佳选择，有着布满鲜花的迷人门廊以及怡人的阳台座位。干净整洁的房间带有热水浴室，甚至配有咖啡机。酒店以不丹的国树（柏树）命名。

Hotel Kuku 酒店 $$

（☎251435；房间1870~2750努扎姆；❄）一座山林小屋风格的酒店，提供宽敞的豪华房，带有靠谱的热水、空调、舒适的床垫以及温馨的餐厅。

实用信息

不丹银行（Bank of Bhutan；⏲周一至周五9:00~15:30，周六9:00~12:00）在汽车站旁；可兑换现金，不能兑换旅行支票。

不丹国家银行（Bhutan National Bank；⏲周一至周五9:00~15:00，周六9:00~11:00）只能兑换现金。

到达和离开

在你读到本书时，从帕罗往返盖莱普镇西机场的每周2趟的航班应该已经开通。柏油路一路向北，经由谢姆冈前往通萨，或者向西北经过沙潘和Damphu前往旺杜波德朗。

前往古瓦哈蒂（印度；5小时，4000卢比）唯一靠谱的交通方式，是找一辆出租车，你的导游会帮助安排好一切。从边境前往Bongigaon的路途中，开始路段的路况很差，但是目前正在进行升级

改造。无论是离开或是入境印度，千万别忘了在距离不丹边境10公里、极容易错过的Deosiri外国人登记站（Foreigners' Registration Post）盖上印度移民局的印章。在本书撰写期间，阿萨姆邦频繁的突发交通罢工会给旅行计划带来重大变动。

皇家玛纳斯国家公园（Royal Manas National Park）

在出于安全考虑被关闭多年后，这座偏远而诱人的国家公园如今终于向游客敞开大门。即使是对于廷布的旅行社而言，这座公园也鲜为人知，设施仍相当有限，2011年只有27位外国人到此游览。

公园里的森林是多种野生动物的栖息地，其中包括大象、水牛、猎豹、30~50只老虎、云豹、麝猫、犀牛和350种鸟类。这座公园与印度阿萨姆邦的玛纳斯国家公园彼此为邻，从而形成一个跨国保护区。

这里的旅游业仍处于起步阶段。旅行社可安排从中央玛纳斯营地护林员办公室出发的吉普车和大象巡游，以及Panbang和玛纳斯营地之间的玛纳斯河乘船旅行。11月至次年3月是最佳游览季节。该地区在不丹历十月（公历11月）会举办几场戒楚节活动。

游览公园仍然较为棘手，因为公园内几乎不通公路。也许体验这座公园的最佳方式是从Gomphu（海拔1460米）前往Panbang的3~4日徒步游览，中途在社区管理的Pangtang（海拔240米）、Shillingtoe（海拔420米）、Changzam桥和Pangbang河口（海拔160米）等营地扎营。每天需要徒步4~6小时。所有营地都有厕所、饮水和双人小木屋等设施。Gomphu本身离谢姆冈3小时车程，这里有一座拉康、一座火化场以及Duenmang温泉（tshachhu；步行2小时）。一条新路沿着徒步路线而建，但是缺少横渡芒德曲河的桥梁，意味着如今这条路几乎形同虚设。

前往Pangbang村最简单的道路实际上是从印度Mathanguri出发的，它与不丹境内的玛纳斯营地仅一河之隔。一条基本无人使用的25公里道路从盖莱普通往公园西南角的Kanamakra，从东部的Nganglam也有一条路可通往公园。根据行程安排不同，你也许需要准备两次入境的印度和不丹签证，因此事先要向旅行社确认具体情况。

不丹东部

包括 ➡

最佳佛教建筑

- 伦奇宗堡（见146页）
- 贡寇拉（见153页）
- 德钦颇章（见155页）
- 塔希冈宗堡（见150页）
- 塔希央奇宗堡（见154页）

另辟蹊径

- 蒙加尔周边徒步（见146页）
- 邓卡尔（见147页）
- 邦德林野生动物保护区（见156页）
- 森格附近观鸟（见142页）

为何去

相比不丹西部而言，狂野的不丹东部堪称游客罕至，这正是我们喜欢这里的原因之一。虽然这里的食物和住宿都远逊于西部，但是顽强的旅行者在这里能看到没有旅行团打扰的宗堡和寺庙、美丽的丝绸和刺绣，以及郁郁葱葱、鸟儿娇啼的森林。虽然地处偏远，但崎岖不平的东部地区却是人口密度最大的地区。大部分人口都居住在偏远的村落；路边深山上或孤绝峡谷内的那些隐秘地点，其中一些是人口不足1000人的少数民族定居点。

东部地区正以不丹其他各地都望尘莫及的节奏向旅游业敞开怀抱。新酒店、雍布拉（Yongphula）新机场以及一些规划中的新徒步路线使这里成为不丹探险之旅的最前沿。如果你想要独辟蹊径，而且希望发扬探险精神，这里会让你一见倾心。

何时去

- 较低的海拔意味着这里的春末和夏天较为湿热，而且有许多蚊虫，但此时却是到茂密的阔叶林中观鸟的最佳季节。
- 5月至8月是季风降雨季节，经常带来山体滑坡并导致道路中断，因此在暴雨过后你的行程可能会被延迟。
- 2月末至3月中旬气候舒适，是造访这里的好时间，游客稀少，有着趣味盎然的节日和春日怒放的繁花。
- 冬季降雪可能导致高山垭口的道路被阻断。

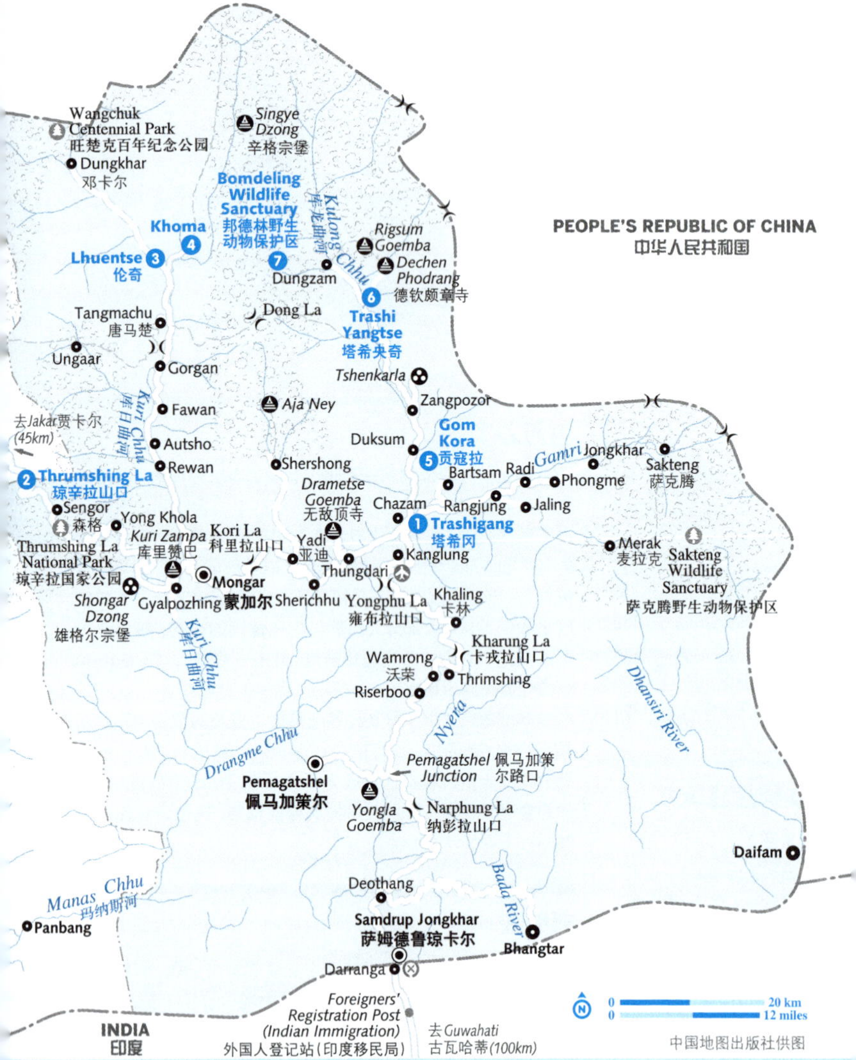

不丹东部亮点

❶ 在**塔希冈**（见149页）热闹狭窄的街道上游荡，这是不丹最具吸引力和活力的小镇之一。

❷ 系好安全带，体验在悬崖峭壁上开凿的险路，翻越海拔3750米的**琼辛拉山口**（见141页）。

❸ 驱车前往**伦奇宗堡**（见146页），欣赏沿途美景。

❹ 在偏远的纺织小村**Khoma**（见147页）观赏织布过程。

❺ 在神秘的朝圣地**贡寇拉**（见153页）检验自己的罪业轻重。

❻ 围绕宁静的寇拉佛塔转经，亲眼目睹地处偏远的**塔希央奇**（见154页）的传统手工艺。

❼ 探索偏远的**邦德林野生动物保护区**（见156页），这是观赏黑颈鹤的最佳地点之一。

历史

很久以前，不丹东部被许多独立分散的小王国所统治，它曾是印度和中国西藏之间重要的贸易商道。货物源源不断地经由不丹伦奇地区的辛格宗堡（Singye Dzong）运往中国西藏边城洛札（Lhodrak）。

该地区最重要的历史人物是秋贾•敏珠•丹巴（Chhogyel Mingyur Tenpa）。在他担任通萨佩罗（地方行政长官）期间，他率领军队征战不丹东部，平息布姆唐、伦奇、塔希冈、蒙加尔和谢姆冈等地的叛乱。他的东征将不丹东部纳入第悉（不丹世俗统治者）的统治之下，并且为这个国家最终的统一铺平了道路。敏珠•丹巴主持修建了通萨的宗堡，以及不丹中部和东部的其他大部分宗堡。1668年，他被推选为第三任第悉，并一直统治到1680年。

蒙加尔宗
（MONGAR DZONGKHAG）

蒙加尔地区位于古代Khyeng地区的北部。雄格尔宗堡（Shongar Dzong）——蒙加尔最初的宗堡——已经成为一片废墟。如今蒙加尔镇上的新宗堡，无论在建筑特色还是历史重要性等方面都无法与该地区的其他宗堡相提并论。该地区东部的无敌顶寺（Drametse Goemba，见149页）是一座重要的宁玛派寺院，高高矗立于峡谷之上。

贾卡尔至蒙加尔
（Jakar to Mongar）

193公里 / 7小时

贾卡尔与蒙加尔之间相隔7小时车程。期间需要翻越两座山口，经历无数次急下坡，在84公里距离内海拔下降3200米，是不丹国内最壮观的驾车路线之一。冬季，琼辛拉山口（Thrumshing La）时不时会因为大雪封山而导致道路中断一两天。

乌拉至琼辛拉山口
（Ura to Thrumshing La）

36公里 / 1小时15分钟

在琼辛拉国家公园管理处附近，经过乌拉至贾卡尔绕城公路岔道口之后不远处，主路从一座名为Liri Zam的桥上跨过小河Lirgang Chhu，进入国家公园内。沿途能见到危危欲坠的峭壁和挺拔的杉树，多半被笼罩在氤氲雾气之中，随后翻越一座在某些地图上被标为旺唐拉山口（Wangthang La）的山脊，随后降至Geyzam Chhu河谷，经过一座修路工人营地后再次向上爬升。由于土壤中含有很多沙，因此道路并不平稳，仿佛是山脊上一道裸露的伤疤。

在山口前面3公里处有一座小公园，里面有超过20种杜鹃花。可以沿着**杜鹃花园**（Rhododendron Garden）中的小路，步行40分钟，穿越森林直抵山口。如果你对杜鹃花情有独钟，而且是在3月至5月间造访此处，通常可以和森林巡逻人员一同徒步，他们会很乐意为你介绍不同的杜鹃花品种；记得提前向你的导游说明，并且向乌拉的国家公园管理处咨询。

如果你运气够好，遇到一个晴朗无云的日子，那么在接近山口时可以欣赏到雄伟的岗卡彭森峰（Gangkhar Puensum，海拔7541米，通常被认为是世界上最高的处女峰）。一堵玛尼墙（佛教信徒垒成的石墙，上面刻有经文）和经幡将山口装点得格外圣洁，一块倒下的标牌上写着："你正站在最高处"。这里就是**琼辛拉山口**（Thrumshing La，海拔3750米），距离贾卡尔85公里，位于蒙加尔宗的边界线上；现在你就算真正进入了不丹东部。

琼辛拉山口至森格
（Thrumshing La to Sengor）

22公里 / 1小时

在进入不丹东部境内后，你会发现山口东侧的路途要坎坷得多。公路穿过冷杉林盘旋而下。在海拔约3000米处、距离山口20公里的地方，公路穿林而出，进入森格山谷的牧场。**森格**村靠近路边有几座民宅，但村落主体其实位于谷底中心，约由20座房屋构成。路边的Dee-Ling Restaurant供应本地特色的辣椒奶酪（ema datse），但更好的就餐地是穿过村庄后看到的**Kuenzang Hotel**（☎17866423；套餐450努扎姆），这家酒店由不丹旅游局（Tourism Council of Bhutan，简称TCB）建造，面向游客，供应午饭套餐，拥有干净的卫生间。

在琼辛拉国家公园徒步和观鸟

琼辛拉山口和雄格尔宗堡之间的原始风景，为森林探险徒步提供了大量机会。尤其是深度观鸟爱好者一定会爱上从琼辛拉山口下降至森格的3小时徒步之旅，中途会穿越美丽的原始森林。从森格到Yong Khola的两日徒步会穿越不丹的最佳观鸟地点之一（这里有360种鸟类），许多观鸟旅行团前一天会在Yong Khola前方约5公里处的Norbugang营地安营扎寨。

另一条风景怡人的一日徒步观鸟游是沿陡峭的小径，从拉同拉山口（Latong La）下降至Mengchugang，中途经过Saling和雄格尔（Shongar）。一般情况下，9月至11月以及2月至3月是在该地区徒步旅行的最佳时间。

想要了解关于这些路线以及其他路线的信息，或者聘请当地向导（很有必要），可向位于乌拉的琼辛拉国家公园管理处生态游部门咨询（见136页）。

森格至库里赞巴 (Sengor to Kuri Zampa)

62公里 / 1小时45分钟

下一段路堪称不丹最惊心动魄的路段。在经过森格山谷之后5公里，道路开始陡降至库日曲河谷。这段路开凿于悬崖峭壁之上，因此有无数小溪和瀑布水花溅至路面上。不期而至的云雾使你很难看清公路下方的风景——不过这一切都无所谓，因为即使风和日丽，你也会发现下面什么都没有。

经过森格10公里后，道路开始盘旋，随后经过拉同拉山口（Latong La）的一座佛塔和电信塔。继续前行3公里，有一个岔道口可欣赏到南木林瀑布，它从公路下方飞流直下，在季风降雨后更加壮观。这段路上还有几座佛塔——纪念为修筑这条公路而牺牲的近300名印度和尼泊尔合同工。当乘车行进至开凿在绝壁上的窄道时，你一定会提心吊胆，担心随时可能会与这些合同工在某个地方会合。祈祷饰板和湿婆神的三叉戟所提供的精神庇护极为有限。除了距离森格20公里外的南木林露营地，该路段没有任何住宿地。此地有一位为防止山体滑坡而忘我工作的护路员。

从南木林继续前行17公里，经过峭壁上的一段长长的下坡，道路到达相对安全的地方，也标志着告别琼辛拉国家公园。在Yong Khola，公路进入开阔的库日曲河谷上游，这里是一片拥有茂密竹林、蕨类植物和水蛭的亚热带土地（也是绝佳的观鸟场所）。你会经过玉米地，沿着建成不久的Tidangbi Lhakhang下到谷底，其间的道路仿佛扭麻花一般。水稻梯田和芒果、菠萝等热带水果树在此进入你的眼帘。

在河对岸的小山顶上，靠近Mengchugang村的Km 123处，就是只剩下废墟的雄格尔宗堡（Shongar Dzong）所在地。这里可供游览的东西不多——仅有几堵隐藏于山顶树林间的石墙，但据说它曾是不丹建立时间最早、规模最大的宗堡之一，其建成时间可上溯至公元1100年。与通萨类似，雄格尔的底气来自这座宗堡得天独厚的地理位置，它扼守着不丹东西要道的咽喉。旧宗堡于1899年毁于火灾后，人们在蒙加尔镇建立了新的宗堡。你可以选择步行20分钟左右前往宗堡，这条徒步路线有一定难度，但沿途可以观赏到很多鸟儿。

继续前行几公里，在距离森格57公里的凌美塘（Lingmethang，海拔650米），有四座彼此相邻的路边酒店，均供应热饮、冰啤酒和时令水果。

库日曲河峡谷的路口处有一座佛塔，道路从这里开始往北边蜿蜒而行。在库里赞巴（海拔570米），你终于到达峡谷最底部，从山口一路下来海拔降低了3200米。下车休息，呼吸湿润的空气，然后脱掉三层保暖衣物。在一座缠绕着经幡的公路桥东侧，有一座按照尼泊尔的博德纳佛塔建造的水泥佛塔，据说里面供奉着原始雄格尔宗堡的圣物。桥边是一片废弃的厂房，这里曾经用当地盛产的野生香茅榨油。

另外有一条次级公路沿河而下，通往新镇Gyalpozhing和库日曲河发电厂。过了电厂，一条新修的公路一直延伸至库日曲河下游、印度边境上的Nanglam。

库里赞巴至蒙加尔（Kuri Zampa to Mongar）

25公里 / 45分钟

前往蒙加尔的道路爬升穿过位于库日曲河峡谷东部谷坡的松林。向北望，你会看到一条穿谷坡而过的道路，这条路通往伦奇（Lhuentse），它在蒙加尔前方12公里处的Gangola与通往蒙加尔的路分开，继续前行65公里到达伦奇。

通往蒙加尔的道路继续往上爬坡，朝着山顶上几座房屋的方向穿过麦田，通过一个之字形路后到达蒙加尔。

蒙加尔（Mongar）

☎04 / 海拔1600米

不丹西部的大多数城镇都位于峡谷内。与之形成鲜明对比的是，包括蒙加尔在内的不丹东部，大部分城镇都位于山顶或山脊上。

蒙加尔其实并没有太多真正的看点，但是许多人都会在这里住上一晚，第二天再出发前往塔希冈。从贾卡尔至塔希冈驾车需要11个小时，这通常意味着要开夜车，对于如此有趣的田园风光而言绝对是一种浪费。

景点

令人愉悦的主街两边都是采用传统彩绘石头砌成的不丹建筑，其木质外墙上点缀着色彩缤纷的盆景，门廊上有转经筒。弓箭手们会在午后来到足球场，磨练自己的技术。

古朴沧桑的钟楼附近有一个巨大的转经筒，吸引虔诚的老人到这里来拉家常。

★蒙加尔宗堡（Mongar Dzong） 佛教、宗堡

蒙加尔宗堡修建于1930年，用于取代原来的雄格尔宗堡，但是这里的乌策（utse，中央高塔）年代更早。其与众不同之处在于，它有两个入口且僧人和世俗行政机构共用一个庭院。但是很快这里将新建一处行政庭院和可容纳60名住寺僧人的经堂。乌策内有四座拉康，其中包括一座贡康（goenkhang，供奉当地保护神的殿堂）和一座Sangay Lhakhang。为期一周的蒙加尔戒楚节（Mongar tsechu）于11月（不丹阴历十月初七至初十）在此举行。

Yakgang Lhakhang 佛教、寺庙

从城镇驾车西行一小段就到了这座游客罕至、但趣味盎然的拉康，它由白玛林巴之子于16世纪创建。在进入主殿时，不妨看看远端墙上的原始出入口，该出入口在道路修通后就被封闭了（出于安全原因），因而留下了新旧壁画共存的场景。角落里的手书经文来自中国西藏。

看门人是一位贡千（gomchen，世俗修行者），他从事这一职位乃是世代相传。根据游客要求，他会经常打开隔壁房屋的拉康，里面陈列着主要的圣迹文物。可以看看木块、鲁特琴以及当地保护神Gelong Daksen和Penchen Tsam的木偶。查姆舞（Cham）面具由白玛林巴之子制作，在每年不丹阴历五月初十的戒楚节上使用，节日当天还会展示各种最珍贵的文物。在经过蒙加尔汽车站和传统建筑风格的法院后，朝Sherub Reldri私立中学方向驾车即可到达此地。

住宿

Dolma Hotel 经济酒店 $

（☎641508；房间715努扎姆）几家当地风格的酒店中最经济实惠的一家，主要面向过夜的长途车游客或印度籍背包客。它位于一处购物广场内，房间清洁，风格现代，带有转角阳台和独立卫生间。

旺楚克酒店 酒店 $$

（Wangchuk Hotel；☎641522；www.wangchukhotel.com；标单/双3220/3680努扎姆，豪华4600/5175努扎姆）这家令人印象深刻的现代化酒店是一处有口皆碑、面向旅行团的酒店，凭借32间宽敞的客房、可口的食物和怡人的配置，一直是蒙加尔最受青睐的酒店之一，但是这里时常会展开维护工作。铺设地毯的大房间有舒适的床铺、电视、房内保险柜和电扇，可以看到市镇或林木茂密的山峦，而且酒店内还设有按摩房。在经过从布姆唐开始的长途驾车后，去餐厅露台用一杯好酒来安抚疲惫的身体是再好不过的了。

Mongar 蒙加尔

0 100 m
0 0.05 miles

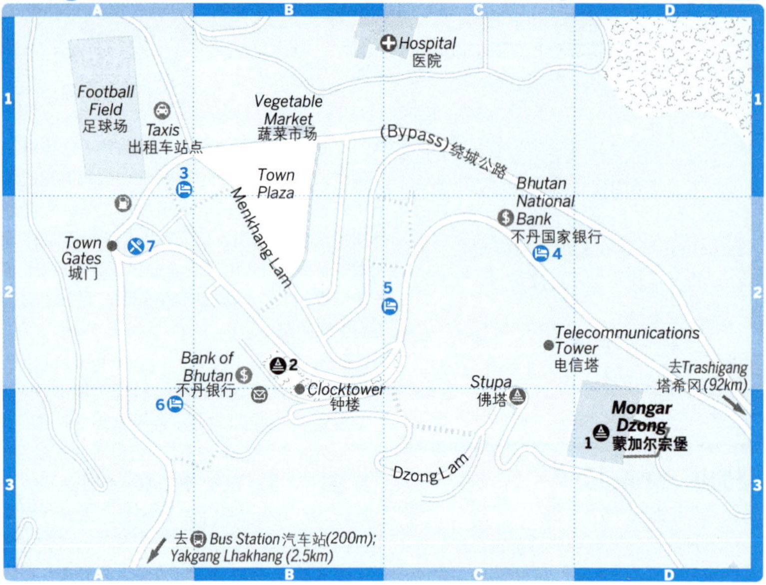

Mongar 蒙加尔

重要景点

1 蒙加尔宗堡 D3

景点

2 转经筒 B2

住宿

3 Dolma Hotel A1
4 Druk Zhongar Hotel C2
5 Hotel Druk Zom C2
6 旺楚克酒店 A3

就餐

7 Phuensom Bakery A2

Hotel Druk Zom 酒店 $$

（641206；hoteldrukzom@yahoo.com；标单/双1800/3000努扎姆）一家光线明亮且热情好客的精品酒店，这里的许多房间规格配置各异，与看似随意的建筑规划相互呼应。所有房间内都有吊扇、电视和电话，但是床垫非常硬实，卫生间大小各不相同。多国风味的餐厅提供简餐，光线明亮，可以看到市镇风景。

Druk Zhongar Hotel 酒店 $$

（641587；drukzhongar@druknet.com；标单/双2640/3000努扎姆起，套3240努扎姆）这家经营有方、热情友好的酒店房间一般，配有电视和风扇，部分房间带有阳台。地下室餐厅也不错，就是光线有点暗淡。千万不要选择地下室房间。

就餐

几乎所有人都在入住的酒店用餐，但是如果你想要享用简餐，例如饺子（momo）或萨莫萨三角饺（samosa），可以试试位于主街两侧的当地酒店。

Phuensom Bakery 面包房

（641143；9:00~18:00）这家面包房里可以找到差强人意的甜甜圈和巧克力手指饼。

实用信息

不丹银行（Bank of Bhutan；周一至周五9:00~13:00，周六9:00~11:00）

不丹国家银行（Bhutan National Bank；周一至周五9:00~16:00，周六9:00~11:00）

医院（641112）就在蔬菜市场下方。

邮局（周一至周五8:30~17:00，周六8:30~13:00）

到达和离开

镇西的新车站除周日外每天都有班车发往塔希冈（100努扎姆，每天早晨6时发车），每天有班车发往伦奇（90努扎姆，下午13时），以及除周一外每天有班车开往廷布（560努扎姆，上午7时；在布姆唐过夜）和萨姆德鲁琼卡尔（330努扎姆，上午6点半）。也可以选择合乘出租车前往塔希冈，费用为每座500努扎姆。

伦奇宗（LHUENTSE DZONGKHAG）

原名Kurtoe，与世隔绝的伦奇宗是不丹王室的血脉发源地。虽然地理位置上位于不丹东部，但伦奇在文化特色方面与不丹中部并无差异，在前往蒙加尔的道路修通之前，罗当拉山口（Rodang La）的高山徒步路线是最主要的商路。许多伦奇妇女家里都有织布机，Khoma更是因为织锦（kushutara）织造而远近闻名。

蒙加尔至伦奇（Mongar to Lhuentse）

77公里 / 3小时

伦奇距离Gangola路口63公里，从蒙加尔驱车需3个半小时。这是一段异彩纷呈的旅程，道路在河谷上方的悬崖上飘然而过，但是由于一直沿着主要的峡谷前行，一路上还是比较顺畅的，只要中途不遇上山体滑坡。

蒙加尔至奥错（Mongar to Autsho）

38公里 / 1小时15分钟

从蒙加尔下坡12公里，在Gangola（海拔1110米）路口拐上前往伦奇的道路，当地妇女会在路口售卖袋装的橙子和花生。道路盘山而行至Chali和Palangphu，然后经过新的吊桥前往Banjor村（此前在更上游处有一座吊桥，在冰川湖溃决导致的洪水肆虐峡谷时被冲毁）。随后经过地质灾害频发的Dorji Lung滑坡区（以及附近的祈福佛塔），下降至库日曲河河岸和Rewan村仅有的两个商店。

经过有108座小佛塔环绕的一座藏式风格白色砖石大佛塔后，道路经过茂密的麦田和舒适的河畔小村奥错（Autsho，海拔920米）。在河边，你会看到恒河猴在石堆中嬉戏，黑色鸬鹚俯冲捕鱼。这里的Phayul Resort（☎17624046；房间1000~1250努扎姆）洋溢着休闲氛围，也是一个不错的午餐乃至过夜之处。有5间舒适的客房。

奥错至唐马楚（Autsho to Tangmachu）

26公里 / 1小时

道路经过常年云遮雾罩的高崖，继续前往Fawan。随后在河流上方盘旋下降100米，到达路边略显脏乱的Gorgan村，它正对诺玉岗曲（Noyurgang Chhu）河的开阔峡谷，入口位于西部。在路的这一面，即Umling处，据说是由Bangtsho Gyalpo在公元前1500年前后建造的古代地下石头城堡的遗迹。

不久之后，库日曲河峡谷变得豁然开朗。在一座白色大佛塔后面，道路从Thinleypang悬索桥来到河西。在桥上方的山脊处——匪夷所思的唐马楚（Tangmachu）上方，当地人正在为一尊45米高的莲花生大师像进行最后的收尾工作，这尊像是莲花生大师的Guru Nangsi Zilnon相，据称这是世界上最高的莲师塑像，超过邻近地区锡金的莲师塑像，建造成本超过200万美元。详情可参考www.drukodiyana.org.bt。一条土路辗转10公里，上坡至道路上方600米处的村庄和高中，但是如果下雨通常无法通行。这条路往返需要2个小时。

唐马楚至伦奇（Tangmachu to Lhuentse）

13公里 / 30分钟

道路在唐马楚谷底绕行6公里，在Sumpa经过一处修路工棚和一座水电站。转一个弯，就能看见雄踞峡谷入口处的伦奇宗堡。一座新的公路桥在这里横跨河流两岸，经过一座新修的大佛塔，通往Khoma的火化场。

继续前行一小段距离，峡谷渐渐变窄，道路开始向城镇爬升。在道路经过医院之前，能够完整地看到屹立于山巅的宗堡风景。医院旁边就是通往邓卡尔的岔路。

蒙加尔周边徒步

如果你的行程表上有半天或全天的闲暇，蒙加尔南部山区中有一些不错的越野徒步路线。下面这些历时大半天的线路包括山脊徒步、峡谷风景和一些偏远的静修所和拉康。如果想要进行2.5小时的轻松徒步，不妨反其道而行之，从Phurji Laptsa出发，在彭楚拉山口（Phongchu La）上车。

从**Yakgang Lhakhang**驾车或步行45分钟上山（经由穿越佛塔林的捷径以避开土路），到达**彭楚拉山口**的迷人佛寺。从这里可以俯瞰库日曲峡谷，风光一览无余，还可以看到南部郁郁葱葱的Kheng地区，佛寺内有一些有趣的当地保护神Dorji Gyeltsen的木偶。

从彭楚拉山口出发，经过连续25分钟的下山路到达小小的**Senlung Goemba**。主殿通常都是大门紧闭，但是在入口处有一座与众不同的私家禅修帐篷。

随后是40分钟的陡峭爬升，经过两座佛塔，穿越森林直至山顶**Jaiphu Lhakhang**周边的断壁残垣。10分钟的下山路后，等待你的是迷人的Jaiphu禅修所，里面有7位僧人。从这里开始，小路连续陡降，直至Kadam村和拉康，然后就是蒙加尔。

主路沿着山顶从Jaiphu Lhakhang至Shami（Sainu）Goemba，然后继续前行20分钟至**Phurji Laptsa**的路口。你可以安排车辆在此等待，或者往下走40分钟至Kilikhar（Kyilhor）Shedra佛学院内的桑东巴瑞拉康（Zangto Pelri Lhakhang），这是一座新建的拉康，外形美观宏伟，位于蒙加尔至塔希冈的公路上。在与僧人们喝茶聊天后，可驱车4公里返回蒙加尔。

伦奇（Lhuentse）

☎04 / 海拔1440米

在伦奇基本没有可供欣赏的风景，而且这里也没有实际意义上的村落，但是伦奇宗堡却是不丹最美丽的宗堡之一。宗堡上方是一座新的扎仓（佛学院），里面居住着僧团，山坡上有一些为政府官员修建的新宿舍，他们被派遣到这个住房匮乏的偏远之地工作。

你可以驱车前往山上的Royal Guest House观赏宗堡和库日曲河峡谷尽头的皑皑雪峰。位于客栈西北方向、河谷尽头的雪峰就是Sheri Nyung。

当你告别伦奇前往蒙加尔，可以看看峡谷下方数公里处的一座废弃的古桥，它就在河湾的不远处。

景点

伦奇宗堡（Lhuentse Dzong） 宗堡

这座宗堡的正式名称是Lhuentse Rinchentse Phodrang Dzong，屹立于高高露出的岩石之上，俯瞰库日曲河峡谷，四壁几乎都是万仞绝壁。

虽然白玛林巴之子昆噶旺波（Kuenga Wangpo）早在16世纪就在此修建了一座小佛寺，但宗堡本身却是由通萨佩罗敏珠·丹巴于1654年主持建造，后来历经修缮，最近一次是对2009年地震造成的破坏进行修理。一个为期3天的**戒楚节**会让宗堡陷入欢乐的海洋，举办时间为12月或1月。

游客们可以参观这里的7座拉康，只要你能设法找到拿着钥匙的那个人。这里的100名住寺僧人很少见到游客，而且非常友善，这也许就是为何到访此处的游客能欣赏到在其他宗堡无法看到的风景。

食宿

最好是外带午餐到伦奇，否则你只能在条件一般的**香格里拉酒店**（Shangrila Hotel；☎545123；主菜80努扎姆）或者附近的Karma Hotel吃一点辣椒奶酪（ema datse），有时也许会有饺子（momo）。

Royal Guest House 客栈 $

（☎545102，预订17781551；房间300努扎姆）这家有12间客房的政府宾馆是伦奇唯一的酒店，坐落于小镇上方100米的山头上。可以在此直接预订，但需要履行一些形式上的手续——你需要获得副宗长（dzongrab）的许可，他或许会要求查看来自廷布内政部颁发的许可——而且你随时可能吃到政府官员的闭门羹。

到达和离开

每周有3班巴士开往廷布，中途在布姆唐过夜。

伦奇周边（Around Lhuentse）

我们推荐从伦奇出发的一段短途游览是前往Khoma织布村。有几家不丹旅行社提供前往当地织造村庄的三日游，线路包括Gonpokarpo、Chenling、Shyam、Minje和Nyilamdun（Ngangladun），所有这些地方如今都由田间小路连接。

邓卡尔（Dungkhar）

一条未铺柏油但路况不错的公路，从伦奇出发40公里后到达小村邓卡尔。这个小村得名于其所在的海螺（dungkhar）般的山脊。白玛林巴之子昆噶旺波在此居住，不丹王室旺楚克家族的先祖即可追溯至这里的Kurtoe地区。第一任国王的父亲晋美朗杰（Jigme Namgyal）于1825年在此出生，15岁时即离家闯荡，后来最终成为通萨佩罗和第51任第悉。

从伦奇出发，道路爬升至河流上方的Zhamling，然后下降至邓卡尔。往返伦奇与这里至少需要5小时。

经过修复的16世纪Dungkhar Naktshang高矗于学校旁的村落上方，格窝（gewog，不丹最低一级的行政区）政府在此办公。在这里举行的戒楚节时间上与伦奇宗堡大致相同，即不丹阴历十月初八至十一。下方其貌不扬的村庄就是晋美朗杰的出生地。更令人瞩目的是Choeje Naktshang宅邸，这栋已经建成一百年的乡村庄园，其主人会非常乐于向游客介绍家里别具魅力的屋顶拉康。

相传莲花生大师曾经在Rinchen Bumpa山峰的一个洞窟内打坐冥思，这个洞窟位于邓卡尔上方，这是一段难度稍大的单日徒步游路线；当地人每年都会花上几天时间转山来这座小拉康。白玛林巴多次造访邓卡尔地区，并修建了Goeshog Pang Lhakhang，从峡谷步行2小时可至。

前往邓卡尔的途中，在距离伦奇9公里的地方，河流远处的Thimyul有一座风景如画的乡间别墅和一座白色大佛塔。如果你想前往探索，可经一座吊桥前往。

辛格宗堡（Singye Dzong）

辛格宗堡位于不丹前往中国西藏洛札地区的古代商道上。莲花生大师曾在此禅修，这里也是不丹人重要的朝圣地。从每个方向徒步前往这座宗堡都需要3天时间，当地计划将其向游客开放。

值得一游

KHOMA

如果你对纺织工艺情有独钟（即使不感兴趣也不要错过），可以驱车5公里前往这座传统纺织村庄。村庄生产不丹最受欢迎且价格昂贵的kushutara纺织品，村里近30户民居都在门廊上摆放了传统的背带织布机。这些纺织品精美得近乎绣品，通常被用来制作旗拉（kira，妇女传统装束），同时他们也生产袋子和其他物件。村庄相当富裕，大部分家庭都拥有电视和碳纤维弓箭。

村里的桑东巴瑞拉康（Zangto Pelri Lhakhang）坐落于可俯瞰河流交界处的山坡上。如果你想要打发时间，可以打听前往Sangay Lhodrup Lhakhang的道路，这是一段历时20分钟的前往Khoma上方山坡的徒步之旅。

大多数旅行社都可以安排在村里的民居借宿。我们在条件简单但富有传统气息且热情好客的Homestay of Norbu Laden（☎17700848）过夜。

驱车前往村落时，还可关注白色的白悬崖（Drak Kharpo），它位于峡谷对岸的遥远山崖上。

这里没有实际意义上的宗堡(辛格宗堡其实是一块大石头),但这里有一座由莲花生大师的明妃益西措嘉建立的佛寺,莲师曾经在此埋下许多伏藏(terma,神圣的经文和法器)。

这条路线从Khoma出发,中途经过Khomagang、Thang Karmo和辛格宗堡(3天),之后还可以探索黑湖(Tshonag)和白湖(Tshokhar),然后原路返回Khoma。4月至6月以及10月是最佳徒步时间。

塔希冈宗
(TRASHIGANG DZONGKHAG)

塔希冈是不丹东部的核心地带,曾经也是与中国西藏进行贸易的重要中心。这里有许多值得探访的佛寺和村庄,但是需要驾车很长时间才能到达这处偏远地区。

蒙加尔至塔希冈(Mongar to Trashigang)

91公里 / 3.5小时

从蒙加尔前往塔希冈比从贾卡尔至蒙加尔要轻松,路程也相对较短,但是你仍需要驱车3个半小时才能走完两座城镇间的91公里,如果要去无敌顶寺则还需要2小时。道路从一个较低的山口穿行而过,然后沿着一座河谷,最终爬升至塔希冈。

蒙加尔至科里拉山口(Mongar to Kori La)

17公里 / 30分钟

在离开蒙加尔后,道路穿过田地前往佛学院(shedra)和位于Kilikhar的桑东巴瑞拉康。随后进入一座侧谷,穿越一座浓密的杜鹃和兰花森林。

经过Kilikhar之后3公里,沿一条水泥支路下坡2公里前往Wengkhar Lhakhang,它由三世夏宗法王在出生地附近出资修建。夏宗法王的衣物和遗物都于不丹阴历三月初十在这里进行展示。

道路随后经过Kitar的一座新尼庵,然后在Chompa开始迂回。这里的一条步道通往山上,步行90分钟左右可抵达风景如画、游客罕至的崖畔静修所Larjung(Larjab Drakar Choeling)Lhakhang。如果不想原路返回,可以继续徒步前往科里拉山口(Kori La)。小路标记并不明显,因此最好是提前请Coffee Café安排一位向导。

继续向前1公里到达科里拉山口(海拔2400米),这里经幡猎猎,有一座小玛尼堆,以及供应热咖啡/热茶配饼干的Coffee Café(☎17284451; ⏲7:00~20:00)。山口周围的森林是观鸟的好地方;可以留意体型庞大的印度犀鸟。

附近是科里拉山口至戈里辛自然徒步路线(Kori La to Golishing Nature Trail)的起点,这是一条长2.75公里(45分钟)的古商道,它下山穿过森林,一路风景怡人,最后在距离主路3公里的支路上画上句点,你的司机可以在此等候迎接。

科里拉山口至亚迪(Kori La to Yadi)

21公里 / 1小时

这条路从山口下降,进入广袤的玛纳斯河上游流域,从阔叶林中蜿蜒下行,直抵Naktshang村附近迷人的私人拉康。

道路经过类似栅栏的经幡(相当于不丹版的道路安全警示标志),继续下降至规模较大的村庄亚迪(Yadi,海拔1480米)。这里的Choden Hotel General Shop Cum Bar & Lodge(☎04-539113)位于大经筒旁,是一个坐下来喝杯马萨拉茶的好去处。乘客们从塔希冈前往蒙加尔的巴士上鱼贯而下,在这里吃早餐。

在亚迪下方,一条土路分岔出来通往Shershong(Serzhong),两地距离为17公里,也可以从这里开始徒步去Aja Ney,需要2至3天时间。地名中的"A"是一个神圣的字符,"ja"意思是"一百"。莲花生大师在这里的巨岩上留下100个字符,对信众而言犹如一次精神上的探宝之旅:你看到的字符越多,获得的功德也越大。没有罪业的人通常能看到最多字符。

亚迪至Thungdari(Yadi to Thungdari)

33公里 / 1小时

在亚迪之后是一段两侧布满经幡的长路;下面是无数个"之"字形弯道,被人们称为

"亚迪弯道(Yadi Loops)"。这段弯道从一片松树林和香茅丛中穿行而过,在10公里内高度下降350米。路上有一个能看到道路盘旋下降的观景台;在这里拍摄的照片通常会被登上各种书籍和宣传册,以展示不丹的山路有多么令人头晕目眩。

在Zalaphangma,有一家社区经营的Monkey's Shoulder Cafe(☎16920136;套餐400努扎姆),这里有怡人的室内和户外座位,可提供套餐。未铺柏油的道路一路向西,11公里后经过Chaskhar小村和两座拉康。

在更多迂回弯道后,道路经过一座画有吉祥八宝(Tashi Tagye)符号的桥,然后继续前行10公里至Sherichhu(海拔600米)。从Sherichhu峡谷穿行而出直到一座佛塔,翻越一道山梁后来到奔涌的Drangme Chhu河边,这是一条发源于不丹东部边界的河流。道路继续在侧面峡谷内外迂回12公里,到达距离蒙加尔71公里的Thungdari,这里有一条分岔路通往无敌顶寺(Drametse Goemba)。

无敌顶寺(Drametse Goemba)

无敌顶寺是不丹东部地区规模最大、地位最重要的寺院。从一条主路旁尘土飞扬的小路前行18公里可达,驾车需1小时,海拔上升1350米,如果你到这里时正赶上雨天,那么就需要一辆四驱车。

无敌顶寺共有约90名僧人和贡千(gomchen,俗家或已婚的宁玛派僧人)。这座寺庙由白玛林巴的孙女(另一说是白玛林巴的女儿)阿尼•曲登•藏莫(Ani Chhoeten Zangmo)于1511年修建,她将佛寺命名为Drametse,意思是"无敌之顶峰"。

这座寺院因是圣兽之舞(Nga Cham)的发源地而赫赫有名。圣兽之舞是一种在许多戒楚节上都会被表演的舞蹈,于2005年被联合国教科文组织评为口头和非物质文化遗产。

在主殿里,位居中间的莲花生大师右边是曲登•藏莫的金色灵塔,旁边是一尊白玛林巴在梦中为自己建造的塑像(也就是镜像)。这里的长形箱子里放着一幅巨幅唐卡(thondrol,绘制或刺绣宗教图案),图上是白玛林巴。这幅唐卡会在不丹阴历十月十五(公历11月)拂晓时分进行展示,这一天也在每年一度、历时3天的节庆期间。Thondrol是一种巨幅唐卡,使信众见(thon)即解脱(drol)。

中层殿内供奉着保护神Palden Lhamo(Sri Devi)和"马脖"Tamdrin(Hyayagriva)。楼上的大护法神殿(Goenkhang Chenmo)内摆满了各种武器、一只山猫标本、一只死去的果蝠(看上去像是用脚踏泵充了气的)、突击步枪,以及Pekar、Drametse和Tsong Tsoma等3位当地保护神。捐一些功德,你会收到一根开光的祈福绳并受到金刚橛(phurba)的赐福,然后摇动签筒,并用古老的卜筮之书解签。隔壁的Tseringma Lhakhang供奉着长生之神,以及喜马拉雅保护神Tseringma的五个化身,所有这些神灵都骑着不同的神兽。最后,Kanjur Lhakhang里面有一箱圣物,包括此前所有戒楚节期间使用的铜钹等。

这里是马铃薯的天下,每到秋天马铃薯都会堆积如山,等待卡车运往山下,最终销往印度和孟加拉国。

Thungdari至塔希冈(Trashigang)

20公里 / 45分钟

下山返回主路,你会看到塔希冈宗堡高踞在Drangme Chhu河南岸的山头之上。

经过Rolong的公共工程部(Public Works Department,简称PWD)营地后,道路在Chazam(海拔710米)到达一座90米长的桥边。这个地方以从前的铁索桥命名,据说由中国西藏桥梁建造师汤东杰布在15世纪建造("cha"意思是"铁","zam"意思是"桥")。旧桥的大型桥基经过部分修复,并改建为一座拉康,就在新桥上游不远处。注意看看旧桥上方山脊上的箭楼遗址。

桥的南侧是一座入境检查站,警察会在这里检查你的旅行许可证。从这里向北的道路沿着库龙曲河(Kulong Chhu)峡谷一路前行,然后爬升至塔希央奇。

道路迂回上行前往塔希冈,中途经过前往萨姆德鲁琼卡尔(Samdrup Jongkhar)的路口,然后继续前行3公里直抵隐藏在繁茂林木中的塔希冈。

塔希冈(Trashigang)

☎04 / 海拔1070米

塔希冈(意即"吉祥山")是该地区趣味

Trashigang 塔希冈

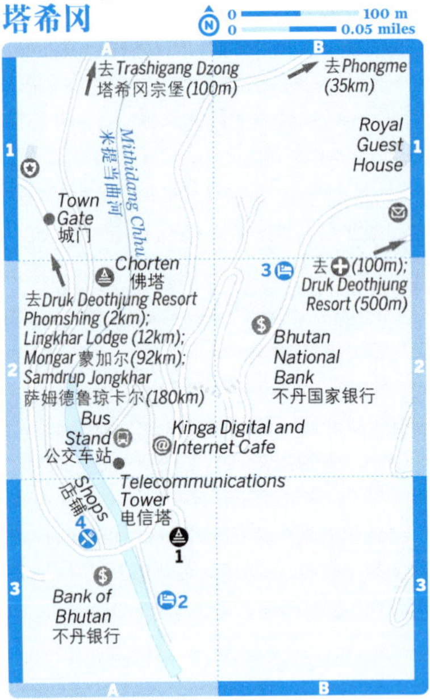

Trashigang 塔希冈

景点

1 转经筒.......................................A3

住宿

2 Druk Deothjung Hotel A3

3 Hotel KC B2

就餐

4 Pema Bakery & General
Tsongkhang..................................A3

购物

Druk Deothjung Eastern Rural
Handicraft.................................（见2）

盎然的城镇之一，也是前往塔希央奇、卡林、Radi、Phongme和东部其他地方的大本营。这座诗情画意的小镇位于一片陡峭山谷的谷底，流水潺潺的米提当曲河（Mithidang Chhu）从谷内穿行而过。塔希冈的镇中心是一个小广场，如今已成为挤满汽车的停车场。

这里的住宿选择非常有限，但是有各种风味的餐厅，在城镇无数酒吧中，你一定能找到称心如意的把酒言欢之所。来到塔希冈的游客不多，但是曾经有许多加拿大教师在此工作，因此塔希冈人对外国面孔习以为常。

村民们在朝圣之日来到镇上，分别是不丹历每个月的初一、初十和十五，赶集的同时还会品尝当地的arra（用大米蒸馏而成的酒精饮料）。

景点

广场中心有一座巨型**转经筒**。有顶棚的经筒底座是等车的村民们最爱的小憩场所，而且在大部分日子里，这里自发形成一个菜市。广场周围有几家酒店、餐馆、酒吧以及一间面包房和手工艺品商店。

塔希冈宗堡（Trashigang Dzong） 佛教、宗堡

宗堡位于一片薄薄的岩岬之上，俯瞰着Drangme Chhu河和Gamri Chhu河的汇流点。这座宗堡由不丹第三任第悉敏珠丹巴建立于1667年。从17世纪晚期开始，整个东部地区都在这座宗堡的统治下，一直到20世纪初。一些温顺的斑羚（ghoral; jaru）在外面的庭院里漫步。

这座宗堡的不同之处在于世俗行政和僧团位于同一个庭院（dochey）内。进入门口时可以看看左边精美的玛尼拉康，以及刻有Seng Doma的石板，这是一位半男半女的当地保护神。

庭院内有几座拉康，但是你能进入哪里参观取决于有哪些僧人在场。首层的贡康（goenkhang）有一幅雪人的绘画，另一座神殿则供奉着神灵Choegi Gyelpo（阎王）——观音菩萨的忿怒相。他是信念的守护神，同时也是死神和法律之神，还是负责亡灵审判、衡量善恶的神灵。

在塔希冈，会有许多喇嘛舞蹈来安抚阎王，尤其是在11月/12月为期3天的**戒楚节**期间，在最后一天还会展示一幅巨型唐卡和一尊莲花生大师像。

食宿

除了在塔希冈住宿之外的另一个选择，是继续向镇西南前行12公里，到Lengkhar的Lingkhar Lodge（见156页），它位于前往萨姆德鲁琼卡尔的路上。

Druk Deothjung Resort 酒店 $

(☎521145；标单/双2160/2400努扎姆，豪华2640/3000努扎姆）这座前政府宾馆拥有极为迷人的建筑和俯瞰宗堡的风景，但是房间陈设简单、热水断断续续、卫生间较为狭小。两个顶层的豪华房相对较好，但是对一些旅行团而言仍显得过于朴素。这座“度假酒店”位于距离镇中心山上1公里处的Kelling。

Druk Deothjung Hotel 经济酒店 $

(☎521214；drukdeothjung@gmail.com；标单/双2090/2200努扎姆）这家有着12间客房的家庭经营酒店位于中心转经筒附近，是镇中心最好的当地酒店之一。房间内有卫星电视和热水淋浴，但是墙上的水泥隔栅意味着会有爬虫和街道喧嚣。从阳台上可俯瞰城镇广场，非常惬意的户外就餐区可享用镇上最美味的食物和最沁人心脾的啤酒。附属的面包房提供新鲜的面包和蛋糕。

Druk Deothjung Resort Phomshing 豪华酒店 $$

(☎521440；drukdeothjung@gmail.com；标单/双3360/3840努扎姆，套6000/7200努扎姆）这家超豪华酒店是近年来不丹发生变化的最佳注解，它位于塔希冈西边几公里处。这个庞然大物将会拥有100间客房和小屋，同时还有游泳池、水疗中心和几间带有180度峡谷全景的餐厅。40间较小的客房已经开始营业，使其成为镇上最舒适的住宿场所，但可能会有建筑噪音。

Hotel KC 酒店 $$

(☎521209；hotelkc4@gmail.com；标单/双/套2640/3240/4200努扎姆）这家风格现代、装饰光鲜的住宿地较为舒适，但缺乏个性，有各种不同的房型，但基本都没有运用到周边的美丽风光这一独到优势。最好的房间是配有水壶和冰箱的巨大套房。标准屋顶房间天花板较低，不适合幽闭症患者入住。附属的商店出售镇上最全的进口商品。

Pema Bakery & General Tsongkhang 百货商店 $

(☎521196）在前往宗堡的道路上，这处吸引人的百货商店除了出售带有刺鼻气味的鱼干外，还有从品客薯片到咖啡伴侣等各种进口商品。

购物

Druk Deothjung Eastern Rural Handicraft 手工艺品

(⏲9:00~19:00）这座位于Druk Deothjung Hotel内的小商店是你选购传统鞋靴、面具和纺织品的好地方。

实用信息

不丹银行（Bank of Bhutan；⏲周一至周五9:00~13:00，周六9:00~12:00）兑换现金和旅行支票。

不丹国家银行（Bhutan National Bank；⏲周一至周五9:00~16:00，周六9:00~11:00）仅兑换现金。

Kinga Digital and Internet Cafe（每分钟2努扎姆；⏲8:00~20:00）网吧。

警察局 位于镇西城门处。

邮局（⏲周一至周五9:00~17:00，周六9:00~13:00）在镇中心上方，靠近高中。

到达和离开

从塔希冈前往布姆唐全程280公里（历时2天），到通萨为350公里，至廷布为550公里（3天）。

最近在雍布拉（Yongphula）新建成开放的机场距离塔希冈车程约1小时，每周有1班飞机飞往帕罗。可通过廷布的旅行社代订机票。

每天有当地长途车发往廷布（667努扎姆，车程2天，上午6:00发车）、萨姆德鲁琼卡尔（218努扎姆，车程9小时，每天7:30和8:00发车）和蒙加尔（100努扎姆，下午13:00发车）。

不丹远东地区（Far Eastern Bhutan）

从塔希冈出发的柏油路一路向东，穿过Gamri Chhu河前往Rangjung，然后变成砂石路和土路通往Radi和Phongme。大部分人到这儿都是为了徒步前往麦拉克和萨克腾。如果你时间不够，省略这段旅程也不会错失太多风景。

塔希冈至Rangjung（Trashigang to Rangjung）

16公里 / 45分钟

从塔希冈开始，道路逐渐下行，在支流河谷中迂回进出，直至海拔820米的Gamri

Chhu河岸。一条分岔路从这里渡河，沿着巨大的盘山弯道上山19公里，到达Chador Lhakhang和Bartsam的佛学院（shedra），这里最著名的珍宝是一尊拇指大小的夏诺多吉（金刚手菩萨）神像。

Rangjung主路沿着河流南岸而行，穿过一片受泛洪影响的平坦地区（泛洪平原中部的佛塔旨在保佑该地区免受洪水侵袭）。之后不久就是Lungtenzampa村。

在穿越田野6公里后，经过Buna的大型职业培训学校后，道路跨越Kharti Chhu小河，在较短的距离内爬升至海拔1120米的Rangjung。在经过中学之后，一座精美的佛塔占据了迷人的城镇中心位置，值得你步行前往参观。

在小镇上方是Rangjung Yoesel Chholing Monastery，这是由贾鲁布仁波切（Garub Rinpoche）于1990年创建的一座大型宁玛派佛寺。寺内供奉的主佛像是Gelog Choksum，他是莲花生大师、印度住持寂护大师和藏王赤松德赞的三合一化身。朵玛（青稞和酥油制作的礼糕）代表了五识——眼耳鼻舌身。在不丹阴历十二月（公历1月）为期10天的drupchen节庆上进行查姆舞表演。

寺院在山上建有一座不错的客舍（☎预订17110027；标单/双1500/2000努扎姆），经常有游客预订入住，尤其是佛教团体。这里的24间客房都带有独立的卫生间并有美丽的寺院风景相伴，但是必须通过廷布的Kangri Travel Agency提前预订。

Rangjung至Phongme (Rangjung to Phongme)

17公里 / 1小时

土路继续向东，从水稻梯田和玉米地里穿行而过，前行8公里到达Radi。

在经过Rangjung之后1.5公里就是Pema Lhundup Handicrafts（☎16461124），这是一家由私人民宅改建的织造中心，销售附近村庄（包括Tzangkhar）的妇女用生丝（bura）或者绢丝（sechu）制作的刺绣布匹、披肩和围巾。旗拉（Kira）的价格从10,000~55,000努扎姆不等，丝巾的价格约为13,000努扎姆。知识渊博的店主Peden可提供有关纺纱和织造的技术展示。

纺织爱好者还可以从Radi之前（23公里处）的U形弯道的岔路前往探访Tzangkhar。这里的许多妇女都是织造高手，你可以直接从这里购买丝绸制品。

在经过Radi（海拔1570米）之后，道路沿着山脊前行3公里，穿越占地颇广的现代风格Thekchok Kunzang Choeden Nunnery，这里居住着45位尼姑。5公里之后经过Khardung村，就到了商铺云集的Phongme（海拔1840米）。

在到达村庄之前的山峦上，坐落着历史超过150年的Phongme Lhakhang。殿内供奉的中央佛像是千手11面观音像。一幅卷起来的巨幅唐卡（一座楼房大小）悬于椽上，查姆舞戏服保存于佛像脚边的箱子里，在不丹阴历八月十五（公历9月）举行的年度节庆期间使用。

萨克腾野生动物保护区 (Sakteng Wildlife Sanctuary)

从Phongme出发，逶迤向前的道路和步行小道向东南方延伸，通往偏远的村庄麦拉克（Merak）和萨克腾（Sakteng），这里是布罗克帕（Brokpa）半游牧民族的聚居地（见190页）。健壮的布罗克帕人经常前往Phongme、卡林和塔希冈进行贸易。你可以通过他们的羊皮和红色牦牛毛衣物以及被称为shamo的牦牛毡帽轻松认出他们，这种帽子有着蜘蛛腿似的坠饰，起到排水管的作用。目前，只能沿着徒步路线（见190页）抵达这些村落，但是不断拓展的公路网可能会在未来几十年里改变一切。

Katie Hickman曾骑马探访该地区，她在旅行日志《祥龙之梦》（*Dreams of the Peaceful Dragon*）中对此进行了详尽的描述。

除了布罗克帕人，保护区最著名的居民是雪人（migoi），这个公园就是为了他们而于2002年建立的。保护区管理处位于Phongme以东1公里处。可供汽车行驶的道路如今可直抵Jyongkhar，最终将逐渐拓展至萨克腾。

塔希央奇宗（TRASHI YANGTSE DZONGKHAG）

作为塔希冈宗的一个东（drungkhag，下属

MIGOI——不丹的雪人

雪人在不丹被称为migoi（意思是“强人”），他们被认为生活在北部和东北部，尤其是萨克腾野生动物保护区。

雪人毛发丛生，颜色可能从红棕色到黑色，但是脸上无毛，基本上和人类差不多。他们与尼泊尔和中国西藏的雪人颇为类似，据说雌性胸部大而下垂，而且无论男女都散发出极其难闻的气味。但是不丹的雪人较为特殊，因为据说他们能够隐形，这也是几乎没有人能见到他们的原因。另一个有助于他们隐藏踪迹的特点，是他们的脚掌是倒着长的，这能有效迷惑追踪者。

由昆桑曲登（Kunzang Choden）编写的《不丹雪人故事集》（*Bhutanese Tales of the Yeti*）是根据不丹曾经见过雪人的村民口述或者他人转述的故事编写而成的精彩故事集。

行政区），塔希央奇于1993年成为一个完全独立的宗（行政区），它与中国接壤。不丹东部和西部的古老商道从塔希央奇出发，穿过群山直至伦奇，然后翻越罗当拉山口（海拔4200米）至布姆唐，如今这条路线已成为一条徒步路线。这个地区位于库龙曲（Kulong Chhu）上游，之前被称为库龙（Kulong）。

塔希冈至塔希央奇（Trashigang to Trashi Yangtse）

53公里 / 1小时45分钟

从塔希冈驱车前往塔希央奇需要1小时45分钟，但是你需要为途中造访贡寇拉（Gom Kora）预留出额外时间。沿途有许多风景，这段旅程是从塔希冈出发的理想一日游线路。即使你没有时间前往寇拉佛塔（Chorten Kora）开展全程游览，也最好能安排时间前往贡寇拉进行短途旅行。

从塔希冈出发直至Chazam（9公里，15分钟），可沿之字形弯路下至Chazam桥边。经过Chazam后，一条土基小路陡峭上山，直至Gangthung村和佛寺以及Yangnyer——这里有一座建于2009年的菩提伽耶佛塔的复制品。路上方不远处能见到一座监狱。

从Chazam出发，公路水平穿越Drangme Chhu河西岸上方略显稀疏的森林直至贡寇拉（13公里，车程30分钟）。到达贡寇拉之前数公里处，在公路边缘有一处圣地（ney），这里有一座被鹅卵石覆盖的神殿、tsha-tsha（黏土制模的小型供品）和三怙主（Rigsum Goenpo）的铜像——仙乃日（观音菩萨）、央迈勇（Manjushri，文殊菩萨）和夏诺多吉（金刚手菩萨）的合称。此外这里还有一座自然形成的佛塔，由于屹立在道路中间，所以非常明智地被漆成了白色！

贡寇拉（Gom Kora）

贡寇拉是位于Chazam以北13公里处的一座非常美丽的寺庙。郁郁葱葱的绿色田野，红色长袍的僧侣以及寺庙的黄色屋顶，色彩缤纷的佛教雕刻和奔涌的河水，组成一道诗情画意的风景。

这个地方真正的名字是“Gomphu Kora”。“Gomphu”表示这里是莲花生大师的禅修圣地，“kora”意思是“转经”。莲师在此禅修，并在一块岩石上留下了一个身印，这与布姆唐的古杰拉康颇为类似。

寺内供奉的中心神像是莲花生大师。右边是千手观音像。最右边则是蛇神Ganggan Yonga Choephel的神像，其右手握有一面金色镜子。最右边墙上的壁画据说可追溯至15世纪。

一个紧锁的玻璃柜内放置着许多圣物，其中有些是奇迹般出现在这里，另外一些则是由莲师带来。最大的圣物是一个迦楼罗蛋，这是一块非常沉重、形状完美的蛋形石头。其他珍贵的文物还有莲师的传统靴印、明妃益西措嘉（八岁时）的脚印、莲花生大师胯下大马的蹄印，以及一块属于白玛林巴的阳具状的石头。

贡寇拉的镇寺之宝当属一幅古老的巨幅唐卡，它的独特之处在于采用绘画而非贴花工艺制作而成，平常保管在这里的箱子里或是寇拉佛塔（Chorten Kora）里，具体要看你究竟听信哪边了。贡寇拉有一幅新的巨幅唐卡，通常会在不丹阴历二月（公历3月/4月）初十的戒楚节进行展示。这个节日与其他地方的戒楚节截然不同，信众们整晚都会围绕佛寺和圣石转经。

佛寺后面是一座如梦似画的巨大黑岩。据说莲花生大师在岩石下方的小洞里禅修，这时一个魔鬼化身为一条眼镜蛇悄无声息地突然出现。莲师立刻警觉，迅速起身将自己的法帽印记留在岩石上，然后摇身变为一只金翅鸟（迦楼罗），将翅膀的印记留在附近。随后莲师与恶魔达成协议，后者在莲师静修期间要远离此地。这份协议用拇指印作为见证，如今在岩石上还可看到印记。这条蛇也留下了一个浅色印记，它的天灵盖印留在岩石顶部。

一条狭窄的罪业测试通道从洞中通往岩石侧面的出口处——一位亲身实践者向我们讲述说，你必须像蛇一样蠕动身体才能通过这条隧道。人们还试着从侧面攀登岩石，以测试罪业轻重和攀岩技巧（这条路线被称为“空行母阶梯”）——只有行善者才能完成这一任务。在一些黄道吉日，据说莲师永生甘露的圣水，会从岩石中一处缝隙里潺潺流下，朝圣者排队成行，将其接入瓶中。你还会看到尚未生育的女子抱着一块沉重的圣石围着转经道行走，来祈求怀孕。

贡寇拉至塔希央奇（Gom Kora to Trashi Yangtse）

28公里 / 1小时15分钟

从贡寇拉出发，行进2公里后就到了静谧的小村Duksum（海拔860米），这里是通往峡谷高处许多大村庄的起点。几家商店（推荐Dondup Tsongkhg）销售由当地妇女用背带式织布机编织的多彩图案布料和腰带。Duksum的铁索桥，据说是汤东杰布所造桥梁中现存的最后一座，于2004年被毁。一些铁链被用在唐秋拉康（Tamchhog Lhakhang）附近桥梁的重建工程中，其他则在贡寇拉展出。

路转向西北，沿着库龙曲河谷前往塔希央奇。河流东部分支发源于中国的藏南地区，被称为达旺曲河（Dawung Chhu）。如今库龙曲河上游正在建造一座大坝。

在库龙曲河峡谷高处，道路通过Zangpozor的柏油路交叉口。喜欢探古访幽者可以沿着这条路驱车9公里前往Tshenkarla宗堡的断壁残垣。这座宗堡由藏王赤松德赞的长子仓玛（Tsangma）于公元9世纪上半叶建造。这位王子被逐出西藏后，将不丹东部作为自己的根据地。这座小镇原来的名字叫Rangthang Woong。废墟位于学校上方一片野生香茅地里。继续往前则是较新的桑东巴瑞拉康，它是一个野餐的好去处，甚至可以在这里远眺中国藏南地区。

回到主路上，随着峡谷变得更加陡峭，而且越来越不适合农耕，民居分布得也越来越稀疏。山谷尽头的雪峰不断进出视线里。在穿过一片岩石峭壁后，一座醒目的建筑兀然出现在一个岬角上，一条支流小溪Dongdi Chhu流入峡谷。这就是最初的塔希央奇宗堡，由白玛林巴主持修建于从前的商道上，如今这里有300名僧人。扎仓（佛学院）有一座令人大开眼界的主殿以及一座乌策，后者内部藏有宗堡最珍贵的文物——从中国西藏拉脊飞来此地的一尊观世音菩萨像。沿一条岔路前行1.5公里即可抵达宗堡，中途经过一座美丽的传统悬臂桥。从布姆唐出发的古代商道在这里戛然而止，现代公路同样如此；前者即是如今历时8天的罗当拉山口徒步路线。

塔希央奇（Trashi Yangtse）

04 / 海拔1700米

在距离旧宗堡3公里处，井然有序的小镇塔希央奇出现在贡寇拉上方。新宗堡和城镇在距离廷布550公里开外，占据了这个王国最偏远角落里的一大片盆地。

公路从南边进入市镇，先经过巨大的寇拉佛塔（Chorten Kora），然后进入一片安静的市集区，里面有一座装饰精美的不丹风格佛塔。从这里出发，一条路笔直通往邦德林野生动物保护区（Bomdeling Wildlife Sanctuary），另一条向右的分岔路则通往城镇上方130米处的新宗堡和行政办公区。这座宗堡于1997年落成，并无太大的历史或建筑意义，但是宗堡下面的射箭场值得一游——如果这里正在进行一场比赛的话。

这座小镇的木杯和木碗远近闻名，原材料为鳄梨木和枫木，采用流水驱动和脚踏车床制作。塔希央奇同时也是瑞香木造纸中心，使用竹框tsasho工艺制造带有独特图案的纸张。

景点

寇拉佛塔（Chorten Kora） 佛塔

寇拉佛塔体型庞大，但比起它的仿造对象——尼泊尔博德纳佛塔，仍有一定差距。这座佛塔由阿旺洛戴喇嘛（Lama Ngawang Loday）建于1740年，旨在纪念逝去的叔叔琼树配桑（Jungshu Phesan）、镇住当地邪灵。这位喇嘛亲自前往尼泊尔，带回了用萝卜刻成的博德纳佛塔模型。他在这里进行了复建，使人们无须经过前往尼泊尔的艰难跋涉就可拜觐佛塔。由于萝卜在旅途中缩水导致模型走样，因此寇拉佛塔未能完美地复制博德纳佛塔。

每逢不丹阴历一月，这里都会举办盛大的转经仪式，人们绕着主佛塔及其内部转经道行走。该仪式分为不同的两天进行（分别是阴历一月十五和三十）。十五那天（Dakpa，转经）主要是来自中国藏南地区Dakpa族人们的仪式，他们经过3天来此朝圣，以纪念一位8岁小女孩，她被供奉在佛塔中以祭祀一个恶魔。三十号（竹巴转经）则是不丹人的仪式，朝圣者来自不丹东部各地，包括麦拉克和萨克腾地区，他们会参加当地市集，并通过观看巨幅唐卡来积累功德。数十处摊档和赌局使朝圣者同时可以购物和唠唠家长里短。节庆之前一个月，人们会将佛塔重新漆白，修葺资金来自佛塔周围田地所种植水稻的销售收入。

佛塔前是一个自然生成的石塔，其名为"sertho"，从前曾屹立于佛塔之上，人们奉其为圣物。这里还有一座小寺。大受欢迎的不丹电影《寇拉佛塔》（*Chorten Kora*）就是在此拍摄。

国家手工艺学院 艺术学校

（National Institute for Zorig Chusum；☎781141；⏰周一至周五9:00~12:00和13:00~15:30，周六9:00~12:30）这座位于镇南的工艺品学院建于1997年，旨在为未能参加高等教育的人们提供职业培训的机会。这里可教授6种手工艺（不丹共有13种手工艺），其中包括唐卡绘制、刺绣、雕刻、金属制品和木材车削等。你可以参观学校，观看学生工作并拍照，但是这里出售的工艺品让人倍感失望。12月至翌年3月以及7月有两周是学校的放假时间。

食宿

Karmaling Hotel 酒店 $

（☎781113；标单/双1440/1800努扎姆）这是镇上最主要的旅游酒店，带有独立的西式浴室，有热水储水罐，但没有淋浴或浴缸——只有借助水桶。楼上的四间客房品质最优，中间是一处舒适的休息区，有柴炉（bukhari）供暖。新的豪华房间正在规划中。年长的老板曾经担任第二任和第三任国王的私人文员。

Bomdeling Wildlife Sanctuary Guest House 客栈 $

（☎781155；标单/双400/500努扎姆）位于镇西北的保护区游客中心楼房内，有几间陈设简单的房屋，带有独立卫生间和阳台，但是地理位置略显偏僻。最好的房间在楼上。

购物

Thinley Dendup General Shop & Handicraft 手工艺品

（⏰7:00~19:00）这座时尚的当地商店位于镇中心路口处，销售纺织品、木碗、双簧管、黄铜酥油灯和其他宗教用具等。

到达和离开

公共长途汽车于周一、周五和周六发往廷布（704努扎姆，2天）。

塔希央奇周边（Around Trashi Yangtse）

德钦颇章（Dechen Phodrang）

在塔希央奇镇上方的一座支流河谷里，隐匿着这处独具魅力却游客罕至的朝圣地。如今的殿堂可追溯至18世纪，以莲花生大师的身印（kurjey）为中心而建立。朝圣者会到这里来举起身印前两块石头的其中一块，以祈求生男或生女。高耸的柏树、神圣的石头和雕刻的咒语，使这个地方充满一种如梦似幻的沧桑感。

前往这里最简单的路径，是沿着崎岖不平的12公里路段前往Womenang（也被称为Do Nakpo）的学校，从这里出发步行45分钟至Solamang村。徒步小径继续经由Bumdir和Birting村前行，最终可抵达Dongzom村（3.5小时），或者经由巴瑞寺（Pelri Goemba）到达三怙主拉康（Rigsum Goenpo Lhakhang，4小时）。

邦德林野生动物保护区（Bomdeling Wildlife Sanctuary）

邦德林位于塔希央奇以北，从镇北端经老桥驱车40分钟可抵达。这里是约100只黑颈鹤的冬季（11月至翌年3月初）栖息地，不过近年来到此越冬的鹤群数量有所下降。这个保护区也是黑头叶猴、小熊猫、老虎和雪豹的家乡。

保护区的游客中心（781155；bws@druknet.bt；周一至周五9:00~17:00）位于塔希央奇镇东北，有一些含糊不清的有趣展览，介绍这片占地1520平方公里保护区的地质和自然演变历史。这里的职员还可提供关于保护区徒步和民宿的信息。如今的邦德林，其每年的游客数量只有约50人次。

在距离塔希央奇9公里之外的Dongzom村，目前正在开发一处鹤类信息中心和餐厅，工作人员可在黎明和黄昏时带你观赏在此栖息的黑颈鹤。在到达Dongzom前约3公里处是Phenday Paper Factory，你可以在这里参观用当地瑞香木造纸的传统工艺。

除了观鹤之外，还有一些从Dongzom出发前往德钦颇章和三怙主拉康等佛教圣地的徒步路线，其中后者可以安排为一整天的远程徒步或轻松的隔夜徒步。你还可以将这三条线路结合成一段休闲的两至三天环峡谷徒步游，许多旅行社将这条线路称为“兰花徒步路线（Orchid Trek）”。

萨姆德鲁琼卡尔宗（SAMDRUP JONGKHAR DZONGKHAG）

驾车绕弯路进入不丹东南部的唯一原因，就是为了从与印度接壤的萨姆德鲁琼卡尔离开这里。从这个边境站入境使你能快速从印度的阿萨姆邦进入不丹东部地区，在本书撰写期间，由于前者政治局势紧张、罢工频发，我们无法确定其可行的交通方式。

塔希冈至萨姆德鲁琼卡尔（Trashigang to Samdrup Jongkhar）

174公里 / 6小时

从塔希冈前往萨姆德鲁琼卡尔的多弯道路，驾车行驶至少需要6小时；在本书调研期间，由于大规模的筑路工程，所需时间更长。

塔希冈至康伦（Trashigang to Kanglung）

22公里 / 45分钟

从塔希冈市集出发3公里后，偏南的那条公路与蒙加尔公路分开，向上爬升并经过镇上的主要加油站。

道路爬上一座山岭向南延伸，途中经过的主要村落和拉康都在上方山坡上的Pam。从这里出发的土路通往Rangshikhar Goemba—一座有两层楼高的释迦牟尼佛的苦行像，这样的佛像不常见且相当俗气。据当地人说，从这里翻山越岭，徒步3小时即可到达塔希冈。

道路经过条件很不错的Lingkhar Lodge（77116767；www.lingkhar.com；标单/双/套3000/3500/4500努扎姆；），这是在一片被果园和果树环绕的精品别墅。旅馆管理得当，安静平和，值得推荐。

下到一个侧面山谷里，渡过一条小溪，然后从稻田里爬升，到达距离塔希冈17公里的繁荣农业社区Rongthung。之后的道路爬上一座山梁，进入海拔1870米的康伦，你可以看到钟楼入口附近的桑东巴瑞拉康（Zangto Pelri Lhakhang）和舍鲁布泽学院（Sherubtse College）的广袤校园。

已故耶稣会教士威廉•麦基神父（Father William Mackey）在20世纪70年代末推动建设了不丹唯一的高校舍鲁布泽（意即“知识的巅峰”）学院。大部分外国人通过阅读Jamie Zeppa的《超越天地》（*Beyond the Sky and the Earth*）了解这所学院。作者在书中讲述了她作为加拿大志愿者在此支教的经历。钟楼和绿草坪让这座小镇看上去如同一处喜马拉雅山里的避暑山庄。

康伦至卡林 (Kanglung to Khaling)

32公里 / 1小时

道路在玉米田和土豆田间不断爬升，然后在排成一排的8座佛塔旁迂回前行。沿途可以俯瞰学院风景，还可远眺峡谷另一边的无敌顶寺。道路上方的山岭中，在一个看似根本不可能的山顶位置，修建了雍布拉机场（☎17170022），这是不丹的第二个机场，在气象条件允许时，每周有1趟或2趟航班飞往帕罗（207美元）。

接下来的道路翻越海拔2190米的雍布拉山口（Yongphu La），在这里你可以与喜马拉雅群峰告别。随后将经过巴雄峡谷上方的巴雄拉康（Barshong Lhakhang），以及壮观的Karma Thegsum Dechenling Goemba，这是一座新建的大型噶举派寺庙，寺内有90名僧人，首座为八世殊利仁波切（Zuri Rinpoche）。

在错综复杂的景观中拐了几道弯之后，道路进入卡林（Khaling），这座小村分布在开阔的Drangme Chhu峡谷上方。峡谷上还有一座小拉康。卡林下方的峡谷中部坐落着国家视觉康复学会（National Institute for the Visually Impaired）。这个秩序井然的学会通过提供特殊资源和培训，致力于帮助来自不丹各地因为眼疾或其他原因而无法进入当地教育体制的学生。该学会最大的成就之一是开发了一种宗卡语版的盲文。

经过卡林之后继续驱车前行3公里，就到了由不丹全国妇女联合会（National Women's Association of Bhutan，简称NWAB）经营的国家手纺发展计划（National Handloom Development Project; ☎04-581140; ⏲4月至12月周一至周五8:00~12:00和13:00~17:00，周六8:00~12:00）。该项目与200位村民签订了纺织协议，管理方提供棉纱信贷，村民们上交成品，在这里或廷布的手工艺品商场进行出售。

最有趣的是用于生产天然染料的植物样本，包括杜鹃花（淡黄色）、一种名为“lac”的昆虫分泌物（紫色）和藤蔓茜草植物的茎（浅粉色）。工坊和设计样式绝对禁止拍摄。一块织造布匹的价格从1000~20,000努扎姆不等，这里有披肩可供出售。大部分基棉都从印度加尔各答进口。

卡林至沃荣 (Khaling to Wamrong)

27公里 / 45分钟

在经过卡林之后，道路蜿蜒向上经过分布较为稀疏的民居和麦田，然后爬升至开满杜鹃花的山谷末端，接下来翻越海拔2350米的卡戎拉山口。随后沿着小山下降，然后再次爬升翻越另一处海拔2430米的山口。

道路随后沿着周围的山谷下降，经过一条前往Thrimshing的岔路，然后沿着桑东巴瑞拉康（Zangto Pelri Lhakhang）转弯。这将是你一路上看到的最后一座不丹风格的佛寺，因此不妨停车进入寺内，参观精致的壁画和天花板上的坛城。拉康下方2公里处是怡人的小镇沃荣（Wamrong，海拔2130米），你可以在这里找一家当地风味的餐厅用午餐。沃荣是一个东（drungkhag，次于宗的行政区划），因此这里有一座小宗堡。

沃荣至佩马加策尔路口 (Wamrong to Pemagatshel Junction)

20公里 / 45分钟

道路在这里下降6公里抵达Riserboo，这里有一座挪威出资修建的医院。随着道路在支流河谷进进出出，可以看到开阔的山谷美景，接下来将经过塔希冈和萨姆德鲁琼卡尔中间的小村Moshi。在道路77公里的转弯处，你就能看到下方的阿萨姆平原了。

不久后，你将到达前往佩马加策尔（Pemagatshel）的路口，这个名字的意思是“莲花赐福之地”。这个偏远的宗是不丹最小的行政区。当地政府在策划创建一条经由村落的多日徒步路线，中途在当地民宿过夜。

Yongla Goemba坐落在前往佩马加策尔村的路上，是不丹东部最神圣的庙宇之一。它由Kheydup Jigme Kuenduel始建于18世纪。当时伟大的伏藏师（terton）日钦•晋美•林巴（Rigzin Jigme Lingpa）告诉他在一座看似金刚橛（phurba，祭祀匕首）的山上建立一座能够俯瞰广袤印度平原的佛寺。在不久之后的1865年，与英国进行杜瓦战争期间，这座佛寺被通萨佩罗晋美朗杰（Jigme Namgyal）用作宗教仪式场所。2009年地震使佛寺遭遇破坏，目前正在开展重建工程。

佩马加策尔路口至迪沃塘 (Pemagatshel Junction to Deothang)

55公里 / 1小时45分钟

在路口下方是这一天最惊心动魄的路段Menlong Brak（brak，或者brag，在夏却普语里是悬崖的意思），高悬于上Bada山谷上方。充满危险的公路经过经幡、经板和佛塔，到达边境公路组织的丹托计划（Dantak）出资修建的印度教神坛Krishnagiri，你乘坐的车辆（以及车上的乘客）会接受当地居住的尼泊尔族babu（圣人或苦行僧）赐予的提卡（tika，在前额上点上一个红点作为赐福）。这是一段让人紧张不已的下坡路，陡峭的坡度使你担心可能随时会与湿婆神相见。

从有两条路的小村纳彭（Narphung，都是单向车道！）出发，道路随后翻越海拔1698米的纳彭拉山口（Narphung La）。它越过一道山梁，然后爬升至海拔1920米的高度，接着是抵达平原之前的最后下坡路段。

道路盘旋下降，随后到达Morong的PWD营地（海拔1600米），这里的工人负责喷涂印度风格的道路警示标语，例如“超速很刺激，死神在等你（Speed thrills but kills）”、“司机一杯酒，亲人两行泪（After whisky driving is risky）”以及我们最爱的“开车非比赛，慢享好风景（It is not a rally, enjoy the valley）”。

确吉嘉措高级佛学院（Choekyi Gyatso Institute for Advanced Buddhist Philosophy）屹立于海拔850米的迪沃塘（Deothang）近郊。由著名的仁波切兼电影导演宗萨蒋扬钦哲仁波切主持修建，这个学院将所有垃圾都回收再利用，以实现零垃圾社区的目标。这个小镇原来的名字是Dewangiri，曾是不丹和英国在1865年的战场。以史为鉴，这座小镇如今有一座规模颇大的皇家不丹陆军（RBA）军营，南边则是一座刻有所有为筑路而献出生命者名字的纪念塔。

迪沃塘至萨姆德鲁琼卡尔 (Deothang to Samdrup Jongkhar)

18公里 / 30分钟

道路最后降入谷底，一块绘有莲花生大师像的岩画标志着喜马拉雅山麓地区的终点。道路盘旋穿过大陆碰撞带的褶皱地形，经过狄更斯不丹化学实业公司（Dickensian Bhutan Chemical Industries），到达Pinchinang简陋的检查站，这里距离萨姆德鲁琼卡尔只有4公里。

萨姆德鲁琼卡尔 (Samdrup Jongkhar)

☎07 / 海拔170米

公路从北边进入市镇，经过充满现代气息的小宗堡，宗堡内有一座佛寺和传统风格的法院。主路经过不丹银行和一座桥后，左转进入紧凑的市集区，这里有酒店、商店和餐馆。如果你直行而不是左转，将会直抵边境线。

这个闷热的边陲小镇没有任何地方能让你流连忘返。街道上挤满了塔塔卡车，每天上午和下午都会有潮水般的印度工人经过边境进入镇上工作。如果你要打发时间，可以造访宗堡后面现代风格的Rabdey Dratshang佛学院，或者继续前行探访位于足球场旁边的桑东巴瑞拉康（Zangto Pelri Lhakhang）。

一座装饰有龙和金翅鸟的不丹风格牌楼，将是你告别不丹的地方。在这里，你的护照会盖上出境章，然后就可以穿过边界进入炎热混乱的印度。

食宿

TLT Guesthouse 酒店 $

（☎251470；传真251188；房间带/不带空调2040/1560努扎姆；✽）这家经营有方的酒店紧邻中央市场区，是一个不错的选择。房间带有干净的独立卫生间和卫星电视，但是床垫坚如磐石。酒店里还有一间不错的多国风味餐厅。

Hotel Mountain 酒店 $

（☎251178；传真251130；房间带/不带空调2160/1680努扎姆；✽）从楼梯再上一层，到这座现代风格的酒店。这里有宽敞的房间，带有卫星电视和独立卫生间，以及一间明亮、通风的多国风味餐厅兼酒吧。但这里会有一些马路噪音。

★ Tashi Gasel Lodge 酒店 $$

（☎251553；tashigasel@gmail.com；标单/双2400/3000努扎姆；✽）无疑是最好的选择，

这家新酒店位于Pinchigang检查站以北3.5公里。这里的9间客房有通风的阳台和露台，可俯瞰下方的城镇。酒店里有一家不错的餐厅兼酒吧，也使这里成为你欢庆旅程结束的好地方。

Hotel Menjong 酒店 **$$**

（☎251094；房间/套2750/4400努扎姆；❄）最近刚刚装修，有宽敞的房间，舒适的床垫和平板电视，但服务人员常常身影难觅。

ℹ 实用信息

不丹银行（Bank of Bhutan；☎251149；⏲周一至周五9:00~13:00和14:00~16:00，周六9:00~11:00）可以用兑换单据原件、护照复印件和一份申请表将不丹努扎姆兑换成印度卢比，但是无法将美元兑换成印度卢比。如果数额不大，你可以和导游进行兑换。

入境局办事处（Immigration Office；⏲6:00~20:30）你的导游需要在位于边境大门警察站附近的这个办事处为你盖入境或出境章。

RL网吧（每分钟1努扎姆；⏲7:30~20:30）转经筒公园对面，棚屋里有两台计算机。

ℹ 到达和离开

前往古瓦哈蒂的最简单方式是请你入住的酒店安排一辆印度出租车；100公里（3小时）的车费为2500努扎姆。先询问清楚你的不丹旅行社是否会支付该笔款项。长途车每天6:30和14:00从印度小镇Darranga出发前往古瓦哈蒂。小镇位于边境另一侧，步行10分钟或乘坐三轮车可以到达。

你需要在距离边境5公里处的印度外国人登记站加盖印度入境章（如果是前往不丹则是出境章）。记得带上印度签证和护照信息页的复印件。

要时刻牢记，阿萨姆的罢工可能导致边境关闭，并且影响阿萨姆的交通，而且毫无征兆，有时甚至会持续数天。

出于安全考虑，所有不丹牌照的车辆都必须组成车队直到Rangiya（车队在除周四或周日之外的每天上午8时启程），这座小镇位于边境另一侧的49公里处。印度车辆不受此限。

山地徒步

包括 ➡

徒步线路上最佳文化景点

- Khaine Lhakhang，罗当拉山口徒步路线（见187页）
- 吉利宗堡，雷龙小径徒步路线（见166页）
- Lingzhi宗堡，珠穆拉里徒步路线（见175页）
- 拉亚村，拉亚至加萨徒步路线（见177页）
- 纳布吉，纳布吉徒步路线（见189页）

徒步线路上最佳风景

- 姜戈唐，珠穆拉里徒步路线（见170页）
- 坦扎村，雪人徒步路线（见181页）
- Pangalabtsa垭口，达嘎拉千湖徒步路线（见167页）
- 切比萨山谷，拉亚至加萨徒步路线（见175页）
- 索伊雅克萨山谷，珠穆拉里2号徒步路线（见174页）

为何去

不丹有几乎三分之二的土地仍不通公路。这些地区有直冲云霄的喜马拉雅群峰、高山垭口、原始森林、碧蓝湖泊、连绵的牦牛牧场、传统村落以及生态良好的异域风情野生动物保护区（有犀鸟及雪豹等），这也许是世界上保存最完好（而且最原始）的景观之一。

不丹提供了异彩纷呈的徒步选择，从艰苦的高海拔远征，到白雪皑皑的喜马拉雅高山脚下的大本营，再到由亚热带森林串起来的惬意的社区村落徒步等。这些路线从两天到一个月不等，每个人都能找到适合自己的路线。

也许其中最让人称心如意的事情，就是你可以将所有能想象到的露营苦差都托付给旅行社、向导和厨师，从而使自己能尽情放松享受徒步乐趣，同时欣赏无与伦比的瑰丽风景。这里就是香格里拉。

重要提示

- 如果你拥有强壮的体魄，将能更深入地体验山地徒步的乐趣，因此你需要提前用一个月或更长时间来进行徒步训练、适应徒步鞋靴。
- 在白天徒步时，你不会有机会“探囊取物”，因此记得在随身背包中装进如下物品：太阳帽、防雨外套、替换的T恤衫、相机、MP3播放器、抓绒衣、水壶和净化剂以及能量棒。
- 同样，你也得记得随身携带下列应急物品：厕纸、水泡贴、防晒霜、急救包、去痛片、乙酰唑胺（Diamox利尿剂）、口哨和手电。
- 在进行长途跋涉时，你不会找到太多充电的地方，因此不妨考虑带上一部太阳能充电装置，例如Solio（www.solio.com）。在较为寒冷的晚上，要将电池放在睡袋中，以防止它们因为温度过低而无法使用。

徒步路线

不丹旅游局（Tourism Council of Bhutan，简称TCB）在全国各地规划了20余条正式徒步路线。更多新路线和变化路线如雨后春笋般不断涌现。如果后勤保障允许的话，许多路线可反向穿越。

近年来，道路建设对徒步路线造成一定影响，此前一些路线，例如岗提徒步路线和萨腾冈（Samtengang）冬季徒步路线已经不再推荐。你需要提前与旅行社进行沟通，以了解道路建设对你想要进行的路线有何影响，以及有哪些新路线已经完全开通。

路线说明

一些沿古时商路行进的路线如今已很少使用。由于沿途通常找不到可以指路的人，你需要紧跟向导或马夫，以确保自己不会迷路。

每日行程

路线说明中会介绍每日行进的行程，并预计每段徒步路线需要几天完成。每段单日行程的终点营地都是不丹旅游局指定的营地，根据规定你必须在这些地方扎营，尽管有时也能找到其他营地。

在启程前，确保你提前拿到了包括休息日在内的详细行程安排。在与随行人员商讨徒步路线时，确保每个人都对所选的露营地没有异议。过去曾有马夫把露营地安排得太远，步行一日无法到达，结果让徒步客在荒野中过夜。此外，有些不丹徒步游随行人员对行程安排比较随意，上午较晚出发的情况也十分常见——这通常会导致天黑后才能到达预定的营地。

时间和距离

路线说明中根据个人经验和不丹旅游局提供的信息，列出了每天步行的大致时间。这些预估时间为“游客所需时间”，是按照休闲的节奏，将大量休息和观光的时间纳入在内的。不丹马夫和精力充沛的徒步客可以将徒步时间大幅缩短。距离数据来自于不丹旅游局公布的信息。这些都是预估数据，没有经过其他实地测量方式进行确认。

休息日

路线说明是基于完成徒步旅行所需的合理天数预估的。如果你能增加一些天来休息、适应环境或探寻周围，则能够更好地享受徒步游的乐趣——即使每天会额外增加250美元的成本。

我们的地图

我们的地图参照的是每个地区可获得的最佳地图。为了让它们更清晰易读，只标注了文字中提到的村庄和地标。图中仅标注了雪峰和垭口的海拔高度——其他包括露营地在内的海拔高度，都在路线中予以说明。小路和公路沿地图中指示的大体方向行进。没有标注较短的盘山路和U形弯道。

高度测量

海拔高度数据来自多方融合，既有高度

YAK和JIM

西方人喜欢简单地用“Yak”一词来称呼所有品种的牦牛，但其实只有牦牛（Bos grunniens）中精力旺盛、毛发很长的公牛才能被称为“Yak”。在不丹，这个名词发音为“yuck”。这种品种的母牛被称为“jim”，它们生产的乳脂丰富的牛奶极为有名，可用来制作酥油和奶酪。

虽然牦牛看上去体型庞大、身体沉重、行动笨拙，但它们在受到惊吓时的移动速度非常快。如果你是和牦牛一起徒步旅行，最好还是对它们敬而远之，不要在行李中放置任何易碎物品。如果这种动物感觉到危险，就会奔上山头，你的行李可能会在它们跳跃和喷鼻时掉落地上并被踩踏，即使赶牛人千方百计想要安抚它们也无济于事。

虽然一些牦牛是与当地母牛杂交的后代，但不丹还有许多纯种的牦牛——这是一种体型巨大、身披厚重毛发、有着醒目尖角的动物。

徒步路线

0 40 km
0 20 miles

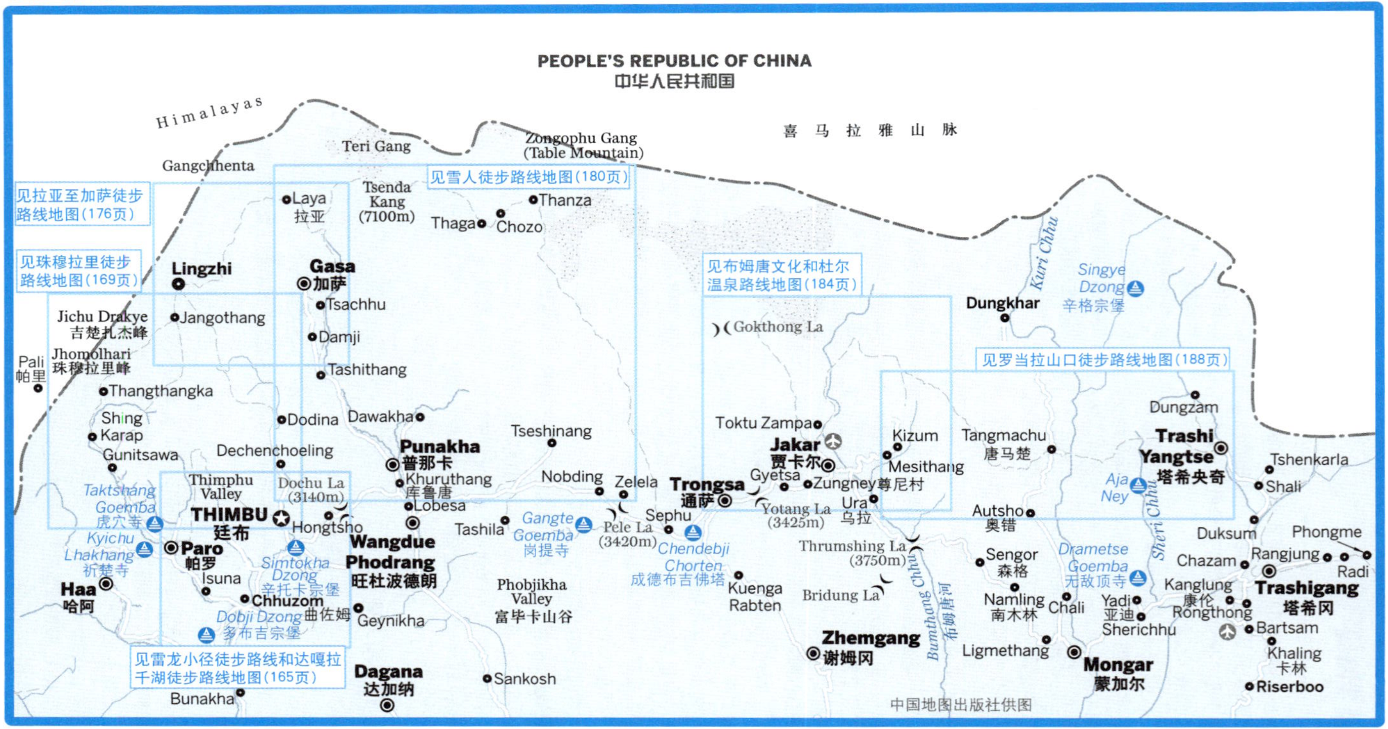
PEOPLE'S REPUBLIC OF CHINA
中华人民共和国
Himalayas
喜 马 拉 雅 山 脉
Teri Gang
Zongophu Gang (Table Mountain)
Gangchhenta
见拉亚至加萨徒步路线地图(176页)
见珠穆拉里徒步路线地图(169页)
见雪人徒步路线地图(180页)
见布姆唐文化和杜尔温泉路线地图(184页)
见罗当拉山口徒步路线地图(188页)
见雷龙小径徒步路线和达嘎拉千湖徒步路线地图(165页)
Laya 拉亚
Tsenda Kang (7100m)
Thanza
Thaga
Chozo
Lingzhi
Gasa 加萨
Tsachhu
Jichu Drakye 吉楚扎杰峰
Jangothang
Damji
Pali 帕里
Jhomolhari 珠穆拉里峰
Tashithang
Thangthangka
Shing Karap
Dodina
Dawakha
Gunitsawa
Dechenchoeling
Punakha 普那卡
Tseshinang
Taktshang Goemba 虎穴寺
Thimphu Valley
Dochu La (3140m)
Khuruthang 库鲁唐
Nobding
Zelela
THIMBU 廷布
Hongtsho
Lobesa
Kyichu Lhakhang 祈楚寺
Paro 帕罗
Wangdue Phodrang 旺杜波德朗
Tashila
Gangte Goemba 岗提寺
Pele La (3420m)
Sephu
Haa 哈阿
Isuna
Simtokha Dzong 辛托卡宗堡
Chhuzom 曲佐姆
Dobji Dzong 多布吉宗堡
Geynikha
Phobjikha Valley 富毕卡山谷
Chendebji Chorten 成德布吉佛塔
Kuenga Rabten
Dagana 达加纳
Sankosh
Bunakha
Gokthong La
Toktu Zampa
Jakar 贾卡尔
Trongsa 通萨
Gyetsa
Zungney 尊尼村
Yotang La (3425m)
Ura 乌拉
Kizum
Mesithang
Thrumshing La (3750m)
Bridung La
Bumthang Chhu 布姆唐河
Zhemgang 谢姆冈
Dungkhar
Kuri Chhu
Singye Dzong 辛格宗堡
Tangmachu 唐马楚
Autsho 奥错
Sengor 森格
Namling 南木林
Ligmethang
Dungzam
Trashi Yangtse 塔希央奇
Aja Ney
Sheri Chhu
Drametse Goemba 无敌顶寺
Chali
Yadi 亚迪
Sherichhu
Mongar 蒙加尔
Tshenkarla
Shali
Duksum
Phongme
Chazam
Rangjung
Radi
Kanglung 康伦
Rongthong
Trashigang 塔希冈
Bartsam
Khaling 卡林
Riserboo
中国地图出版社供图

计或GPS测量的数字，也与相关地图进行了比对。不丹没有权威的山峰和垭口高度或海拔数据，不同的地图和出版物对同一目标的描述也大相径庭。在大部分情况下，本书中山峰海拔高度都采用了英国高山俱乐部（Alpine Club）制作的山岳数据库的数据。其他海拔高度都以10米为单位进行四舍五入计算。

方向和地名

不丹宛如由复杂的山谷和河流组成的迷宫，拥有无数出人意料的弯道和转角。因此很难在某一个特定地点确认准确的罗盘方向。所以我们没有采用“河流北岸”或“南岸”这样的用语，而是用略为专业一点的“河流右侧”或“河流左侧”。这是指河流流向的右方或左方，并不一定就是你行进的方向。在路线说明中，在提到河流时所说的右侧和左侧，通常是指“河流右侧”或“河流左侧”。

本书路线说明中的某些山峦和地点的名称可能与其他说明或地图对相同位置的描述不一致。出现这种差别的原因在于大部分地图的出版时间在宗卡语发展委员会（Dzongkha Development Commission）制定宗卡语的罗马字母拼写法则之前。我们使用宗卡语的罗马字母拼写法则来标注不丹的全部地名。

健康和安全

在不丹徒步包括无数上升和下降，随着海拔升高，这种情况会更加频繁。如果你在出发之前进行身体锻炼，那么就能更好地享受徒步游乐趣。例如，沿着山路上上下下，或者尽可能地行走斜坡，在此过程中使徒步靴与脚完成磨合。在快走或慢跑时背上背包，以增加训练负荷，增加身体适应能力。

有一件事情需要格外注意，就是徒步过程中数千次上下可能会造成膝盖磨损，并引发疼痛或炎症。消炎药会有所帮助，还可以带上登山杖和护膝。

记得带上一副偏光太阳镜，以防在通过积雪的垭口时出现雪盲症。同时可带上两个水壶以防止身体缺水。

超过45岁的徒步客通常会担心高原反应和潜在的心脏病危险。别紧张，没有迹象表明海拔升高会诱发此前没有的心脏疾病。如果你在家中能进行极限训练，那么在徒步时也不会有更大的风险。但是，如果你已经被诊断患有心脏疾病，而且通常在海拔较低的地方进行有限的训练，那么徒步前应先咨询经验丰富的医师。

迷路

由于你是由轻车熟路的持证向导带领，因此在群山间迷路的可能性不大。但是，过去徒步客的确发生过迷路的情况，因此还是需要谨慎对待。永远不要离开你的团队，在徒步过程中要注意沿途标记。可以找找其他徒步客留下的脚印，或者小路上雕刻的箭头以及导游在岩石上做的标记。蹄印和驮畜粪便可以让你知道自己行走在正确的道路上。在一条主要的徒步路线上，小路通常都有明确的标记，但是中途也会遇到一些让人迷惑的捷径。在小路应当上升，但是你却发现自己在下降了，或者当小路消失了，或者你发现自己走到团队其他人的前面了，这时应当停下来等

害羞的猛兽

濒临灭绝的雪豹被当地人称为“chen”，这是一种生活在林木线以上、多岩山脉中难以捉摸的独居动物，在冬季会到海拔较低的地方活动。白色的皮毛是在冰雪栖息地的绝妙伪装，而且雪豹在高海拔地区身手敏捷，可以在三英尺厚的雪地中来去自如。它们依靠捕食岩羊和偶尔出现的牦牛犊为生，有时也闯入人类居住地寻找食物。但是，雪豹与人类直接冲突的情况很少发生。

作为所有野生动物摄影师和制片人梦寐以求的目标，雪豹依然是野地最难寻觅的生物之一，而且目前几乎没有对这种动物形象的准确描述。如果你能在徒步时邂逅它们，那就说明你人品大爆发了。

待其他徒步客和向导。如果你发现小路路口不太对劲时，可以转身向后，看看自己在哪里走错了。

救援

徒步游具有一定的风险，中途生病或受伤是常事。但是，不要惊慌，否则只会火上浇油。先清醒地判断事情的严重性，然后再做出决定，千万不要忙中出错。疑似骨折可能只是擦伤，发烧可能会在第二天消退，一个头昏眼花的人几个小时后可能会安然无恙。在大部分地区，都可以找到马匹或牦牛来帮助运送生病或者受伤的徒步客。

但是，有时情况严重，可能要求立刻进行医疗撤运。在这种情况下，唯一的选择是请求直升机支援，因为陆路撤运几乎绝无可能。幸好这个流程非常简单，但是一旦你呼叫了直升机，费用可能会高达1500美元，具体数字取决于天气情况、你所在地点以及直升机找你找了多久。救援直升机是由Hasimara或Bagdogra机场起飞的印度空军飞机，在导游向旅行社发出求援信息后，不丹旅游局（Tourism Council of Bhutan）和不丹皇家陆军会将求援信息转发给印度军队。这是一条高效的通信链，直升机通常在一天内就会被派出。

不丹电信（Bhutan Telecom；www.telecom.net.bt）也提供Thuraya系统的卫星电话，可以在不丹境内任何地方进行呼叫，即使是在徒步路线上。徒步者也可从一些旅行社租用卫星电话，但是费用极为昂贵。

雷龙小径徒步路线速览

历时 6天

最高海拔 4235米

难度 中

季节 2月至5月、9月至11月

起点 帕罗的宗堡瞭望塔（Ta Dzong）

终点 莫提塘

出发城镇 帕罗、廷布

总结 这段热门的徒步路线沿着一条荒野小道，经过偏远的湖泊和一座著名的静修所。徒步天数较少，但是海拔相对较高，从而使其显得略有难度。

雷龙小径徒步路线（Druk Path Trek）

“雷龙小径”是不丹最热门的徒步路线。沿途最大的吸引力在于众多佛寺、高山风景、不算太长的距离，以及在帕罗和廷布这两个不丹最热门目的地之间徒步的成就感等。

这条徒步路线可在2月末至5月以及9月至12月开展，但是晚秋和早春时节偶尔会因大雪封山而导致线路中断。白天通常较为温暖，但是夜晚可能会非常冷，而且随时可能下雪。避开7月和8月的雨季。体力充沛者可以将这条线路缩短至5天。如果要开展5天的徒步，只需将第4天和第5天的路程在一天内走完。如果你是一个自虐狂，甚至可以尝试在一天内完成这段徒步线路：旧时对不丹战士的惩罚中有一项，就是在一天内走完这条线路。

第1天：国家博物馆至吉利宗堡

10公里 / 3.5~5小时 / 上升1115米，下降40米

第一天路程不长，但基本上都是上坡路，海拔爬升超过1000米。大部分旅游团都是从海拔2470米的帕罗国家博物馆外登山口出发。随后沿一条土路走30分钟，直至遇上第一条捷径，这里有许多的捷径，它们使你无须绕山而行。40分钟后，经过海拔2650米的Kuenga Choeling Lhakhang。继续上行1小时，到达Damchena（海拔2880米）的石屋和苹果园，继续走10分钟到达一个玛尼（刻有经文的石头）堆，以及一块林间空地，这里就是Damche Gom营地（海拔2985米）。

随后是一段漫长而平缓的爬坡路，穿过金色苔藓森林，到达吉利拉山口（Jili La；海拔3540米）前面的一个牧民营地。翻越垭口（标志是石堆和破败的佛塔）下降至一个风景优美的营地，它位于杜鹃林环绕的草甸之上，就在吉利宗堡（见166页框内文字）下方。

第2天：吉利宗堡至拉巴纳

10公里 / 3~4小时 / 上升425米，下降50米

这一天的旅程距离并不太长，是一段怡人的山脊徒步，全是短距离内的上上下下，因此上午有足够的时间造访吉利宗堡。白天你可能还会看到虹雉野鸡，或者听到它们的啼鸣。

Druk Path & Dagala Thousand Lakes
雷龙小径徒步路线和达嘎拉千湖徒步路线

从吉利宗堡出发，徒步路线先是沿着经幡前行，然后穿越杜鹃林下降至海拔3550米的鞍部，随后是一段40分钟的爬坡路，沿途能欣赏到帕罗和Bemang Rong山谷的美丽风光。如果天气晴朗，可以看到远处的珠穆拉里和其他雪峰。

小路经过山脊东侧，下面就是Gimena村（可以看到规模较大的佛寺）。随后再次爬升，沿着锥形山峦的西侧行进至一个鞍部（海拔3750米），这里有两块位于经幡下面的空地。继续前行5分钟就到了海拔3760米的牦牛牧场Jangchhu Lakha。从这里，沿一条较低的小路继续前行10分钟，到达一个常常一片泥泞的营地Tshokam（海拔3770米）。另一个较好的选择是走较高的小路，前行25分钟到达被淡紫色的杜鹃林包围的拉巴纳（Rabana，海拔3890米），这里是牦牛牧民的营地。

第3天：拉巴纳至吉米朗错湖

11公里 / 4小时 / 上升370米，下降375米

有两条小路可以通往吉米朗错湖。大多数旅行团都选择海拔高一点的路线（详见后文），因为从那里看到的风景更好，天气晴朗时能看见珠穆拉里峰和海拔6989米的吉楚扎杰峰，后者是帕罗守护神的化身。海拔低一点的路从Tshokham下降，进入Bemang Rong山谷上段，然后经过Langrithang的牦牛牧场爬升。

从拉巴纳出发，一条马帮古道斜着攀上一座山脊，这里海拔3960米，在一道孤独的经幡下有一个观景点。接着步行30分钟到达一片草甸，然后穿越杜鹃林向下，从一座顶部挂有经幡的小山左侧绕行。在距离营地1小时路程的地方，你将翻越狭隘的朗耶嘉拉山口

（Langye Ja La，意为“牛驼山口”），这里的海拔是4070米。你可以爬升50米至小山峰顶上，欣赏蔚为壮观的360度全景风光。

怪石嶙峋的下坡路很难找到立足地，在经过一处悬岩上的牧民小屋后，向上爬升80米来到一个可以看到珠穆拉里峰的垭口。在这里朝多楚山谷向下望，你可以看到Chumpu Ney的黄色屋顶，这是一处著名的朝圣地，里面供奉着一尊金刚亥母（Dorje Phagmo）像。继续前行5分钟后，你会看到下方遥远的吉米朗错湖（Jimilang Tsho）。下降至一处鞍部吃午餐，然后绕着山岭不断攀升，在海拔4180米（有一座佛塔）最后看一眼珠穆拉里。接下来是一段30分钟的陡峭下山路，直抵吉米朗错湖畔，继续前行5分钟，在湖的尽头（海拔3885米）有一处怡人的露营地。

吉米朗错的意思是“沙牛湖”。这个名字来源于湖中出现的一头牛，后来它来到一个牧民家中，这个牧民每逢夏季在这里放牧。这座湖泊里的巨大鳟鱼也赫赫有名，它们从20世纪70年代开始就在湖中繁育。

第4天：吉米朗错至新科扎错

11公里 / 4小时 / 上升820米，下降400米

小路从湖泊较低的地方开始爬升，穿过黄色杜鹃森林，到达海拔4010米的山脊；翻越山脊后下降至一个单岩遮蔽处。沿着山脊前行，海拔4050米的地方有一些经幡，下面就是简耶错湖（Janye Tsho）。随后下降至海拔3880米的湖畔牦牛牧场，然后再次爬升，逐渐转向右侧，到达一座海拔4150米的山脊，这里可以俯瞰新科扎错。下降至一些石头废墟，接着就是海拔4100米处的营地。

吉利宗堡（JILI DZONG）

始建于15世纪的吉利宗堡长久以来就是一个重要据点。这里是阿旺确吉（Ngawang Chhogyel，1465~1540年）的居所，他是竹巴衮列喇嘛的表亲。据说夏宗法王曾在此禅修，之后前往帕罗击败了入侵的境外势力。气势宏伟的主殿中有一尊高达4米的释迦牟尼佛像。人们一定会想，从前的僧人究竟酿下何等祸端，才会被流放至如此偏僻孤远的佛寺！

确保每个人都清楚这一天扎营的地点。马夫经常会想要到下一个山脊，那里的拉巴纳是一处更好的露营地和牧场。

第5天：新科扎错至帕久丁

10公里 / 3~4小时 / 上升130米，下降680米

首先是一条较长的上坡路，经过3座小山头，然后小路下降至海拔4110米的拉巴纳露营地，它位于一座石屋旁边，紧邻一个几乎干涸的湖泊。然后是一段略长的上坡路，直到海拔4235米的拉巴纳拉山口（Labana La）的碎石堆。小路上方的小山是一个极少使用的天葬台。接下来是一段较缓的下坡路，穿过海拔4210米处的一个小山口。这段路上能看到多楚拉山口和珠穆拉里峰。

从这里开始，小路下降至海拔4090米的垭口（那里有一座佛塔）。下面就是整个廷布山谷。如果天气晴好，可以看到岗卡彭森峰和其他喜马拉雅山峰。主路沿东北方向下降至下方的帕久丁，但是10分钟后可以沿着一条岔路向东南步行20分钟，下降至Thuji Drak Goemba，这是一座偏远的禅修中心，雄踞于海拔3950米的陡峭崖壁之上。

禅修中心和拉康散布于山坡上。标记模糊的小路如同迷宫般穿越刺柏和杜鹃林，直抵海拔3640米的强巴拉康（Jampa Lhakhang，弥勒佛寺）附近的露营地。关于帕久丁寺的详情可参考72页。随着夜幕降临，下方的城市华灯初上，你会感觉如同回到世界边缘。

第6天：帕久丁至莫提塘

4~5公里 / 2.5小时 / 下降1130米

今天的旅程全是穿越森林的下坡路，因此要将鞋带绑紧，将登山杖放在便于取用的地方。一条小路经过海拔3440米的一座佛塔，继续前行40分钟后会出现一个岔道口。左边的小路经过Chhokhortse Goemba通往Sangaygang的不丹电信公司通信塔，提供了另一条结束徒步的有趣路线。

通常的路线是向右转，沿着更为陡峭的小路下降至莫提塘。途中有无数近道，但是最后都殊途同归。在海拔3070米的地方经过另一座佛塔，然后陡峭地下降至一条小溪畔，在海拔2820米的地方过河。沿着一条颠簸的道路爬升一小段，然后下降至车辆等候处。

达嘎拉千湖徒步路线(Dagala Thousand Lakes Trek)

这是一条比较冷僻的线路；沿途可能不会遇到其他徒步客。这并非一段艰难的道路(除了中途有几个陡峭的上坡)，大部分天数里步行距离都比较短。最佳徒步时间是4月和9月末至10月末。但是，海拔较高地区的大雪可能经常导致道路封闭，此时你不得不掉头返回。

从廷布出发，驱车29公里就到了一条土路的交叉口，这条土路蜿蜒上升8公里，到Khoma的基础卫生院(BHU)，它位于Geynitsang Chhu河上方海拔2850米处。从Geynizampa的吊桥前行3公里，就到达登山步道起点。

第1天：Geynizampa至Gur

5公里 / 4小时 / 上升550米，下降60米

穿过吊桥后，步道转向南面，沿着Geynitsang Chhu河东边(河流左边)一直走到一条支流Dolungu Chhu。从一座小木桥过河，开始顺着一条路况不佳的小道向上穿越一片橡树林。虽然如今这条小路只有牦牛牧民、伐木工和少数徒步客行走其上，但它曾经是廷布和达加纳(达加纳宗首府)的主要商路。这也是沿途经常能见到高墙石阶以及其他设施的原因。

经过一段长长的上坡后到达一座醒目的瞭望台，这里的海拔为3220米。随后爬坡变得平缓，小道爬升至山脊顶部，然后在海拔3350米的地方拐一个U形弯。前往营地的道路是一条毫不显眼的小路，从这条步道分岔，向南穿越森林到海拔3290米的牦牛牧场上的Gur。

第2天：Gur至Laatamba

12公里 / 5小时 / 上升1040米，下降110米

从营地爬坡返回到主要步行道，然后沿着一条宽阔的步道渐渐上升至一座山脊。一条距离较长、路况较差的爬坡路，穿过乔松林到一片多石的岩层，到这里后植被变成云杉、冷杉和落叶松。随后进入一座支流河谷，跨过一条海拔3870米的小溪，开始一段距离较长、坡度较缓的爬坡，穿越桦树和杜鹃林，在支流河谷中蜿蜒而行，中途经过几条小溪。在

达嘎拉千湖徒步路线速览

历时 5天

最高海拔 4520/4720米

难度 中

季节 4月、9月至10月

起点 Geynizampa

终点 Chamgang

出发城镇 廷布

总结 廷布附近的一条短途徒步路线，途经一些美丽的高山湖(但是数量比这条路线的名字要少得多)

Pangalabtsa——以石堆为标志的一座山口(海拔4250米)，这里能看到整个达嘎拉山脉的全景。从山口下行，经过第一座牧人小屋(海拔4170米)，在一座小山谷尽头盘山下降至谷底。沿着一条小溪爬升至Labatamba——靠近乌错湖(Utsho Lake)的一座营地(海拔4300米)。这个高山湖中生活着数量庞大的金鳟鱼。9月份，高山花朵会在湖畔绽放。附近还有许多其他美丽的湖泊，你可以在行程中增加一天进行探索。

第3天：Labatamba至潘卡

8公里 / 6~7小时 / 上升260米，下降520米

前面有两条可行的路线，驮畜将会选择海拔较低的步道。海拔较高的步行小道没有明确标记(更像是一条荒山野岭的“Z”形山路)，沿着达加错湖(Dajatsho lake)西岸山路爬升至海拔4520米的鞍部，这里能看到不错的山景。如果你想要更好的视野，可以攀爬至东边的山峰顶上(海拔4720米)。从这座山口出发，步道开始下降，经过几座牧民营地后，下降至多查曲(Dochha Chhu)边，然后与低路在海拔4200米的地方会合。之后，还要翻越三座山脊，然后下降至海拔4000米的潘卡(Panka)。这里春季十分缺水，因此也许需要再向前步行20分钟，下降至另一处营地。

第4天：潘卡至塔拉卡

8公里 / 6~7小时 / 上升180米，下降1100米

徒步路线向北经过一座海拔4100米的山峰，这里有几条步道向不同方向延伸。前往塔拉卡的步道沿着陡峭的山路爬升，经过一段

页岩山坡来到一处住宅废墟处。从这出发，沿着漫长的“之”字形山路爬升至海拔4180米的塔勒拉山口（Tale La），这里能看到达嘎拉山脉和遥远北边的廷布。最后是一段漫长的下坡路——首先是穿过一座云杉、桦树、杜松和杜鹃组成的混合森林，然后经过竹林，来到海拔3080米的塔拉卡寺（Talakha Goemba）。营地就在佛寺附近。

第5天：塔拉卡至Chamgang

6公里 / 3小时 / 下降440米

一条公路从佛寺下方经过，你可以叫一辆四驱车前来迎接，结束这次徒步。但从这里前往辛托卡宗堡是一段颠簸而艰苦的旅程，因此最好还是沿着公路步行约3小时，中途可以选择捷径以避开“之”字弯道，最后到达海拔2640米的Chamgang，你可以在此上车。还有一条步行小道通往辛托卡，但是道险且陡，路上还会时不时冒出苹果园的栅栏，因此最好不要走这条路。

珠穆拉里徒步路线（Jhomolhari Trek）

珠穆拉里徒步路线之于不丹，犹如珠穆朗玛大本营线路之于尼泊尔：这是一段徒步朝圣之旅。这条路线有两个版本（不丹旅游局将其划为两条不同的徒步路线），是这个国家最受欢迎的路线之一，所有前往不丹的徒步客中，有40%的人会选择其中一个版本。徒步路线的前两天是沿着帕罗曲河谷到达姜戈唐，沿着平缓而绵长的山路上山，中途需要数次翻越山脊，爬坡的道路陡峭但并不长。然后通过一处高山垭口，到达偏远的Lingzhi村，接下来翻越另一座垭口，前往廷布。徒步路线上的最后4天路程较远，需要行走的时间非常长。这条徒步路线也提供了极好地观赏牦牛的机会。

徒步活动的开展季节是从4月至6月初以及9月至11月；4月和10月是最佳时间。白天通常较为温暖，但是夜晚可能非常寒冷，尤其是在姜戈唐以上的地方。这条步行道上经常非常泥泞，到了雨季会成为一场噩梦。11月中旬之后，降雪通常会导致高山垭口封路，直到次年4月方可通行。

徒步线路传统上从海拔2580米的杜克耶宗堡出发，但是如今公路可直通Sharna Zampa，它位于Gunitsawa陆军检查站附近，靠近中国边境的地方。这条路线未来将继续缩短，如今正在建设的公路将从Dodina一直延伸至巴雄。

珠穆拉里徒步路线速览

历时 8天

最高海拔 4930米

难度 中到大

季节 4月至6月、9月至11月

起点 Sharna Zampa

终点 Dodina

出发城镇 帕罗、廷布

总结 不丹最热门的徒步路线，在姜戈唐高山营地观赏海拔7314米的珠穆拉里壮观风景。

第1天：Sharna Zampa至Thangthangka

22公里 / 7~8小时 / 上升770米，下降10米

让自己勇敢面对漫长而艰难的第一天，你将会频繁地上上下下，而且为了避开泥坑还得在岩石间跳跃前行。

这一天开始时，先是从帕罗曲河两岸的针叶林和杜鹃林中爬升。如果河水较深，你也许还得绕行一些小山丘以避开渡河。在经过Sharna Zampa之后15分钟，会遇到一座被废弃的老桥，对面有一栋房子和一座佛塔。欢迎来到吉格梅·多吉国家公园。

继续在橡树、杜鹃和蕨类植物间跋涉约2小时，经过几条小溪，就会到达Shing Karap，这里有一座石屋和一块林间空地，海拔为3110米。不妨考虑在此用午餐。继续前行是石板道，向左前往卓木拉山口。这是古时从中国西藏帕里宗堡（Phari Dzong）出发的通商要道，而且如今依然平坦，因为陆军卡车会经过这条路，为边防哨所运送补给。注意：过去曾有许多徒步客沿着这条步道一直前行，走了一段令人精疲力竭的弯路。

在经过路口后，有一座木桥横跨侧流之上。沿着不长的“之”字形山路到一座小山脊，然后下降并渡过帕罗曲河，经过一座海拔3230米的木制廊桥来到河流左侧。线路随着

Jhomolhari Treks 珠穆拉里徒步路线

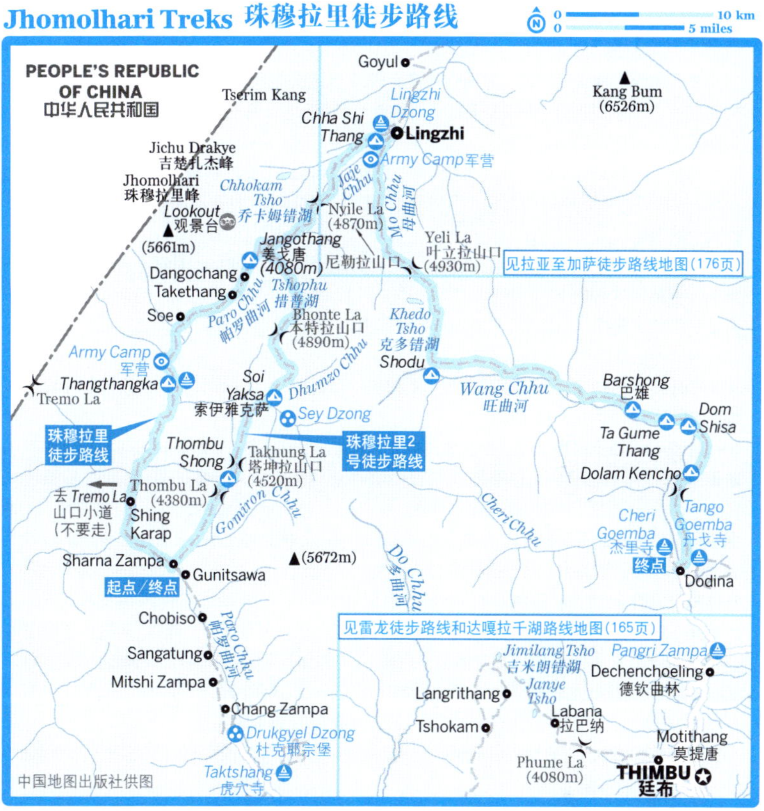

一条石头步道上上下下，穿过白桦树和冷杉树构成的森林，然后是乔松、枫树和落叶松，接下来经过一处曾经的滑坡地段。

继续前行3个小时，在海拔3560米的地方有一座桥返回河流右岸。步道爬升至能看到河流对岸白色佛塔的地方。这里有一座桥，可以到河对岸，但是不要过桥，不然你将会沿着Ronse Ghon Chhu河上行至索伊雅克萨（Soi Yaksa），这里是珠穆拉里2号徒步路线第4天的营地。

在河流右岸跟随步道前行，翻越一座小山脊，帕罗曲河在此有一个明显的转弯。从桥所在处步行15分钟，到达一片美丽的草甸，珠穆拉里峰的庄严身姿若隐若现地屹立于山谷尽头。这里就是Thangthangka（海拔3610米），位于草甸边缘的雪松树丛之间有一处小石屋以及一栋不丹风格的民宅。

第2天：Thangthangka至姜戈唐

19公里 / 5~6小时 / 上升480米

这不是漫长的一天，但是你会气喘吁吁，这是高山地区海拔的大幅提升造成的。

早起以观赏珠穆拉里的优美风景，随着你攀登至营地的远处，这座山峰将消失在山梁后面。前行不到1个小时，在海拔3730米的地方，有一座陆军营地，粗糙的石头营房里居住着不丹陆军和印度军事训练团的人员。

接着从一座木桥上渡过距离陆军兵营不远处的一条水流湍急的小溪。帕罗曲河对面的山坡上有一座生有几棵树的近乎垂直的岩壁。此时步道可能变得极为泥泞；路上有许多大石头，你需要在岩石间上蹿下跳以避开泥坑。在海拔3770米处（从兵营出发后约1小时），步道在一面白色玛尼堆处向右转一个大弯。

另辟蹊径

由于筑路工程正在不断蚕食现有的徒步路线，而且旺季时热门徒步游地区的游客数量持续增长，旅游主管部门正致力于打造新的徒步游路线，以避开旅游瓶颈，将旅游业发展延伸至至今人迹罕至的偏远角落。

不妨向不丹旅行社咨询以下徒步路线，它们目前都处于规划阶段，但不久后就会正式开放。如果你决定选择这些路线，可以在途中进行一番探索，因为你将是首批在这些路线上徒步的游客。

盐帮古道徒步路线（Salt Trek）为期五天的冬季徒步路线（见178页），沿着不丹东南部的盐帮和丝绸贸易古道而行。

辛格宗堡徒步路线（Singye Dzong trek）建议用8天时间往返（见147页），它的终点是不丹最神圣的朝圣地之一。

Aja Ney徒步路线 建议6天完成的徒步路线（见148页），从Shershong前往这个佛教圣地。10月至翌年3月是最佳时节。

Shabjithang徒步路线 计划7天完成的线路，从上昌卡曲河谷（布姆唐）的Nangsiphel穿越旺楚克百年纪念公园。这条路线通往Chamba和Waithang等村落，然后向东前往Gomthang以欣赏岗卡彭森峰的雄伟身姿。

皇家玛纳斯国家公园徒步路线 历时5天的亚热带和阔叶林穿越之旅，进入皇家玛纳斯国家公园（见138页）野趣盎然的核心地带。

布里东拉山口徒步路线（Bridung La trek）这条历时一周的徒步路线穿越Kheng地区上段，起点是下曲梅山谷的Chungohel（距离乌拉20公里），用4天时间穿过森林，到达布里东拉山口的高原湖泊，然后下降至古老的布里拉康（Buli）。4月至6月和9月至11月是进行徒步的最佳时间。在贾卡尔绕城公路上的Pogo路口，拐进一条田间小路，就到了路线起点。驱车从布里（Buli）前往谢姆冈，需要经过一段55公里（3小时）的崎岖道路。

布姆扎徒步路线 从帕罗山谷出发的隔夜徒步路线，将几座寺院连到一起游览，体验短途徒步（见90页）的乐趣。

一段短距离爬坡后到达山梁上的一座小佛塔。如今你已进入牦牛王国，会看到这些巨兽悠然自得地在山坡漫步或在草甸低头吃草。这里出发有两条步行小道，这两条路都是沿着山谷绕行，在靠近河岸的地方结束，一直下降至谷底，河流在此向右转一个急弯。山坡部分区域覆盖着落叶松，在秋天会变成明亮的黄色。步道上方是Soe村。直到行进至村落上方你才会看见它，但是在河畔你也许会遇到放牧牦牛的村民。

经过Soe之后继续前行1小时，就到了Takethang，这是在海拔3940米高原上的几座石屋。村民们种植青稞，以及在冬季为牦牛提供口粮的一种大型多叶植物kashaykoni。

步道在河流上方径直穿过河流，从一座木石结构的桥渡过小溪。对岸有一座白色佛塔、一间医务室和几座房子，这里就是Dangochang。这里的村民饲养了一些牦牛和绵羊，一些家庭还会种植土豆、萝卜和小萝卜。每年11月中旬至翌年3月末，这个地区都会被大雪覆盖。从这里出发，沿一条小溪渐渐上山，直抵海拔4080米的姜戈唐营地，这里能看到壮丽的珠穆拉里风景。

按照相关规定，你需在Soe将马匹换成牦牛，或者在Dangochang换其他马匹。当马匹消失在峡谷深处，将你和堆积如山的行李留在营地时，不要紧张。如果一切顺利，接替的驮畜将会在你准备离开时按时出现。

第3天：适应休息并探访姜戈唐

如果你要继续前往Lingzhi，那么应当在姜戈唐停留一天以适应环境。如果你是从珠穆拉里2号徒步路线返回Sharna Zampa，那么在姜戈唐停留一天将是此行中最大的亮点；这里的风景无与伦比。马夫也会在此休息一天，聚在一起玩dego（一种传统游戏）来打发时间。

从姜戈唐出发有4条主要的一日游路线可供选择。第一条，也是最棒的一条，是一段4小时的徒步路程，从营地出发北上至山脊。这里没有步道，但它是一片开阔的山坡，因此只要向上攀爬就不会迷路。山脊看似绵延无穷，但经过1小时左右的攀爬后，你能看到清晰无比的吉楚扎杰峰。珠穆拉里峰隐藏在山脊之后，但是只要爬到最高点（海拔4750米），就能够一睹其风采。你在山坡上会遇到吃草的牦牛，偶尔还会有岩羊。

另一条线路可以与攀登山脊的线路结合到一起，那就是沿主山谷步行，经过最后一间房屋，然后继续沿峡谷朝向吉楚扎杰峰方向行进。如果之后你决定继续翻越尼勒拉山口前往Lingzhi，也要走这条路。

第三条徒步路线是从山谷尽头沿着珠穆拉里方向攀爬。这里有一条路况较差、杂草丛生的山路，中途横穿冰碛和灌木丛，前往山脚处。你无法走出很远，但是峡谷上方确实有很不错的风景。

最后一条路线是前往措普湖（Tshophu）的探险，这是两个高居河流东岸的湖泊，湖里有大量褐色鳟鱼。如果想去这里两个湖泊，可以沿着步道向北，直至峡谷内最后的村庄。然后用1个小时来攀升至山岭上，接下来顺着一条小溪行进30分钟到达湖边。

第4天：姜戈唐至Lingzhi

18公里 / 6~7小时 / 上升840米，下降870米

如果你在姜戈唐遭遇高原反应，可以考虑返回。如果一切正常，继续前行经过3座护林员居住的石屋。这是谷内最后的定居处，地方极为偏僻。转过一个弯，能看到极为壮观的吉楚扎杰山景。

步道下降至海拔4160米处，经由一座木桥到帕罗曲河左岸，然后开始沿着陡峭的"之"字形弯道向河流下游前行。随后在支流河谷脚下到达最高点，然后向东延伸。吉楚扎杰峰高耸于帕罗曲河谷之上，很快珠穆拉里的顶峰就会出现在姜戈唐营地的山脊上方。中间的雪峰是珠穆拉里的第二座峰。

在海拔4470米的地方，步道在大岩石下进行"之"字形大拐弯，从营地就可以看到。随后步道向左转弯，进入一个开阔的东西向冰川峡谷，里面有无数冰碛。除了一些小的龙胆植物，剩下的就是荒草、苔原和小的杜松灌木。你也许会在上面的山坡上看到岩羊，还能看到钻进洞里的土拨鼠。

在经过一座顶上有石堆的小山峰（海拔4680米）之后，小道沿山脊前行，你可以朝西北方望到吉楚扎杰。随后小道骤然下降，然后爬升至冰碛，沿途可以欣赏吉楚扎杰峰探出的尖锐山脊的壮丽景观。最后的爬升是一道碎石坡前往尼勒拉山口（Nyile La；海拔4870米），这里距营地约有4小时路程。你可向西北爬升至更高的地方，体验珠穆拉里2号峰和吉楚扎杰在一边，Tserim Kang（海拔6789米）在另一边的独特感受。尼勒拉山口经常有大风，因此尽快沿着卵石山坡下行，前往海拔4450米的谷底小溪处。这里有一些植被，大部分都是草甸、杜松和枸杞，是一个不错的午餐地。

步行小道现在向北，沿着峡谷上方的山坡旖旎而行。这是一条轻松的路段，有几个小上坡，但是大部分路段都是下坡和平路。下方

在姜戈唐扎营

姜戈唐可谓是整个喜马拉雅山区最热闹的露营地。10月份，人头攒动的徒步客会让这里变得水泄不通，向导之间相互开玩笑时也会说：如果你渴望寻找久违的登山爱好老友，那么只要在秋天来到姜戈唐！即使是在最冷门的季节，营地里也绝不会只有你一个人。

营地可谓名副其实（姜戈唐意思是"废墟之地"），这里支流河谷顶上的一块岩石上有一座小堡垒的断壁残垣，山谷向西北绵延至珠穆拉里峰。这里有一个社区会堂和一间厨房，方便徒步客们自己做饭，还有几处大面积的平地可供扎营。帕罗曲河谷东边有一连串雪峰林立于天际，在较低的山坡上还会看到岩羊。虽然坐落于珠穆拉里峰脚下，但有趣的是，姜戈唐从未被任何试图登顶的探险队用作登山大本营。

巅峰传奇

虽然从实际高度上而言，不丹的高山不像尼泊尔和中国西藏那些8000米以上的山峰那样雄伟，但它们却粗犷而不失秀美。在早期的珠穆朗玛峰探险时期，珠穆拉里峰就是一个重要的地标。1921年英国人探索珠峰时，乔治·马洛里（George Leigh Mallory）描述其为“令人惊讶和壮观无比”，但是他在朝山峰进发时感到“寒冷和恐惧”。F Spencer Chapman和Passang Lama于1937年从中国西藏一侧登顶，1970年另一支印度和不丹联合登山队再次成功登顶。

Michael Ward和Frederic Jackson博士于1964~1965年对不丹的山峰进行了广泛和开拓性的测量。在攀登高度5500米的几座山峰之后，他们将不丹境内的喜马拉雅山分类为山脉。登山者于1983~1994年间曾经短暂被允许进入不丹。一支不丹登山队于1983年对廷布以北的Thurigang（海拔4900米）进行了测量。在经过3次冲顶失败后，1988年由道格·斯科特（Doug Scott）率领的一支登山队终于登上了吉楚扎杰峰。1985年，日本登山队接连登上了Gangri（海拔7239米）、Kari Jang、Kang Bm（海拔6526米）和Masang Gang（海拔7165米）。岗卡彭森峰（海拔7541米）仍是世界上最高的处女峰，20世纪80年代日本和不丹登山队曾进行了数次尝试而未果。在不丹，由于宗教信仰和附近保留地的村民阻止，6000米以上的山峰随后都被禁止攀登。

河畔的一座陆军兵营很快会出现在你眼中；白色塔形的Lingzhi宗堡（Lingzhi Dzong）也渐渐出现在远处。再向前行进一长段距离，到达海拔4360米处的一座观景台，小路开始降低至较大的Jaje Chhu河谷，在杜鹃和桦树林中经过许多“之”字形弯道，到达谷底的一片牦牛牧场。吉楚扎杰和Tserim Kang的雄姿出现在峡谷尽头，你可以在那些较低的山坡上看到一些明显的冰舌。营地位于一座大型石头社区礼堂（海拔4010米）附近的Chha Shi Thang，不丹旅行者和徒步客旅行团都在此过夜。Lingzhi位于Jaje Chhu对面清晰可见的小道上方。

如果你要在这里休整一天，可以前往游览乔卡姆错湖（Chhokam Tsho），这座海拔4340米的高山湖位于吉楚扎杰登山大本营附近。在路上你可能会遇到岩羊和麝鹿。如果你要继续前往廷布，可以在此停留一天。Lingzhi村和宗堡都值得一游，而且可以养精蓄锐以待第二天的艰苦跋涉。

第5天：Lingzhi至Shodu

22公里 / 8~9小时 / 上升940米，下降920米

上午早点出发；一条漫长而辛苦的徒步路在前方等待你。爬上营地上方山脊上的一座白色佛塔，然后向南转入幽深的莫曲河谷。小路在河谷西面前行，穿过无数的小溪，大部分都没有桥梁。在离开营地3个小时后，渡过莫曲河。河上没有桥，但是河水在这里分成许多小溪，你可以在这里的草丛和湿滑的岩间好好练习找路技能。

小路沿着主山谷一侧陡峭上行，进入一个开阔的支流河谷，沿着一条小溪上行。然后是一段沿着陡壁上行的让人印象深刻的路段，之字形路线穿过岩石到达一处石堆标记、海拔4930米的叶立拉山口（Yeli La）。避免与驮畜并排行走，因为这段小道是在悬崖峭壁上穿凿而成，非常狭窄。如果天气晴朗，在山口可以看到珠穆拉里、Gangchhenta和Tserim Kang等高峰。

在经过海拔4830米的一座小湖后，下降到一个悬谷，小道沿着湖中流出的水流方向延伸，下降至另一个有着较大湖泊克多错湖（Khedo Tsho，海拔4720米）的开阔峡谷内。沿途可以看到吃草的岩羊。小路随后穿过加拉丁唐曲（Jaradinthang Chhu）上游，然后沿着峡谷一路下行，跟随河流向南，穿过几条小溪。在跟随海拔4340米的一座木桥返回河东岸后，小路到达海拔4150米的一座佛塔，在这里向东转入上旺曲河谷。经由一座木桥下降并来到河南岸（河流右边）之后，小道呈“之”字形经过一条狭窄的沙土坡，到达林木线上的Shodu营地（海拔4080米）。

第6天：Shodu至巴雄

16公里 / 5~6小时 / 上升250米，下降670米

离开Shodu后，你过到河流左边，经过一

座废弃的陆军兵营以及一处备用营地。小道在陡峭的黄色悬崖下成“之”字形，沿途有一些在崖壁上雕凿而成的冥思洞，据说夏宗法王曾经在此修行。沿着一段陡峭的石梯下行，小路来到河边，经过一座海拔3870米的木桥过河。在接下来的3个小时里，小路要来回渡河5次，穿过南坡上的泥泞柏树林，沿着陡峭的峡谷岩壁前行，跨越北坡上一道较大的侧流，到达北岸（河流左侧）海拔3580米处。

小路逐渐爬升1小时至巴雄，这里有一座破旧的社区会堂和一座小宗堡的遗址。政府指定的营地位于废墟下方海拔3710米之处，但却在一处湿地草坪上，因此大部分旅行团都选择继续前往距此地1个半小时的营地，那里的条件要更好一些。

第7天：巴雄至Dolam Kencho

15公里 / 4~6小时 / 上升290米，下降640米

小路缓慢下降，穿过茂密的杜鹃、桦树和针叶林，然后沿一条岩石步道下降，直抵旺曲河边。步行30分钟穿过一座落叶松林，到达海拔3370米的一处名为Ta Gume Thang（意思为“等待马匹”）的林间空地。大部分旅行团都在此扎营，或者可以前行15分钟去Dom Shisa（意思是“熊死之地”）住宿，而不是巴雄。

在河流左侧翻越山脊然后下降，经过多条小溪。从这里开始，徒步路线快速爬升至海拔3340米处。一条小道在杜鹃林中呈“之”字形前行，然后向右分岔，随后下降至Dolam Kencho，这是海拔3320米处的一座美丽营地。如果你的旅行团选择缩短徒步距离，然后继续前往Dodina，可停留在左手边的小道，中途经过Dolam Kencho，爬升至海拔3430米的一座山顶。

第8天： Dolam Kencho至Dodina

8公里 / 3~4小时 / 上升500米，下降930米

从营地出发，走一条小道返回主道，抵达一座石堆标记的峰顶，海拔为3430米。小道接着下降至海拔3060米的小溪畔，然后再次爬升至一座海拔3120米的山口。经过一小段下坡路，然后从一座竹林爬升至岩石嶙峋的河床，小道下降至一条废弃的伐木路，沿着海拔2720米的旺曲河前行。接下来步行15分钟，向南沿着一条石头路前往Dodina（海拔2640米）的道路尽头，对面就是前往杰里寺的道路。

珠穆拉里2号徒步路线

如果你憧憬近距离观赏珠穆拉里和吉楚扎杰，但是又不想去让人精疲力竭的Lingzhi，那么不妨选择这条徒步路线。虽然从姜戈唐可以原路返回Sharna Zampa，但大多数徒步客都会选择这里描述的替代路线，其强度比经典的珠穆拉里徒步路线要小，所需时间较短。虽然相对较为轻松，但是这条路也会到达一个可能引发高原反应的海拔高度。

第1~3天：Sharna Zampa至姜戈唐

按照第1天至第3天的珠穆拉里主要路线行进。

第4天：姜戈唐至索伊雅克萨

16公里 / 6~7小时 / 上升810米，下降1090米

从姜戈唐出发，往返小路一开始向北到谷内的最后定居点，然后下降至帕罗曲河，从一座小木桥上渡河。在过河之后，你开始慢慢爬升，沿着山坡经过一系列急弯上升约300米。一路上，你会看到珠穆拉里、珠穆拉里2号峰、吉楚扎杰和Tserim Kang，前提是天气晴朗。从这里出发，有一条相对轻松平坦的步行道，前往一座圆形山谷，到达措普湖（海拔4380米），这是一对高山姊妹湖，栖息着一群赤色麻鸭，而且平静的水域里生活着许多褐鳟。虽然可以在营帐间安营扎寨，但你也可以继续沿小路前行。小路沿着第一座湖的东部前行，然后经过第二座湖，最后经过一段乱石

珠穆拉里2号徒步路线速览

历时 6天

最高海拔 4890米

难度 中

季节 4月至6月、9月至11月

起点/终点 Sharna Zampa

出发城镇 帕罗

概要 珠穆拉里主要徒步路线的短程和简易版本，前往姜戈唐的珠穆拉里大本营，原路返回或经过其他道路返回。

斜坡爬升至一座峰顶。从这里，小路下降至一座隐藏的峡谷，然后迅速向上爬升至本特拉山口（Bhonte La，海拔4890米）——这条徒步路线上的最高点。

从本特拉山口下行，徒步路线经过一处碎石坡，然后沿着一道山脊盘旋下降，山脊上有许多纵横交错的牦牛牧道。随后，小路盘旋下行至索伊雅克萨山谷（同时也被称为“Dhumzo Chhu河谷”），这是一片海拔3800米的美丽营地，拥有岩石峭壁、野花草甸、几处游牧定居点以及山谷尽头的一道瀑布。在这一整天时间里，你都可以睁大眼睛寻找各种当地特有的野生动物，例如岩羊、金色土拨鼠和行踪不定的雪豹。

第5天：索伊雅克萨至Thombu Shong

11公里 / 4~5小时 / 上升720米，下降340米

从营地出发，今天的步行路程一开始带你穿过郁郁葱葱的杜鹃花山坡，然后逐渐爬升至林木线之上。沿途你还将经过桦树林和橡树林。沿小道爬升100米后翻越一座山脊，然后下降至有一座佛塔、一座玛尼堆以及一条潺潺小溪的草甸。如果你时间充裕，可以前往附近的赛宗堡遗址游览，它坐落于附近的一座支流河谷里。如果时间紧张，你可以从玛尼堆径直前行，从一座木桥渡过小溪，小路转向一条通往山坡的小道。不久之后，步行小路下降至一座小峡谷内，然后再次来到一座山脊。在这里小道开始分岔，这会让人摸不清方向，因为所有小道看上去都差不多。不要左转——这条路线最终会带你到拉伦拉山口（Lalung La），从这个山口最终会迂回至杜克耶宗堡。因此应当选择右边的道路。沿小道首先穿越一片林木区，然后陡峭上行约1小时，经过几座小木屋和佛塔，来到塔坤拉山口（海拔4520米）。这座山口能看到珠穆拉里、吉楚扎杰和Tserim Kang的壮丽风景，在风和日丽的时候，还能看到雄伟的干城章嘉峰（海拔8586米）出现在西方的地平线上。

从塔坤拉山口出发，沿小路平缓前行一段后，逐渐蜿蜒下降至Thombu Shong（海拔4180米）。这是一片点缀着三座牦牛牧民木屋的草甸，一般被牧民用作营地。

玉杰宗堡（YUGYEL DZONG）

玉杰宗堡由1667~1680年在位的第三任不丹第悉（世俗统治者）敏珠丹巴建造，又被称为Lingzhi宗堡。它屹立于Lingzhi村上方200米处的山头上，邻近中国边境。宗堡在1897年的地震中成为废墟，1950年代经过重建后成为行政管理办公场所。

这座宗堡很小，外墙分布着一些办公场所，中央有一座两层的乌策。直到几年前，这里的地下室还被用作关押谋杀犯和寺庙劫犯的牢房。但是，这些设施都相当原始，而且已经不作此用。宗堡里还住着几位僧人。

第6天：Thombu Shong至Sharna Zampa

13公里 / 4~5小时 / 上升200米，下降1650米

早晨起来整装待发，沿着小路穿越一片湿地走出峡谷。从这里，标记清晰的小道突然开始上升高度，你将要爬过一段长达200米的陡坡。这段徒步路线会让人颇感疲惫，尤其是之后还有一整周的辛苦徒步，不过你现在应该已经适应了较高的海拔，这足以让人感到欣慰。在路上，你将穿过灿烂的野花丛和杜鹃林，这在春季末和夏季尤为惊艳。在攀登快结束时，你将翻越海拔4380米的Thombu La，小路在这里离开峡谷。在这里最后看一眼壮丽的干城章嘉峰和Drakye Gang（海拔5200米）。

在Thombu La的另一侧，步道开始陡峭向下穿越一片高地森林，前面的长距离下坡对你的膝盖会是一种考验。从山口出发，沿途到徒步路线结束时的海拔高度共下降1800米，跨度在3小时路程以内。下降的第一阶段较为平缓，结束时海拔约为4000米，之后小道开始迅速下降，沿山脊呈“之”字形下降，中间穿过主要是雪绒花组成的野花丛，最后到达Gunitsawa（海拔2730米）的直升机停机坪。过河后沿河上行，到达你第1天的出发点Sharna Zampa（海拔2580米）。

拉亚至加萨徒步路线

这条徒步路线带领你穿越偏远而隔绝的高地，让你体验到拉亚族的独特文化，并使你在小路上穿越时能见到羚牛（不丹国兽）。如

果足够幸运，你还会发现奇特的蓝花绿绒蒿，这是不丹的国花。

徒步起点从帕罗山谷出发，跟随珠穆拉里徒步路线直至Lingzhi，然后向北进入高地。降雪有时会导致高山垭口无法通过，但4月至6月以及9月中旬至11月中旬通常都可通行。拉亚地区最佳山地徒步月份为4月。

拉亚至加萨徒步路线速览

历时 12天

最高海拔 5005米

难度 中到大

季节 4月至6月、9月至11月

起点 Sharna Zampa

终点 加萨

出发城镇 帕罗、普那卡

概要 这条徒步路线是珠穆拉里徒步的延续，在偏远的拉亚村歇脚。沿途可以欣赏多样化的动植物，还有机会看到岩羊。

第1至4天：Sharna Zampa至Lingzhi

与珠穆拉里徒步路线的第1天至第4天相同。

第5天：Lingzhi至切比萨

10公里 / 5~6小时 / 上升280米，下降410米

从Chha Shi Thang营地下方的一座木桥渡过小溪，然后从对面爬升至Lingzhi宗堡下方一座佛塔处，这座宗堡坐落于一座山脊上方海拔4220米处，可通过一条小道的分岔路前往，它同时也被称为玉杰宗堡，其建造目的旨在控制来往Lingzhi La山口的人流，这是一条往返普那卡和中国西藏江孜的贸易通道。

从宗堡下行，重新回到通往Lingzhi村的小道上。这座小村隐匿于山岭环抱的峡谷内。小麦和青稞田覆盖了支流河谷上部。小路穿过点缀着数幢农舍、一所学校和一座邮局（有一部电话）的较低区域，海拔约为4080米。Lingzhi地区生长着许多颇具药用价值的草本植物。国家传统医药学院（廷布）在这里进行草药采集和干燥项目。

从Lingzhi出发步行1小时后，小道转入一座支流河谷，经过海拔4140米的山脊上的一处石堆和经幡。然后是漫长而平缓的下坡路，行至Goyul（海拔3870米），这里有几幢与众不同的石屋分布于小溪畔，上面有突出的高耸岩壁。离开Goyul后，小道爬升1小时到达一座佛塔。下降一小段距离后到达壮观的切比萨山谷，尽头是一座冰瀑。营地位于切比萨（海拔3880米）对面的草甸上。营地沿着溪水溯流而行就到了Chobiso村。

第6天：切比萨至Shomuthang

17公里 / 6~7小时 / 上升890米，下降540米

一天的路程从攀登切比萨后面的山脊开始，然后是一段漫长、陡峭、乏善可陈的上坡。上面的岩石里居住着大群岩羊。时不时还会有秃鹫和喜马拉雅狮鹫在头顶盘旋。在海拔4410米的地方，小道保持相对平缓的坡度，盘旋至沟谷拉山口（海拔4440米），然后翻越一座山脊，从杜鹃林中穿越至支流河谷。

下降至海拔4170米的一条小溪，然后穿过一片杉树林翻越一座小山脊。小路经过山脊的最高处（海拔4210米），然后沿着一条泥泞小道进入久勒唐曲（Jholethang Chhu）河谷，中途穿越一片茂密的杉树和桦树林。沿着山侧略微上坡，然后下降至Shakshepasa（海拔3980米），这里是一座直升机停机坪，有一个大大的“H”标记。继续下行，穿过一片湿地和一条小溪，对面是一处不错的午餐地。

小道沿着峡谷北侧向北而行，海拔保持在4200米左右，经过几座牧民木屋，在河流右边的谷底上方走“之”字形，到达海拔4260米的牦牛牧场Chachim。营地位于谷底一片小溪边的灌木丛旁，这里就是Shomuthang（海拔4220米）。

第7天：Shomuthang至Robluthang

18公里 / 6~7小时 / 上升700米，下降760米

小路沿山谷上行，从河流右侧出发，过河到河流左边，然后在海拔4360米处再次回到河流右边。沿途有许多雪绒花；东南方清晰可见的雪峰就是Kang Bum（海拔6526米）。

从荒芜的旷野爬升出山谷到达贾里拉山口（海拔4750米），从营地出发约2小时路程。在山口北侧，小路盘旋下降至海拔4490米处的一条小溪旁，然后变成一条崎岖、多石的步道，从小溪左边穿过杜鹃林。沿着小溪平缓地下山，穿过河流左岸的灌木林，逐渐进入主

Laya-Gasa Trek 拉亚至加萨徒步路线

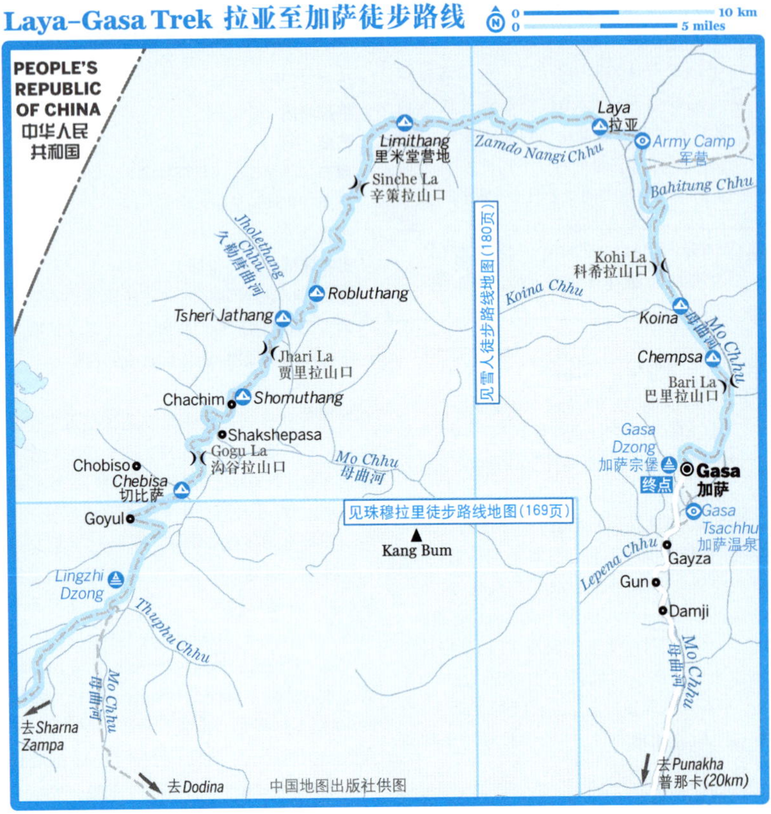

山谷内。随后逐渐下降至海拔3990米的久勒唐曲旁边的一片草甸，然后溯流上行1公里，从一座木桥上渡河。

河边有一处名为Tsheri Jathang的营地。成群结队的羚牛在夏天都会迁徙到这座峡谷内，然后在这里待上4个月。羚牛很容易受到其他动物的惊吓，包括人类。有时也许需要绕道1小时才能避免打扰这些不丹国兽。这座山谷是一座特别的羚牛保护区，牦牛牧民同意当羚牛来到谷内期间，不在山谷里放牧。

这条步道在北侧急剧攀升，直抵一座海拔4150米的山峰。然后盘旋下降至支流河谷，中途经过一座小湖。在海拔4160米的Robluthang草甸旁有一片岩石草甸，是扎营的好地方。

第8天：Robluthang至里米堂

19公里 / 6~7小时 / 上升850米，下降870米

穿过一片被烧毁的森林，然后穿过几片湿地沿着山坡向上。步道蜿蜒而行到达海拔4390米的一块凸出岩石，然后转入另一座巨大的冰川峡谷。沿着一条小溪行进一会儿，然后经过一座海拔4470米的冰封独木桥到河右岸，随后攀上一块冰碛，接着经过许多土拨鼠地洞。你会看到岩羊游荡在北面高高的山坡上，然后小路过河到溪流左岸。

从这里经过一段颇为艰难的攀登直到海拔5005米的辛策拉山口，经过一座有石堆标记的小山头。沿小道平缓前行一阵，随后到达石堆和经幡标志的山口，这时白雪皑皑的Gangchhenta峰会出现在北边的地平线上。

沿着一条粗糙的岩石山路下行，跟随冰碛来到另一座冰川峡谷。随后你会到达一片冰碛下方的Kango Chhu河，它是西面另一座山谷的尽头。

从一座海拔4470米的木桥过河到Kango Chhu左岸。继续前行不远来到一处牦牛牧场

和营地，旁边是一块巨大的岩石。但是，最好继续前行至里米堂再安营扎寨。顺着峡谷北行，爬升至小溪上方。经过一座无人居住的石头房屋，陡峭的小道下降至谷底。然后蜿蜒下行，上方是一块巨大的冰碛末端，接着从一座海拔4260米的桥过到Kango Chhu对岸。在杜鹃林中爬升一小段后，小路在Zamdo Nangi Chhu上方的高原上变得水平。然后步行不远，穿过一座杉树林和几块小草甸，到达里米堂（海拔4140米），这是河边一块巨大草甸上的一处美丽营地。Gangchhenta在营地远方屹立着。

第9~10天：里米堂至拉亚

10公里 / 4~5小时 / 上升60米，下降340米

沿小路步行20分钟过河到河流左岸，然后进入一片陡峭的杉树林，跨过几条泥泞的支流。前面有一座牧民小石屋，植被变化为杉树和地衣。

渡过一条从北方流来的小河，然后经过河边，沿着峡谷山坡上的陡峭岩石下降至海拔3800米，接下来经过一座木制悬臂桥过河到右岸。

沿着一条长长的路穿越繁茂林木和无人居住的山谷。下行然后经过一个流经小路的瀑布，接下来是一些小小的起伏路段。在一处能看到东边山岭上一座房屋的地方，有一处不显眼的小道交叉口。较低的小道通往村落较低的区域。如果你选择较高的小路，将会翻越一座山脊，看到下方拉亚村的石屋和青稞田，以及上方一些废弃的民居和一座佛寺。

村落西边出现Gangchhenta的伟岸身影，从一些地方你还能看到Masang Gang（海拔7165米）。在村落中心，有一所社区学校、一间医院、一座射箭场，以及自离开帕罗山谷以来的第一家商店。你可以在学校下方、海拔3840米处的田野里扎营。许多旅行团都会在拉亚休整一天。

第11天：拉亚至Koina

19公里 / 6~7小时 / 上升260米，下降1070米

拉亚人的时间观念并不那么强，因此马匹经常会迟到。在村落下方，小道下行返回河流边。随后经过一座带拱门的佛塔（Khonying）出村，接着在Tajekha经过另一座佛塔，沿着一条泥泞的小道下降至一条小溪边。

在海拔3590米的高地上有另一处备选营地，就在奔涌的Togtsherkhagi Chhu河边。从一座木桥过河，然后爬升至陆军兵营的石头建筑。这里有一座广播电台，还有一个会登记姓名的检查站。

徒步路线沿着母曲河下行至塔西唐。经过陆军检查站30分钟后，到达一处海拔3340米的毫不起眼的小路交叉口，前往雪人徒步

拉亚的传说

位于靠近中国边境的一处山坡上的拉亚海拔高度3700米，是不丹海拔最高、地处最偏远的村落。这里的地形使其成为不丹最主要的牦牛繁育地。村民们种植萝卜和芥菜，每年在冬天前会种一季小麦或青稞。在夏天，人们迁往海拔较高的牧场，在用牦牛毛编织的黑色帐篷中居住。

拉亚人有自己的语言、习俗和独特的服饰。妇女们留长发，头戴圆锥形竹笠，顶部有一根串珠固定的竹签。她们身穿带银色装饰的黑色毛纺外套，以及带有橙色或棕色条纹的毛纺长裙。她们会佩戴许多银饰珠宝，许多妇女还会用银汤匙做装饰。

村里的妇女很乐意举行“文化秀”晚会，节目包括有传统不丹和拉亚歌声伴奏的不丹转圈舞。妇女们往往会以200努扎姆的价格出售她们的竹笠帽。但是不要购买那些带珠子的，因为它们通常都是家传之物。拉亚妇女还经常会到徒步营帐来销售珠宝首饰，其中大部分都产自尼泊尔。

夏宗·阿旺朗杰曾经造访过拉亚，在村落下方的一片小草甸上有一座佛塔，就是为了夏宗法王和他所骑骏马留下的脚印而修建的。这个地区被认为是一片隐秘之地（bey-yul），由一座古代的大门把守，经过这道大门才能进入拉亚村。拉亚人每年都会举办节庆，来纪念当地保护神将村庄大门附近的石头和树木都变为战士来迎击入侵的敌军。

路线的小路沿着一条步道上山，前往加萨的路线则沿着一条泥泞的步道顺流而下。很快，道路拐一个弯后进入支流河谷，然后在海拔3290米的地方渡过Bahitung Chhu，这里就是当天吃午饭的地方。

从这里出发，步道沿着母曲河跋涉前行，来到一处悬在空中的岩石构成的天然洞穴，随后从一座海拔3240米的悬臂桥过河到右岸。峡谷近在咫尺，步行小道连续翻越几座侧面山脊，随后开始沿河下降。之后，经过另一个大型悬空岩石构成的洞穴，接下来是一段漫长的陡峭爬坡，到达海拔3390米的山脊顶部。随后沿着一条清澈见底的小溪下行150米，小道随后在河流附近上上下下，最后再次爬升，直到海拔3300米的科希拉山口。

泥泞的小道在高处前行约30分钟，直至到达一处石阶，随后转入一个支流河谷，接下来到达Koina Chhu。欢迎来到Koina（海拔3050米），这是一个充满齐脚踝淤泥的泥沼，也是整个徒步期间最糟糕的营地。一个干燥得多的营地在继续前行两小时的Chempsa（海拔3700米）。最好是能到那里再扎营。

第12天：Koina至加萨

14公里 / 6~7小时 / 上升900米，下降1710米

今日的徒步将见证你翻越这条路线上最后一道屏障——巴里拉山口。

从Koina过桥后开始爬升。一部分步行小道泥泞不堪，人们不得已将木料投入其中当作踏板。泥泞的小道穿越一片茂密的杉树森林，步行约3小时，到达一处小石头山峰，以及布满经幡的巴里拉山口（海拔3900米）。接下来是一段相对平缓的路段，直至另一座佛塔。

路线随后开始下降，有时坡度极陡，穿过一片竹林来到一条小溪。在海拔3080米处，小路拐了一个弯，你将最终见到加萨宗堡（见101页），它位于一座开阔且林木茂密的支流河谷的另一侧。小道继续下降，经过一座古老的佛塔，然后翻越一道山脊进入一座大的支流河谷。小道继续下降，在海拔2780米处渡过一条小溪，然后沿着支流河谷呈"之"字形前行至海拔2810米山脊上的四座佛塔处。

这些佛塔标志着加萨镇（海拔2770米）的南部边界。道路在足球场和射箭场上方蜿蜒而行，经过几家小茶铺，然后汇入加萨的主街。沿路下山至市集，这里有许多店铺以及一个警察检查站。警察会检查许可证，你也可以趁此机会找一家商店坐下来喝一杯软饮或一瓶啤酒。

你可以在城镇附近的野外宿营，或者继续前行1个半小时到附近的温泉（tsachhu）。如果碰到下雨，那么这段旅程将是近距离研究水蛭如何贴在人身上吸血的好选择。这里有公路直通加萨，你的旅行社会安排车辆在此迎接，然后经由Damji和塔西唐下山前往普那卡。

雪人徒步路线

距离、海拔、偏僻和天气的结合，使这条徒步路线成为一段艰苦卓绝的旅程，而且由于徒步旅行费用的增长，尝试这条线路的徒步客数量也急剧减少。虽然较长的徒步会减免费用，但许多人在24天长途跋涉的高昂成

盐帮古道徒步路线

这条全新的徒步路线于2013年推出，因此非常新，就连我们也还没有机会尝试。这段历时5天的行程从察雅（Cheya，塔希冈以南）出发，经由一条从前的盐帮和丝绸商道，穿越亚热带和温带阔叶林和松林，经过佩马加策尔前往萨姆德鲁琼卡尔，中途在Denchung、Demrizam、Mongling、Radhingphu和Nelang过夜。每天步行时间为4至5小时。

徒步路线起点位于察雅错湖边的营地，沿着一条从Khentongmani分岔的农耕道路前行。步行小道在头几天沿着卡林曲河（Khaling Chhu）前行，然后爬升至Tshelingkhor—佩马加策尔公路上的Mongling，可以在这里俯瞰迪沃塘和佩马加策尔的风景，以及造访附近的Yongla寺。第4天和第5天则是一路下山。由于海拔较低，这是一条不错的冬季徒步路线，在10月至翌年3月之间都可通行。不妨于11月份来这里，让你的徒步路线与为期3天的佩马加策尔戒楚节来一次美丽邂逅。

本前望而却步。

如果你打算徒步这条路线，一定要先购买紧急撤运保险。如果你前往卢纳纳地区，而且遇到大雪封山，那么离开该地区的唯一方法就是乘坐直升机，这使本已十分昂贵的徒步行程变得更加昂贵。这条徒步路线上经常出现的另一个障碍是偏远地区的桥梁经常被洪水冲垮。

雪人徒步路线经常因为降雪而关闭，而且在冬季无法开展。进行这段徒步旅行的最佳季节通常是9月末至10月中旬。不要计划在夏天徒步；这里在夏日季风降雨期间会成为一片人间地狱。

这条经典的徒步路线一开始跟随珠穆拉里和拉亚至加萨徒步路线直至拉亚。如果从加萨出发（经由普那卡）可以节省许多徒步天数。从这里可以直接经由巴里拉山口向北徒步。

第1~4天：Sharna Zampa至Lingzhi

与珠穆拉里徒步路线的第1天至第4天相同。

第5~9天：Lingzhi至拉亚

与拉亚至加萨徒步路线的第5天至第9天相同。

第10天：在拉亚休整和适应环境

如果是从Sharna Zampa启程徒步，那么你应当在拉亚用一天时间进行休整，等待迎接即将到来的严峻考验。拉亚下方的陆军军营里有一部无线电；在出现紧急情况时，你需要派遣一位信使到这里来传递消息。

第11天：拉亚至Rodophu

19公里 / 6~8小时 / 上升1030米，下降70米

徒步路线向下前往卢纳纳步道交叉口，然后爬升40分钟到达一座山顶，在这里能俯瞰母曲河以及Rhodo Chhu河。随后沿着Rhodo Chhu山谷前行，首先穿越一片混合针叶林，然后是一片杜鹃林，它们都在林木线以上。在一片滑坡石堆上，能看到冰川峡谷风景，以及Tsenda Kang（海拔7100米）的一大片冰川。从一座木桥渡过Rhodo Chhu河之后就是Rodophu营地，海拔4160米。

雪人徒步路线速览

历时 24天

最高海拔 5320米

难度 大

季节 9月至10月

起点 Sharna Zampa

终点 Sephu

出发城镇 帕罗

概要 雪人徒步路线要穿越偏远的卢纳纳地区，据说这是世界上最艰难的徒步路线之一。在尝试这条路线的徒步客中，只有不到半数能成功完成，许多人都因为高原反应或垭口大雪封山而中途折返。

如果你要在这里休整一天，可以考虑沿着峡谷向上徒步2公里至一座能看到峡谷和山峦的小山顶，然后继续前往冰川底部。另一个选择是沿着营地上游500米处的一条小道，沿着山向北上行，最后到达海拔4500米处的一处小型牦牛牧场。

第12天：Rodophu至Narethang

17公里 / 5~6小时 / 上升720米

步行小道经过木桥到对岸，沿着河流前行20分钟，穿越杜鹃花丛，然后向右沿着山上行。爬升至一处海拔4600米的开阔高地峡谷，然后穿过草甸抵达错莫拉山口（海拔4900米），在这里能看到中国边境和珠穆拉里峰的瑰丽风景。接下来爬升至一片平坦、贫瘠的高原，海拔约为5000米，有牦牛小道纵横交错——你的向导会为你指明道路。营地位于海拔4900米的Narethang，就在海拔6395米的冈拉卡冲峰下。

第13天：Narethang至Tarina

18公里 / 7~8小时 / 上升270米，下降1200米

向上爬升1小时到达海拔5120米的冈拉卡冲拉山口（Gangla Karchung La），西边是Kang Bum（海拔6526米），北边是Tsenda Kang、Teri Gang（海拔7300米）和Jejekangphu Gang（海拔7100米）。小路沿着大型冰碛下降至一块近乎垂直的岩壁边缘，这里的景色让人叹为观止。就在你下方1公里处，一大块冰川从Teri Gang直插入脚下两座清澄的高山湖内。左边的

Snowman Trek 雪人徒步路线

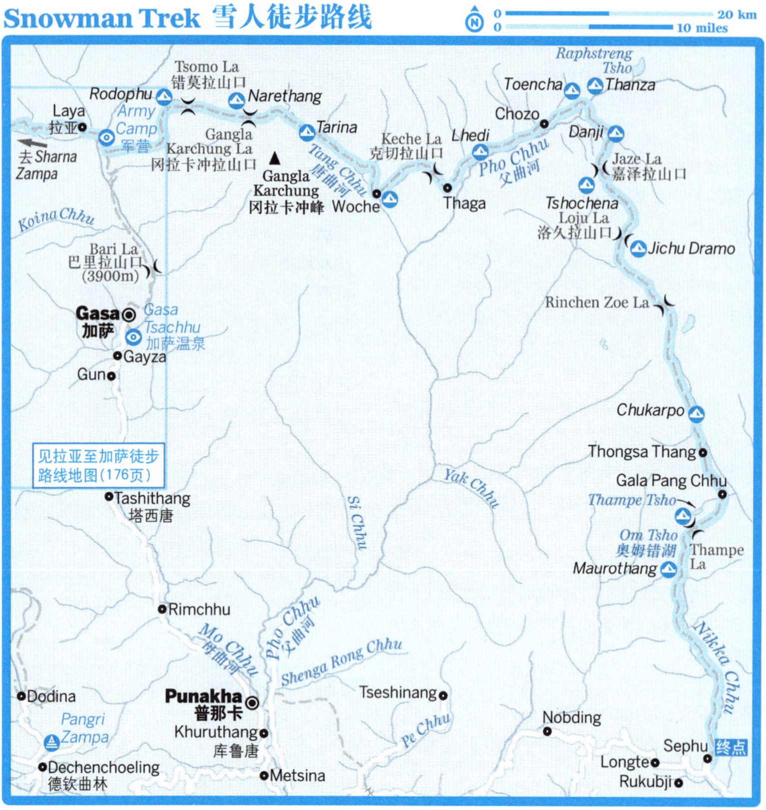

冰川湖于20世纪60年代曾经溃决，导致下游遭受极大的破坏，并造成普那卡宗堡部分损坏。

随着小道下降至山谷内，路开始变得极为陡峭。下雨时路上会有许多树根和滑泥，让人痛苦不堪。在“U形”峡谷底部，小路转向右，跟随唐曲河一路向下。沿河有许多不错的营地，在Tarina过河也仍有一些。

第14天：Tarina至Woche

17公里 / 6～7小时 / 上升275米，下降330米

步道穿越唐曲河左岸的针叶树林，经过一些令人印象深刻的瀑布。小路缓慢爬升至谷外，中途经过一些巨大的滑坡，最后陡峭地向东北进入较高的Woche峡谷侧面。这是卢纳纳地区的第一座村庄，在海拔3940米的地方有5座民宅构成的小型定居点。

向山谷上方张望，你将看到明天前往Lhedi的道路。有报告称有人曾在此遭遇盗窃；因此要将帐篷里的装备放在安全保险的地方。

第15天：Woche至Lhedi

17公里 / 6～7小时 / 上升980米，下降950米

小道沿着Woche山谷爬升，经过一条小溪，穿越一片冰碛，随后降低至一座横跨Woche Chhu河上的木桥。接下来沿着一条宽敞的小道，经过一座清澄的湖泊前往克切拉山口（海拔4650米），这里能看到周围的绝美山景，包括Jejekangphu Gang的三座山峰——它们是Woche Chhu河的源头。

徒步线路开始下降至父曲河谷，经过Thaga村（海拔4050米）。在向父曲河下降后，小道转向东北通往Lhedi。经过一些散落四处的定居点，穿过一座瀑布下方的木桥，最后下降至父曲河岸边，然后沿着河床前行至海拔3700米的Lhedi。

Lhedi是一处地区首府，这里有一所学校、一个基础医疗门诊（BHU）以及无线站点，但是没有商店（卢纳纳地区其他任何地方都没有商店）。所有物品都由牦牛经过海拔5000米的山口驮运至此。强风会在傍晚呼啸而至，使得这里的秋天和冬天冷得刺骨。

第16天：Lhedi至坦扎

17公里 / 4~5小时 / 上升400米

小路沿着父曲河北岸前行，经过几处小农场。洪水破坏了部分步道，因此只能走另一条在河床的巨石中曲折前进的小道。在午餐时间抵达海拔4090米的Chozo村，这里有一座宗堡。

如果你赶时间，可以从这里沿着小道径直去Tshochena，但是大部分徒步客都会继续沿山谷爬上几个小时前往坦扎（海拔4100米）。这条步道的第一段沿着河积平原的牦牛牧场前行，沿途有一大片冰川沙地。然后，这条步道离开河床，爬上能够俯瞰坦扎村的悬崖上，径直向前，到达位于河对岸的Toencha。海拔7100米的Zongophu Gang（意思是"桌子山"）在坦扎村后构成了一座巨大的、3000米高的冰雪绝壁。大部分旅行团都在Toencha（海拔4150米）扎营，但是在坦扎也有地方可以露营。

第17天：在坦扎休整

在这里安排一天时间休整。这是拉亚地区的赶牦牛者能到达的最远处，在剩下的时间里，你需要耐心地避开牦牛了。可以用这一天时间来探访峡谷上方的村落和冰湖。最近的高山湖Raphstreng Tsho湖，水深达100米，在1994年因冰碛导致溃决。一大群印度工人在冰碛上凿出一条通道防止洪灾复发，但是该地区其他湖泊也构成了类似的风险。

第18天：坦扎至Danji

8公里 / 3~4小时 / 上升80米

如果身体条件允许，你可以在一天内徒步至Tshochena，但这是一条漫长而艰苦的高海拔徒步，因此最好是分成两段进行。

攀升至村南山上的一块大岩石后，步道转而向东，沿着一座支流河谷爬升。在轻松步行几小时后，小路进入Danji，这里是一片牦牛牧场，有一些牧民木屋。它同时也是一个绝佳的营地，上面通常会有低头吃草的岩羊，偶尔它们还会到营地里逛逛。

沿峡谷向上几百米，一条小路爬升至左面的山岭，通向一个更高处的峡谷。山脊最高处可以看到周围山峦的绝佳风景。

第19天：Danji至Tshochena

12公里 / 5~6小时 / 上升490米，下降240米

从营地附近的路口出发，步道沿着山谷向上通往岗卡彭森登山大本营和布姆唐。前往徒步路线终点的步道渡过小溪，沿着一座岩石遍地的支流河谷爬升——连续翻越几座山头到达海拔5150米的嘉泽拉山口，这里能看到四面八方的所有山峦。从山口出发，步道在皑皑白雪覆盖的雪峰间穿行，经过一连串小湖。营地设在海拔4970米的Tshochena湖畔。这是两次在海拔4900米以上的地方扎营的第一晚。

第20天：Tshochena至Jichu Dramo

14公里 / 4~5小时 / 上升230米，下降140米

步道沿着碧绿的湖泊岸边前行，然后爬升至海拔5100米的一座山脊，这里能看到360度雪峰全景。在下面，父曲河朝着普那卡流淌。远处的多楚拉山口的道路和微波塔清晰可见。

步道沿着圆形小山丘上上下下，但是海拔高度会让你放慢速度。经过一座冰川湖，然后到达海拔5140米的洛久拉山口，接下来的牦牛牧场上有无数步道相互交错，一不小心就会误入歧途。正确的道路是翻越海拔5100米的一座鞍部，进入一片开阔的冰川峡谷，然后下行至海拔5050米的Jichu Dramo营地，这是位于峡谷东部的一座小牧场。

第21天：Jichu Dramo至Chukarpo

18公里 / 5~6小时 / 上升320米，下降730米

小道经过一片冰碛向上攀升，直至风景如画的Rinchen Zoe La山口（海拔5320米），这是父曲河和芒德曲河的分水岭。Rinchen Zoe峰（海拔5650米）直冲云霄，岗卡彭森峰的身影在东方若隐若现，Thampe Chhu河谷在下面向南延伸。

下降至一片开阔而湿润的山谷后，小道

猫头鹰徒步路线

想要在层峦叠嶂之间体验一段与众不同的“夜生活”？不妨考虑“猫头鹰徒步路线”，这条布姆唐地区开发的路线得名于夜间在营地经常能听到的猫头鹰啼鸣。这条路线历时3天，起点是Menchugang村（Toktu Zampa以北5公里），终点是贾卡尔宗堡或塔巴林寺。10月至12月和3月至5月是最佳徒步时间，但是春天可能会比较泥泞。该路线地图可参见184页。

第1天 从Menchugang出发，小路爬升1个半小时，到达Chutigang一处流水驱动的古老磨坊，然后继续爬升2个半小时来到Rabtense，接下来是一段3小时的爬升，穿越桦木、冷杉和云杉构成的古老森林，直抵Shona营地。一些行程路线还会安排在中途游览杜尔村。

第2天 继续爬坡至Rang La（Drangela）山口，然后是海拔3870米的Kitephu山脊，这里可以观赏岗卡彭森峰和喜马拉雅主山脉的壮丽风光。下午有足够的时间来欣赏风景，或者徒步爬升至山脊之巅。

第3天 用1个半小时前往令人印象深刻的塔巴林寺以及附近的Choedrak静修处（据说莲花生大师曾在此静修）。从这里出发，你可以选择乘车返回，或者经由Samtengling Lhakhang前往曲梅山谷的多姆卡，或者翻越塔巴林背后的山脊，穿越森林前往贾卡尔。

经过一连串湖泊，沿着山谷左（东）边前行。然后，陡峭的小路从一片冰碛下降至Thampe Chhu上游流域的一处牦牛牧场。从这里过河到西岸（河流右侧），因为之后就没有桥了。植被开始变得茂盛，其构成包括杜鹃和圆柏。营地距离Chukarpo（海拔4600米）几个小时；另一处更好的营地位于到达Thongsa Thang（海拔4400米）之前一小时处。

第22天：Chukarpo至Thampe Tsho

18公里 / 5~6小时 / 上升400米，下降640米

沿着河流右侧下降，直至抵达Gala Pang Chhu（海拔4010米）的一处牦牛牧场。从这里出发，小路开始陡峭上行，经过杜松和银杉林到达Thampe Tsho湖。这条小路基本上是沿着一条小溪前往美丽、清澈、澄净的湖泊，它位于一片凹谷内，周边是陡峭的万仞绝壁。营地位于湖远端尽头，海拔高度为4300米。

第23天：Thampe Tsho至Maurothang

14公里 / 5小时 / 上升280米，下降1020米

这条小道急剧上升至海拔4600米的Thampe La山口。你会看到岩羊在小路上方的山坡上游荡。

小路下降至奥姆错湖，这是白玛林巴发现众多伏藏的地方。小路沿着湖西北岸前行，之后穿过其出口（标记是众多经幡），然后陡峭下行，经过一座瀑布，到达位于下方100米处的一座小湖边。

从第二座湖出发，前往Nikka Chhu河的源头，这是一段陡峭的下坡路，即使牦牛也不愿意行走这一路段。之后小路终于变得平坦，沿着Nikka Chhu河的左岸前行。在2公里后，到达小河与东边流淌而来的一条主要支流交汇处附近的大型空地。从一座木桥上到Nikka Chhu河右岸，这里有一条宽阔的步道穿过混合林到海拔3610米的Maurothang，这片宽阔的林中空地位于河边几座牧人小屋旁边。

第24天：Maurothang至Sephu

18公里 / 5~6小时 / 上升990米

如果在Maurothang无法获得马匹，你的向导可能会提前派人到前面某处进行安排。牦牛无法走到公路上，因为一路上海拔太低，而且该区域有其他牛。

选择经常使用的小道继续沿着Nikka Chhu河西岸下行约30分钟，然后过河到东岸，进入一片落叶和竹林混合林。然后逐渐向下穿越森林和草甸，到达一片能够俯瞰公路和Sephu村的大草地。这里有许多令人迷惑的小径。找一条位于河流上方25米处较宽阔的小径，很快你就会到达一座能够到Nikka Chhu河对岸的悬臂桥，不要过桥。接着步道变成一条狭窄的机耕道，这里可直通前往Sephu的公路，它就在海拔2600米处的Nikka Chhu桥边，那里有众多店铺和一家小餐厅。

布姆唐文化徒步路线

这条徒步路线在过去几年里因为道路修建而发生了一些改变，如今许多人都选择一日游徒步，在路线始末点的天鹅寺和邬金曲林条件简单的住宿地过夜。这些步道路程较短，但是都要经过令人筋疲力尽的750米爬坡直至菲比拉山口。

如果你想让它成为一次为期两天的露营徒步游，可以从丹碧寺出发，沿昌卡曲左岸前行，在距离天鹅寺有30分钟步行路程的Sambitang露营。第二个露营点在Tahung，位于道路最末端，但是大部分旅行团都会选择继续前往附近的邬金曲林，公路如今已经修建到了这里。

布姆唐文化徒步路线速览

历时 1~2天

最高海拔 3360米

难度 中

季节 3月至5月、9月至11月

起点 天鹅寺

终点 邬金曲林

出发城镇 贾卡尔

概要 起点和终点附近风景怡人的森林，以及趣味盎然的拉康和村庄，使这条路线成为憧憬富有挑战的一日游徒步者的理想选择，而且起点和终点都有抽水马桶！

第1天：天鹅寺至邬金曲林

18公里 / 7小时 / 上升750米，下降670米

这一天的徒步旅程一开始就是一段短距离爬升，直至丹普宗堡脚下的草甸，这座此前具有战略意义的宗堡值得绕道前往游览。从这里出发，小路下行至Sambitang营地。之后继续穿过草甸，路上有无数的矮竹，然后经过一片由寒冷、阴暗的桦树、悬铃木和高大竹林组成的森林。古老的大树上爬满了西班牙苔藓，使这段陡峭的爬坡充满一种阴森恐怖的感觉。

继续爬坡穿过一片位于干燥沟壑里的杜鹃林，到达一处石堆和石头神龛。五颜六色的经幡在菲比拉山口（海拔3360米）迎风招摇。旁边是一道被高大的桦树和杉树覆盖的山脊。

步行小道向下经过一条海拔3200米的小溪，然后进入一座被矮竹覆盖的支流河谷，经过一座小玛尼堆和一座带拱门的佛塔（Khonying）。随后进入一片广阔的牦牛牧场，接着继续下坡穿过田地进入开阔的峡谷，其中最显眼的几条小道向下延伸至一条较宽的溪水边，旁边就是Tahung村的渡河木桥，此处海拔为2790米。

从这里出发，一条粗犷的农耕公路向下进入唐村以及主要的唐谷。你的车辆可以在此等候迎接，将你带到邬金曲林，或者你可以继续步行前往Gamling，这是一座规模较大

不带帐篷穿越布姆唐山谷

在布姆唐山谷内有许多很不错的徒步线路，可以把不同的一日徒步路线串到一起，连成多日游路线，以避开不便、不适和昂贵的全露营山地徒步。想要了解下列布姆唐步行一日游览路线详情，可参见129页文字。

从Mengchugang出发，你可以开始一段前往鲁格罗维（甚至是Shugdrak）的全天步行路程，然后沿着昌卡曲南岸步行前往天鹅寺。在天鹅寺或是附近的Tsangling或Tashiling的民宿过夜，接着进行较长的一日游线路，翻越菲比拉山口至邬金曲林（例如，布姆唐文化徒步游等）。

在第三天，可以开展颇有意义的往返一日徒步游，前往Thowadrak Hermitage。然后第四天可以乘车返回贾卡尔，或者驱车前往Kunzungrak，然后翻越山岭前往佩策林寺，随后下山至Swiss Guest House或塔姆辛寺。

如果想要开展为期一周的露营徒步，可以加上历时3天的"猫头鹰山地徒步路线"反向穿越，从Tharpaing Goemba出发，让车辆在Menchugang等候。

的富裕村庄，这里的亚特拉（yathra）纺织工艺赫赫有名。沿着溪水下行45分钟，有一条步行道翻越一座山脊，到达海拔2760米的四座佛塔和几座大型民宅。邬金曲林位于右边的山头上。客栈的房间（见134页）简单而舒适。

杜尔温泉徒步路线

这是一段较少有人行走的徒步路线，因为难度太高了。这条路线可以一直延伸至岗卡彭森峰大本营，但是步道十分偏远，而且人迹罕至。此外还可以做一些变通，继续上行或是设计往返路线，经由芒德曲河谷，与一条来自通萨的西行砂石路相衔接。

这条徒步路线同时为雪人徒步路线提供了备选的终点，它在坦扎与主步道分开，选择这条路即可经Tsorhim湖、海拔5230米的Gophu La山口、Geshe Woma、Saka La山口以及Warathang到达杜尔温泉，这是一条为期5天的偏远地区徒步路线。

在冬天，这条路线会被大雪覆盖，因此它通常在3月至4月和9月至11月初开放。路线的起点——杜尔村，从Toktu Zampa沿一条崎岖道路驱车30分钟（距离5公里）即可抵达。徒步路线包含在温泉（tsachhu）停留一天。

第1天：杜尔至Gorsum

18公里 / 6小时 / 上升380米

从杜尔出发，这条路线向北而行，经由以鳟鱼种群出名的Yoleng Chhu河（也被称为Gorzam Chhu）河谷前行。在途中，你会经过Lurawa寺。当天的营地在海拔3120米的Gorsum；急着赶路的人可以继续前行2小时，到达另一座营地。

Bumthang Cultural & Duer Hot Springs
布姆唐文化和杜尔温泉路线

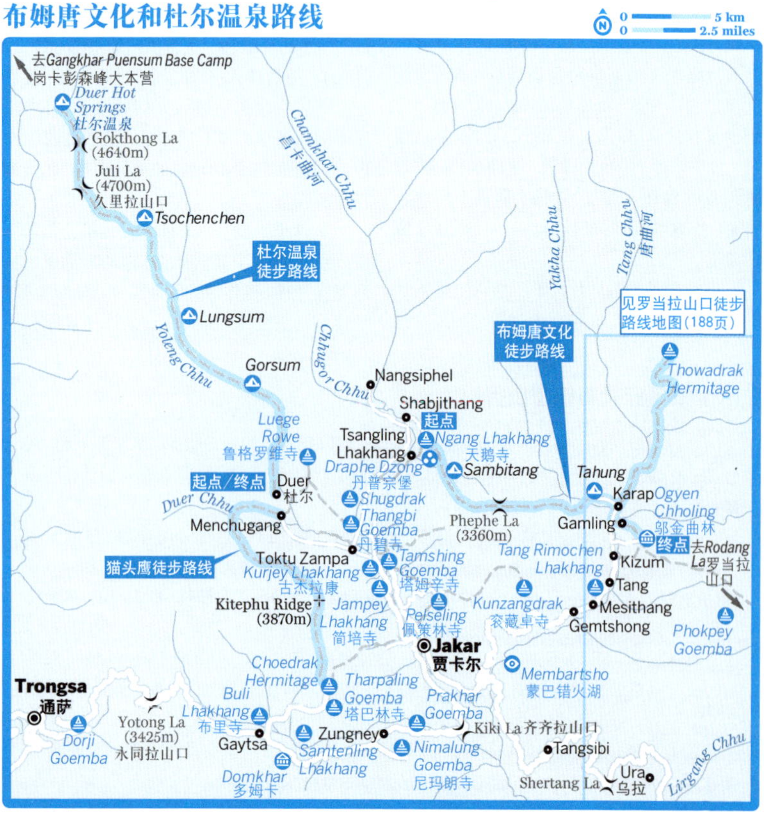

杜尔温泉徒步路线速览

历时 8天
最高海拔 4700米
难度 中到大
季节 3月至4月、9月至11月
起点/终点 杜尔
出发城镇 贾卡尔
概要 这条徒步路线使你能尝试前往岗卡彭森（世界上最高的处女峰）的古老远征线路，而且其中有一整天可以用温泉来放松身心。

第2天：Gorsum至Lungsum

12公里 / 5小时 / 上升40米

这条路线穿越一片由柏树、杜松、云杉、铁杉和枫树组成的树林。步道较为泥泞，渐渐爬升至海拔3160米的Lungsum营地。一路上，你可能会遭遇不丹野狗。请让相机随时待命。

第3天：Lungsum至Tsochenchen

15公里 / 6~7小时 / 上升620米

今天的跋涉或多或少仍与昨日相同，中途会经过类似的地形和植被。在沿途，你将会遇到一处分岔路：右边的步道经由Thole La山口通往岗卡彭森峰，左边的步道则是通往温泉。在向今日的终点进发时，植被开始变得稀薄，随后到达林木线以上、海拔3780米的营地Tsochenchen。

第4天：Tsochenchen至杜尔温泉

18公里 / 8~9小时 / 上升1340米，下降1530米

这一天的步行一开始就是一长段爬坡，经过一座小湖继续前往久里拉山口（海拔4700米），这是一片岩石鞍部，有一些经幡，能看到附近的群山。翻越垭口后，步道下行至海拔4220米的一座湖边，然后再次爬升至Gokthong La山口（海拔4640米）。最后，步道经过陡峭的“之”字形山路，穿越一片丛林直至海拔3590米的杜尔温泉附近的营地。这一天的旅途上也许会邂逅麝鹿、喜马拉雅熊和岩羊。

第5天：在杜尔温泉放松一天

在杜尔放松一天，泡泡温泉。这里有嵌入地面的木制浴池以及用粗木制作的遮阳棚。最近这里正在修建一座新营地、简单的社区经营客栈以及饮用水供给等设施。

第6~8天：杜尔温泉至杜尔

从温泉原路返回杜尔。

罗当拉山口徒步路线

自从一条连接其终点的公路修通以来，这条在历史上曾经显赫一时的重要商道已经被当地人所遗忘。但是，较高的难度使其成为众多徒步探险爱好者的旅行胜地。你可以从天鹅寺出发，从而为这条徒步路线再加上一天，或者也可以直接加入布姆唐文化徒步路线。

罗当拉山口时常因为大雪而封闭，最好是在10月份、11月初或春末时分探索。徒步路线穿越伦奇附近的公路，这可能会破坏徒步体验的连贯性，但它提供了探访偏远宗堡的机会。

筑路工程正在从四个方向蚕食曾经的步道，因此可向旅行社咨询，看看道路修筑对徒步路线的影响。甚至有计划修建一条翻越罗当拉山口的公路，这将彻底置这条徒步路线于死地。

第1天：邬金曲林至Phokpey

17公里 / 5~6小时 / 上升920米

上升至罗当拉的漫长爬坡需要2天。在邬金曲林上方，步道布满牛蹄印，下雨时会十分湿

罗当拉山口徒步路线速览

历时 6~8天
最高海拔 4160米
难度 中到大
季节 10月至11月
起点 邬金曲林
终点 塔希央奇
出发城镇 贾卡尔
概要 这条徒步路线穿越不丹东部，路况艰苦，途中有许多漫长而陡峭的下坡。后勤准备极为复杂，徒步路线最后四天的马匹也较难获取。

皇家历史徒步路线（THE ROYAL HERITAGE TRAIL）

在第二任国王统治期间（1926~1952年），每年秋天，整个皇室家庭都会收拾行囊，在300名背夫和100匹驮畜的陪伴下，在布姆唐的夏宫和Kuenga Rabten温暖的冬宫间进行每年两次的迁移。如今只有牧人会偶尔在这条曾经是皇室行进道路的步道上行走，但是徒步客也可以重温这条线路，体验一次兴致盎然的三日文化徒步之旅。游客罕至的徒步路线将两座山口、三座从前的皇宫、一些冥想静修所和许多迷人的风景融入到一条低海拔文化徒步之旅中。

从贾卡尔的旺迪曲林宫出发，旅行团步行翻越齐齐拉山口，抵达塔巴林寺（见120页），然后经过Samtenling寺下降至多卡宗堡附近的营地（想睡得舒服些的话可去附近的Chumey Nature Resort；见120页）。第2天经过Dungmai一处很不错的午餐地（海拔3680米；4小时），到达Jamsapang的一处营地（海拔4020米；2小时）。最后一天以一小段爬坡开始，目的地是一座位于Tungli La山口的佛塔，在这里可以远眺黑山风景。从这里出发往下走，经由Jopchisa到达Saphay Pang的一处午餐地（海拔2860米；4小时），然后是一段4小时的下山步行，到达宏伟华丽的Kuenga Rabten皇宫。另一条备选路线则是翻越Ngada La山口，然后下行至Saphay Pang或Eundu Chholing。最后一两个小时可能会遇到道路施工。

滑。小路在海拔2900米时平直前行，到达一处小溪边。在海拔3000米处，牧人小道变成一条狭窄的步道，穿越泥泞的农田和矮小的竹丛。

在海拔3400米处，步道穿过一片草甸。对面山峦高处是Phokpey寺。从草甸爬升，沿着“之”字形山路穿越森林，到达另一片陡峭、地势较高的草甸，最后转一个弯进入支流河谷，然后前往海拔3680米处的营地Phokpey。

第2天：Phokpey至Pemi

20公里 / 6~7小时 / 上升480米，下降1160米

道路经过一个小豁口，上升至海拔3700米处的一座山脊。在海拔3770米的漫长步行之后，是最后一段爬升至山口的道路，这段路由石板和一段陡峭的石头台阶组成。罗当拉山口（海拔4160米）距离营地约2小时步行路程。

翻越山口后，紧接着是一段近2500米的陡峭下坡路直至谷底，中途经由一条难以置信的漫长且陡峭的石阶。这段路对马匹来说也格外困难，据说即使国王到了这里也必须步行下山。路线中有一段是一截垂直的石壁，步道在悬崖峭壁上固定的木栈道上。经过几座草甸后，小道蜿蜒穿过一片区域，有许多人都声称在此看到了鬼神和雪人（migoi）的踪迹。

离开杜鹃和松柏林，步道下降至名为Pemi的大草甸，海拔约3000米。前面是一座皇家粮仓遗址，以及海拔2950米的一座营地。沿一座山侧下行30分钟能找到水源，因此梳洗十分方便，你也可以继续前往水源更充足的Ungaar营地。

第3天：Pemi至Khaine Lhakhang

21公里 / 7~8小时 / 上升350米，下降1340米

今天的小道在很多时候会与一条新的田间小路纵横交错，因此可以先确定是否有别的小道可供选择。当前的小道先进入诺玉岗曲（Noyurgang Chhu）河谷，中途经过低矮的竹丛和一片潮湿、长满青苔、布满岩石的沟壑。在海拔约2600米处，植被变化为蕨类和热带品种，小道从一片被称为Sang Sangbe的草甸下行（海拔2300），据说这里经常闹鬼。接下来到达小溪边海拔1700米的桥旁。然后是一小段路程，穿越稻田到达一座海拔1660米、跨越诺玉岗曲的吊桥。

到河左岸，然后经过布满蕨类植物和热带丛林的山坡向上爬升至Bulay村（海拔1800米）。接下来是Kulaypang（海拔1930米）——这里有一些简易房屋和麦田——不要选择下行至另一座山岭的步道；正确的步道是向上行。

道路从Gomda村（海拔2040米）下方通过。经过一座佛塔，步行小道在海拔2000米处渡过一条小溪，然后爬升至海拔2020米的一处玛尼堆。随后是一段平路前往Gongdra。

在经过Chanteme后，你会渡过一条小溪然后爬升至Khaine Lhakhang。经过水泥灌溉渠，爬上一座山脊，这里有一座海拔2010米的寺庙。庙旁有两棵高大的香柏树，旁边还有许多大豆田。Pephu寺居高临下俯瞰下面的小镇Songme。

第4天：Khaine Lhakhang至唐马楚

18公里 / 6~7小时 / 上升520米，下降810米

步行小道向下抵达一条溪流，然后向上到达Gorsam（一处备选营地）的门诊部和社区学校。然后继续爬升至2130米，平路行进15分钟，接着以较缓的坡度在树林间上行。你可以在库日曲河峡谷谷底看到公路。

藏式风格的Umling Mani位于海拔2180米处，位于诺玉岗曲和库日曲河谷的交叉口。它由一位来自中国西藏的喇嘛建造，标志着两处格窝（不丹最低一级的行政区）的交界处。徒步路线在这里沿着库日曲向北行进。

在4座支流河谷间往返行进后，小路降低至一条小溪边，然后爬升至下一座山脊。步道显现在Gumbar Gang（海拔2120米）的第一座峡谷。在攀升至Zerim La山口（海拔1940米）的一座佛塔后，它蜿蜒下行至海拔1840米的一座山谷尽头，这里有一座佛塔和一个转经筒，然后开始爬升，经过松树林上行至海拔1890米处，沿着"之"字形山道继续上到另一座山岭，这里能看到几座牧民的木屋。

下降至一座玛尼堆后，经过Menjabi村，在海拔1540米渡过小溪，然后沿着茂密的草坪开始一长段爬升，经过松林到Tage La山口（海拔1760米）的几座佛塔和一座玛尼堆前。山口东南是唐马楚高中（Tang machu High School）和45米高的莲花生大师像，值得到此一游。如果你时间充裕，可以要求一辆汽车在此等待，然后驱车21公里前往伦奇宗，去探访那里的宗堡，随后将你送回唐马楚或Menji过夜。之后汽车可以前往塔希央奇，四天后在那里接你。

第5天：唐马楚至Menji

16公里 / 4~5小时 / 上升690米，下降620米

一条分支公路如今将Menji与公路主干线连到一起，因此可以询问旅行社，这段路程是步行还是乘车而行，以及它对未来几天的行程是否会造成影响。从唐马楚下方的桥梁（海拔1140米）出发，步行小道在水稻梯田和麦田间前行至Chusa。随后沿着一段光秃秃的陡坡上升，不过沿途都有充满芳香气味的野薄荷、柠檬草和蒿草构成的美丽风景。营地位于Menji上方海拔1830米处，就在Darchu Pang Lhakhang旁边。

第6天：Menji至Pemi

10公里 / 3~4小时 / 上升620米

从茂密、潮湿的森林继续上坡，穿过枝叶茂密的蕨类植物和攀缘植物，在一片蝉鸣声中前行。步道变得狭窄、陡峭和崎岖。爬升2小时到达山脊上一处草甸，然后穿过森林下行，到达Pemi（海拔2450米）的牧民小屋，这里是一处山脊上的空地，能看到林木茂密的峡谷。Menji的村民将这里用作夏季牧场。未来两天的步道有许多都已废弃，而且狭窄湿滑。

第7天：Pemi至Taupang

21公里 / 7~8小时 / 上升1450米，下降1450米

步道大部分时间都在潮湿、阴冷的森林里穿行，偶尔会经过草甸。这是一片会让植物学家兴奋不已的区域，有无数种灌木，散发着辛辣与甜美的气息，伴随着厚厚的腐殖质。步道随后经过九道"之"字形拐弯，这段路被称为"九姊妹弯（Nine Sisters）"，其中最高处是冬拉山口（海拔3900米），这里能看到雄伟的山景，在一堆石头上挂着一些经幡。

翻越剩余的山岭，每一座都以经幡装饰，然后陡峭下行，穿越常绿林，经过一条布满岩

KHAINE LHAKHANG

有些人认为，偏远的Khaine Lhakhang是藏王松赞干布于公元659年建立的108座寺庙之一。据说有三尊佛像自己飞到布姆唐的Konchogsum Lhakhang，后者据信也修建于同一时期。这里供奉的主像是一尊2.5米高的释迦牟尼像。噶玛巴的塑像在其右边，夏宗仁波切的塑像在左上方。这里还有米拉日巴和莲花生大师的小塑像。这里的保护神是骑着骏马、面目狰狞的Taxan。

每年11月中旬在这里都会举行为期2天的节庆。

Rodang La Trek 罗当拉山口徒步路线

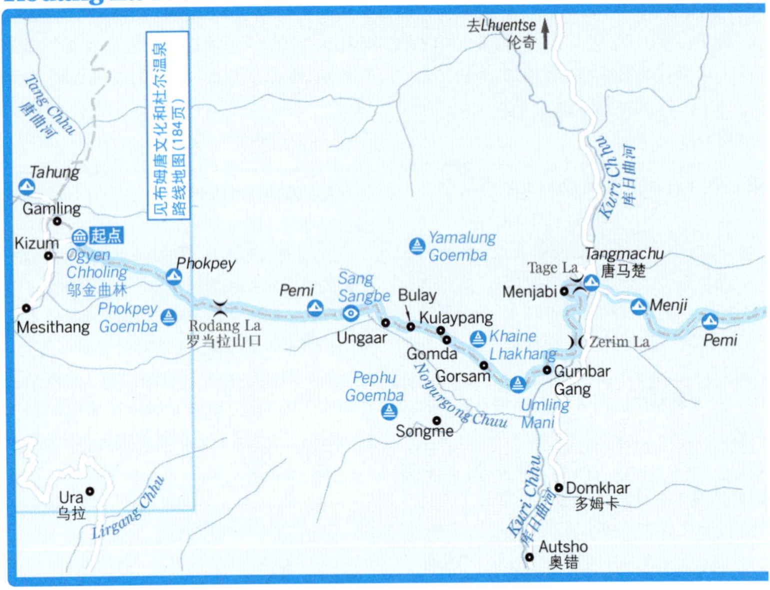

石、原木和湿滑树叶的步道，到达一座名为Lisipang的山顶草甸。最后一段徒步行程刚开始非常轻松，右转西行，在Yesupang穿过一片草坪（这里是一处备选营地），但是道路随后在Dongdi Chhu附近变得崎岖和泥泞。河上没有桥，在从岩石上跳跃过河后，道路变得更加泥泞和崎岖，一些路段铺设了类似桥梁的枕木，以便人们能平稳行走。营地设在海拔2450米的Taupang，这是有着牧牛人木屋的一片空地。

第8天：Taupang至塔希央奇

24公里 / 8~9小时 / 下降720米

小道沿着河畔穿越森林，路况潮湿泥泞，而且伴有巨大的蕨类植物、红色浆果棕榈树和偶尔现身的水蛭。鸟儿和猴子让树林显得无比生动。在泥浆或岩石中穿行2小时后就到了Shakshing，这是一片被玉米、小米、香蕉和牛群所包围的几幢房屋。从塔希央奇出发的伐木道如今已可到达Shakshing，也许还将延伸至Taupang。

如果你决定继续前行，可沿步道经由山脊前往山谷北部，从Tongshing村上方经过。然后下降至沼泽地区，从一座大桥过河到Dongdi Chhu南岸。小巧而古老的塔希央奇宗堡突然出现在河流上方的山顶上。步道从一座古老的廊桥回到宗堡下方的河流北岸。最后，它在海拔1730米处跨越库龙曲河。你的车辆可以在这里或者在古老的宗堡外等待。

纳布吉徒步路线

如果你在寻找低海拔冬季徒步路线，或者认为田园牧歌、观赏鸟儿和家庭互动比群山景色更加重要，那么你一定会对纳布吉徒步路线情有独钟。

这条步行路线是不丹社区旅游业发展的先驱，当地村民轮流受聘，在沿线的半开发营地提供搬运、乡村观光、文化演出和餐饮等服务。营地费用直接进入社区基金，从而用于教育、环保和旅游开发。

这条冬季徒步路线的起点是通萨和谢姆冈的道路中间，徒步路线本身提供了观赏具有异域风情的当地生物的机会，例如金叶猴、棕颈犀鸟和秃鹫等等。

与不丹其他徒步路线相似，这条路线的徒步起点和终点都受到道路建设的困扰。目

前规划的道路最远可直接通达纳布吉。这条线路可以进行轻松的反向穿越。具体线路可参考114页地图。

第1天：Riotala至Nimshong

6.5公里 / 3~4小时 / 上升625米，下降365米

在谢姆冈以北的Wangduegang路口，一条田间小路下降至芒德曲河边，前行可至纳布吉山谷。根据公路修建情况，你或许可以从Matling（海拔800米）甚至是Nimshong（海拔1170米）开始步行，大幅缩减第一天的徒步行程。

Nimshong是一座有着60户居民的小村，海拔为1320米。村民们会载歌载舞欢迎你来到村庄，然后为客人们精心烹饪食品。

第2天：Nimshong至Korphu

14公里 / 5~6小时 / 上升200米

在Nimshong进行一段村庄观光后，徒步穿越有着各种特色动物的茂密阔叶林，例如金叶猴和棕颈犀鸟，最后爬升至Korphu，这是一个位于海拔1500米、有着600个居民的小村。不妨造访村中小庙，里面供奉着与白玛林巴有关的圣物。社区经营的营地可以看到峡谷的美丽风景。

第3天：Korphu至纳布吉

13公里 / 2~3小时 / 下降200米

一段短途而怡人的徒步下行至河边，然后上行至广阔的纳布吉（海拔1300米）稻田，使你有充裕的时间来探索村镇。探访这里的寺庙以及具有历史意义的石柱，它们都是为了纪念8世纪在莲花生大师的斡旋下，布姆唐的信度王公与阿萨姆的Nauchhe国王（大鼻子国王）签署和平协议。在村里，还能看到铁匠留下的岩石残骸，据说也和白玛林巴有关。营地坐落于村落附近的稻田内。

第4天：纳布吉至Kudra

13-14公里 / 6~7小时 / 上升335米

这一天的徒步从一个标记圣树的地方离开纳布吉，接着穿过一片茂密的兰花和竹子构成的森林。这片森林是老虎和猎豹的栖息之地，但是很少有人能够亲眼目睹它们的身影。Kudra（海拔1635米）的营地位于森林中间，附近有三处门巴族民居。

第5天：Kudra至Jangbi

13~14公里 / 6~7小时 / 下降265米

今天的步道一路都会与莲花生大师造访该地区留下的物品相伴——足印、匕首、帽子等。午餐在Phrumzur村（海拔1400米）进行，这里的庙是个欣赏峡谷美景的好地点。从Phrumzur出发，可轻松步行至Jangbi村（海拔1370米），你可以在一个风景如画的地方安营扎寨，俯瞰下方的芒德曲河谷。

纳布吉徒步路线速览

历时 6天

最高海拔 1635米

难度 低

季节 10月至次年3月

起点 Riotala

终点 Tongtongphey

出发城镇 通萨

总结 一条低海拔徒步路线，穿越门巴人居住的偏远土地。

探访布罗克帕人

麦拉克和萨克腾地区生活的约6000名布罗克帕人，其起源可追溯至中国西藏南部的Tshona，但是他们如今在不丹已经生活了数百年。他们的文化习俗与附近的少数民族截然不同，具体反映在他们独特的装束上；最引人注意的是shamo——一种贝雷帽形状的帽子，用牦牛胸毛制成，帽子边缘有蜘蛛腿般的坠饰来排出雨水。妇女身着红色和白色条纹的丝绸连身裙（shingkha），男人则身穿红色羊毛外套（tshokhan chuba）。大部分人都过着游牧生活，和他们的牦牛一起，在夏季的高原和冬季的低海拔牧场之间往返迁徙。

布罗克帕人仍然奉行以物易物，在冬季会前往Phongme、Radi和塔希冈，用他们储藏的发酵奶酪（chora）、酥油和干肉交换盐、茶和谷物。大多数家庭都拥有牲畜，一些人在寒冷季节会留守在村庄看守家畜。随着旅游业的开发，布罗克帕人开始经营民宿，并提供装具租赁服务。

第6天：Jangbi至Tongtongphey

8.5～9.5公里 / 3～4小时 / 上升640米，下降950米

收拾营帐后启程，沿着陡峭的山坡下降至横跨芒德曲河上的一座桥，然后前往海拔1060米的Tongtongphey，你的车辆会在此等待，然后乘车返回通萨。

麦拉克至萨克腾徒步路线

1995～2010年曾对外国人封闭，这条不丹远东地区的徒步路线至今都堪称最有特色的文化和自然线路。

徒步路线穿越萨克腾野生动物保护区，一处未受污染的微妙生态系统，是雪豹、小熊猫、喜马拉雅黑熊、喜马拉雅红狐等珍稀的濒危动物栖息地，甚至也许是传说中雪人（migoi）的家园。该地区也是与世隔绝的布罗克帕人聚居地，他们是喜马拉雅山区最有意思的少数民族之一。

与不丹国内许多其他徒步路线类似，公路正在一步一步逼近麦拉克和萨克腾村庄，也许在本书付印时就修到了这些地方。毫无疑问，不丹将寻找新的线路以避开公路的影响。这两个村庄都已设有民宿接待点。4月和5月是造访此地的最佳季节，此时恰逢野花盛开之际。

还可以从其他地方开始这段徒步之旅，例如Jaling、Khardung和Phongme等，具体取决于你希望在农耕道路上驱车多远。可供四驱车出行的道路如今可直抵Damnongchu，因此如果不想走那么久，你可以将徒步缩短一天。这条徒步路线地图可参考140页。

黑暗中的民族

门巴人的人数在3000左右，居住于一些远古村落中，这些村子坐落在可以俯瞰Jangbi附近芒德曲河的山坡上。“门巴（Monpa）”可大致翻译为“黑暗中的民族”，指他们是不丹与世隔绝的存在。据说他们是不丹最早的定居者，这个部落的民族根源可追溯至中国的藏南地区，在那里他们的人口数量超过45,000人。

门巴人信仰佛教和万物有灵论的萨满教。门巴人起先是猎人和采集者，但随着时间流逝，他们发展出各种手工技能，例如藤编织、竹具制造和篮子编造等。

第1天：Jaling至Damnongchu

7小时

从塔希冈出发，驱车前往Rangjung，沿专用线路前行3公里，经过一座村庄。登山口位于Jaling（或Chaling），继续前行1小时到达噶拉仁波切（Garab Rinpoche）的居所。你需要早起，才能在这一天翻越海拔3675米的Mindrula垭口，到达Damnongchu（海拔3070米）的营地。在爬升时会遇到许多支路。如果想缩短当日行程，可以在Shatimi营地安顿。

第2天：Damnongchu至麦拉克

5小时

步道从Damnongchu启程，沿着一条小溪平缓的上上下下，到达麦拉克之前45分钟会经过Gengu的村庄和拉康，里面供奉着汤

东杰布之子布仓·嘉瓦·藏布（Buchang Gyalwa Zangpo）的干尸。

最后一段路程是轻松的逐渐上升的爬坡，穿越牦牛牧场后进入麦拉克（海拔3480米），这里居住着140户家庭。在到达村落之前扎营，可以看到美丽的山景和乡村风情。此外，你还可以选择在村内客舍或当地家庭寄宿。Samtengling Lhakhang供奉着当地山神Jomo Kuenkhar胯下大马的马鞍和阳具。

第3天：麦拉克至Miksa Teng

7～8小时

今日的徒步路程会上升至海拔4140米的Nagchung La山口，可欣赏到喜马拉雅风景，之后路线稳步下降至一条河流边。在沿河前行1小时后，紧接着就是1小时的陡坡，随后下降至海拔2850米的Miksa Teng（"teng"是指岩脊或台地）。营地周围被杜鹃环绕，每到4月就会缤纷盛开。

第4天：Miksa Teng至萨克腾

4小时

从Miksa Teng出发，爬升300米至一座小垭口，然后从一片美丽的森林中下降至萨克腾（海拔2985米）。如果运气够好，你可以在沿途的绿林中看到小熊猫。村落边缘有一处营地，但是你也可以选择下榻村内的客栈。一些旅行团会在萨克腾休整一天，这是非常不错的安排。

麦拉克至萨克腾徒步路线速览

历时 5天

最高海拔 3480米

难度 中

季节 3月中旬至5月，9月至11月

起点 Jaling

终点 Phongme

出发城镇 塔希冈

概要 一条热门线路，使你能一窥不丹最与世隔绝的秘境风情。

第5天：萨克腾至Jyongkhar

6～7小时

在翻越一座小垭口后，这一天几乎都是沿着平坦的步道下山，直到海拔1850米的小村Jyongkhar——这条线路目前的终点。

了解不丹

今日不丹

不丹依然是一个与众不同、个性独特的国家，但无论如何，这个国度如今已向外面的世界打开大门、敞开心扉，并且已经融入国际社会之中。今天，每两个不丹人就拥有一部手机，国内注册的汽车数量超过63,000辆（尽管这个国家依然没有红绿灯）。目前政府面对的最大挑战，是如何既使不丹从全球化和资本中获益，又同时保证不丹人所珍视的独特文化不受破坏。

最佳读物

《不丹调频》（莉萨·那波利著）一位在不丹电台做志愿者的女记者的体验，透露出对不丹的敏锐观察。

《秘境不丹》（多杰·旺姆·旺楚克著）不丹王太后讲述她眼中的祖国。

《人间是剧场》（宗萨蒋扬钦哲仁波切著）不丹当下最有名的活佛（他还是一位电影导演）以浅近的文字道出佛教的诸多理念。

《地球上最温暖的旅行》（叶孝忠著）图文并茂的不丹旅行读物。

《超越天与地》（洁米·惹巴著）加拿大作者以风趣的笔触，将去不丹支教、最后嫁给不丹人成为佛教徒的故事娓娓道来。

《命运轮回》（*The Circle of Karma*，昆桑曲登著）一位年轻女性在不丹寻找自己天命的旅行，描述了不丹人日常生活和仪式的丰富细节。

最佳电影

《旅行者与魔术师》（*Travellers & Magicians*，导演宗萨蒋扬钦哲仁波切）异想天开的故事，体现了不丹人新老观念的冲突，在蜿蜒的山路和神秘的黑森林取景。

《另一场决赛》（*The Other Final*，导演Johan Kramer）堪称完美的纪录片，记录了世界足坛排名垫底的蒙特塞拉特和倒数第二的不丹之间的一场足球赛。

民主和议会

2005年，深受人民爱戴的不丹国王宣布将传位给王储，同时着手制定不丹有史以来的首部宪法，并筹备于2008年实施民主选举。根据议会民主制进行的这一和平的权力传递过程，与喜马拉雅山区昔日的君主制邻邦——尼泊尔的经历形成鲜明对比。

2008年，全世界的目光都被这个山地小国所吸引，民众踊跃前往投票站行使自己的权利。在王室的大力推动下，在这个人口分布稀疏、国土崎岖不平的国家，投票率达到了80%。选举取得空前而出人意料的成功——其中一个政党凭借对另一政党的压倒性优势胜出。爱国进步党（DPT）赢得了国民议会（议会下院）47个议席中的45席，人民民主党（PDP）获得了剩下的2个席位。2013年，不丹进行了第二次议会选举，在经济局势不明朗的情况下，人民民主党大获全胜，将32个议席收入囊中，爱国进步党拥有剩下的15个议席。

不丹议会由国王［“雷龙之王（Druk Gyalpo）”］、全国委员会（National Council，议会上院）以及之前提到的国民议会（National Assembly）组成。全国委员会由25名成员组成，其中20人为各宗（行政区划）的代表，另外5人则由国王提名。有意思的是，全国委员会的候选人不得加入任何政党。

在第一次和第二次选举中，国民议会为20个宗设置了47个议席。宪法规定，国民议会的具体席位数量可根据人口增长情况（最多可达55席）以及各宗投票选民分布变化进行调整。

现代化和全民幸福指数

虽然科技、民主和全球化的趋势在迅速蔓延，但不丹对现代化进程的危害也保持着高度警惕，政府在保护不丹社会方面继续发挥积极作用。不丹不但是世界上第一个在公共场合禁烟的国家，而且从根本上禁止烟草销售。同时被禁止使用的还有西式广告牌和塑料袋。

因此，可持续发展、教育和卫生医疗，以及环境和文化保护成为政策制定时要考虑的首要问题；佛教教义构成了不丹法律的根基。每个开发项目都需要先接受关于其对当地人口、宗教信仰和环境影响的审查。不丹严格坚持高价值、低影响的旅游产业路线就是一个很好的例子。不丹是世界上绝无仅有的情感胜过资本，幸福感和生产率并重的国家。这种独特的方式可归结于广受赞誉的“全民幸福指数”理念。

未来挑战

不丹是一个弹丸小国，拥有丰富的自然资源和可持续的人口数量，周围则是人口众多、经济发达的大国。这种形势带来了诸多机遇（向印度出口的水电占据约半数的政府收入）的同时，也使不丹在未来的几十年里面临各种挑战。

快速增长的经济使消费水涨船高，也导致进口飙升，而进口产品主要来自印度。印度卢比的流出（不丹努扎姆与之挂钩）使这个国家在2012年出现了现金危机。政府采取的应对之策是禁止包括小汽车在内的多种商品进口，并且限制银行提款。尽管据说导致这种复杂局面的原因是许多印度工人将自己的工资带回本国，但也有不丹人认为他们其实是遇到了超支和过度借贷的全球性问题。例如，宽松的财政限制导致土地投机，这种现象在首都廷布尤为严重。在这个推行“全民幸福指数”的国家，不丹人对这种具有讽刺意味的情况当然不会等闲视之，因而进行了公开的讨论。

人口：736,417

平均寿命：69岁

GDP：人均1055美元

通货膨胀率：8.45%

每100个不丹人中

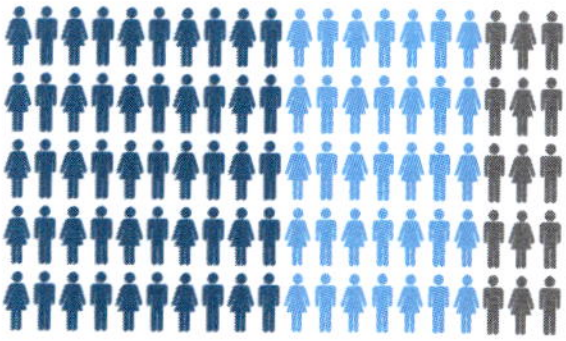

50 个是不丹人
35 个是尼泊尔人
15 个是少数民族

信仰体系

（占人口百分比）

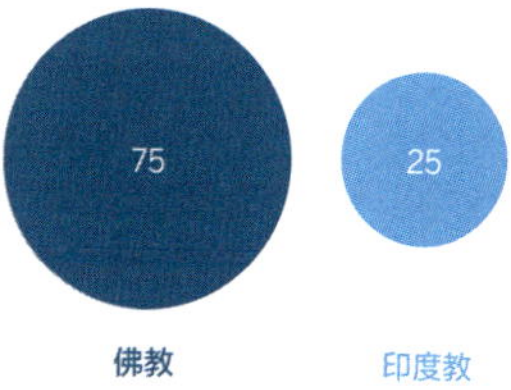

每平方公里人口数

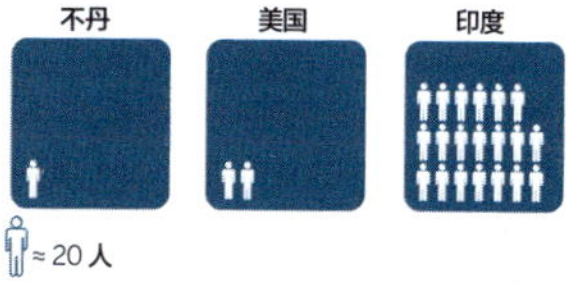

历史

不丹的早期历史沉浸在佛教传说和民间神话之中，这里充满了不可思议的事件以及具有超自然力的人物。据说曾有一位圣人拥有八种化身，其中之一就是莲花生大师，他骑着一只飞虎来到不丹，将身体的印记以及头上的帽子留在崖壁岩石之上。学校的课本上记述：曾有魔鬼威胁村庄、毁坏寺庙，后来它们被佛法驯服并皈依佛门。在这片土地上，关于佛魔斗法、神迹显现的故事比比皆是，源远流长。

不丹研究中心（www.bhutanstudies.org.bt）致力于推动关于不丹的学术研究，它出版了许多详尽的历史研究文章。

遗失在时光的迷雾中

在不丹天马行空的历史中，研究者们找到了许多事件和人物的具体年代，尽管这些年代彼此矛盾，很难形成可靠而精准的编年史。在阅读不丹史书时，你的想象力会不由自主地随风飞扬。试着去注重所发生事件的意义，而不是去纠结事件本身作为史实的合理性，这对你到不丹旅行之前的准备功课不无裨益。鬼神、雪人（migoi）、巫医和喇嘛转世化身为三种不同的形体，这种观念已经深入不丹人的日常生活之中。

不丹中世纪和现代历史的记述比远古时期要清晰得多，但同样波澜壮阔。这是一段由部族势力、仇恨、巨大要塞和城堡所构筑的时光，阴谋、背叛、激烈的战斗以及非凡的壮丽时刻轮番登场。这个国家的近代史从20世纪初的世袭君主制发端，其闭关锁国政策一直得以延续。在第三任国王任期内，农奴制和闭关锁国的中世纪传统才渐渐退出历史。

直到20世纪60年代以前，这个国家都没有国家通行货币、电话、学校、医院、邮政系统，也难觅游客踪影。但是现代化的发展已经使这些事物纷纷登上历史舞台，此外还有机场、公路以及国家卫生医疗体系等。除了现代化的速度之外，不丹闻名四海的另一件事情就是其在旅游业、电视和互联网的开放方面所持有的谨慎态度，其目的是为了保持国家特色以及

大事年表

公元前2000～前1500年

现今不丹的土地上，生活着在山谷和高山草原间随季节迁徙的游牧民族。

公元6世纪

崇尚万物有灵论的苯教在喜马拉雅山地区盛行，其中包括现今不丹的数个山谷。

公元7世纪

佛教进入不丹，首批佛寺于公元659年在不丹修建，其中包括位于帕罗附近的祈楚寺和布姆唐的简培寺。

保护环境。近年来，广受爱戴的第四任国王在历史上留下了浓墨重彩的一笔：主动放弃王权，引入民主制度，将王位让予其子。

早期历史和佛教传入

考古证据表明，现今不丹的低洼河谷早在公元前2000~前1500年就已有游牧部落居住，他们会在夏天迁徙到高山牧场去放牧。许多不丹人直至今日仍过着这样的生活。从不丹的峡谷翻越喜马拉雅山相对容易。许多人认为玛纳斯曲河谷曾经是印度和中国西藏之间重要的移民和商贸路线。

不丹的一部分早期居民都信奉苯教。在佛教传入前，这种万物有灵论的传统信仰是整个喜马拉雅山区的主流宗教。据传苯教于公元6世纪前后传入不丹。

佛教早在公元2世纪就传入不丹部分地区，但是大部分历史学家认为，首座不丹佛寺于公元7世纪由藏王松赞干布下令建造。

这个新兴国家早期历史中的许多重大事件都涉及圣人和宗教领袖，因此仅在经文中有记载。不幸的是，绝大部分原始文件都毁于1828年的索那格擦火灾和1832年的普那卡宗堡大火。旧都普那卡保存的许多资料在1897年的地震中遗失，1907年帕罗宗堡大火导致更多史料付之一炬。因此，不丹早期历史大都存在于英国探险家的记载中、世代流传的民间传说里，以及幸免于难的极少部分手稿内。

佛教徒和苯教徒的艺术风格和传统习俗非常相似。但值得注意的是，两者的区别在于：苯教徒逆时针转经，其法王为推选产生；佛教徒顺时针转经，采取活佛转世制度。

莲花生大师

莲花生大师（音译古鲁仁波切）是不丹最重要的历史和宗教人物之一，他在公元746年到访布姆唐，他的到来被公认为是佛教真正传入不丹的开始。莲花生大师是8世纪著名的历史人物，在其首次莅临之后，其塑像几乎出现在不丹所有佛寺中。

莲花生大师也被尊奉为具有无上法力的第二佛，能够降妖除魔。据说佛祖释迦牟尼预测到他的出生。他的出生地在现今巴基斯坦斯瓦特山谷的乌仗那（Uddiyana）。乌仗那在宗卡语（不丹官方语言）中被称为“乌金（Ugyen）”，因此一些文献中将莲花生大师称为乌金仁波切。他也被称为“帕达玛萨瓦拉（Padmasambhava）”。“Padma”是梵语的“莲花”，也是藏语和不丹语中名字“佩玛（Pema）”的来源；“sambhava”意思是“出生于”。

莲花生大师的足迹遍布中国西藏、尼泊尔和不丹，在无数洞穴中冥想

746年

布姆唐国王邀请莲花生大师到访自己的王国并帮助降妖除魔。国王和其他人自此都皈依佛教。

DAN BANNISTER / GETTY IMAGES ©

➡ 布姆唐的佛教僧侣（见119页）

841年

藏王朗达玛在中国西藏地区大举灭佛，并且将其兄仓玛（Tsangma）放逐到不丹东部。

“不丹”源起

“不丹（Bhutan）”名称的由来众说纷纭。它可能自梵文的“Bhotant”演变而来，意思是“西藏的终点”，或者源自“Bhu-uttan”，即“高地”。早期的英国探险家称其为“Bootan”或“Bhotan”，他们认为这个名称源自“Bhotsthan”，意思是“Bhotias的土地（Bhotia在梵语中意为‘西藏人’）”。

尽管如今被外界称为“Bhutan”，但这个国家“雷龙之国（Druk Yul）”的称号早已声名远扬，这个名称从13世纪开始就被当地居民所用。这里的人称呼自己为“Drukpa（竹巴）”。

莲花生大师是大乘佛教宁玛派创始人——这个教派也因其修行者头戴红帽而被称为“红教”。这个教派在一段时间里是不丹的主流宗教，其信徒被称为宁玛巴（Nyingmapa）。

修行，如今它们都被尊奉为重要的“佛家圣地”。他通过伏藏（神圣的经文和法器）将自己的教诲和智慧封闭起来，由后世有缘的伏藏师（terton）来发现。莲花生大师的明妃和传记作者益西措嘉（Yeshe Tshogyel）呼吁后人不要将他视为普通人，否则我们将与他顿悟的智慧擦肩而过。

不丹和中国西藏对其生平的记载存在一些差异，我们在这里选取了不丹传统版。

古杰拉康的故事

公元746年，莲花生大师首次造访不丹。这时，印度的Sendha Gyab已在布姆唐称王，自封为“信度王公（Sindhu Raja）”。他与不丹南部的另一位印度国王Naochhe（“大鼻子”）发生战争，因为Naochhe杀了他的儿子和16个侍从。战争带来的烦恼使这位王公无意中亵渎了布姆唐的主神Shelging Kharpo，神祇一怒之下施以惩罚，天空变得黑暗无光，国王的命力被吸走，几乎奄奄一息。

于是国王的一位侍从邀请莲花生大师前来布姆唐，请他运用神力来拯救信度王公。莲花生大师来到布姆唐并禅定冥思，在岩石上留下了他的身形（kur）印记（jey），古杰拉康就是围绕这个身形而建。

莲花生大师将要与国王的女儿塔西库东（Tashi Khuedon）喜结连理。他派公主持黄金水罐去取水。当公主离开后，莲花生大师幻化出全部八个化身，这些化身一起在寺庙附近的田野间翩翩起舞。所有当地神灵都纷纷现身来观看这一奇观，除了面无表情的Shelging Kharpo——他依然隐匿在岩石中的藏身之所里。

莲花生大师并没有因此气馁，当公主取水回来之后，他又将公主一变为五，每一个都拿着一只黄金水罐。阳光洒在这些金罐上泛出点点金光，

9世纪	10世纪	12世纪	1180年
随着苯教掌权，佛教徒受到迫害，许多中国西藏的佛教徒到不丹避祸。	佛教在中国西藏继续没落，藏传佛教各流派在不丹设寺传教。	拉巴噶举派创始人嘉旺拉囊巴在廷布山谷建立了丹戈寺以及一系列以藏族宗堡为范本的堡垒。	一位名叫藏巴·嘉日·益昔·多杰（Tsangpa Gyarey Yeshe Dorji）的喇嘛在中国西藏的拉砻建立了雷龙寺，这标志着竹巴噶举派的诞生。

最终吸引了Shelging Kharpo的注意。但是在冒险出洞一探究竟之前，他先将自己化身为一只白色的雪狮。在看到雪狮现身时，莲花生大师化身为金翅鸟（garuda），呼啸而起抓住了狮子，并且不容置疑地告诉Shelging Kharpo要一心向善。随后他施法让Sendha Gyab恢复如初，并且巧妙斡旋，化解了两位国王的仇恨并使他们皈依佛教，让和平之光重回大地。

Shelging Kharpo也一心一意成为佛教的保护神。为了确保他不再为非作歹，莲花生大师将自己的身印嵌入寺内的地面作为封印——柏树在封印上不断生长，最终笼罩了整个古杰拉康。

Sampa Lhundrup Lhakhang寺是坐落于布姆唐卓霍山谷的古杰拉康建筑群的一部分，里面供有一尊令人瞩目的10米高的莲花生大师像，四围簇拥着他的八大化相。

莲花生大师再次造访

后来，莲花生大师经由伦奇的辛格宗堡回到不丹，造访了布姆唐、蒙加尔和伦奇等地。他当时是从中国西藏归来，此前他应藏王赤松德赞之邀，前往中国西藏传播宁玛派教义，并且降服了阻挠建造桑耶寺（Samye Monastery）的魔鬼。

在不丹东部的贡寇拉（Gom Kora），莲花生大师再度留下他的身印和戴着莲花冠的头印。他化身为忿怒金刚（Dorji Drakpo，莲师八相的一种），骑驾一只火焰飞虎降临帕罗的虎穴（Taktshang），所以有了“虎穴寺”（Taktshang Goemba）。

据说莲花生大师在赤松德赞之子、第39任藏王牟如赞普（764～817年）在位期间，曾经第三次造访现今的不丹地区。

莲花生大师的绘画和塑像

大多数古鲁仁波切（Guru Rinpoche）的相都显现为莲花生大师的形象，身着法服，手持灵性觉悟法器。

通常情况下，莲花生大师的塑像都伴有两尊女信徒的塑像分侍左右，她们分别是印度公主曼达拉娃（Mandarva）——智慧佛母，以及藏传佛教空行母（女性上师）益西措嘉。益西措嘉被视为知识女神萨拉斯瓦蒂的化身，具有与生俱来的过目不忘的天赋，能够记得莲花生大师说的每一个字，因此成为他唯一的传记作者。她通常以白色仙女形象出现，身着传统配饰，衣袂飘飘；而曼达拉娃通常被描绘为一位印度山区公主。

莲花生大师在天上的驻锡之地或者说天堂，是一座名为桑东巴瑞（Zangto Pelri）的铜色高山。四方守护神守卫着四座城门，正中是一座三层宝塔，莲花生大师居于首层，两位佛母分侍两侧。

12世纪	1184～1251年	1433年	1450～1521年
许多竹巴噶举派喇嘛因受格鲁派迫害离开中国西藏地区前往不丹。他们大部分人都在不丹西部定居，并建立了竹巴噶举寺庙。	在帕久·竹贡·西博喇嘛带领下，竹巴噶举在不丹确立了主流教派地位，从而使该地区开始信奉截然不同的流派。	汤东杰布（即“铁桥喇嘛”）从中国西藏地区到不丹寻找铁矿石，并修建了八座桥。	白玛林巴，不丹最重要的伏藏师（terton，找到被莲花生大师封藏的神圣经书和法器的人）生活的年代。

莲师八相

莲花生大师因应化度不同之众生，示现八种灌顶之身，各具尊形及法号。因为灌顶相当于进入新生，所以其犹如涅槃重生。因此，这八种化身与莲花生大师的生平息息相关。

莲花生大师初时化身为乌仗那国境内达纳科夏（Danakosha）湖中蓝莲花上的8岁孩童，后得国王因扎菩提抚育为太子，遂名却节多杰（Tshokye Dorji，意为“海生金刚上师”）。后来他放弃王位，前往玛拉特里卡洞（Maratrika，位于尼泊尔西部的Harishe村附近），从巴尔巴哈帝（Prabhahasti）论师出家，号“释迦狮子（Sakya Senge）”。此种化身下的他被视为佛祖释迦牟尼之后的第二佛。

在习得金刚乘教法和掌握所有印度梵学知识后，他觉知圆满，能够见到所有神灵。随后，他被尊奉为“爱慧上师（Loden Chogsey）”。随后他遇见了自己的伴侣曼达拉娃，她是萨诃国（位于现今印度喜马偕尔邦曼迪地区）的公主。这激怒了国王，国王将二人惩以火焚。然而通过无上法力，莲花生大师将柴堆变为一座冷湖，最终教化萨诃国人修持佛法。他自此被称为“帕达玛萨瓦拉（Padmasambhava）”。

莲花生大师回到乌仗那国教化臣民崇佛，但是在化缘时被认出是曾经抛弃社稷的王子，他和明妃再次被加以火焚。然而这次他们又毫发无伤地端坐于湖中一朵莲花之上。这座湖就是雷瓦萨（Rewalsar）——又称为白玛措（莲花湖，Tsho Pema），位于现今的印度喜马偕尔邦，也是一处重要的朝圣地。他的父亲因扎菩提将王国拱手相让，他于是成为“莲花王（白玛嘉波，Pema Gyalpo）”，他在此13年，将乌仗那国变为修持佛法的国度。

当莲花生大师在八大尸林向空行母传授密续法门时，他陆续降服了一些鬼神，对其宣说诸多妙法，在日光上显示各种神变，故被尊为“日光上师（Nyima Yeozer）”。当500邪见外道在菩提伽耶的辩经大会中行将辩破佛法之时，莲花生大师通过辩论击败了他们，并施以威猛咒，招来冰雹闪电，在一瞬间将外道消灭于无形。然后，他被尊为“狮吼上师（Sengye Dradrok）”。

当他第二次来到不丹，造访Kurtoe的辛格宗堡和帕罗的虎穴（Taktshang）时，现身为“忿怒金刚（Dorji Drakpo）”。他收服了所有阻挠佛教的邪灵，并将其感化为护法神灵。在这种化身时，莲花生大师身下骑驾一只威猛母虎。

不丹的三大佛教派系分别是宁玛派、噶举派和萨迦派。第四大教派——格鲁派，于15世纪在中国西藏渐成气候。但是自17世纪以来，不丹人对格鲁派都抱有敌意。

1455～1529年

“癫圣”竹巴衮列喇嘛生活的年代，他游历了不丹全境，并为佛教和人们的生活灌输了一种截然不同的方式。

1616年

第一位夏宗——阿旺朗杰从中国西藏拉砻来到不丹，标志着竹巴噶举派（Druk Kagyu）开始占主导地位。

1621年

杰里寺设立了首座佛学院。这座寺庙由夏宗·阿旺朗杰在之前一年建立。

1627年

葡萄牙耶稣会的传教士卡瑟拉和卡布拉尔成为首次到访不丹的欧洲人。

中世纪时期

赤松德赞之孙朗达玛，于公元836~842年统治中国西藏。作为苯教的忠实信徒，他一登上王位就开始大举灭佛，捣毁佛教寺院，并将信奉佛教的兄长——仓玛王子放逐到不丹。据说在此期间，有许多僧侣逃离中国西藏到不丹避难。尽管朗达玛后来遇刺身亡，佛教再次回归藏地，但中国西藏政局依然波谲云诡，许多藏民开始迁徙至不丹西部。

在公元9~17世纪期间，不丹的山谷中形成了众多统治部族和贵族家庭。各地方头目将主要精力都花在彼此以及与西藏地方政权之间的争战上，在此期间并未出现德高望重的重要政治人物。

Keith Dowman的《癫圣》(*The Divine Madman*)一书，很好地翻译了桀骜不恭的竹巴衮列喇嘛的诗歌等作品。

不丹佛教演变历程

回到中国西藏，一个名叫藏巴·嘉日·益昔·多杰(Tsangpa Gyarey Yeshe Dorji, 1161~1211年)的喇嘛于1180年在江孜东边的拉砻镇创立了一座佛寺。他将这座寺庙命名为"Druk(龙)"，因为他在勘察待建寺庙的位置时曾听到天上的雷龙之音。从这里发源的藏传佛教派系便以该寺为名，后来成为众所周知的"竹巴噶举(Drukpa Kagyu)"。

11世纪和12世纪，涌入不丹的藏民有增无减。许多竹巴噶举派喇嘛因为受到对立佛教派系追随者的迫害而离开西藏。其中大部分喇嘛都来到不丹西部，在这里建起竹巴噶举派支系。不丹西部通过他们的教化呈现出松散的联合态势。有号召力的喇嘛成为西部许多地区事实上的领导人，而封闭的不丹东部和中部山谷仍保持了独立的封建国家状态。

这些喇嘛中最重要的人物之一，是创建拉巴噶举的嘉瓦拉囊巴(Gyalwa Lhanangpa)。他在廷布山谷北边的山上建立了丹戈寺，并建造了一系列与西藏宗堡风格类似的城堡。

藏巴嘉日喇嘛(拉砻寺创立者)的弟子帕久·竹贡·西博(Phajo Drukgom Shigpo)喇嘛(1184~1251年)来到不丹，在竞争中击败了拉囊巴喇嘛。他和同伴们在旺曲河西岸修建了小型的Dho-Ngen宗堡，并且获得了丹戈寺的控制权。后世认为，帕久喇嘛通过向民众弘扬竹巴噶举教义，确定了不丹化的佛教。其他喇嘛憎恨他的存在和成功，并试图用恶毒的咒语来置他于死地。但是，帕久将这些咒语返回到这些喇嘛身上，摧毁了他们的寺庙。

在13~16世纪，竹巴噶举在不丹开枝散叶，形成了独立的宗教特征。拉砻的一些重要的竹巴噶举上师受邀到不丹西部弘法并建立佛寺。这期间造访不丹的高僧中就有阿旺确吉喇嘛(Ngawang Chhogyel, 1465~1540

1629年

由代表对立派系的五位不丹喇嘛率领的联军进攻辛托卡宗堡(这是不丹首座宗堡)并挑战夏宗法王。

1637年

普那卡宗堡修建完工，这是不丹第二座宗堡。在19世纪50年代中期之前，普那卡一直是不丹的首都。

➡ 普那卡宗堡(见99页)

1639年

确立了夏宗·阿旺朗杰作为不丹最高宗教领袖的地位。

年）。他数次前往不丹，常常带着他的儿子一起，并主持修建了帕罗的Druk Choeding寺和廷布附近的Pangri Zampa寺和Hongtsho寺。

然而，最广为人知的竹巴噶举上师还当属颠覆传统、玩世不恭的“癫圣”竹巴衮列（1455~1529年）。他如今仍被不丹人所喜爱和敬仰，地处Lobesa和普那卡之间美丽的切米拉康也与他密切相关。

在禅定之时，白玛林巴经常造访莲花生大师的天堂驻锡之地桑东巴瑞，在那里他看到了空行母和本尊（守护神）的舞蹈（pa-cham）。他将其中三种舞蹈传授给他的弟子，其中一些如今仍是不丹各地戒楚节期间的保留节目。

伏藏和白玛林巴

在11~16世纪，如莲花生大师所预言，他藏在洞窟、岩峭和山水之间的伏藏（terma）陆续被取出。这些寻取伏藏的密宗喇嘛被称为“伏藏师（tertons）”。

白玛林巴（1450~1521年）是藏传佛教宁玛派的五大“取藏王”之一，也是不丹最重要的伏藏师。他发现的经本和文物、编制的歌曲和舞蹈以及创作的艺术，在很大程度上奠定了不丹的文化底蕴。他同时也被视为莲花生大师的转世。

他出生于布姆唐唐谷（Tang valley）的小村Drangchel，附近就是衮藏卓寺。在孩提时代，他学会了祖父的铁匠手艺，如今在塔姆辛寺和丹碧寺内仍能见到他打造的两套链甲。

25岁那年，他在梦中见到一个和尚递给他一卷空行母手书经文，告诉他如何在唐谷的一个水池内找到深埋其中的藏宝箱，由此他发现了自己的第一个伏藏。白玛最终成功翻译了手书，但这是一项非常巨大的工程，因为空行母手书的每个词相当于人类语言的1000个词。然后，在空行母的帮助下，他将这些经文用作基本教义。他当时住在唐谷悬崖峭壁上方的Kunzangling，如今这里是衮藏卓寺的所在地。

在白玛林巴一生里，他在不丹以及远至中国西藏桑耶寺等地共发现了34件塑像、手卷和圣物。他所发现的许多塑像和圣物都被保存在不丹各地的寺庙里，其中包括位于布姆唐、由白玛本人创立的塔姆辛寺和衮藏卓寺。

在去世之后，他转世为三种形态：ku（身）、sung（语）和thug（意），这些不同的转世形态一直延续至今。

通过六个儿子、一个女儿和众多的转世者，白玛林巴的传承仍时时刻刻影响着不丹。他的一个孙子，同时也是他的转世灵童——杰西·配玛·丁勒（Gyalse Pema Thinley），在富毕卡山谷（Phobjikha Valley）修建了岗提寺，岗提活佛转世一直延续至今，其中生于1955年的昆赞·配玛·朗杰（Kuenzang Pema Namgyal）是第九世“意”转世。不丹的王室家族——旺楚克王朝，也是这条脉络上的后裔。

1616年夏宗·阿旺朗杰的到来标志着不丹的转型以及竹巴噶举派对不丹的主导。

1668年

敏珠丹巴被任命为第三任第悉（世俗统治者）。他统治不丹12年，将不丹疆域向西拓展至如今属于印度的噶伦堡。

1705年

夏宗·阿旺朗杰去世的消息在秘不发丧多年后，终于公布。

1730年

第悉米帕姆·旺波协助库奇比哈尔的统治者Gya Chila击败侵略者并确立了家庭世袭体系；不丹从此被允许在这个南部小国驻兵。

1768年

第悉试图抵制不丹宗教寺庙的影响。为此，他与尼泊尔的普里特维·纳拉扬·沙阿等人结成同盟。

夏宗法王的崛起

16世纪的不丹仍然处于部族首领割据的状态，他们圈地为王，雄踞一方，并且连年混战。此外还有许多寺院之间也存有教派之争，不丹西部的喇嘛试图将影响力扩大到不丹东部。

1616年，阿旺朗杰（1594~1651年）从竹巴噶举派在中国西藏的本寺——拉砻寺来到不丹，之后一切都发生了天翻地覆的变化。阿旺朗杰是拉砻寺创建者藏巴嘉日的后代，12岁那年被认定为拉砻寺活佛白玛嘉波的转世灵童。然而当权的藏巴汗反对这一认定并另立他人。阿旺朗杰已经很难保住自己在拉砻寺的地位。他23岁那年，护法神大黑天在梦中显圣，后来更是化为一只渡鸦，指引他向南出走不丹。他经过了拉亚和加萨，并在曾祖阿旺确吉建立的Pangri Zampa寺（廷布）修行。

夏宗·阿旺朗杰统治不丹期间，在不丹各地修建了许多佛寺和宗堡。其中，辛托卡、帕罗、普那卡和通萨等宗堡一直屹立至今。

随着阿旺朗杰在不丹西部游历弘法，他的政治势力也不断增强。很快他被尊崇为不丹佛教领袖，获得尊号"夏宗仁波切（Zhabdrung Rinpoche，意思是见即叩首的珍宝）"，从而成为夏宗法王开山立派之祖。他在今天廷布南边的辛托卡建立了第一座流传至今的宗堡。虽然早期的不丹宗堡主要是作为坚固的堡垒要塞，但辛托卡宗堡同时兼具寺院、行政以及防御的功能。这种集政权、宗教和军事防御于一体的模式，成为不丹后续宗堡的范本。

夏宗法王的统治遭到不丹境内对立佛教派系领袖的联手挑战。他们组成了联盟，由五位喇嘛领导，推选班旦喇嘛（Lama Palden）为首领，于1629年发动了对辛托卡宗堡的进攻。最终他们铩羽而归，但是这个联盟随后与藏人结盟，并继续反对夏宗法王。夏宗法王的军队通过数次与藏军的作战，最终消除了敌对派系的影响。最后，通过与拉达克国王辛格朗杰（Singye Namgyal）之兄结盟，夏宗法王的军队击败了藏人和他们的盟友。1639年，夏宗·阿旺朗杰与藏巴汗达成协议，确立了自己作为不丹最高领袖的地位。

夏宗法王还积极发展与包括尼泊尔的拉玛国王、库奇比哈尔的Padmanarayan王公（印度）等在内的邻国国王的关系，以巩固政权的稳固性。夏宗法王派遣一位不丹喇嘛作为代表常驻尼泊尔，不丹寺庙也在加德满都的博德纳大佛塔（Chorten Jaro Khasho）和斯瓦扬布纳特寺（又名"猴庙"，Swayambhunath）等地拔地而起。不丹对斯瓦扬布纳特寺的管辖一直持续到1854~1856年发生在尼泊尔和西藏地方政权之间的战争，之后尼泊尔由于怀疑不丹在战争中暗助对手而接管了这座寺庙。

CT Dorji编撰的《不丹政治宗教史》(*A Political and Religious History of Bhutan*)记述了不丹历史上宗教和政治领域的主要人物。

1772年	1774年	1776年和1777年	1783年
不丹入侵库奇比哈尔并掳走其国王。英国东印度公司在谈妥回报条件后同意帮助库奇比哈尔。	乔治·博格尔率领一个商贸团前往不丹和中国西藏，并在不丹的土地上种下土豆。	亚历山大·汉密尔顿博士前往普那卡和廷布，调解英国和不丹之间的土地争端。	萨缪尔·特纳率领英国远征队前往不丹和中国西藏。

卡瑟拉和卡布拉尔神父造访夏宗法王

首批到访不丹的西方人士是两位葡萄牙耶稣会的教士。1627年初，卡瑟拉（Cacella）和卡布拉尔（Cabral）神父从加尔各答经由日喀则前往不丹。他们在廷布北面的杰里寺和夏宗法王共同度过了几个月。

目前没有史料完整叙述他们的行程，但是他们的一封书信使我们能够一睹阿旺朗杰的性格："他用大慈大悲的胸怀接纳了我们，这一点体现在他看到我们以及知道我们从哪里来、家在何方时所流露出的愉悦上，在首次会面时他还问了其他一些再寻常不过的问题。"

夏宗法王在廷布附近的杰里寺（Cheri Goemba）建立了首个佛教团体僧伽（sangha）。当普那卡宗堡于1635年修建完成后，僧团迁往这座宗堡并成为扎仓（中央僧团），其最高领袖是被称作杰堪布（Je Khenpo）的高僧。

外部危机

与此同时，中国西藏仍陷在宁玛派（因红色僧帽而被称为"红教"）和格鲁派（因黄色僧帽被称作"黄教"）佛教徒的纷争之中；其中格鲁派的领袖是达赖喇嘛。蒙古和硕特部固始汗是达赖喇嘛的保护人，他率领军队袭击了卫藏地区，推翻了日蓬王朝（Rinpong），确立了格鲁派在卫藏地区的统治地位。

普那卡宗堡展品中有许多在1644年与蒙藏联军作战时所缴获的盔甲和武器。

1644年，习惯了极端藏地高原环境的蒙藏联军卷土重来，从洛扎地区（Lhobrak）发动对布姆唐的攻击，但是却遭遇了不丹的森林和炎热气候。夏宗·阿旺朗杰亲自率军迎敌，俘虏了几位藏族军官以及大量的马匹。1647年，他在帕罗山谷入口处建造了杜克耶宗堡（Drukgyel Dzong）以纪念此次大胜。

由于南部边境上对立的竹巴噶举派影响力不断扩张，五世达赖喇嘛深感不安，于是他在1648年和1649年相继发起了两次对不丹的进攻。这两次都是从帕里（Phari）出发，五世达赖喇嘛的部队翻越海拔5000米的卓木拉（Tremo La）山口进入帕罗山谷。他们接连败退而回，不丹人再次俘获无数的盔甲、武器和其他战利品。这两次战争中的一些战利品如今还陈列在帕罗的国家博物馆内。

阿旺朗杰的大获成功，进一步巩固了他的统治地位。为了抗衡外敌而建立的强大军队使他能有效掌控全国。被夏宗法王任命为通萨佩罗的敏

1826年	1828年	1832年	1862年
不丹和英国就杜瓦（不丹南部山区）的主权产生争议。	索那格擦印刷公司的大火使得许多珍贵的历史文献付之一炬。	普那卡宗堡图书馆一场毁灭性的大火造成更多历史文献的灰飞烟灭。	身经百战的通萨佩罗"黑摄政"晋美朗杰之子乌颜·旺楚克诞生。

珠丹巴率军横扫不丹中部和东部峡谷，在1655年使他们都归于夏宗法王统治之下。这时，贾卡尔、伦奇、塔希央奇、雄格尔（即如今的蒙加尔）、塔希冈和谢姆冈等地的雄伟宗堡都纷纷拔地而起。

不丹文化认同形成

夏宗法王意识到，不丹需要使自己有别于中国西藏，才能获得自己的宗教和文化认同。他设计了许多不丹特有的习俗、传统和礼仪，为这个国家打造出一整套专属的文化体系。

作为受人尊敬的佛教学者，他凭借自己的机敏和权威使噶举派宗教教义自成体系，具备了鲜明的不丹色彩。他还设计了不丹国服，推行戒楚节庆。

夏宗法王创造了一套法律体系，界定了世俗政权和宗教团体的关系。他制定了一套征税体制，这些税都采用实物形式，可用青稞、荞麦、大米、牦牛肉、酥油、纸张、木材和布匹来缴纳。人们有义务承担道路、宗堡、寺庙和桥梁的建造工作所需的劳役。这些做法一直延续至1956年才被第三任国王废止。

17世纪40年代，夏宗法王创建了“Choesi”体制，将国家的行政管理一分为二。宗教和精神方面事务由夏宗处理。政治、行政和政府的外交事务则由经过选拔任命的第悉（desi，即世俗统治者）负责。理论上来说夏宗具有更大的权力。在当时这套体制下，夏宗是精神领袖，杰堪布是寺庙住持以及僧团的最高领袖。杰堪布的地位与第悉相等，有时更是身兼这一职务。

第一任第悉是丹增珠杰（Tenzin Drugyey，1591~1656年），他是当初和阿旺朗杰一起从拉砻寺来到不丹的僧侣之一。他在全国构建了一套行政体系，设立了相当于领地首脑的佩罗（penlop）职务。不丹最开始分为三个地区，分别是中部的通萨、西部的帕罗和南部的达加纳（Dagana）。佩罗成为位于普那卡的中央政府的代表。另设有三个行政长官“宗本”（dzogpens，宗堡之主）来负责普那卡、廷布和旺杜波德朗（Wangdue Phodrang）下属分区的事务。

1651年，夏宗·阿旺朗杰进入普那卡宗堡内的一座僧房静修。此后他就再未露面，尽管他有可能在静修之初就已去世，但是他的死讯直到1705年才向外界公布。据说这是因为在此期间的四任第悉都觉得夏宗法王的存在是保持国家团结和击退外敌的必要保证。

早期前往不丹的欧洲探险队和传教团的一些记录档案被印度出版商重印出版，可随时在廷布、德里和加德满都的书店买到。

1864年
运气不佳的阿什利·伊顿远征团在普那卡受到屈辱性对待，不丹和英国之间的关系再度恶化。

1865年
不丹和英国因杜瓦的主权而爆发战争，最终双方签署了《辛楚拉条约》，不丹国土大为缩减。

1865年
在杜瓦战争之后，有民谚流传：“一块石头从山上滚落，最终止步的地方就是不丹的边界”。

1870年
通萨佩罗晋美朗杰成为第51任第悉，进一步巩固了他不断增长的权力和影响力。

内战时期

1705年，夏宗的死讯终于被杰堪布公之于世。杰堪布说夏宗的法体上飞升出三道光明，代表了阿旺朗杰的ku（身）、sung（语）和thug（意）。这象征着夏宗将转世为这三种形式，但是只有夏宗的“意”转世才能成为国家的领袖。由于“夏宗”是不断转世继承，因此其“意”的化身在前一个化身死后一定会重生。

这种结构导致在很长一段时间内，夏宗法王都太过年幼而无力进行统治，第悉成为事实上的统治者。由于第悉是推选任命的职位，所以各派别在争夺这一职位时会出现各种波折纷争。这些派别也在夏宗的三种化身究竟哪一个才是“真正”化身的问题上争执不休。而转世的这些化身都不具有阿旺朗杰的个人魅力和政治机敏。

在随后的200年里，不丹陷入无尽的内战、内部冲突和政治斗争之中。虽然在此期间仅有6任夏宗“意”转世，但却经历了55任第悉。在位时间最长的是第13任喜饶·旺楚克，其在位时间长达20年；最重要的则是1680~1694年在位的第四任第悉杰西·丹增·立杰。这些第悉很少能善终，他们中有22位被暗杀或遭对手废黜。

随着政治形势变得波谲云诡，一些派别开始向中国西藏地区寻求帮助，但屡经波折，反而使情况变得更加复杂。求助西藏地方政权未果后，不丹对立双方又向北京的清朝皇帝寻求仲裁。后来，这种白热化的竞争终于随着几位主角的故去而尘埃落定。最后，当时被认可的夏宗“意”转世成为不丹统治者。

由Peter Collister编撰的《不丹和英国》（*Bhutan and the British*）全面叙述了1771~1987年英国和不丹之间错综复杂的关系。

英国的卷入

在《雷电之国》（*Lands of the Thunderbolt*）一书中，罗纳谢伯爵（Earl of Ronaldshay）写道：“……直到1772年东印度公司才开始意识到，在北部边境上还有一个喜欢干涉他国事务的邻居。”英国人第一次与不丹打交道，是邻邦库奇比哈尔（位于当今的印度西孟加拉邦）的王位继承人向东印度公司寻求帮助，希望英国人能帮忙将不丹人赶出他们的王国。

由于东印度公司严格意义上来说是一家商业企业，其管理人员同意提供帮助，但要求被废黜的统治者以一半的国家收入作为交换。1772年12月，英国驻孟加拉总督沃伦·黑斯廷派遣印度军队带着枪炮前往库奇比哈尔，尽管损失惨重，但还是击溃了不丹人，使库奇比哈尔国王得以重登王位。但

1878年

在随父出征收复帕罗宗的战役中，年仅16岁的乌颜·旺楚克——晋美朗杰之子——短暂被俘，并被关押在帕罗的瞭望塔里。

STEVE GEER / GETTY IMAGES ©

➜ 帕罗宗堡（见75页）

1885年

在多年征战并参加昌里米唐之战后，乌颜·旺楚克成了国内最有权势的人物。

是，库奇比哈尔也为此付出了昂贵的代价，统治者不仅支付给东印度公司50,000卢比，而且在1773年还签署了一项条约，将大量权力和未来收入奉献给东印度公司。

英国人将不丹人赶回山里，并且尾随其后进入不丹。1773年1月，英国人在Chichacotta（如今的Khithokha），即今日庞措林东边的崇山峻岭中，再次大获全胜。第二次战役于1773年4月在噶伦堡附近展开。不丹军队的领袖是第16任第悉，战败后他在一次政变中被废除。

与英国签订第一份条约

新任第悉希望与英国达成协议，因此向中国西藏的班禅寻求协助。班禅随后写了一封被英国人称为“非常友善睿智的信件”，并将其交由一位印度朝圣者带到加尔各答。最终不丹和英国于1774年4月25日在加尔各答签署了和平条约。在条约中，第悉同意尊重东印度公司的领地，并且允许该公司进入不丹森林伐木。英国则归还了他们占领的所有不丹领土。

身在印度的英国人，用他们自创的梵语名字称呼不丹人的头衔。他们将夏宗称为“dharma raja”，将第悉称作“deb raja”。

西方旅行者的探索

一些最有趣的不丹故事以及许多不丹的历史记载，都来自早期欧洲探险家的叙述。这些记录让后人能够了解他们在不丹的见闻，同时也展现了被派往不丹的英国使节非同寻常的态度。

乔治·博格尔

第一支英国远征队于1774年抵达不丹，不久前英国刚刚与不丹签订了第一份条约。东印度公司董事会派出一个代表团经由不丹前往中国西藏，寻找“珍贵且易于运输的”货物。由乔治·博格尔率领的这支远征队每到一处都会种下土豆，从而为不丹提供了新的粮食作物，土豆也成为这个代表团留下的流传至今的遗产。他们在廷布待了5个月，然后继续前往中国西藏。他们的书面回忆录为西方世界了解与世隔绝的不丹王国打开了一扇窗户。博格尔发现不丹人“风趣幽默、真诚耿直，根据我的判断，他们完全值得信任”。但是他也注意到，许多僧侣修持的禁欲生活导致“许多违法乱纪”的情况发生，以及寒冷的气候导致人们“过度依靠烈酒来取暖”。

虽然杜瓦地区非常适合种植茶叶，但是这里也是毒瘴肆虐的丛林，这危害了部队里军人的健康，为此英国人曾饱受困扰。

1897年

6月12日发生的阿萨姆大地震毁坏了许多宗堡以及普那卡和Lingzhi的许多原始文献，并且重创了许多其他建筑。

1904年

乌颜·旺楚克协助荣赫鹏上校入侵中国西藏。

1906年

乌颜·旺楚克受邀前往加尔各答，参加为威尔士亲王举行的接待仪式。

1907年

乌颜·旺楚克在普那卡被一致推举为世袭不丹国王，即“雷龙之王（Druk Gyalpo）”。

亚历山大·汉密尔顿和萨缪尔·特纳

在接下来的几年里，还有两支小型探险队奉命前往不丹。亚历山大·汉密尔顿博士率领的代表团于1776年和1777年两次到访普那卡和廷布，以商讨不丹要求索回Ambari Falakati（位于库奇比哈尔西北的一个小镇）的事宜，同时进一步确定博格尔代表团已谈妥的从不丹过境前往中国西藏的事宜。

接下来前往不丹的大型远征队于1783年抵达不丹，领导者是萨缪尔·特纳，远征队携带了英国统治者的所有装备。他们坐着轿子（palanquin）穿过杜瓦地区（duars，不丹南部山区），然后沿着博格尔的路线抵达廷布。在进入中国西藏前，代表团还访问了普那卡和旺杜波德朗。在1783年的远征队中，有一位名叫萨缪尔·戴维斯（Samuel Davis）的制图员和测绘员。他的日记和杰出画作使后世得以一窥不丹早年的风景。戴维斯创作的许多素材都被收入迈克尔·阿里斯（Michael Aris）编撰的《中世纪不丹风景》（*Views of Mediaeval Bhutan*）一书中。

阿什利·伊顿受辱事件

阿什利·伊顿（Ashley Eden）的《前往不丹的政治使团》（*Political Missions to Bootan*）以华丽的维多利亚风格阐述了不丹历史。在翻看几页后，你就会知道本书作者在抵达普那卡时为何会受到如此屈辱的对待。

英国先后于1810年、1812年、1815年和1837年向不丹派出探险队，在大多数情况下都是为了解决双方边界争端以及杜瓦地区的冲突。阿什利·伊顿代表团就是为了解决这些问题而出使不丹的。

英国一直试图将自己的影响力扩张至锡金，使其成为英国的保护国，随后他们决定派出一个代表团前往不丹，希望在那里设置英国常驻代表，以方便沟通。伊顿远征队中有一名成员是来自印度地形测量局的H·H·戈德温-奥斯汀上尉。戈德温-奥斯汀曾经在1861年探索过（当今）巴基斯坦的巴尔托洛冰川（Baltoro Glacier），如今某些地图中的K2（世界第二高峰）仍用他的名字来命名。

虽然有报道称不丹政局混乱，但孟加拉政府大臣阿什利·伊顿仍于1864年11月从大吉岭出发前去拜会不丹第悉（或者“deb raja”）。对于不丹人所表露出的不欢迎英国使团的态度，伊顿毫不在意并匆匆忙忙穿过噶伦堡，经由Daling、哈阿和帕罗，最后于次年3月15日到达普那卡。

现在已经无法知晓当时的情况到底是由于意外还是不丹方面的处心积虑，但伊顿率领的代表团受到嘲笑、被投掷石块、在阳光下长时间等待，并遭受其他侮辱戏弄。不丹和英国都很没面子。伊顿在《前往不丹的政治使团》（*Political Missions to Bootan*）一书中如此描述当时的场景：“佩

1907年

帕罗山谷里的日蓬宗堡发生火灾，无数历史文献和财宝被熊熊烈焰所吞噬。

1910年

《普那卡条约》正式签订：英国保障不丹获得主权，但规定在对外事务上不丹受其“指导”。

1926年

乌颜·旺楚克国王去世，其子吉格梅·旺楚克即位，成为第二任不丹国王。

1928年

吉格梅·多吉·旺楚克于5月2日在通萨的Thruepang Palace出生，他就是后来的第三任国王。

罗大人拿起一大团湿乎乎的糌粑，开始在我脸上涂抹起来；他揪住我的头发，拍打我的后背，举止非常傲慢无礼。”

伊顿提交给大臣委员会（Lhengyal Shungtshog）的条约草案副本中，列出了英方对此次谈判的条款，这一举动让尴尬局面雪上加霜。他的举动意味着这是不丹应当签署的最终版本条约，而没有任何商议余地。不丹人立即对伊顿的霸道进行了回应，很快拿出另一份写明将整个杜瓦归还给不丹的协约。不丹提供的这份协约中有一条写着：“我们已经写明，和解将是永久的；但谁又知道呢，也许所谓的和解根本就是口是心非。因此，如果本次和解确实出于虚情假意，那么夏宗的恶魔将在决定孰真孰假之后，夺去假意者的性命，挖出他的肝脏，如灰烬般撒在风中。”

在读到这项条款时，伊顿担心使团的安全就不会令人感到奇怪了。他签署了这份协约，但是在签名下面，他用英文写下了“在强迫之下（under compulsion）”，不丹人当然不明白这行英文字的含义。

伊顿的使团翻越其列拉山口，于1865年2月从哈阿进入帕罗山谷，厚厚的积雪让他们举步维艰。多年后，约翰·克劳德·怀特认为伊顿可能被误导了方向，也许是有人故意让他们走错路。令人震惊的是，尽管已经承认出访失败，但伊顿仍然认为他们是一个“友善的使团”。他的报告自然成为英国吞并杜瓦地区的主要诱因。他主张对不丹人进行惩罚，从而让对方知道“不应蔑视我们的力量”。后来他一手打造了大吉岭的观光小火车。

罗纳谢伯爵的《雷电之地，锡金、春丕和不丹》（*Lands of the Thunderbolt, Sikhim, Chumbi & Bhutan*）极具可读性，用一种非常英国化的方式讲述了地区历史以及20世纪之初前往不丹的探险经历。

约翰·克劳德·怀特

在伊顿出访之后的40多年里，英国人没有再派出任何代表团，但是在1883年和1886年，印度测绘局派出几位乔装打扮成喇嘛和朝圣者的调查员前往探索不丹和中国西藏。

1905年，不丹和英国重修旧好，因为通萨佩罗乌颜·旺楚克为1904年荣赫鹏远征拉萨提供了帮助。约翰·克劳德·怀特，一位英国政府官员，来到不丹向佩罗授予印度帝国爵级司令勋章。怀特是1904年远征队成员之一，也是乌颜·旺楚克的老朋友。

怀特率领一个大型代表团从锡金的甘托克出发，经由哈阿和帕罗前往普那卡参加仪式。后来，怀特和代表团成员成为乌颜·旺楚克在布姆唐新修建的旺迪曲林宫的座上宾。这支远征队带着最早的不丹宗堡和王宫的照片回到印度。

1906年，怀特经由不丹东部前往中国西藏南部进行侦察。1907年他第

1949年

不丹与刚独立的印度在大吉岭签署协议，收回了杜瓦地区附近的小部分土地。

1952年

吉格梅·旺楚克国王去世，他的儿子——24岁的吉格梅·多吉·旺楚克接任王位。

1953年

国王设立了由130位成员组成的国民议会（Tshogdu），这是不丹首次建立旨在推动民主治理的立法会。

1956年

古老的农奴制被吉格梅·多吉·旺楚克废除，他还颁布法令规定，与农奴有关的所有贬义词同时被废止。

1931年，J·L·R·威尔中校奉命前往布姆唐觐见国王，授予其印度帝国爵级司令勋章——这是《乔安娜·拉姆利在雷龙之国》(*Joanna Lumley in the Kingdom of the Thunder Dragon*)一书和电视纪录片的基础素材。

三次踏上不丹国土，这一次他是作为英国的代表出席不丹第一位国王乌颜·旺楚克的加冕礼。1914年4月的《国家地理》(*National Geographic*)杂志刊出了怀特的简要描述，使不丹首次出现在世人面前。

其他英国政府官员

在1909~1947年之间，英国政府以对待其他印度土邦的方式来和不丹打交道，但是从来没有明确界定其与不丹之间的关系。从1909年C·A·贝尔(CA Bell)到访不丹开始，先后有几位英国政府官员访问不丹，并向不丹国王授予各种荣誉。1921年，被称为“密室佛教徒”的罗纳谢伯爵应不丹第一任国王之邀造访不丹。他从甘托克前往帕罗，并受到了隆重的欢迎。代表团访问了虎穴寺，亲眼目睹了帕罗的戒楚节，但是未能与身在普那卡、因流感卧病在床的国王见面。

杜瓦战争和乌颜·旺楚克的崛起

从布拉马普特拉河上游至不丹喜马拉雅山南麓最低坡地之间的平原地带被称为杜瓦地区(duar在印度语中的意思是“门户”)。该地区的西半部分是孟加拉杜瓦(Bengal Duars)，由第三任第悉敏珠丹巴在17世纪末占领，不丹人将该地区视为本国领土。东半部分为阿萨姆杜瓦(Assam Duars)，长期以来由不丹通过一份复杂的租赁协议向阿萨姆王国租用。

缅甸战争(1825~1826年)之后，英国接手了阿萨姆杜瓦特有的土地租赁协议，并介入“阿萨姆与不丹之间非常不睦”的关系。关于租赁费用和土地管理之间的分歧，使英国和不丹兵戎相见。除了该地区极其重要的战略地位外，英国人还看中了杜瓦地区优越的茶叶种植条件。

英国于1840年吞并了最东边的两个杜瓦，又于1841年9月将阿萨姆杜瓦的其他土地尽收怀中，英国人每年支付10,000卢比给不丹政府作为补偿。奥克兰勋爵(Lord Auckland)在给第悉和夏宗的信中写道，英国“深觉自己有责任占领整个杜瓦地区，这势在必行，与贵国殿下的意愿无关，因为我觉得唯有这样该地区才有可能展现出恢复和平与繁荣的前景。”

也许詹金斯上校(Colonel Jenkins)的一封信更能说明问题。作为总督代表，他在信中指出接管阿萨姆杜瓦地区的必要性。他写道：“如果我们能占领杜瓦地区，不丹政府在短时间内就得看我们的脸色行事，因为我们将他们维持生计的来源牢牢掌握在手中。”

约翰·克劳德·怀特(John Claude White)所著的《锡金和不丹，在东北边境的二十一年》(*Sikhim and Bhutan, Twenty-one Years on the Northeast Frontier*)阐述了作者1905年远赴不丹，向第一任国王乌颜·旺楚克授予印度帝国爵级司令勋章时的所见所闻。

1958年

印度总理尼赫鲁携女儿英迪拉·甘地访问不丹，象征着不丹和印度的关系有所改善。

1961年

不丹谨慎地结束闭关锁国政策，开启有控制的发展进程，同时进行现代化建设。

1964年

首相吉格梅·帕尔登·多吉，不丹变革的主要推手，于当年4月5日在庞措林遇刺身亡。

1968年

吉格梅·多吉·旺楚克继续改革政府，并废除自己对国民议会决议的一票否决权。

通萨佩罗掌权

在此期间，通萨佩罗晋美朗杰（1825~1882年）通过一系列的合纵连横建立了对不丹全国的有力控制。这是自首任夏宗之后，不丹首次真正重现和平的曙光。当英国政府代表阿什利·伊顿率领的代表团在不丹受辱时，晋美朗杰正千方百计地增强自己和中央政府的权势。

虽然英国认为伊顿使团的出访是失败的，并对伊顿的所作所为进行了斥责，但英国与不丹在孟加拉杜瓦租借付款问题上的争议仍在延续。另一方面，英国对伊顿已签署的协约的出尔反尔使不丹感到非常愤怒。1864年11月，英国出其不意地吞并了孟加拉杜瓦，牢牢控制了整个不丹南部。晋美朗杰精心策划了一次反击，他的部队在犀牛皮盾牌的保护下，俘获了两门英国大炮，并在1865年1月将英国军队逐出不丹。

英国很快重整旗鼓，夺回了一些乡镇，其中包括萨姆奇（Samtse，当时称为Chamurchi）。4月2日在Dewangiri的激烈战斗，为这场战争画上句号，英国人摧毁了所有建筑物并屠杀了他们的俘虏。谈判持续了整个夏天。最终不丹归还了此前夺走的大炮，双方缔结城下之盟。1865年11月11日，不丹被迫在《辛楚拉条约》上签字。根据这份条约，不丹永久向英国割让杜瓦地区，并且开放两国间的自由贸易。

这份条约让不丹失去了大量宝贵的农田以及很大一部分财富之源。不丹的边境线缩退至与印度平原接壤的丘陵脚下。现在人们常说，不丹的边界就是一块石头从山上滚下去停止的地方。不丹被迫割让的重要城镇有库奇比哈尔西北的Ambari Falakati、东部的Dewangiri镇（如今被称为迪沃塘）以及提斯塔河东岸的领地，包括如今的噶伦堡镇。

此时在不丹国内中心地带，内战仍在如火如荼地进行，但是晋美朗杰牢牢掌控政权，并于1870年成为第51任第悉。接下来的10年里，阴谋、背叛、权力掮客和持续冲突仍然大行其道。帕罗佩罗以及普那卡和旺杜波德朗的宗本，密谋推翻第悉晋美朗杰及其继承人——他同父异母的兄弟。从第悉的位置上退休后，晋美朗杰继续牢牢控制不丹，1879年他17岁的儿子乌颜·旺楚克被任命为帕罗佩罗。

晋美朗杰去世后，他的儿子夺取了通萨佩罗的职位，进一步巩固了自己的地位。在20岁时，乌颜·旺楚克挥师进军布姆唐和通萨，并于1882年被任命为通萨佩罗，同时仍然保留了帕罗佩罗之职。因为父亲在任时提高了通萨佩罗之职的权位，这使他具备了比第悉更大的影响力。当普那卡和廷

迈克尔·阿里斯（Michael Aris）在《渡鸦王冠》（*The Raven Crown*）一书中详细描述了20世纪初的不丹。书中加入了珍贵的插图和照片，并且利用不丹的文献对这个国家进行了阐述。

1971年

在经过三年的观察期之后，不丹终于成为联合国的正式成员。

1972年

吉格梅·多吉·旺楚克辞世，其子——16岁的吉格梅·辛格·旺楚克继承王位。

1973年

不丹广播公司成立，使用宗卡语、英语、尼泊尔语等进行广播。

1974年

吉格梅·辛格·旺楚克正式加冕为第四任不丹国王。

布的宗本之间发生战争时，乌颜·旺楚克试图居中斡旋。

在谈判无果而终后，乌颜·旺楚克派出自己的军队击败了忠于两位宗本的军队，同时控制了辛托卡宗堡。僧团和帕罗佩罗试图调解这场争斗，1885年在廷布的昌里米唐阅兵场举行了一次会议。然而会议期间却因争执引发了战争，廷布宗本的代表被杀，宗本也逃往中国西藏。在这次战斗之后，乌颜·旺楚克成为国内最有权势的人，大权在握后，他任命了忠于自己的人担任第悉，并使这个职务变得有名无实。

第一位雷龙之王

为了重新确立不丹的主权，同时巩固自身地位，乌颜·旺楚克积极发展与英国的关系。他于1904年协同荣赫鹏入侵中国西藏。作为回报，英国授予这位佩罗“印度帝国爵级司令勋章”的头衔。1906年，乌颜·旺楚克爵士受邀前往加尔各答，参加威尔士亲王的欢迎仪式。这次走出国门，让乌颜·旺楚克更深刻地见识到外面的世界。

1907年，第悉去世后，乌颜·旺楚克被不丹的地方首领和活佛喇嘛们推选为不丹的世袭统治者。他于1907年12月17日加冕，正式成为国家元首，并获得“雷龙之王（Druk Gyalpo）”的称号。这次加冕宣告了第悉体制的终结以及世袭王权的兴起——这是当今世界最年轻的君主制政权。

Karma Ura的《千眼英雄》（*The Hero with a Thousand Eyes*）一书让人们能够一窥第二任国王吉格梅·旺楚克（Jigme Wangchuck）在位时不丹王室的风貌。该书在廷布有售。

《普那卡条约》

英国和不丹的关系通过1910年签订的《普那卡条约》（*The Treaty of Punakha*）进一步得以深化。该条约声明英国政府“不会干涉不丹内政”。但是，双方一致认同不丹“在对外关系方面将充分考虑英国政府的意见”。对于杜瓦地区的补偿费用翻倍至每年100,000卢比，不丹同意将与库奇比哈尔和锡金的争议交由英国裁决。

不丹依然拒绝了英国常驻代表的任命，并且继续维持一种闭关锁国

1897年大地震

对不丹造成最严重破坏的自然灾难——阿萨姆大地震发生在1897年6月12日下午5时6分。震中位于不丹以南80公里处的阿萨姆，震级估计为里氏8.7级，地震学家将其归类为“灾难性的”。在地震中，普那卡和Lingzhi的宗堡毁坏殆尽，旺杜波德朗、通萨、贾卡尔的宗堡以及扎西曲宗堡的“乌策（utse，中央高塔）”也受到重创。帕罗宗堡逃过一劫，仅受到轻微破坏。

1974年	20世纪80年代	1983年	1988年
首批“旅行团”到访不丹国内景点，从而为国外游客的到来铺平了道路。	推行旨在维持国家特色的政府政策，开始将说尼泊尔语的南方居民边缘化。	不丹的国家航空公司——不丹皇家航空开通往返帕罗和加尔各答之间的国际航线。	政府在全国范围内开展普查，重点是确定非法移民，即那些无法证明1958年以前的家庭居所的人。

政策，以便在殖民时代保有自己的主权。1911年，乌颜·旺楚克参加了乔治五世在德里召集的盛大的宫廷接见会（durbar），并被授予印度之星爵士勋章。

第二任国王

乌颜·旺楚克于1926年去世，继任者是其24岁的儿子吉格梅·旺楚克。他在位时正逢“大萧条”和第二次世界大战，由于不丹奉行以物易物经济和闭关锁国政策，这些纷繁复杂的灾难性时事并未对不丹造成影响。

吉格梅·旺楚克细化了行政和税收体制，让整个国家都处于他的直接控制之下。他将布姆唐的旺迪曲林宫定为夏宫，而冬季整个王室都会搬到通萨南部的Kuenga Rabten。

1947年8月15日，印度脱离英国独立，新成立的印度政府承认不丹为一个独立的国家。1949年，不丹与独立后的印度签订了一份条约，其内容与早期和英国签署的条约颇为类似。条约强化了不丹作为主权国家的地位。印度同意不干涉不丹内政，不丹则同意由印度政府主导其对外关系。根据该条约，不丹收回了该国东南部约82平方公里的杜瓦土地，其中包括被英国吞并的Dewangiri。

雅布·乌金·多杰（Yab Ugyen Dorji）和多杰·旺姆·旺楚克王后（Ashi Dorje Wangmo Wangchuck）的《彩虹和云朵：雅布·乌金·多杰向女儿讲述的人生》（*Of Rainbows and Clouds: The Life of Yab Ugyen Dorji as Told to His Daughter*）一书讲述了不丹不断变迁的迷人和亲切的日常生活。

第三任国王和不丹的现代化

吉格梅·旺楚克国王于1952年去世，他的儿子吉格梅·多吉·旺楚克（Jigme Dorji Wangchuck）继承王位。第三任国王曾在印度和英国留学，会说流利的藏语、英语和印地语。为了改善同印度的关系，他邀请印度总理尼赫鲁及其女英迪拉·甘地于1958年访问不丹。

显而易见，闭关锁国政策在发展日新月异的现代世界已经过时。国王深知，为了保持不丹的独立地位，这个国家不得不融入更大的国际社会。1961年，不丹结束了长达几个世纪的自我封闭状态，启动了计划发展之路。

1962年，不丹加入“科伦坡计划（Colombo Plan）”。这使它获得了来自东南亚成员国的技术协助和培训。首个“五年发展计划”于1961年开始实施，印度同意给予资金援助，并在不丹西部援建了大型的楚卡水电项目。但是并非所有不丹人都认同这种变革。不同政见的势力派别之间时有冲突，积极推动改革的首相吉格梅·帕尔登·多吉（Jigme Palden Dorji）于1964年4月5日遇刺身亡。

第三任国王吉格梅·多吉·旺楚克（Jigme Dorji Wangchuck）在位期间，积极推行社会和经济改革，因而被后人称为现代不丹之父。

1992年

8万名自称来自不丹的尼泊尔后裔居住在尼泊尔东南部贾帕的七座难民营内。

1998年

吉格梅·辛格·旺楚克将行政权移交给选举产生的大臣委员会。

1998年

不丹最著名的寺庙——虎穴寺被大火烧毁。

1999年

在一个可控的持续现代化进程中，电视机和互联网正式被引入不丹。

旅游业起步

在吉格梅·多吉·旺楚克国王于20世纪60年代开始现代化进程之前，绝大多数进入不丹的非印度外籍人士都是英国的探险家。20世纪60年代有一些外国人被允许进入不丹，但是只有王室才有权发放邀请函，因此大部分到访者都是王室的贵宾。

早期的徒步客包括德斯蒙德·多伊格（Desmond Doig），他是王室的朋友，于1961年受《国家地理》（*National Geographic*)杂志之托徒步前往不丹。1963年，奥古斯都·甘瑟尔教授（Professor Augusto Gansser）在不丹国内各地跋涉以开展地质学研究。1964年由迈克尔·沃德（Michael Ward）、弗雷德里克·杰克逊和R·特纳组织的一个英国医师团前往了偏远的卢纳纳（Lunana）地区。

1974年第四任国王的加冕仪式使得有史以来第一次有为数众多的外国来宾进入这个王国。在登基仪式之后，一些小型观光团获准进入该国，并进入廷布和帕罗的宗堡以及佛寺参观。从这时开始，不丹的旅游观光行业模式渐趋成形。

首批付费旅行团于1974年抵达不丹，其领队是美国康涅狄格州林德布拉德旅行社（Lindblad Travel）的创始人拉尔斯·艾瑞克·林德布拉德（Lars Eric Lindblad），他是现代旅行团观光游的先驱之一。林德布拉德鼓励不丹政府发展高端旅游业，限制旅游人数。

帕罗机场于1983年正式开放，新组建的不丹皇家航空公司（Druk Air）开始运营往返加尔各答的航班。1990年机场跑道进行扩建，不丹皇家航空公司开始经营喷气式飞机，并开通了国际直飞航线。在1991年之前，所有游客都由不丹旅游公司（Bhutan Tourism Corporation）接待，这是一家政府经营的旅行社。1991年，旅游业开始实施私有化，很快就涌现出无数的旅行社，其中许多业主都是如今已经解散的政府旅行社的前雇员。

1969年，不丹加入万国邮政联盟。1971年，不丹成为联合国的一员。同年，不丹和印度建立了正式外交关系并且互相派驻大使。

国王在国内的建树同样引人瞩目。1953年，他建立了国民议会（Tshogdu）并制定了一部12卷的法典。他废除了农奴制度，重新分配土地，创建了不丹皇家军队（RBA）和警察部队，并且建立了高等法院（High Court）。但是，在引领不丹向现代社会过渡时，他非常注重保护不丹的文化和传统。

第四任国王与民主化进程

1972年，吉格梅·多吉·旺楚克国王阖然辞世，享年44岁。其继任者是他年仅16岁的儿子，吉格梅·辛格·旺楚克。与他的父王一样，新国王曾负

2001年	2001年	2003年	2005年和2006年
不丹王国首部宪法的起草工作正式开始。	根据尼泊尔和不丹达成的双边协议，尼泊尔难民营的难民验证程序正式启动。	第一所大学不丹皇家大学成立。	第四任国王退位，不丹王国宪法草案公布。

笈印度和英国，并在帕罗的乌颜·旺楚克学院接受不丹式教育。他决心推进父亲壮志未酬的现代化事业，并且宣布了使国家实现经济自立的计划。这项计划充分运用了不丹的独特优势——人口稀少、土地充盈、自然资源丰富。国王确立的发展目标中包括经济自立以及被称为“全民幸福指数（Gross National Happiness，简称GNH）”的理念。“全民幸福指数”并非简单地指民众面孔上的笑容，它其实包含了各种明确标准来衡量各种发展项目以及社会和谐方面的进步。个人可持续的幸福被认为可以通过这种方式来获得。

联合国难民署（www.unhcr.org）定期公布尼泊尔贾帕（Jhapa）难民营的数据资料。

1974年6月2日，吉格梅·辛格·旺楚克国王登基成为第四任“雷龙之王（Druk Gyalpo）”的加冕仪式，成为不丹开放之路的重要转折点，国际媒体也首次获准进入不丹。期间共有287位宾客受邀前往不丹参加这项盛典，为了接纳他们还新建了几座酒店。这些酒店为不丹后来的旅游业发展奠定了基础。

第四任国王非常重视教育、医疗服务、农村发展和通信的现代化。他接过了父亲在行政、劳动和司法等领域大刀阔斧改革的大旗，出台了包括实行无记名投票和废除强制劳役等的政策。他是不丹环境保护体制的设计师，使不丹在面对商业利益时优先考虑生态保护。他大力倡导国家特色、传统价值观以及“一个国家，一个民族”的理念。

1988年，国王举行了隆重的婚礼庆典，迎娶来自同一家族的四姐妹多杰·旺姆王后（Ashi Dorji Wangmo）、慈仁·佩姆王后（Ashi Tshering Pem）、慈仁·央东王后（Ashi Tshering Yangdon）和桑格·曲登王后（Ashi Sangay Choedon）。1998年，他宣布放弃绝对权力，将权力移交给国民议会（National Assembly）和大臣委员会（Council of Ministers）。

2005年12月，50岁的国王宣布他计划将王位传给长子——王储吉格梅·凯萨尔·朗杰·旺楚克。2008年不丹举行了史无前例的全国民主选举，这个国家实现了从绝对君主制向君主立宪制的转变。吉格梅·辛格·旺楚克国王曾说过：“君主制并非最佳的政府制度，因为国王的选择是依靠出身而不是功德。”

第五任国王和首次国会选举

吉格梅·辛格·旺楚克国王没有等到2008年，而是于2006年12月正式退位，将所有权力都移交给长子。此前这位王储已经到过全国每个角落，向民众宣传新宪法、即将到来的选举以及他们爱戴的第四任国王做出这项

2007年

有史以来首次选举出25席全国委员会（议会上院）中代表各宗（行政区）的20个席位。

2007年

为首次民主选举而筹建的不丹爱国进步党和人民民主党正式成立。

2008年

不丹再次进行投票选举，这一次是国民议会（议会下院）的47个席位。爱国进步党赢得其中的45席。

2008年

第五任国王吉格梅·凯萨尔·纳姆耶尔·旺楚克于2008年11月6日正式加冕。

南部不丹居民和边境冲突

在不丹南部边境上，来自尼泊尔的移民为了逃避本国残酷的种姓制度，于19世纪末至20世纪初到此安家落户。他们被称为“洛昌人（Lhotshampa，意思是南部边境的居民）”，主要信仰印度教，在不丹人口中所占比例约为25%。

19世纪80年代末，竹巴噶举信徒和洛昌人之间出现重大矛盾。彼时，不丹政府开始重视对于国家特色的威胁因素。考虑到不丹毫不设防的边界，以及肥沃的土地、较少的人口、免费的医疗和教育制度所带来的吸引力，政府开始在全国范围内进行普查，以确定谁是非法移民。

成千上万的尼泊尔族人无法提供相应的文件，加上恐惧和不安全感，导致不丹政府开始驱赶不丹境内说尼泊尔语的居民。究竟有多少移民出于自愿回到尼泊尔仍存有争议，但是1988~1993年数万尼泊尔语居民离开不丹，前往邻国尼泊尔的难民营生活却是不争的事实。2013年，仍有约3.8万人在联合国难民署（UNHCR）保护的难民营内生活，另有约10万难民被安置到西部地区。

2004年，在另一个不设防的边界附近，不丹军队将境内的阿萨姆分离主义武装驱逐出境，摧毁了他们的丛林避难所。然而，这个地区试图脱离印度独立或者至少是取得某种程度自治的斗争仍然风起云涌，与其接壤的不丹边境地区的安全依然是个问题，阿萨姆的旅游形势也非常复杂（见275页）。

印度东北地区多年来一直饱受分离主义武装分子暴力活动的困扰，其中一些势力在不丹南部的丛林里建立了开展袭击的大本营。这些组织的活动导致了印度阿萨姆邦超过2万人的死亡。

其中，Mechey部落的博多人（Bodos）建立了两个武装组织，分别是博多解放猛虎部队（Bodo Liberation Tiger Force）和博多安全部队（the Bodo Security Force），他们的目标都是为了争取博多人的生存家园。阿萨姆联合解放阵线（The United Liberation Front of Assam），即广为人知的ULFA，是成立于1979年的分离主义组织，其目标是建立一个独立的阿萨姆国家。他们曾对载有不丹和印度公民的火车、大巴和其他车辆发动了无数次袭击。

2003年12月，当政府意识到所有和平手段都无济于事之后，不丹皇家军队在国王的带领下，将武装分子赶出不丹国土。这些武装分子在边境线上的猖獗活动，使不丹人和国际旅行者前往该国东南部的行程都变得前途莫测，这也是皇家玛纳斯国家公园（Royal Manas National Park）和佩马加策尔（Pemagatshel）等地被禁止游览的原因。

重大决定的原因。

2007年12月，新国会首次进行了由25个议席组成的上院的选举，产生了“全国委员会（National Council）”。2008年3月，首次举行了47个席位

2008年	2009年	2009年	2011年
不丹王国宪法正式生效。	不丹和印度达成协议，在不丹建设10座新水电站以提供10,000兆瓦的电力。	6.1级地震袭击不丹，震中位于不丹东部，导致数人死亡，许多人无家可归。	王室大婚。吉格梅·凯萨尔·纳姆耶尔·旺楚克国王迎娶平民新娘吉增佩玛。婚礼于10月13日在普那卡宗堡举行。

的国民议会（下院）的选举。不丹爱国进步党（Druk Phuensum Tshogpa，简称DPT）获得压倒性胜利，赢得了47个议席中的45个。人民民主党（Peoples Democratic Party，简称PDP）获得剩下的2个议席。了解关于不丹政府和政党体系的更多信息，可参见194页。

2008年11月6日，在27岁的吉格梅·凯萨尔·朗杰·旺楚克的正式加冕仪式上，前任国王为新国王加冕，并为其戴上渡鸦王冠，这是史无前例的盛况。这个划时代的重要庆典在廷布扎西曲宗堡的金色王座室举行，无数国民和国际政要出席。第二天，第五任国王在人山人海的昌里米唐体育场发表了他的登基演说，他承诺："作为一个佛教国家的国王，我的职责不仅是确保你们今日的福祉，而且还要为你们创造一片沃土，使你们能够收获精神追求和圆满业力的果实"。

用英语书写的最权威和完整的不丹史书当属迈克尔·阿里斯（Michael Aris）的《不丹，一个喜马拉雅王国的早期历史》（*Bhutan,the Early History of a Himalayan Kingdom*）。

2011年

震中位于锡金的一场6.9级地震导致不丹1人死亡，数栋历史建筑被毁。

2012年

不丹最古老的宗堡之一——旺杜波德朗宗堡在一场大火中被夷为平地。不丹年度入境游客首次超过10万人次。

2013年

不丹举行第二次选举。人民民主党在此次国民议会选举中大获全胜。

2014年

不丹从日本进口数百辆纯电动汽车，用于出租车与政府车队，被视为政府贯彻使用新能源、推进零排放的又一力举。

建筑

不丹的建筑是这个国家最令人瞩目的特色之一。宏伟的宗堡、偏远的贡布和拉康，以及传统民居都在诉说着不丹的独特风格。但是由于缺乏书面规划，建筑主题也就各不相同，具体设计是根据当地地形和现有建材来决定的。

宗堡

由于宗堡大多建在崇山峻岭之上，因此堡内通常都建有通往最近水源的通道，从而使这些宗堡在被敌人围困时能够坚守一段时间。

不丹的宗堡也许是这个王国最引人注目的建筑。它们是宏伟设计和建造的杰出典范。这些巨大的白色城堡屹立于重要市镇的交通要道上，同时也是不丹国内全部20个宗（行政区划）的行政办公地，世俗和宗教领袖也在此起居。

除了大量的在用宗堡外，不丹还有许多被毁坏或废弃的宗堡，另有一些宗堡被用作其他用途，例如曲佐姆南边的多布吉宗堡（Dobji Dzong）。同时并非所有宗堡都是古建筑，比如在2012年就有一座新宗堡在楚卡（庞措林附近）落成。

许多宗堡都建有一座瞭望塔（ta dzong），这座塔或者与建筑浑然一体（如贾卡尔宗堡），或者是一个独立的结构（如帕罗宗堡和通萨宗堡）。这种高塔通常也被用作弹药库和地牢。许多宗堡都需经由吊桥方可进入，这是一种特有的防护措施。大部分宗堡都有向内倾斜的墙壁，这种建筑特色被称为收分墙。它可以产生视线错觉，让建筑看上去气势磅礴，感觉上比实际尺寸要大得多。

不丹的宗堡都用石块或夯土以及数量巨大的木材修建，其中木材用于制造大梁和木瓦屋顶。这些都是易燃材料，加上寺庙里暗夜长明的酥油灯，导致几乎所有的宗堡都曾饱受火患之苦。所有重要的宗堡都曾经（或者正在被）采用传统建造方式重建，但是在许多地方瓦楞铁屋顶已经取代

宗堡保卫战

在夏宗·阿旺朗杰（1594~1651年）统治期间，宗堡脚踏实地地承担着它们最主要的功能——作为堡垒要塞，当地佩罗（penlop）都在宗堡内办公。在17世纪至20世纪之间，佩罗之间在争夺控制权且生成仇恨和战争后，都会派兵攻打附近对手的宗堡。这些战役成功的关键是能否攻破对方佩罗所在的宗堡，从而控制整个地区。宗堡通常都设有箭垛，而且只有一扇大门，门后是一条狭窄的通道，需要两次右拐才能进入主庭院。这种设计是为了防止敌人对宗堡发动突然袭击。

Dzong 宗堡

政府机构和僧侣共享的有防御设施的寺院

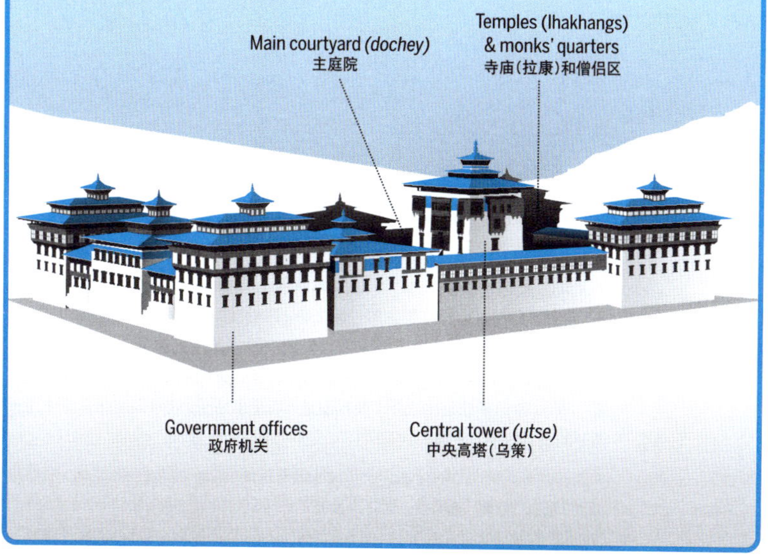

了木瓦屋顶。

不丹的宗堡在建造过程中从来不用钉子，这样高超的建筑技巧使不丹人深感自豪。此外，宗堡的建筑师不会准备任何规划或图纸。他们只是根据内心的建筑概念因地制宜，这正是廷布的扎西曲宗堡在1966年重建时所采用的方式。

每座宗堡都有自己独特的个性，但是大部分都遵循相同的通用设计准则。大部分宗堡由两个区域组成：一个区域用来容纳寺庙和僧房，另一个则是政府办公室。许多宗堡的宗教部分其实是一座佛寺，其中的僧团所在地被称为rabdey。在早期历史中，几乎所有的宗堡内都设有rabdey，但是如今只有廷布、楚卡、普那卡、帕罗、蒙加尔、通萨、贾卡尔、加萨和塔希冈的宗堡内还设有寺院。中央僧团（dratshang）在普那卡、通萨和帕罗宗堡内设有佛学院。普纳卡宗堡是宗教领袖——杰堪布的驻锡之地。

宗堡内的主庭院被称为dochey，采用大石板铺砌。宗堡的外墙是能够俯瞰庭院的数层房间和画廊，这些房间通常用作僧人宿舍和教室。由于宗堡内的宗教院落与世俗行政院落实际上是分隔开的，于是许多宗堡内就设有两个dochey，第二个dochey周围环绕着世俗政权的办公室。

宗堡的中心结构是一种状似高塔的建筑，其名为“乌策（utse）”。在大部分宗堡内，乌策内部都设有一系列拉康（lhakhang），其中每层一座。乌策的一楼是最主要的拉康。

不容错过的宗堡

- 普那卡宗堡（普那卡）
- 帕罗宗堡（帕罗）
- 通萨宗堡（通萨）
- 扎西曲宗堡（廷布）

贡布和拉康

在宗卡语里，寺院被称为贡布（goemba），这个词的发音与藏语中相对应的gompa截然不同。寺院选址的主要标准是为僧人们找到一个偏僻所在，使其能够保持平和宁静。这种情况在不丹尤为明显，贡布通常建于悬崖峭壁之上或人迹罕至的山腰。

不丹的贡布各有特色，但是它们也都拥有一些共同的特征。它们是一个自给自足的社区，设有一座中央拉康（lhakhang）和独立的僧房。拉康通常位于dochey中心，这与宗堡内颇为相似，在各种节日时庭院就会成为舞者表演的舞台。“拉康（lhakhang）”一词的概念可能会让人感觉混乱，因为它既可以指建筑本身，也可以说是建筑内的主殿。一些贡布的中央建筑里可能会有多座拉康。

不丹拉康不同于中国西藏的一点，是在祭坛旁会放置一对大象牙，象征善行。佛教徒尊崇大象为吉祥物，因为当佛祖出生时，其母就预先梦到一头白色大象。

在不丹所有宗教建筑（包括宗堡在内）的屋檐下都有一根被称为“khemar”的红色带状物。通常上面会挂有一个或多个黄铜圆板或镜子，它们代表着太阳（nima）。

下面是对寺院入口处的常见场景描述：

- 生命之轮（The Wheel of Life），由阎摩鬼王（Yama）掌控和转动，它代表了往生、与亲人分离以及通往重生的轮回之路。内轮有三种畜生：鸽（象征“贪”）、猪（象征“痴”）和蛇（象征“嗔”）。环绕内轮的是一圈象征仙界和地狱的图案，是指人们在死后会根据一生的业力而转世进入相应的世界。再外圈是“六道”，即众生轮回或重生之所。最外圈是十二个小格子，表示众生在六道中生死流转的运作过程，亦即“十二因缘”。
- 吉祥六长寿图（Tshering Samdrup）源于汉传佛教，包括老人、桃树、海螺形山岩、河流、仙鹤（通常是一对）以及鹿。

Goemba 贡布

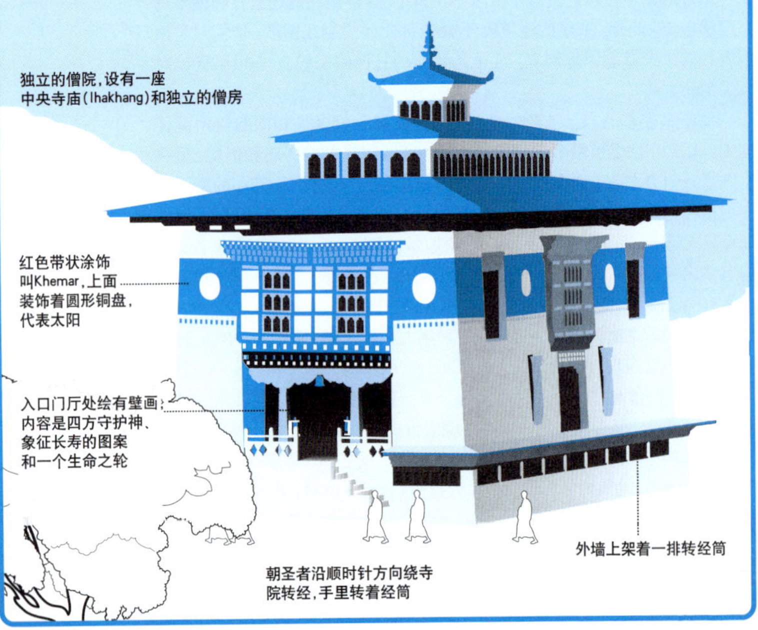
独立的僧院，设有一座
中央寺庙（lhakhang）和独立的僧房
红色带状涂饰
叫Khemar，上面
装饰着圆形铜盘，
代表太阳
入口门厅处绘有壁画；
内容是四方守护神、
象征长寿的图案
和一个生命之轮
外墙上架着一排转经筒
朝圣者沿顺时针方向绕寺
院转经，手里转着经筒

四方守护神

四方守护神（天王）的画像或雕塑出现在门廊（gorikha）墙上，以镇守拉康的四方门户。这些守护神起源于古老的蒙古族传统，每位神灵都手持不同的物件。他们是守护这个世界免遭邪灵荼毒和尘世威胁的战士。

剑米桑 西方广目天王（身为红色）；左掌托塔，右手捉龙，乃是蛇神纳迦（naga）之主。

玉科松 东方持国天王（身为白色）；手弹琵琶，主音乐之神。

南推色 北方多闻天王（身为金色）；左手托神鼠，右手持宝伞（又称宝幡），主财富繁荣之神。

帕吉布 南方增长天王（身为蓝色）；右手持剑。

➡ 一条格子布上整齐地写满了一首诗，每个词都写在一个小方格里（看上去有点儿像被子），专门用于供奉夏宗法王。

典型的拉康都建有穹形塔尖，在黄色屋顶上都有一个镀金的钟形装饰物，它被称为“serto”。大殿周围都有一条平整的转经道（kora）。外墙边置有转经筒架，僧人和信众在转经时都会转动这些转经筒。

人们通过门廊（gorikha）进入拉康内部。门廊四周都被壁画所覆盖，画中表现的通常是四方守护神或者生命之轮。大殿的入口是一扇巨大的彩绘木门，外有沉重的布匹或牦牛毛编织的门帘保护。门内就是法堂（tshokhang），也被称为dukhang或kunre。法堂通常较大，有立柱撑起屋顶，墙壁上是各种佛教绘画。

在法堂尽头是一个精心装饰的神堂（choesum），它可以是主殿的一部分，或者建在单独的房间或拉康中。双层的神堂供有巨大的镀金塑像，是拉康的中心。根据拉康建造的时间和原因不同，供奉的神像可能是释迦牟尼、莲花生大师或者其他神明。在莲花生造访之前所建立的拉康内，通常都供奉着强巴佛（弥勒）。

寺庙亮点

- 虎穴寺（帕罗）
- 祈楚寺（帕罗）
- 切米拉康（普那卡）
- 古杰拉康（卓霍山谷）
- 简培寺（卓霍山谷）

在寺院或大殿的祭坛上，你会看到自生（Rangjung）的手印或足印、一壶插有孔雀翎的圣水、曼陀罗坛城形状的种子供品、一对能够预知未来的骰子、干燥的种子，加上象牙和七碗水，象征着佛祖的七步莲花，或者中国西藏桑耶寺最先剃度的七位高僧。在祭坛上，你会看到精雕细琢、颜色华丽的朵玛（供品），用糖、酥油和糌粑制作而成。

大殿内通常有铜钹、法螺（dungkhar）、双簧管（jaling）以及长长的筒钦（dungchen）。祭坛上摆放有法铃（drilbu）和金刚杵（dorji）等密宗法器，分别象征智慧和慈悲。大殿内还有传统经文和祈祷书籍库，通常用布包裹。

在大部分拉康里，第二层都有一座名为“goenkhang”的殿堂，这里供奉的是保护神。除了举行仪式之外，这些神像通常都被覆盖起来。武器就存放于这间屋子里，其中可能包括旧步枪、盔甲、用犀牛皮制成的圆形盾牌等。在重大赛事前，弓箭手队伍通常都会住在goenkhang里，但妇女们都被禁止入内，僧人们也不愿意让游客进入其中。

民居

如果我们忽略目前正在大城镇稳步兴起的混凝土砌块不计，那么剩下的不丹民居都是根据地区特点，尤其是海拔高度而因地制宜的。不丹南部低海拔地区占主导地位的是茅草竹屋，在海拔较高的地方，大部分民居都

典型不丹民居

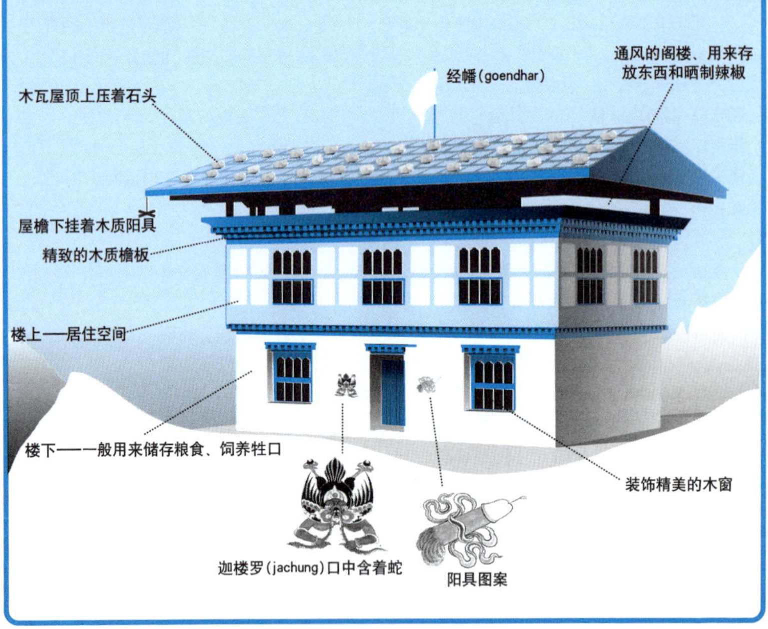

是简单的石头结构，甚至是牦牛毛帐篷。在不丹中部和东部地区，民居都使用石头建造，在西部地区，墙壁通常使用夯土打造，这是一种非常坚固耐用的建筑结构。

一座典型的西部不丹民居通常分为两层，有一个宽敞而通风的阁楼用来存放粮食物品。在乡村地区，底层通常用作粮仓，上层用来住人。在一些民居中，会专门设置一间精心装饰的房间作为"神堂"(choesum)。

下面一层在正面的夯土墙壁上开有大门，有时还有一些窗户，传统房屋都是坐北朝南的。上层由嵌入墙上洞孔中的木梁支撑。一根根中央支柱支撑起一架架横梁，这是因为很难找到能够与房屋长度相匹配的一整块木料。上层建筑的墙壁只有后部和两侧的后半部外墙采用夯土结构。用作生活区的前部则采用木料建造，有时会精心装饰，朝南还设有大大的窗户。上层木质结构会从前面探出，悬于下层的夯土墙壁之外，给人一种头重脚轻的视觉感受。

在比较古老的民居里，窗户还是木制的推拉窗而非玻璃。最重要的是，不丹的窗户都会钻出一个弯曲的三叶草图案，这被称为是"horzhing"。在不丹，每件事情都会有众说纷纭的解释，比如有人认为这种设计是受波斯风格的影响，也有人说这种实用化设计的目的在于让人们能够惬意地趴在上面欣赏窗外的风景，同时屋内的烟也可以从他们的头上排到屋外。

在墙壁顶端的屋顶之下通常安装有一道精致的檐板。传统民居的屋顶通常用木片瓦铺砌和覆盖(上面再放上大石头，以免屋顶被风刮走)，但是木片瓦需要经常更换，因此如今许多人都使用瓦楞铁来建造屋顶。传统不丹建筑中缺少的一项功能就是排水——除非加装了塑料排水装置，否则你在下雨时进出房屋，通常都会浑身湿透。

房屋内墙（通常也有部分外墙）采用木结构修建，内填竹编和夯土。这种建造方式被称为织土（shaddam）。

通往上层以及阁楼的楼梯通常是由整棵树干粗制而成的梯子。在攀爬这类梯子时，用手摸索右侧边缘背后会感觉到一些凹槽，这就是“楼梯扶手”。不丹民居中传统的“飞流直下”型厕所摇摇欲坠地挂在老房子的上层一侧。

在房屋建造完成后，户主会着手进行所有重要的装饰工作。木头表面都会涂上各种图案，每一种都有特殊的意义。吉祥结、莲花等花饰、云朵和吉祥八宝（Tashi Tagye）最为常见。在前面的大门旁通常有更大的绘画图案，往往是迦楼罗（garuda，鹰头人身的金翅鸟）或者硕大的红色阳具图案。阳具并非象征生育能力，而是与竹巴衮列喇嘛有关，人们认为它能驱邪避凶。所有佛教徒都会在家里房顶正中挂上名为“goendhar”的经幡。

许多房子都用木雕的阳具进行装饰，通常和一柄剑相互交叉，挂在房顶四角或者房门上，以驱邪避凶。

佛塔

佛塔（chorten）字面的意思是“装盛供品的盒子”。在不丹，所有的佛塔内都埋有舍利子。佛塔通常坐落在被视为非常不吉利的位置——河流交汇处、路口、山口和桥边，从而起到镇邪驱凶之效。传统的佛塔形状是源于古印度的舍利塔。佛塔的五个建筑元素都各有含义。方形或长方形塔基象征“土”；半球形穹顶象征“水”；圆锥形或金字塔形塔尖（塔尖有13节，象征通向成佛之路的13个阶段）象征“火”；顶部是新月和太阳，象征空气；垂直的尖峰象征苍穹或者神圣佛光。内部置有一根被称为“sokshing”的雕刻木杆，这是佛塔的“灵”。

有些塔，例如廷布的国家纪念碑，是专门为了纪念某个人而修建的。其他佛塔则是为了纪念圣人到访，或是藏有经书或者葬有圣人或大喇嘛的遗体。不丹有三种基本形式的佛塔，分别为不丹风格、藏式风格和尼泊尔风格。

尼泊尔风格佛塔源自经典的舍利塔。尼泊尔风格佛塔的四面都画有眼睛，即佛祖的万能之眼。不丹的尼泊尔风格佛塔都是参照加德满都的斯瓦扬布纳特寺（猴庙）和博德纳大佛塔而建。塔希央奇的寇拉大佛塔和通萨附近的成德布吉佛塔是尼泊尔风格佛塔的典型代表。

藏式佛塔外形与舍利塔类似，但是圆形部分会中间鼓出，下部收缩，而不是形成一个穹顶形状。廷布的国家纪念碑就是这种风格的杰作之一。

不丹风格的佛塔由一个方形石柱和顶部的红色带状物（khemar）组

夯墙

在不丹西部，常见民居的夯土墙厚度在80~100厘米之间。为了建造这些墙壁，首先要搭建一个木架结构，然后用泥土夯实其中。夯土用木棍捶打直至结实平整。当墙壁达到框架顶部时，框架则继续向上移动，接着重复整个过程。

打夯者通常是一群妇女，她们边打夯边唱歌跳舞。虽然不丹女性往往比较害羞，在外人面前比较低调，但是在打夯时她们会放下矜持，与男士们嬉笑玩闹。一所大房子通常需要用长达几周的时间来夯围墙。当泥墙打成后，要么保持原始状态，要么会被漆成白色。

Chorten 佛塔

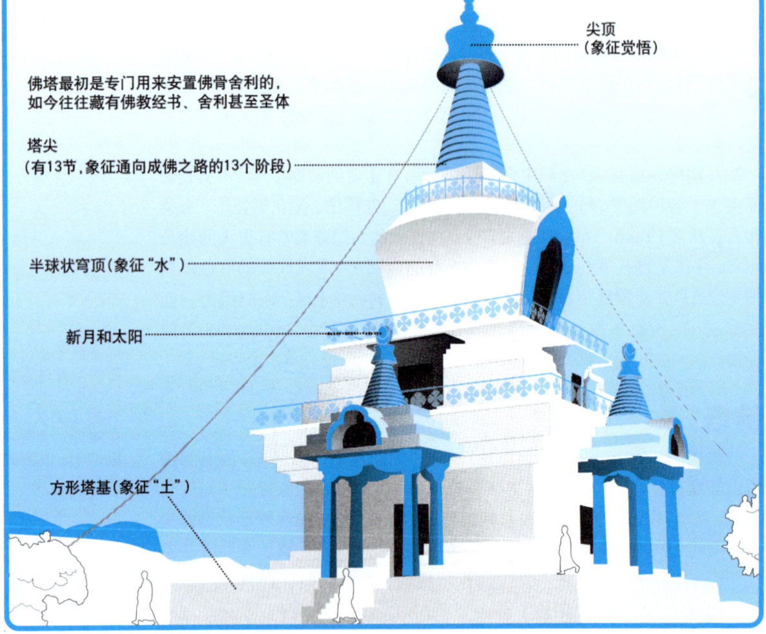

在经过一座佛塔或是玛尼堆时，一定要以顺时针方向绕行。

成。这种风格的起源已经无从考证，但是人们认为这是对古典舍利塔的简化，只保留了顶峰和方形基座。一些不丹佛塔顶部有一个球和一弯新月，象征着月亮和太阳。

此外，不丹还有几种其他类型的佛塔。双腿佛塔（Khonying）是一种拱道，通常设立在步行小道上作为出入口。旅行者在穿过这类建筑时会积累功德，这种佛塔内部有壁画，屋顶上饰着曼陀罗。Mani chukor外形与不丹佛塔极为相似，但它内部中空，放有一部很大的转经筒。这种佛塔通常建于小溪边，从而使水流能推动塔下的木制涡轮，带动经筒转动。

不丹生活方式

在20世纪50年代以前，不丹一直较为闭塞；最近的60年，不丹经历的变革比之前的400年还多。直到今天，不丹仍保留了大部分传统的社会结构，并在面对现代化和日益增长的外来影响力的同时，努力维持着自己的文化特征。

"在很久以前不丹就已决定，我们永远不会成为一个军事强国，我们也绝不会是一个经济大国，因此为了生存，我们必须有独特的文化特性。这就是你们所看到的文化：我们的服装、语言、建筑。你环顾四周，觉得自己在一个截然不同的世界。这绝非巧合。"

Dasho Kinley Dorji，不丹信息和通信部部长

直到20世纪中叶，不丹才开始出现规模较大的市镇定居点。2012年，廷布人口超过10万人，占全国人口的近七分之一。

不丹人都十分热情开放——他们脸上时刻都洋溢着幸福的笑容。孩子们面带笑容在晨曦初露时步行上学，家庭民宅里也经常传出快乐的笑声，连屋外织布的妇女们在打招呼时也娇羞地翘起嘴角——这些会让旅行者们很快融入其中。与喜马拉雅山区其他民族一样，不丹人有着极具感染力的幽默感，能够轻松克服沟通障碍。即使你不会说宗卡语或者不丹其他18种语言中的任何一种，这也丝毫不会妨碍当地人拉着你坐下来享用一杯茶。这些简单的举动完全发自内心，使旅行者在获得美好回忆的同时，也能迅速感觉到不丹人的豪爽天性。

日常生活中的佛教

作为一位初来乍到的游客，你很快就会体会到佛教在不丹人的生活中无处不在：也许首先映入眼帘的就是俯瞰廷布山谷的金刚座释迦牟尼佛像，或者是司机在遇到路中间的佛塔时顺时针绕行。五色经幡在风中猎猎飘扬，路边水流驱动的转经筒轻轻转动，佛祖和其他宗教人物的形象被镌刻到悬崖峭壁上，所有这一切无不在提示旅行者——佛教信仰和教义早已深入不丹的日常生活之中。对许多外国游客来说，要理解这种观念是一项陌生而艰难的任务，对佛教的一知半解还不足以理解不丹。行善积德、对自然深怀敬意、被神化的环境、对宗教人士的敬重等等，这些都是佛教和更古老的非佛教信仰相互融合的产物。

佛教在全国盛行，但是在南部地区，大部分不丹人都是尼泊尔和印度后裔，因此信奉印度教。佛教徒和印度教徒之间保持了良好关系，许多印度教节日也都成为国家假期。少数族裔信仰各种形式的古代万物有灵论宗教，其中包括佛教传播至喜马拉雅山区之前占主导地位的苯教。

不丹城市

直到20世纪60年代，不丹才出现规模较大的城市。从那时起，廷布、帕罗和庞措林都经历了显著的发展，从而使这些地区的土地供应出现一定压力。在其他地方，土地征用和定居的情况也有所增加，最明显的就是盖莱普。

不丹男性识字率为72%，女性为55%（2012年）。了解更多关于喜马拉雅地区的教育情况，或者为年轻学生提供资助，请访问www.loden.org。

最近几十年里，随着教育以及服务行业职位创造的就业岗位不断增加（例如公务员、教师、导游、军人或警察），不丹人口出现了前所未有的社会流动。农村人口向城市迁徙的步伐正在加快，毕业生的就业率正逐日下降，廷布的物业价值和租金迅速增长，这都引起了人们的忧虑。

2012年生活水平调查显示，如今有34%的不丹人口居住在城市地区，全国半数以上的家庭收入来自工资。纵观全国，农业仅占国民收入的10%。对于许多在城市里生活的人来说，平均家庭开支可能要占用全部或绝大部分工资，这也是许多不丹妇女开始做些小生意以贴补家用的原因。

乡村生活

虽然城市化势头迅猛，但有66%的家庭仍生活在不丹农村，其中大部分都依靠种植庄稼和畜牧养殖为生。

不丹中部地区的主要农作物有水稻、荞麦、大麦和马铃薯。人们也种植辣椒，然后在屋顶晾干后存贮。

大多数农村家庭的生活都是日出而作、日落而息，日常生活都围绕耕种庄稼和饲养牲畜而进行。每天早晨，全家人的第一件事就是到家中供奉的神龛前汲水献祭，然后吃一顿以米饭为主食的早餐。丈夫和妻子共同分担日常照顾孩子的责任，虽然女性通常负责做家务，但男人们通常也能够、而且乐于协助妻子做饭。餐桌上的饭菜通常包括米饭和几盘简单的菜——辣椒配乳酪（ema datse），有时还会加上一个荤菜或者一些荞麦面。儿童通常会帮助干家务活以及农场杂务，例如清扫、提水或打柴以及放牧等。

到了晚上，神龛前供奉的清水会泼洒到地上，人们在神像前点起一盏酥油灯，火苗静静燃烧，直至第二天黎明的到来。

不丹一直秉承自给自足的传统，人们通常自己制作服装、寝具、地毯，以及日常和宗教用途的座椅套、台布和装饰品。如今，不丹农村仍保持了某种程度的自给自足，但是许多日常用品都从孟加拉国、中国、印度和泰国进口。

不丹音乐

不丹的音乐行业市场不大，最流行的音乐形式rigsar仍在不断发展。Rigsar通常在现代音乐设备上演奏，尤其是电子键盘和合成器，它结合了传统不丹音乐和藏族音乐风格，并受到印度电影音乐的影响。当红的男女rigsar乐手通常会出现在当地制作的电影里。

虽然当代和传统不丹音乐在不丹各地的小摊上都能听到，但音乐团体却饱受市场规模较小的困扰，这里大众化的卡拉OK几乎侵占了所有舞台的每一寸空间。如果想欣赏最新的现场音乐，可以去廷布的Mojo Park（见66页）。

DANITA DELIMONT / GETTY IMAGES ©

农民在种庄稼，布姆唐（见119页）

教育

在第三任国王于20世纪60年代引入西式教育之前，不丹唯一的教育机构就是寺庙。在此之前，一些学生会前往大吉岭或噶伦堡接受世俗教育。西式教育如今已覆盖了整个国家。

学校体系旨在传授基本的识字能力，以及不丹的历史、地理和传统文化方面的知识。大部分村庄都设立了小学，但孩子们上初中或高中通常都是在学校寄宿。在进入大学之前，所有学生都可以免费获得教育和教材。不丹各地所有学生的清晨都是从晨祷和唱国歌开始。政府还提供成人教育课程，主要目标是提升识字率。

不丹发展计划的重任包括培养医生、工程师和其他专业人才，以及传授管道、建筑和电力等专业技能。不丹皇家大学（Royal University of Bhutan）成立于2003年，为不丹提供高等教育。

农村妇女往往继承了传统的价值观。城市化和不断增加的农村向城市移民，向离开家人和传统社交网的妇女提出了新的挑战。

不丹女性

相比东南亚其他地区，不丹妇女享有更多的平等以及和男人一样的自由。家庭财产通常都是由家中的女子而非男人继承。

传统上来说，女性负责居家做饭以及织造各种家庭使用和用于出售的纺织品。但是，她们也会下地劳作，尤其是在需要所有劳动力共同参与的收获时节。妇女还会自己酿酒，例如arra、bang chhang或sinchhang等。夫妻通常共同做出影响家庭的决定。

在不丹旅行时，你会发现不丹妇女具有独立的意识以及强烈的进取心。在廷布以及通萨、盖莱普和庞措林等新兴中心城市，妇女会积极投身贸易，在家销售商品或租一家小店面，以此提高家庭收入水平。

槟榔果

槟榔果(doma)是不丹文化的重要组成部分。作为广受全体不丹人钟爱的礼物，槟榔果由三种原料构成：槟榔(doma; Areca catechu)、槟榔叶(pani; Piper betel)和酸橙(tsune; 碳酸钙)。

嚼槟榔曾经是一种非常贵族化的行为，不同的原料盛在被称为chaka的华丽银色长方形盒子里，酸橙则单独用一个带有锥形盖的圆形盒子(trimi)装着。曾经在1907年参加乌颜·旺楚克加冕礼的英国官员J·C·怀特记录说，国王为所有参加加冕礼的来宾都准备了槟榔果。如今人们会将槟榔果装在竹制的bangchung或被称为kaychung的布袋里。尽管嚼完槟榔后吐出的残渣在墙壁和地板上造成的红色污渍仍历历可见，但年轻人已经开始渐渐远离这个习惯，因为医生开始对这种行为的危害提出警告。

20世纪60年代开始推行的全民教育，使不丹妇女身具文化知识，她们会在家乡或当地村庄之外的地方寻找工作。教育行业、公共服务部门以及其他机构为受过教育的年轻不丹妇女提供了重要的工作机会。

然而与男同胞们相比，某些领域依然对不丹妇女不那么平等。男人的识字率仍普遍高于妇女，但政府正在通过举办成人培训班来改善这一情况。虽然一些妇女在政府和非政府组织身居高位，其中包括2003年任命的首位女性地方法院法官，但在各级政府仍存在不同程度的性别失衡。在第1次和第2次国家委员会选举中，成功获任的20位候选人中，妇女的数量分别是4席和0席。在2013年7月举行的国民议会选举中，47个议席中仅有3位女性(且全都来自获胜的人民民主党)。

拉亚妇女喜欢穿黑色羊毛长裙，头戴竹编小尖帽，这身装扮让她们显得独树一帜。

国内最主要的妇女组织是不丹国家妇女联合会(National Women's Association of Bhutan)。该组织成立于1981年，领导人是Dasho Dawa Dem。她是不丹极少数获得Dasho(不丹语，对具有特殊地位长官的尊称)尊称的女性之一。2004年，不丹皇太后桑格·曲登·旺楚克(Sangay Choeden Wangchuck)成立了一个面向妇女的非政府组织——"尊重、教育、培养和赋权妇女组织(Respect, Educate, Nurture & Empower Women, 简称Renew; 网站www.renewbhutan.org)"。该组织备受推崇，致力于解决当代不丹妇女所面临的重大问题。

婚嫁

在过去，婚姻都是家庭包办。但是从20世纪70年代开始，大部分婚姻都是自由恋爱。不丹男女结婚的最低年龄分别是21岁和16岁。在农村地区，男人在婚后会搬到妻子家中。如果离婚，他们会回到自己家里居住。

一妻多夫制，即一位女子嫁给多位丈夫，仍存在于不丹某些地区，但一夫多妻制则受到严格限制。不过，仍有为数众多的男女生活在一起，如同夫妻，但并未正式结婚。离婚率正在与日俱增，法律规定一方需向另一方支付子女养育费用。

*Yeewong*杂志是不丹妇女最钟爱的读物，创刊于2009年，每年出版3期。虽然里面的造型和美色都是"国际范儿"，但是精致食物和时装绝对是不丹风格。

名字的含义

不丹南北部的取名方式各不相同。在北方，除了王室外，其他人都没有姓氏。在出生后几个星期，僧人会给婴儿取两个名字。这些名字都源自藏语，都具有吉祥含义或宗教意义。不丹人一般有两个名字，但有些人也有三个名字。

根据不丹人的名字来猜测他们的性别是一件困难的事情。只有少数名字为男孩专用，另一小部分名字则是女子专用，例如确吉（Choekyi）、卓玛（Drolma）和旺姆（Wangmo），但大部分名字都同时适用于男孩和女孩。

在南部，印度教的影响非常明显，存在着类似家庭姓氏的制度。婆罗门和尼瓦尔人保留自己的种姓，例如夏尔马（Sharma）或普拉丹（Pradhan）；其他人则使用自己族群名称作为名字，例如Rai或Gurung等。

卫生医疗和生命之轮

不丹的快速现代化也带来了卫生医疗设施的显著进步，所有不丹公民都可享受免费医疗。90%以上的不丹人都能获得清洁的饮用水。

不丹最主要的医院是位于廷布的国家转诊医院（National Referral Hospital），在南部和东部还分别设有另外两座转诊医院。各地区有规模较小的医院，在偏远地区通过基本医疗所（Basic Health Units）提供医疗保障，员工编制包括一位医疗助理、护士兼助产士以及一位基础卫生工作者。

在佛教寺院入口处的生命之轮（The Wheel of Life），仿佛在提醒不丹人死亡是生命轮回的一部分，人们终究会与亲人分离，然后进入重生。因此，死亡被视为生命中的一件大事。逝者家属会向亲朋好友报丧，并请来僧侣、贡千（gomchen，在家修行或已婚的僧侣）或者尼姑念诵《中阴得度经》（*Bardo Thodrel*）来超度亡魂，引导逝者灵魂度过死与生的中间阶段。

不丹人在夜晚不会大声呼喊某个人的名字，因为人们相信这样做会引来邪灵。

传统医药

从历史上来看，不丹素有“草药之国”的美誉，药材出口至中国西藏等地。知道如何使用各种草药的不丹人被称为“So-ba Rig pa”。它将印度的阿育吠陀疗法与中医诊脉融合到一起。最早的医疗著作可追溯至公元7世纪和8世纪，主要的医疗教义被认为传承自药师佛。这些医药知识被记录在名为*Gyuzhi*的四卷著作中。

当夏宗·阿旺朗杰初到不丹时，他的队伍中有一位备受尊敬的医师丹增多杰（Tenzin Drukey）。这位医师将“So-ba Rig pa”在不丹广为传播。虽然基本经典大致相同，但不丹传统“So-ba Rig pa”却独立于藏医药传承。自1967年开始，不丹传统医药正式被纳入国家医疗体制。

针对某种特定病症所需的医疗措施主要通过诊脉来决定，这一点与西医不同。西医仅仅通过脉搏来诊断循环系统是否异常，而通过“So-ba Rig pa”方法可以诊断身体器官的疾病。此外还会检查眼睛、舌头和尿液来帮助诊断。

不丹传统医药有多重治疗方式。成百上千的医药植物、矿物以及能够入药的动物器官都被医生所采用。这些基本成分通过不同的加工和混合，可制作出300多种医药，分为丸剂、片剂、汤剂、粉剂和洗剂等多重形式。医生还会建议或通过饮食和生活方式来进行治疗。

此外，不丹传统医药中还有多重治疗程序，其中包括刺络放血（gtar）、草药烧灼（bsregs）、针灸（gser bcos）、tshug（用不同材质的工具烧灼）、dugs（对身体某些部位热敷或冷敷）、医用精油推拿（byugs pa）、热石浴（sman chu）、温泉疗法（tsha-chhu，例如加萨宗的温泉等）和蒸汽疗法（lum）。

帕罗戒楚节（见23页）的观众

在不丹5000名正式出家的僧侣中，一半由杰堪布资助，另一半则由私人供养。

在火化之前，逝者都被放在一个木箱内，身覆白布，与家人相隔。火化仪式开始后，遗体被放置在面朝主持仪式喇嘛的柴堆上。第一次祭奠逝者的仪式是在其死后第7天（"头七"），然后是第14天（"二七"）、第21天（"三七"）和第49天（"七七"）。喇嘛会告诉逝者其往生已止，在祭奠仪式上超度他们至下一阶段并（希望能够）幸运重生，无论是再世为人，或是得道成佛。

在49天之后，逝者骨灰将会撒归自然；其中一些被放在一尊神像内，捐献给佛寺或神庙。在其后的3年里，每到逝者忌日时家人都会举行祭奠。

头衔和称谓

在不丹，头衔极为重要。所有人的头衔应该置于其名字或全名之前。王室家庭成员的男性头衔为"Dasho"（国王、王子或亲王），女性为"Ashi"（公主、王后或太后）。大臣的头衔为"Lyonpo"（发音为"lonpo"）。

"Dasho"头衔由国王颁令授予，他们同时还被授予红色围巾。在现实生活中，即使国王并未授予他们这个头衔，许多政府高官都被称为"Dasho"，但是从正式角度来说这是不对的。

人们用"Lopon"（发音"loeboen"）或"Lam"（如果被授予该头衔）来称呼某位高僧或上师。Trulku（转世活佛）被尊称为"Rinpoche"（仁波切），尼姑被称为"Anim"（阿尼姆）。

男人被称为"Aap"，男孩被称为"Busu"；妇女被称为"Am"，女孩被称为"Bum"。如果你要和某位不知姓名的人打招呼，你可以用"Ama"称呼女性，用"Aapa"称呼男性。在同样的情形下，女孩是"Bumo"，男孩则是"Alou"。当不丹人谈论某位他们不知姓名的外国人时，他们通常称呼其为"Chilip"，在不丹东部则称呼为"Pilingpa"。

白色丝绸围巾"kata（哈达）"在政府高官之间表示礼节性问候时进行交换。在向高僧大德表示敬意时也会敬献哈达，但是这种交换远不及中国西藏和尼泊尔那么频繁。

1984年不丹首次参加奥运会，派出三男三女组成的队伍参与射箭项目的角逐。在此之后的每届奥运会，不丹都会派出运动员参加。

着装：帼和旗拉

不丹传统服饰特色鲜明，是这个国家最独到的亮丽风景。所有不丹人在学校、政府部门和正式场合必须身着传统服装。男士、女士和孩子们穿着的传统服装都采用不丹布料制作，颜色图案丰富多彩。

男士传统服装被称为"帼"（gho），这是一种与藏袍类似的长袍。不丹"帼"的下摆齐膝，腰间束一根称为"克拉"（kera）的织布腰带以保持服装整洁。克拉仅仅缠绕在腰部，胸前形成一个很大的口袋，传统上用来放碗、钱币和槟榔果的配料。男人们常说，一天中最快乐的时光就是可以松开难受的腰带之时。

根据传统，男人们都会在腰间佩戴一把名为"dozum"的小刀。传统鞋子是高度齐膝的绣花皮靴，但现在这种鞋子只在节日穿着。大多数不丹人都脚蹬皮鞋、运动鞋或徒步靴。

"帼"有各种不同的图案，但通常都采用格子或条纹设计。花朵图案属于禁忌，红黄两色也会避免，因为这些是僧侣专用的色彩；其他图案都没有特别含义。在历史上，不丹男人在帼下面的穿着，与真正的苏格兰男人短裙下的着装基本一样（什么也不穿），但是如今通常穿一条短裤。到冬天，正确的着装是穿上保暖内衣，但是如今人们更习惯牛仔裤或者在里面套上运动服。在廷布，政府规定在冬天到来之前，腿部都不能被盖住。每年僧侣们开始向普那卡迁徙，就意味着冬天的到来。

在正式场合，包括拜访宗堡，都要求佩戴标志个人身份地位的kabney领巾。对于kabney的佩戴方式也有着严格的要求。在宗堡以及其他正式场合，dasho或其他当权人士应佩戴一把称为"patang"的长剑。

普通公民佩戴未漂白的白色丝领巾，每个层级的政府官员佩戴不同颜

礼仪和行为守则

夏宗·阿旺朗杰为寺院和政府官员建立了一套礼仪守则。经过数百年的演变，这套礼仪守则逐渐深入民间。这就是仪规体系（driglam namzha），即一整套行为规范，详细规定了在拜访宗堡时如何着装、向顶头上司和政府官员致礼的方式，以及坐下、吃饭等行为的正确姿势等。在正式活动（chipdrel、marchang）或射箭比赛开始前的仪式，也要遵守这种礼仪和行为守则。

政府从1989年开始推行这套礼仪和行为守则以保持不丹传统，特别是要求在访问政府机关、宗堡和寺院时必须穿着帼和旗拉。

与仪规体系密切相关的另一概念是孝道（thadamthsi），它是指不丹人对孝顺父母、尊重长辈和社区其他成员的信念。以佛教奉献精神为基础的孝道，是不丹社会中的一个重要概念。它通常是用"和睦四瑞"（见246页）的预言予以展示。

与孝道有关，但相比仪规体系不那么正式的还有礼节（bey cha）概念。礼节强调优雅地完成日常工作以及关怀和照顾其他人的社会美德。

2002年，不丹足球队员吸引了全世界的关注，当时不丹与小岛国蒙特塞拉特举行了一场比赛。《另一场决赛》(*The Other Final*)讲述了世界排名倒数一、二位的足球队之间这场比赛台前幕后的趣闻轶事，也记录了现场观众的热情参与。

色的领巾：金黄色是国王和杰堪布，橙色是大臣(lyonpo)，蓝色是全国委员会和国民议会议员，红色是拥有Dasho头衔以及被国王授予该头衔的高级官员，绿色是法官，中央有红色条纹的白色领巾是宗长(dzongdag)，外面有红色条纹的白色领巾则是噶波(gup，选举产生的村长)。

妇女身着的及地长裙被称为"旗拉(kira)"。这是一种颜色鲜亮的长方形裹身布，外罩一件名为"wonju"的藏族风格丝质上衣。"旗拉"的固定处包括肩部名为"柯玛(koma)"的典雅银钩，以及腕部用银或布料制作的手带。上身再穿一件较短的、开襟式、夹克风格的外套，它被称为"toego"。妇女通常会佩戴大量的珠宝首饰。这身装扮显得气质非凡，而且不丹妇女身着传统服饰时都会流露出浓浓的优雅。

"旗拉"可用棉布或丝绸制作(如今通常采用合成面料)，在一面或者内外两面都有图案。在日常生活中，妇女们会身穿一件双面设计的条纹布料"旗拉"；在更加正式的场合，她们会穿上织入装饰图案的旗拉。最昂贵的旗拉是一种织锦长裙(kushutara)，它采用手纺和手织的不丹棉布制作而成，然后用生丝或棉线绣上不同的颜色和图案。伦奇的kushutara设计赫赫有名。

在拜访宗堡时，女性会在她们双肩，或者仅仅是左肩系上一条名为"rachu"的布带，其穿着方式与男人穿着kabney类似。

不丹的运动

不丹的民族运动项目是射箭(datse)。只要有足够的空间，人们就会设法开展这项运动，它同时深受各年龄段人们的共同喜爱。在全国各地都会举办射箭锦标赛。

射箭竞赛既是大众喜闻乐见的娱乐项目，也代表了不丹的文化特色。比赛以一个简短的仪式和一顿早餐拉开序幕。箭靶立于140米之外。选手们通常都会站在标靶附近，大声点评对手的优缺点——如果选手射中标

不丹电影

不丹电影制片人为非不丹观众打造的第一部故事片是《高山上的世界杯》(*The Cup*)。由宗萨蒋扬钦哲仁波切导演的这部电影被提名为2000年奥斯卡奖最佳外语片。同样由宗萨蒋扬钦哲仁波切执导的《旅行者和魔术师》(*Travellers and Magicians*，2003年)是首部面向全球观众的宗卡语电影。这部电影包含两个平行的故事，其主题仍围绕当代不丹生活。故事主人翁是一位失意的年轻公务员顿珠(Dhundup)，他的梦想是离开不丹前往美国。他热爱摇滚乐和西式服装。但是在前往首都的路上，他遇到了许多人，他们建议这位公务员在自己的民族找到满足感。

这些电影深受不丹各年龄层观众的喜爱，人们观影时的乐趣之一，就是在电影中寻找亲朋好友以及熟悉的地点。面向不丹观众的不丹电影，例如*Khorwa*，通常会反映当代社会问题，例如家庭暴力、继子女所面对的问题、酗酒以及最近出现的失业潮等。这些电影的制片效果和演员水准参差不齐，但是不丹电影业的归属感正在日益显现，政府每年设置了各种奖项，对本土电影工作者加以肯定。最近的一部电影《谢谢你，先生》(*Thank You Sir*)，在2013年于廷布举行的第12届国家电影奖评选中一举摘得12个奖项。但是当年的最佳电影桂冠得主却是青春励志电影*Jarim Sarim Yeshey Tshogay*，这是一部关于一个女孩克服各种阻碍追逐成为不丹小姐梦想的故事，片中女一号由首届不丹小姐亲自饰演。

DZOE——捕灵者

有时你会遇到一种由树枝、秸秆和五颜六色的丝线编制的蛛网状结构的东西。它们通常都位于建筑物附近或路边，前面有鲜花和食物等供品。这就是dzoe（也被称为tendo），用来帮助家庭驱邪避凶的某种“捕灵者”。邪灵被dzoe吸引并困在其中。在祈祷仪式结束后，dzoe被丢弃到小路或道路上，从而将被困住的邪灵送走。

靶，他的队友就会翩翩起舞并高声唱出对他的赞美，选手本人会将一条彩色围巾系到腰带上。如果他没射中，就会受到对手们的嘲笑。

妇女们通常都会穿戴最漂亮的衣服和首饰，站在射箭场的一侧为选手们呐喊助威。她们在射箭比赛间隙会唱歌跳舞。歌词和呐喊有时会显得有些不堪入耳。

Khuru是一种在约20米长的场地上进行的飞镖比赛，设立的小标靶与弓箭手使用的标靶类似。飞镖通常是自己用木头和钉子制作，尾部黏上一些鸡毛。如果没找到鸡毛，那么使用彩色塑料胶带也未尝不可。队伍角逐时，场边人群会振臂高喊，从而分散选手的注意力，让其错失目标。这种运动在僧侣和年轻男孩中格外流行；如果是在khuru场地或射箭场，一定要小心突如其来的飞行物。

其他运动，尤其是篮球、足球、板球、自行车、高尔夫球、跆拳道和网球，正越来越受欢迎。

不丹的佛教

在不丹，佛教是无处不在的风景——五色经幡、白色和红色佛塔以及遍布乡村地区的岩刻佛像。无论你是参观宗堡，或是与导游交谈，如果你想真正了解不丹，就必须具备基本的佛教知识。追根溯源，从节庆舞蹈和寺庙艺术到政府政策，都是为了在不丹实现同样的目标：宣扬和传播佛家基本教义。

了解更多藏传佛教相关知识，可观看尊敬的宗萨蒋扬钦哲（Dzongsar Jamyang Khyentse）仁波切兼导演写的《正见》（*What Makes You Not a Buddhist*）一书。

佛祖

佛教于公元前6世纪或公元前5世纪发源自古印度中北部，教义来自乔达摩·悉达多的教诲——他被人们尊称为释迦牟尼佛。悉达多年轻时的经历鲜为人知。相传他的父亲净饭王和母亲王后摩耶生活在一个名叫释迦（Sakya）的小国，这个国家位于当今的尼泊尔和印度的交界处。在出生后不久，一位修行者向净饭王预言说，年轻的王子要么成为征服世界的国王，要么成为拯救众生的人。国王采取了各种预防措施，确保他的儿子永远不会走上灵修之路。然而，年轻的王子渐渐变得焦躁不安，在几次外出巡游时，乔达摩·悉达多看到了人们的生老病死，这使他决定告别衣食无忧的王宫生活。

在逃离王宫后（留下了他的妻子和孩子），悉达多成为一位四处游历的苦行者，进行禁食和打坐修行。最后在印度比哈尔的菩提伽耶，悉达多在一棵菩提树下打坐参禅，决意在悟道前将不会离开这棵树。他意识到在极端奢华的宫廷生活和让他疲惫不堪的苦行修炼之间一定有一条中道。经过三晚参悟，在晨曦初露之时，悉达多终于得道成佛（悟道者）。

佛教流派

佛教也许是世界上最宽容的宗教。随着佛教的传播，它会逐渐适应当地条件并吸纳当地的信仰和美学，创造新的教义流派。在过去的几个世纪里，佛教形成了两大主要流派：小乘佛教（Theravada）和大乘佛教（Mahayana）。

小乘佛教有时也被称为Hinayana，专注于寻求个体的解脱。大乘佛教则是完全不同的方向，强调慈悲为怀和普度众生。小乘佛教的教义先是在印度南部盛行，后来在斯里兰卡、泰国、缅甸和柬埔寨渐成气候。大乘佛教源自印度北部地区的新兴佛学院，后来沿着丝绸之路传播至中土（印度北部地区）、中国西藏地区以及不丹、日本和韩国。大乘佛教的慈悲教义渗透到不丹人的宗教信仰和日常实践之中。

尽管存在这些差异，但佛教的基本教义大致相同，佛教的所有流派都秉承了对佛祖原有教诲的信仰。

密宗（金刚乘）

一种名为金刚乘（Vajrayana）的新佛教教派在公元600年前后从大乘佛教发端。小乘佛教和大乘佛教都修习记录释迦牟尼教诲的佛经，但是，密宗修行者认为佛祖向一些早期信徒传授了隐秘而深奥的教义。这就是密宗经典（Tantra，又称gyu）。

经过几个世纪，中国西藏的密宗佛教逐渐分成不同的教派，每个教派都有自己独特的哲学、精神追求和政治重点。在不丹中部和东部，喜马拉雅山区流传时间最久的宁玛派最为普遍。宁玛派在佛教弘法的最早期就传入当地，通过伏藏（terma，被莲花生大师封藏的经文和法器）得以复兴。在不丹其他地方，尤其是西部地区，竹巴噶举派占据主导地位。该流派由藏巴·嘉日（Tsanpa Gyare，1161~1211年）在中国西藏的拉砻创立，于13世纪传入不丹。

朝圣者通过布施食物、钱财和酥油，资助宗教仪式或经幡，或者在特定日期参加节庆或宗教仪式来积累功德。

密宗经典（Tantra，梵文意思是"连续统一"）通常指与密宗教义相关的文献典籍。密宗大多依靠师徒间的口传心授，通过冥想和诵咒以获得护法神灵的指点。两个流传最广的咒语是观世音菩萨六字真言"唵嘛呢叭咪吽"，以及莲花生大师心咒"嗡阿吽班渣咕噜叭玛悉地吽"。

不丹的法器，例如金刚杵（dorji）、法铃（drilbu）、骷髅杯和手鼓都来自密宗教义，佛教寺庙中墙上悬挂的神像也是如此。它们用各种方式展示了得道成佛的各个方面——时而轻柔，时而盛怒。

佛教理念

悟道后不久，佛祖在鹿野苑举行了第一次法会。佛祖从一开始就阐释说，在纵情声色和禁欲苦行之间，存在一条中道。修行这种中道要遵循"八正道"，以"四圣谛"作为依撑。"四圣谛"阐述了因果报应的理念。佛教由此牢牢植根于人类修行，而非先贤预言或神迹启示。用现在的话来讲，佛教徒讲求非暴力、慈悲、平等（心灵的平衡）和正念（当下意识）。

佛祖在鹿野苑第一次讲道的场景固化为两尊麋鹿拱卫法轮的铜像，这样的纪念场景在每个佛寺房顶都能见到。

四圣谛

四圣谛是佛教哲学的根基，也是连接无明和顿悟、苦难和解脱之间的

参观寺庙时的注意事项

喜马拉雅山区佛教寺院通常都对大众开放，但如果你受邀进入拉康（庙宇）或贡巴（寺院）时，有一些重要细节需要格外注意。

- 在进入寺庙内的重要房间之前，通常要脱掉鞋和帽子。一般都会有迎客僧伴你身侧，你可以效仿他在适当的门廊处脱鞋。将相机、雨伞和帽子留在室外。
- 顺时针方向行进，不要高声喧哗。如果室内在进行某种仪式，务必先确定此时进去是否合适。
- 通常要在祭坛上留下一些布施（10努扎姆）。当你布施功德时，身侧的僧侣会从宝瓶（bumpa）中舀出少量圣水到你掌心。你应当做出喝一小口的手势，然后将剩余的圣水洒于头上。
- 虽然男性游客通常都会获准进入贡康（goenkhang，保护神殿堂），但是在进入前最好先征得许可。还要记住这些地方都不允许女性进入。不要走到贡康前的祭坛后面。

基本教义，由佛祖在鹿野苑举行的首次正式讲法时所确立。

第一圣谛是人生的痛苦，即“苦谛”。这种痛苦说明世间有情悉皆是苦。它由不断的六道轮回而维系。在生命的痛苦中还有老、病、死、爱别离和求不得。

这种不满和痛苦的原因包含在第二圣谛之中，此即“集谛”，是指人所拥有的贪、嗔、痴三毒，这些是产生痛苦的根源。这种求不得所导致的行为和业力，只会使得轮回周期不断增长。

第三圣谛被佛祖归结为“灭谛”——消灭轮回（生、死和转世的循环）之中所有贪、嗔、痴等产生痛苦的原因。在灭除欲望和嗔痴之后，我们能够脱离轮回和苦难，实现涅槃，此即佛教终极目标。

第四圣谛，即“道谛”，是说个人如何破解苦集和欲望，追求脱离轮回的正确方式。为此必须要修行八正道，通过布施和修行，积累功德，最终悟道和解脱。八正道是通往悟道之路的八项内容，分别是：正见、正思维、正语、正业、正命、正精进、正念、正定。

四圣谛是整个通往解脱和悟道之路的基础。因此深入理解这些圣谛，通过观照和禅定进行培养，是修行佛学之路不可或缺的根基。

吉祥八宝（Tashi Tagye）与敬呈释迦牟尼的八件贡品有关，在不丹各地被视为具有保护法力的图案。它们分别是：吉祥结（盘长）、法轮、莲花、宝鱼、白盖、宝伞、法螺、宝瓶。

转世和六道轮回

在佛教中，生命被视为无限的转世，众生在轮回中“流转”。根据佛教教义，世界不是只有一重，而是分为金字塔形的六道。人的一生要积累足够的功德，以免堕入三恶道之中。转世，或者轮回，都源自从“无明”到“老死”这一过程的十二个环节，即十二因缘。当这种“无明”反转，轮回本身可被反转并达到涅槃，脱离苦海和轮回。六道和十二因缘用佛寺入口处常见的轮回图案进行阐释。

业力

人们在六道中轮回，根据各自的业力重生，进入不同的轮回。业力会随着轮回生生不息，跟随着每个人。在佛教教义中，业力包括三个重要的

鲁索（民间宗教）

佛教到来之前的苯教，在喜马拉雅山区留下了深刻的印痕，其影响如今在不丹仍然随处可见，并且与被称为“鲁索（luso）”的民间宗教息息相关。一些习俗，例如在山口悬挂经幡，其实都源自苯教的实践。不丹的土地、山峦、湖泊、河流或森林都有自己神圣的地理存在，这些地方和保护神是不丹日常仪式的基本组成部分。每天清晨，大部分不丹人都会焚香煨桑，向山神献祭。在特定的日子里，每间屋子顶上都会升起一面旗帜，向神灵致敬。

不丹民间信仰中还有一些魂灵或nep（当地神灵）作为特定山谷的守护者，例如哈阿的春杜（Chungdu）或者旺杜波德朗的Radak，还有美人鱼外形的女神thomen，她居住在湖泊中，以及lu或纳迦（naga）——居于湖泊、河流和水井的蛇神。Sadak是土地之神，Tsen是带来疾病和死亡的空气之神。

许多当地神灵被认为是被莲花生大师降服后皈依佛教的苯教神灵。苯教传统和习俗在不丹部分地区仍然盛行，尤其是在举行当地节庆期间。许多苯教传统后来都融入主流佛教之中。

一个有趣但少见的女性宗教形象是delog。Delog是女性，有时也是男性，他们在辞世后前往另一个世界，观看死者接受审判并遇见各种神佛（例如观世音菩萨或莲花生大师），然后转世投胎。Delog强调过行善积德的生活并尽量避免伤害众生。

其他宗教

并非所有的不丹人都是佛教徒。许多洛昌人，即尼泊尔移民后裔，都是印度教徒——大多数来自阿萨姆邦和孟加拉邦的临时工也同样信奉印度教。在乡村地区，还有人信奉佛教传播之前的万物有灵信仰，另外有少数人口皈依基督教。不丹对各种宗教都十分宽容，但是不允许改变宗教信仰。不丹宪法坚持信仰自由，未将任何宗教设定为官方宗教。但是，宪法充分强调了佛教传统对于不丹文化特色的重要作用。

组成部分：行为、影响和结果。佛教的业力观将行为比作种子（因），其带来的影响比作果实（果）。

大乘佛教教义讲求行善积德，普度众生，使其他人也能从修行者的善举中获益。向需要的人和僧侣布施，人子出家为僧以及其他慈悲之举都是功德，都会产生积极的业力。

当代不丹佛教

不丹的现代社会依然有一世夏宗法王建立的古老社会体制的影子。新体系的宗教领袖是夏宗，其下是负责处理所有宗教事务的杰堪布。与其对应的世俗政府机构职位，是负责所有政治事务的第悉。了解佛教在不丹的传播背景，以及影响不丹佛教传播和组织体系的相关信息，可参见“历史”章节（见196页）。

宗教界组织体系

扎仓（dratshang，中央僧团）是指以杰堪布为首的由政府支持的僧侣群体。杰堪布的五位助手称为lonpons（首座经师），分别主管宗教传统、礼仪、词典编纂或后勤。杰堪布冬季居于普那卡宗堡，夏季则在廷布的扎西曲宗堡办公。在冬夏迁徙的两天路程中，不丹的路边挤满了前来祈福的民众。

每个宗堡都设有一位lam neten，负责主管每个宗的佛寺。每个宗堡都有一位语法经师、一位礼仪经师、一位宗教逻辑经师、一位经诵经师（umdze）和一位kundun（主管弟子修行），后者随身携带大珠念珠和一根鞭子。

根据传统，如果条件允许，不丹家庭会送一个儿子到寺庙出家。这被看作是为全家积累功德，并且是孩子的福报。第四任第悉丹增立杰（Tenzin Rabgye）在16世纪末推行了一种强制出家制度。这种制度要求将一个孩子送到寺庙出家，其原因是为了促进竹巴噶举教派的发展。

虽然这种强制出家制度早已不复存在，但年轻男孩出家为僧的现象却屡见不鲜。前往不丹的游客在帕罗宗堡和普那卡宗堡附近都能看到许多身着绛红僧袍的年轻僧人。他们通常都来自贫穷的农村家庭，对出家为僧也许有兴趣，也许没有。在进入寺院后，他们的日常生活就围绕学习读写进行。

通常情况下，年轻僧人们上午都会聆听上师讲经说法，下午则组成小组背诵经文。面向年轻僧人的佛学院被称为lobdra，更高级的佛学院则是shedra。在僧人负笈求学期间，背诵功课是一件非常重要的事情。因此每天僧人都要记诵一定数量的经文和祷语，并且接受上师的测验。他们年幼时并不理解经文的涵义。在十五六岁时，他们会接受单独的测试，以决定接下来是到shedra（佛学院）深造，或是去礼仪学校学习。Shedra将培养

不丹最古老的佛寺是位于帕罗山谷的祈楚寺和布姆唐峡谷的简培寺。这两座寺庙都由藏王松赞干布在公元7世纪修建。

年轻僧人的知识，并且帮助他们理解众多佛教经典和教义，而礼仪学校则负责向僧人们传授各种仪式的正确程序。

如今不仅政府负责提供基本生活保障（包括住宿、食品和服装），而且僧侣可以保留做法事时世俗施主所施舍的钱财。他们会受邀参加新房屋的祈福、新佛塔的启用或为家庭幸福而祈祷。这些活动需要施主进行大量准备工作，确保仪式所需物品都准备就绪。施主将为僧人提供食物，前来参加仪式的邻居们也挤满了房屋。这些活动有助于延续和加强世俗社会和宗教界的联系。

当小沙弥正式剃度出家为僧时，他们要不断发愿受戒。少数僧人会在青春期后进入寺庙修行，但这并非常情。僧人可在任何时候放弃修行或还俗，以回归世俗生活，通常是成家立业，但是必须要支付一笔罚金。这些曾有过出家经历的僧人被称为getre或“还俗的”僧人，这样的行为并不会被社会视为异端。其中一些继续扮演着世俗宗教人物的角色，他们被称为贡千（gom-chen），可为各种日常活动举行祈祷和仪式，尤其是附近没有寺院时。

在特殊场合，僧侣们会准备朵玛（torma，礼糕）。这是用糌粑（青稞粉）和酥油制作的五颜六色的供品，用于向神佛献祭。每种神灵都有自己喜欢的特定形式的朵玛。

家庭仪式

每个家庭都设有一个神堂（choesum）。祭坛上通常请有释迦牟尼、莲花生大师和夏宗法王像。在大部分家庭和寺庙里，信徒都会在祭坛上敬献七个装满水的碗。这种简单的供品十分重要，因为它可以丝毫不带贪嗔痴而施予。如果供品是为了敬呈给护法神，例如大黑天等，那么只摆

经幡

在不丹随处可以见到经幡，它们在山口、房顶、宗堡和寺庙庭院里随风飘扬。

经幡有五种颜色——蓝、白、红、绿、黄——分别象征天、风、火、水和土五种元素。他们还可以代表五方佛（dhyani）、五种智慧、五个方向以及五苦或五蕴。印经人先将经文或图案刻于木板，然后重复印刷到各种颜色的布料上。

Goendhar

最小的经幡goendhar通常挂在家宅房顶。这些白色的旗帜有小小的蓝色、绿色、红色和黄色彩带系于边缘。它们是为了祈求不丹主要保护神——大黑天的祝福和佑护。这些旗帜每年都会在祭祀自家神灵仪式期间进行更换。

Lungdhar

风马旗（Lungdhar）悬挂于山坡或山脊上，用于祈福、远离疾病、实现个人目标或者获取智慧。这些旗帜都印有风马（Lungta），它驮着能够让人美梦成真的祈愿石。

Manidhar

这种经幡是为代表逝者而设立，用来向大慈大悲观世音菩萨祈福。这些白色的经幡通常有108组，被立在能够遥望河流的山地高处。通过这种方式，人们相信祈祷的信念会随风飘入河中，被蜿蜒流淌的河水带到各地。

Lhadhar

Lhadhar是不丹最大的经幡。在宗堡和其他重要地点外面都能见到这种巨大的经幡，它象征着正义战胜邪恶。这些旗帜上通常都没有经文，它们像是巨型版本的goendhar，除了尺寸之外的唯一区别在于顶部，lhadhar顶部是五彩宝盖。如果要进入有lhadhar伫立的任何场所，不丹人必须身着传统不丹正装，外国人也务必衣着得体。

五碗水。如同喜马拉雅山区所有佛教徒那样，不丹信徒在神坛和喇嘛面前会顶礼膜拜，首先双掌合十高举过头顶，然后向下至嘴边停顿，再向下至心口。这代表着身（ku）、语（sung）、意（thug）悟道成佛的最终愿望。

释迦牟尼

在大事和危机发生时会举行各种祈福礼仪，例如出生、婚嫁、升迁、疾病和死亡等。仪式在家中神坛前，或者屋外有佛像（代表佛的“身”）、宗教经文（代表佛的“语”）和一尊小佛塔或舍利塔（代表佛的“意”）的地方举行。基本仪式有入式、净化、献祭和供奉朵玛（礼糕）等形式。例如，清水或熏香净化仪式在出生后举行，更复杂的仪式包括供奉吉祥圣物（例如吉祥八宝）通常在升迁或婚嫁时举行。人们依靠占星术来决定仪式举行时间。不丹人在踏上旅途或开始新事业前，都会向占星师（tsip）求卜问卦。占星术在克服厄运和决定最恰当的仪式开展时间以趋吉避凶方面发挥着重要的作用。

强巴佛

普通男女通常不会进行禅定或佛教哲学研究，但是许多人都会尝试完成初步修行，在开始新事业前，都会为子女和事业欣欣向荣而寻求喇嘛的赐福。

不丹佛教的重要人物

下面是对不丹佛教主要人物造像的简要介绍。这些文字既非详尽无遗，从学术上而言也不那么专业，其目的是为了让你在旅途中能够认出祭坛、寺庙壁画中的主要人物。

观世音菩萨

佛

释迦牟尼（Tenpa或Sangye）

佛祖释迦牟尼又称现世佛，其教义构成了不丹佛教的根基。他在不丹的典型造像和中国西藏类似，通常为盘膝端坐莲花宝座之上，黑色卷曲头发，头顶背光环绕，右手向下呈“见证”（降魔印）手印（mudra），左手落于腿上，左手掌心持钵盂。他的身体上有32种悟道的标记，包括顶髻、脖子上皮肤的三道褶皱以及拉长的耳垂。他通常以三世佛（Dusum Sangye）出现，即过去、现在、未来三世。在不丹，所有释迦牟尼像前都摆有一个法铃，这是最近现任国王送给人民的礼物。

文殊师利菩萨

阿弥陀佛（Opagme、Amitabha）

阿弥陀佛（无量光佛）是五方佛（dhyani）之一，居于西方极乐世界（梵语为Sukhavati、宗卡语为Dewachen——不丹有几家酒店就以此命名）。他与无量寿佛（Tsepame）和观音菩萨（Chenresig）通常一起出现，代表了欲望转化为智慧。他的形象通常被描绘为盘膝端坐莲花宝座之上，双手以禅定姿势置于腿上，手捧一个钵盂。他的身体呈红色。

无量寿佛（Tsepame）

与阿弥陀佛类似，无量寿佛身体呈红色，双手呈禅定之姿，但是手持装有不朽花蜜的净瓶。他经常和其他八尊佛像一起出现。

金刚手菩萨

强巴佛（弥勒佛，Maitreya）

传说未来佛以菩萨之身居于兜率净土（Ganden，Tushita），这是一处天堂胜地，菩萨在这里等待完全得道和重生，直至在世间的化身成佛。强

绿度母

巴佛像通常较为巨大，是莲花生大师造访不丹前所修建佛寺供奉的主神。他通常呈坐姿，双足触地，双手置于胸前摆出“说法印”。

药师佛（Sangye Menlha）

深蓝色的佛像，散发着柔和的佛光，向人们传授“医药学”（men）。佛教将医药视为减轻痛苦、延长生命的一种方式，从而有更多机会来获得顿悟。药师佛盘腿端坐莲花宝座之上，手捧装有三种药用水果的钵盂。他通常被八尊其他药师佛团团包围。

菩萨

白度母

菩萨（大觉之人）是信佛学佛之后发愿自度度人乃至舍己救人者，而不是为自己寻求轮回解脱的人。这种无私的态度被称为“菩提心（bodhicitta，成佛之心）”。

与佛不同，菩萨通常都头戴王冠，身佩贵重珠宝。不妨在佛寺和拉康留意三怙主（Rigsum Goenpo）——观音菩萨（仙乃日）、文殊菩萨（央迈勇）和金刚手菩萨（夏诺多吉）的合称。

观世音菩萨（仙乃日）

莲花生大师

白色的大慈大悲观世音菩萨也许是不丹佛教中名气最大的神灵。观音菩萨有许多化身。他“光芒四射、温柔慈爱”——作为不丹佛教的四大菩萨之一和特别守护神——的形象往往是端坐莲台之上，（四只手臂中）较低的两只手合十呈祈祷手势。

在不丹，观音菩萨还有一种法力强大的十一面和千手形象，被称为Chaktong Chentong或Chuchizey。据说这是因为观音菩萨为怜悯生苦，大发慈悲，发愿度尽众生，若愿不能偿，自己的头便裂成十份，身体分解为千份。然茫茫世界，芸芸众生，照应极难，于是他将身躯化为四十二段，每段化一观音，但仍穷于应付。此时阿弥陀佛前来告诫，说观音不应残身弘法，应以扩大法力宏愿，于是施法将观音四十二段又合为一体。千眼千手观音其中一面为忿怒面，意为金刚手菩萨（夏诺多吉），顶上一面为阿弥陀佛。其每臂手掌皆现一眼。

米拉日巴

文殊师利菩萨（央迈勇）

又称文殊菩萨，司理智慧与知识，右手执火焰金刚剑斩烦恼结。作为学习和艺术之神，他左臂抱梵箧。其形象通常为黄色。

金刚手菩萨（夏诺多吉）

金刚手即“手持金刚杵”，象征着无上法力和所向披靡。他的金刚杵代表大神通，是密宗信仰的根本标志。他在藏语中被称为“多吉（dorji）”，在梵语中被称为“金刚（vajra）”。他通常是忿怒的蓝色形象，表情愤怒，一腿伸出。在寺庙大殿前，你会看到他和红色的地藏王菩萨（Tamdrin）一同拱卫入口两侧。

夏宗·阿旺朗杰

度母（也叫Tara，多罗菩萨）

佛教中有21位度母（Drolma）。最常见到的两位度母分别是绿度母和白度母。绿度母——一位端坐于莲花月轮上，右足呈踬踏状的女菩萨，据说观音救度众生无量劫后流下眼泪，度母即从眼泪而生。另一种形象是白度母（Drolkhar），她双脚盘坐在盛开的莲座上，身生七眼，其中额上一目，双手双足各生一眼。度母以“长寿三尊（Tsela Nam Sum）”的方式进行供奉，另外两尊是无量寿佛和尊胜佛母（Namgyelma, Vijaya）。

护法神灵

大黑天（Mahakala, Nagpo Chenpo）

在不丹，大黑天（玛哈嘎拉）有多重化身，是最凶猛的护法神之一，被认为是不丹的守护神。他也被称为Yeshe Goenpo，是印度教湿婆神在佛教密宗中的形象。绝大多数不丹佛寺和神庙中都有专门供奉大黑天的神堂，相传他能祛病除灾，助人化险为夷。不丹人对他的信仰源于夏宗·阿旺朗杰将其奉为自己的守护神。根据传说，大黑天变成渡鸦（Gompo Jarodanden），一路引领夏宗前往不丹。鸦首大黑天是不丹君王所戴王冠的灵感来源。

大黑天通常为黑色身体，赤发上冲。他三目圆睁，身着虎皮，周身火雾缭绕；其身佩各种骷髅骨装饰，头饰五骷髅；其右手执月形刀，左手托骷髅碗。根据形象不同，他可以是双臂、四臂、六臂或更多。

吉祥天母（玛哈嘎哩）

吉祥天母是一位性情暴烈的护法神，与大黑天密切相关。在人们遇到各种困难时，会举行特殊法会来迎请吉祥天母驱邪避凶，例如遭遇自然灾害或爆发战争之际。她外相凶猛，与众不同，体呈蓝黑，手掌脚底皆为红色。其发藏明月，腹纳红日，口咬尸身，头戴五骷髅，耳坠毒蛇，左手托骷髅碗，右手持三叉天杖，侧身跨坐黄骡之背，以人皮为鞍。

历史人物

莲花生大师（古鲁仁波切）

莲花生大师是一位印度佛教尊者、圣人和密宗大师。根据当地传说，正是他在8世纪奠定了佛教在不丹传播的根基。人们俗称他为古鲁仁波切（尊敬的上师），他的梵语称呼为白玛炯内（Pema Jungne）或者帕达玛萨瓦拉（Padmasambhava，莲花生之意）。他出生于今巴基斯坦北部斯瓦特峡谷的邬金国（宗卡语为Ugyen）。他被宁玛派尊为二世佛。不丹国内有几十处洞窟和

僧侣多为独身主义者，不得抽烟饮酒，但他们通常无须吃素，晚上也可进食，这一点与东南亚佛教僧侣有所不同。

护法神灵

即使最小的寺庙里，也一定会有一个贡康（goenkhang，护法神殿）用来供奉各种面容可怖的忿怒神灵，他们通常都火焰缭绕、滴着鲜血，手持可怕的武器。他们可以是特定的地方守护神，更普遍的是本尊守护神（yidam）或佛教护法（dharmapala），或者是被密宗法力降服后皈依佛教的邪灵。在另一个截然不同的层面，他们也可以代表强大的意识和自我，也就是人内心深处的魔鬼，许多手臂和武器象征着不同的力量。你会经常看到交合姿势的双身佛（yab-yum）护法神，代表了慈悲和智慧。

大多数不丹山谷都有自己的本地护法神。廷布的Gyenyen Jagpa Melen护法神像就出现在德钦曲林附近的德钦朴拉康以及宗堡旁边的Neykhang Lhakhang寺内。他也被视为不丹全国的保护神，不丹人在开始事业或长时间离开祖国前都会到他的本庙内寻求赐福。其他各地护法神还有帕罗的Jichu Drakye、哈阿的春杜（Chhundu）、普那卡的Talo Gyalpo Pehar、旺度颇章的Kaytshugpa以及布姆唐的Keybu Lungtsan和Jowo Ludud Drakpa Gyeltshen。这些神都没有出世，因此并没有得道升天，而是在凡间庇佑大众。

岩石上都有据传是这位上师留下的印痕。

他被描绘为端坐在莲座之上，身着蓝色内袍，外罩金色大氅，肩披红色斗篷。他头戴“莲冠”并饰以一弯新月、炽烈红日以及象征日月之力交融的火焰般的结节。莲冠上有一根象征上师无上法力的帽翎，帽翎下为“半五钴杵”。其双臂外伸，右手持金刚杵，左掌托嘎巴拉（人头盖骨），内盛诸佛红白菩提甘露。莲师左臂倚放着一把三叉杖（katvanga），串着代表过去、现在、未来三世智的干、腐、鲜三颗人头。其腰带上挂一柄三刃匕首（phurba，一种用来降妖伏魔的祭祀匕首）。

莲花生大师通常有八种化身，被称为“莲师八相”，其中最引人注目的是身骑猛虎的忿怒金刚（Dorji Drolo）。他身旁通常有两位明妃益西措嘉（Yeshe Tshogyel）和曼达拉娃（Mandarava）以及25位弟子。他经常出现在自己的居所——桑东巴瑞（铜色吉祥山）。

有些僧侣会接受画工、雕刻、缝纫和刺绣等技能培训，从而为寺院准备各种不同的用品。

米拉日巴（Milarepa）

伟大的藏传佛教噶举派第二代祖师（1040~1123年），也是噶举派著名的诗人。据说这位“棉衣（Cotton Clad）”高僧和诗人经过一生苦修最终得道成佛。他的足迹遍布整个喜马拉雅边境地区，传说他曾经在不丹的虎穴寺禅修并谱出了一首歌曲。米拉日巴的大部分肖像都是面带微笑，置手耳边，浅吟低唱。由于苦修期间长时间食用荨麻汤，他通常都呈绿色。

竹巴衮列

云游天下的苦行僧竹巴衮列（1455~1529年），是竹巴噶举派的重要人物之一。他不入流的歌谣和诗歌颠覆传统，为他赢得了不丹人民的爱戴。在不丹，他的肖像通常身背弓箭，身旁有一只小猎犬。在竹巴衮列的主寺切米拉康，竹巴衮列的衣着与印度伟大的八十四大成就者（Mahasiddhis）颇为类似，赤露上身、身缠腰布。在其他地方，他的画像通常是身着普通装扮，脚蹬长靴。

白玛林巴

铁匠和伏藏师（terton）白玛林巴（1450~1521年）出生于布姆唐的唐谷。最广为人知的白玛林巴像由他自己一手打造，如今供奉于布姆唐的衮藏卓寺内。白玛林巴手捧宝瓶（bumpa，象征长生），戴着一顶与莲花生大师类似的莲冠，但是前面多了两道交叉的金刚杵符号。

夏宗·阿旺朗杰

夏宗·阿旺朗杰（1595~1651年）被视为不丹的奠基人，他于1616年从中国西藏来到不丹。夏宗有一抔个性鲜明的白色山羊胡须，身着僧袍，端坐莲花座。他左手持宝瓶，右手结“见证”（降魔印）手印，右肩披禅修带，头戴竹巴噶举派标志性的僧帽。

传统艺术

不丹充满活力的绘画、舞蹈、戏剧、音乐乃至别具特色的建筑，都深深植根于佛教之中。绘画、音乐和舞蹈内容几乎都是对佛教顿悟之路以及克服妄念摆脱轮回的演绎。

不丹的传统艺术

佛教工艺品在不丹的发展可以追溯至15世纪的伏藏师(terton)白玛林巴，他同时也是一位多才多艺的画家、金属工匠、雕塑家和建筑师。1680年，第四任第悉(世俗统治者)丹增·立杰(1680~1694年在位)设立了不丹工艺学校(School of Bhutanese Arts & Crafts)，将不丹艺术进一步推向繁荣，如今这所学校已成为国家手工艺学院(National Institute for Zorig Chusum)。

传统不丹艺术通过社会各阶层的支持得以传承保护。王室、贵族和神职人员是各种艺术品的忠实拥趸。与此同时，普通百姓支持艺术品，是因为他们需要依靠艺术家来提供典型不丹民居中不可或缺的各种木制品、金属制品以及绘画，无论是屋内用度还是室外装饰。

不丹的传统艺术有两项重要特征：宗教性和匿名性。不丹人将委托绘画和塑像视为一种虔诚的行为，是施主(jinda)的功德。施主的名字有时会被写在作品上，从而使他们的功德能够被铭记于心。但是，艺术家的名字却鲜被提及，虽然也有一些艺术家凭借卓越的作品质量而享受盛誉。

不丹艺术要严格遵循一些约定俗成的画法，不丹艺术家也非常严谨。但是，他们也会在一些小细节上展示自己的个性(例如，云朵或背景的阴影等)。

不丹本土艺术促进会(Bhutan's Agency for Promotion of Indigenous Arts)推出了不丹SEAL机制(www.apic.org.bt/our-projects/seal-of-origin)，为手工产品设立了质量和权威性标准。

十三门艺术

据说第4任第悉在其统治期间，将传统艺术分为13类，即“十三门艺术(The Thirteen Arts)”，它又被称为“Zorig Chusum”。Zorig Chusum本身是指那些支持、教化或超度他人的各种体力劳动。

木工(Shingzo)

技巧纯熟的木匠参与的各种活动，从建造宗堡和寺庙、房屋和宫殿，到制造不丹人民日常生活中所必不可少的工具和其他实用器具等。

传统不丹木雕

石工（Dozo）

具体工作包括建造佛塔、宗堡和寺庙，以及制作沉重的石磨和石杵。

雕刻（Parzo）

不丹人的木头、石头和石板雕刻技巧可谓出神入化。他们的作品在不丹随处可见，从佛塔上描绘佛祖和其他宗教人物形象的石板雕刻，到用于印刻佛经的木板印刷等。

绘画（Lhazo）

绘画和雕塑通常由僧人或世俗工匠在专门的作坊内完成。师傅的弟子负责完成前期工作（这本身也是训练的一部分），最终的精雕细琢则由师傅亲自完成。

Lhazo是指不丹的绘画，包括宗教唐卡（thangka）绘制、彩绘、寺庙和宗堡内的壁画等，以及不丹住宅外墙上五彩缤纷的图案等。绘画需遵循严格比例和肖像学几何规则。

雕塑（Jinzo）

不丹人最擅长的艺术技法之一是创造精致的泥塑，这些经常映入眼帘的泥塑与周围壮丽的风景完美地融为一体。这些雕塑体型从小到大，应有尽有，通常为泥土或黏土制作的中空造型。

除了人物塑像外，雕塑（jinzo）工作还包括生产一系列仪式用品，尤其是朵玛模型（torma，供品）、戒楚节期间佩戴的面具以及为略显乏味的新建筑砌泥墙等。

铸造（Lugzo）

铸造，通常采用青铜，是指生产乐器、塑像、工具和厨具，以及为陶器和珠宝制造模子等。

打铁（Garzo）

一般来说，这些工匠负责制作斧子、犁片、链子、刀剑和其他实用物品。

金银工艺（Trozo）

这包括所有由金、银或铜打造的饰物。它们通常采用切、打、绘或刻等手法制作。

竹藤工艺（Tshazo）

这些产品可谓五花八门，在全国各地市场里都能见到。其中包括bangchung（拥有精美图案的盖碗，用来装盛食物）、长形的palang（用于贮存啤酒或其他液体）、盒子（tshesip）、belo（小巧的防晒帽）、垫子（redi）、luchu（用于存储粮食）、竹草席（balep），当然还有弓和箭。

编织（Thagzo）

编织覆盖了整个过程：从纱线准备、染色到无数的设计图案。就种类和工匠艺人而言，这是不丹规模最大的手工艺行当。

刺绣（Tshemzo）

这种手工艺分为两大类。第一类是那些缝纫和刺绣的物品（包括从布料到精美罕见的唐卡等）。第二类是用不同的布料缝合在一起的贴花和拼缝物件。这其中包括了戒楚节时展出的巨幅唐卡（thondro），以及正式场合搭配帼（gho，传统男士服装）的帽子和精致的靴子。

木车削（Shagzo）

技术高超的车削工匠可在专业器具上，用树干特定部分或树根来制作各种精美的木碗。较大的木制dapa（装菜用）、木盘、木桶、木勺和小杯（phop），以及宗教仪式使用的各种小手鼓，都是通过这种方式加工而成。

造纸（Dezo）

用瑞香植物的树皮做原料的造纸工艺，以及后来采用竹子和水稻秸秆制作纸张的技术，都在面临着熟练技工流失的威胁。“dezo”中的“de”是指“瑞香（daphne）”植物。

绘画

除了蔚为壮观的建筑，无处不在的不丹艺术非绘画莫属。不丹共有三种传统绘画：唐卡（thangka）、壁画和佛像。绘画主题总是围绕宗教展开，表现了一位神灵、一段宗教故事、一种冥想对象或一组吉祥符号（例如吉祥八宝或者和睦四瑞图）。绘画通常都不是为了出售，而是用于特定用途——但这种情况正在慢慢发生变化。

绘画，尤其是人像画，都受到严格的图解规则约束。其比例和特征必须准确无误，艺术家在作品中并没有自由发挥的空间。最初布局由一系列几何图案构建，采用直线线条勾勒出人像的比例，这些在名为“zuri pata”的宗教文件中都有具体规定。在其他情况下，初始草图采用一种基本轮廓

不丹精美的木碗都采用块状的“树瘤”（瘿木）制作而成。这种树瘤的形成原因是树木躯干因感染或虫蛀导致的增生。只有图案最精致的树瘤才能用来制作高端大气、价值不菲的woogzo碗。这种木碗因为本身的猫头鹰羽毛图案而得名。

如果你有兴趣创建自己的不丹艺术，不妨看看戴维·P·杰克逊（David P Jackson）和杰尼斯·A·杰克逊（Janice A Jackson）合著的《西藏唐卡绘画：技法和材料》（*Tibetan Thangka Painting: Methods and Materials*）。

在不丹，大部分纺织品都是通过简易的背带式织布机来完成的，这与东南亚和中国西藏等地的纺织机颇为类似。这种织布机易于携带，而且在温暖的火塘边、房屋走廊上或帐篷旁都能很方便地支起来。

模板制作。画师会使用一袋粉尘将模板轮廓印到画布上。传统上，颜料都用泥土、矿物和植物制成，如今也使用化学颜料。这些材料先被研磨成粉末，然后与水、胶和粉笔灰混合。画笔则是用树枝和动物毛发手工制成。

唐卡（Thangka）绘制在经过拉伸并用木框固定的画布上。当画作完成时，画师会去除木框，然后配以多彩织锦为边，上下采用木棍固定以便悬挂。虽然某些唐卡会永久悬挂，但是大部分唐卡都会被卷起收藏，在某些特定的重要场合才会打开供信众朝拜。尤其是巨大的贴花巨幅唐卡（thondrol），会在戒楚节的清晨进行短暂的展示。同样的图像学规则也适用于绘制巨幅唐卡，这是展示不丹艺术家高超技艺的绝佳舞台。

宗堡和拉康内壁通常都为绘画所覆盖。在不丹，大部分墙上的壁画都绘制在很薄的一层布上，然后用一种特殊的糨糊黏到墙壁上。如今，古老绘画因其具备的历史和艺术价值而倍显珍贵，但是在进行修缮时，不丹工匠经常会重新绘制壁画，甚至直接粉刷墙壁。

大部分佛像都被细心地绘制，其面部特征都显得棱角分明，每位人物都个性鲜明。拉康内的许多宗教佛像，尤其是大型塑像，都采用未烧制的黏土制作而成。这些大型佛像的面部，以及整个表面都被涂满色彩，通常是闪亮的金色，从而使其看上去犹如铜像。这样的佛像在普纳卡宗堡较为常见。至于青铜佛像，其中一些非常小，且只有面部被上色。

只有把经文和松香藏进佛像后，佛像才会具备法力和神性，工匠们会用画笔让其双眼圆睁。有时你会看到未完工的佛像，未点睛的眼部用绷带遮挡。

纺织

旺楚克王朝的祖籍地是伦奇出名的织造区，也许这正是王室大力资助纺织工艺发展的原因，数十位纺织匠被王室所聘用。

织造不仅是另一种工艺技术（Zorig Chusum），它也是最富特色和精致的不丹手工艺品。这种艺术形式的丰富性在廷布的国家纺织博物馆（National Textile Museum）可见一斑。服装、商品包装和靠垫套等日常用品，都是不丹人家自己编织的。在20世纪中叶之前，不丹设有织造税，在地区宗堡内收取。政府将布匹作为僧侣和佛寺的供奉以及世俗官员的“薪资”。直到最近，在特殊场合或晋升仪式时，人们也会经常用布匹作为表示祝贺的礼物。不丹妇女仍保留有一些装满精美织物的衣箱，在急需用钱时可解燃眉之急。

和睦四瑞

不丹最受欢迎的绘画以家喻户晓的“和睦四瑞”为主题。在宗卡语中，这个故事被称为“Thuenpa Puen Shi”（三个词的意思分别是合作、关系、四），它阐述了人们应该团结互助的道理。在不丹各地的寺庙、家庭和商店都能看到阐述这个故事的图画。

这个寓言讲述了大象、猴子、兔子和贡布鸟齐心协力获得累累硕果的故事。贡布鸟衔来一颗种子抛到地上，兔子刨了一个坑把种子埋在土里；不久种子长出了幼苗，一只在山林里玩耍的猴子看见了，为了保护幼苗，他用树枝将幼苗团团围住，并拔去四周的杂草；一头大象看到这一情景后，便每天用长鼻汲来山泉浇灌。后来幼苗长成了参天大树，结满累累硕果。由于树太高，他们谁也够不着果实。于是大象让灵巧的猴子爬到自己的脊背上，猴子再让轻盈的白兔站上自己的肩膀，白兔又托起了鸟儿，终于小鸟用尖尖的嘴巴摘到一颗又一颗的果实，树下的每一只瑞兽都能够享受香甜的果实。

诱人的纺织品之旅

观看引人入胜的编织场景，同时欣赏织工们精致的织造技艺和乐在其中的辛勤工作，都是追寻传统纺织品之旅的精彩内容。在导游的帮助下，你可以试着与织工们交谈，也许可以在这些流传上百年的古老艺术品中找找有没有让自己一见倾心的物品。接下来当然是友好的等价交换。手工织物是你在不丹能买到的最传统和最实用的物品。绝大部分商品质量都无可挑剔，但是价格根据精致程度以及编织过程中是否使用了进口蚕丝而有所不同。手工织品按"段"销售，即30~45厘米宽，2.5~3米长。不丹人将三段这样长度的布料拼接在一起，制作帼和旗拉等传统服装。

精密编织的传统中心在不丹东部，尤其是伦奇宗的邓卡尔和Khoma、塔希冈宗的卡林和Radi，以及塔希央奇宗的Duksum。布姆唐的尊尼村是将羊毛织成条状亚特拉的编织中心。对纺织工艺情有独钟的旅行者，在参观廷布的国家纺织博物馆之余，不妨前往这些地方，从而更深入地了解不丹的文化特色。

与需要遵循严格宗教规定的唐卡绘画不同，织造为织工提供了展现个性的充足空间。图案、颜色、尺寸乃至修饰都反映了现有的材料和工艺以及时尚领域的变革。不丹的织工们极其擅长为"平淡无奇"的面料添加经纬线。最精巧的编织工艺通常用于制作旗拉（女性传统服饰）和帼，如果用蚕丝织造这些外套可能会耗去长达一年的工夫。

相传织造技术是由松赞干布的妻子引入不丹。每个地区都有独具特色的编织传统和图案，其中伦奇宗——王室家族的发源地——最负盛名。伦奇宗的织工非常擅长用类似刺绣的精美图案来装饰旗拉和其他纺织品。不丹东部其他地区则以生丝织造的独特条纹服饰而闻名。布姆唐的织工们生产另一种非常流行的面料亚特拉（yathra），这是一种手工编织的粗纺毛织物，可以缝制成毛毯、外套、靠垫套乃至汽车座椅套。

虽然亚特拉传统上由背带式织布机编织而成，但20世纪中期从中国西藏地区传入了踏板梭织机，而源自印度的手纺车比脱锭纺车速度更快。如今，所有上述工艺都被家庭纺织者所采用。

最近在政府鼎力支持下，不丹针对国内和海外市场开发了诸如包袋、装饰品乃至床单和桌布等新产品。

文学

不丹草书字体jo yig，与藏文截然不同，据说是由一位名为罗扎瓦·丹玛·册芒（Lotsawa Denma Tsemang）的僧侣创造。但是，不丹文字却是源自吐蕃赞普松赞干布统治期间由吞弥桑布扎创造的藏文。在大部分地区，不丹的文学文化都由佛教占据主导；首先是将佛经从梵文译为不丹文，其次是当地学者开始不断出现，从而推动了喜马拉雅佛教思想的发展。

木版印刷在不丹已经使用了数百年，如今仍是寺院最常见的印刷方式。经文被刻成镜像木版，然后印工两人一组，将手工纸压在抹有墨水的木版上，再用一只滚筒滚过纸张；印好的纸张被放到一旁晾干；印好的书籍被放置在两块板之间，并用布包好。在廷布的国家博物馆有很不错的展览，能够了解印刷过程并欣赏一些非常罕见的经书。

如果想要欣赏融合了传统与现代的不丹音乐，可以找找让人心旷神怡的举梅喇嘛（Lama Gyurme）和让-菲利普·里基尔（Jean-Philippe Rykiel）录制的《喇嘛的唱经——觉醒之歌》（*The Lama's Chants–Songs of Awakening*，索尼唱片，1994年）和《祈雨》（*Rain of Blessings*，Real World Records，2000年）。

> 不丹音乐研究中心（www.musicofbhutan.org）致力于推广传统音乐，录制了许多不丹民间乐曲和地区音乐。在线销售CD和书籍。

音乐

在不丹，除了宗教庆典所用的仪式乐器外，另有四大传统乐器：华丽的drangyen，或者叫不丹琵琶；只有两根弦的pchewang；竹笛（lyem）；以及用空心木料制成的古琴（yangchen），有72根弦，用两根竹片轻轻弹奏。

不丹有许多音乐家专门演唱民谣或宗教歌曲，例如阿姆廷里（Am Thinlay）等。吉格梅·竹巴（Jigme Drukpa）曾推出专辑《不丹民谣》（*Folk Songs from Bhutan*），最拿手的是两种主要风格的民谣歌曲：17世纪发源自不丹的z hungdra，以及受中国西藏民间音乐影响的boedra。

此外，还有一套流传很广的四辑不丹佛寺音乐CD，它们有着非常容易被误导的名字《西藏佛教礼乐》（*Tibetan Buddhist Rites*）（John Levy和Lyrichord录制）。这套专辑里收入了众多宗教和民间音乐，包括一位苦行僧（manip）让人回味无穷的吟唱，内容叙述了夏宗·阿旺朗杰抵达不丹的故事。

戏剧和舞蹈

不丹舞蹈的主要形式是被称为“查姆舞”（cham）的壮观而富有戏剧性的面具舞，通常在不丹各地的戒楚节（见31页）和其他宗教节日上进行表演。

下面是对戒楚节上经常见到的主要舞蹈的介绍。

英雄之舞（Pacham）

一种充满活力的舞蹈，源自白玛林巴的梦，据说可以引领信徒直接见到莲花生大师。舞者身穿黄色短裙，头戴金色王冠，但是不戴面具。他们手持一个小铃（dri-lbu）和一面小鼓（damaru）。

雄鹿与猎人之舞（Shawa Shachi）

源于米拉日巴点化猎人贡布多吉（Gonpo Dorji）皈依佛教的故事，这个舞蹈分为两个部分。第一部分类似滑稽剧，讲述这位猎人准备出发狩猎，他的仆从和他开一些无伤大雅的玩笑。第二部分比较严肃。这位猎人和他的猎犬正在追逐一只鹿，而这只鹿向瑜伽士米拉日巴寻求帮助。身着白色棉袍的米拉日巴高歌一曲，使鹿、犬和猎人都皈依佛教。皈依仪式以猎人和猎犬跳过一条绳子作为象征。

不丹琵琶舞（Dranyeo Cham）

这种舞蹈是为了纪念夏宗·阿旺朗杰将竹巴噶举教义带到不丹。舞者腰携宝剑，头戴圆形头饰，脚踩毡靴，身披厚厚的羊毛外套。其中一位舞者边跳边弹drangyen，这是一种类似琵琶的不丹乐器。

> 在戒楚节演出间隙，百姓们会跳起欢快的民间舞蹈。舞者们围成一圈，或者站成一行，踩着复杂的舞步，伴着优美的手臂动作，一同起舞。这时会有一个人领唱，其他人跟唱，或者用叠句作答。

黑帽舞（Sha Na Cham）

这种舞蹈一方面是为了纪念佛教僧侣佩吉多杰（Pelkyi Dorji）在公元842年刺杀灭佛的藏王朗达玛的英勇行为，另一方面则是代表从舞者到法力强大的密宗修行者的转变，他们是整个舞池的统治者，通过舞步跺地来驱妖除魔。舞者身穿锦缎礼服、头戴宽边黑帽、身系黑色围裙，代表了护法神灵。

在廷布，皇家表演艺术学院（Royal Academy for the Performing Arts，简称RAPA）培养宗教和民间舞蹈所需的年轻不丹舞者和乐师。舞蹈给人的感觉无与伦比，他们所表演节目的色彩和生命力让人叹为观止。

贵族与女士之舞（Pholay Molay）

与舞蹈相比，这更像是一出未经打磨的戏剧。两位王子离开王宫驰骋疆场，只留下一对老夫妻陪伴两位公主。两位公主和一位老妇人不幸被一些小丑（atsara）引诱和收买。在大胜而回后，王子发现了她们的行径，勃然大怒之下割掉了女人们的鼻子以示惩戒。最后，大家重归于好，王子们和公主们喜结连理。

Drametsi鼓手舞蹈（Drametsi Nga Cham）

根据白玛林巴之子Kunga Gyeltshen的梦而设，这种舞蹈诠释了100位宁静和忿怒的神灵。舞者头戴动物面具，身着齐膝黄裙，左手持一面巨鼓，右手执鼓槌。

忿怒神灵之舞（Dungtam）

在这个舞蹈中，神灵们是莲师八相之一——忿怒金刚的随从。忿怒金刚及其随从身佩phurba（特别的匕首），用来战胜和驱赶邪灵（由一队小模型来代替）。这代表着佛教教义让人们从肉身中得到解脱。舞者们身着五颜六色的锦缎盛装，脚踩靴子，头戴可怖的面具。

罗刹和死者审判之舞（Raksha Mangcham）

这是戒楚节上的最大看点之一。它表现了两位刚刚去世的死者在阎罗殿前被审判的经过。阎王爷由一个被罗刹（冥界人物或幽灵）簇拥的大模型来代表。首先接受审判的是一个罪犯，身穿黑衣。在听过黑白无常叙述其罪行，并让其自辩之后，阎王爷判定他的罪孽远远大于善德，于是他被打入地狱。第二个人物身着白衣，阎王爷也听了他的善举和恶行，最后他被判定为善人。在黑无常试图将这个无罪之人带走但未果后，这个人被引领至净土之中。

莲师八相（Guru Tshengay）

莲花生大师共有八种截然不同的化身，其身旁侍立着益西措嘉（右边）和曼达拉娃（左边）。这既是舞蹈，也是戏剧，开场时莲师化身忿怒金刚，面戴一张可怖的红面具，在进入舞台时，后面跟随着八种化身组成的长队。

宗教歌曲（Chhoeshey）

纪念竹巴噶举派创始人藏巴嘉日（Tsangpa Gyarey）在中国西藏地区为信徒们打开朝圣地扎日神山（Tsari）的东大门。

山川与河谷

不丹是地球上一个引人入胜的角落。长期以来，科学家们一直认为喜马拉雅山东部的生物多样性在全球首屈一指。加上相对封闭的近代史、国内大部分地区交通不便、人口数量少，以及这里秉承对所有生命保持敬畏的传统，一切都使你能够淋漓尽致地感受真正融入大自然的体验。

在板块构造影响下，喜马拉雅山不断隆起上升，其后果在不丹可谓显而易见。2009年，一场震中位于蒙加尔的里氏6.1级地震导致重大伤亡和建筑损坏。2011年，里氏6.9级的锡金地震也在不丹造成了破坏并导致1人死亡。

不丹的地势

不丹是一个内陆小国，东西长300公里，南北宽150公里，国土面积46,500平方公里，西北、北部和东部与中国接壤，其他边境则与印度为邻——南部是阿萨姆邦和西孟加拉邦，西部是锡金邦。中国西藏的春丕河谷素来为连接印度与中国西藏的古老商贸和考察通道，就在不丹北部和锡金邦之间。

事实上，不丹全国都是山区，包括从海拔100米的南部地区到中不边境上海拔7541米的岗卡彭森峰（Gangkhar Puensum）。按照地势大体上可分为三个地理区块：北部的大喜马拉雅高山区，喜马拉雅山南侧的山脉和峡谷以及南部的山麓和平原。

大喜马拉雅地区

高耸入云的喜马拉雅群峰屹立于不丹北部和西部边境上。这些山峰是神灵的居所，几乎没有人攀登，其中许多都未被探索，一些山峰甚至还没有命名。群峰之间有一些可以跨越喜马拉雅山脉的山口，但是大多数情况下它仍是一个坚不可摧的冰雪屏障（20%的国土面积终年都被皑皑白雪所覆盖）。喜马拉雅山脉从西部的珠穆拉里雪峰（海拔7314米），延伸至北部边境中间点附近的库拉岗日峰（海拔7554米）。一系列高度稍低的峰群向东绵延至中国藏南地区。

位于不丹与中国边境中间点以南的卢纳纳地区（Lunana Region），是

全球变暖和冰川融化

受温室效应影响十分严重的不丹小乡镇，可能会面临大问题，因为它们处在全球气候变暖的最前沿。在喜马拉雅地区，冰川湖被数百万立方米的冰川融水所填满，近几十年来冰川湖的溃决次数已经增加了10倍。在不丹，有25个湖泊面临着溃决的威胁。

1994年，一个冰川湖溃决，数千万立方米的湖水顺着波曲河（Po Chhu）奔涌而下，淹没了许多村庄并造成下游80公里处的普那卡宗的23人死亡。如今人们已经开始采取各种措施为这些湖泊“减负”，例如挖掘导流渠等，但是湖泊突然溃决的威胁依然存在。

芒德曲河谷（见116页）

冰川雪峰和高山峡谷构成的一片银装素裹的世界，在冬季会大雪封山，一系列高原山峰形成了卢纳纳的南部边界，从而使其与该国其他地方隔开。

喜马拉雅山南侧

雪峰之南是一片广阔的幽深河谷和植被茂盛的陡峭丘陵组成的世界，海拔从1100米到3500米不等。这是不丹面积最大的区域，也是包括廷布在内的所有大型城镇的所在地。该地区是在湍急水流作用力下形成的深谷迷宫。山坡一般都过于陡峭，不适合耕作，所以大部分地方仍被森林覆盖。

不丹西部的大多数边境线都由喜马拉雅山脉构成，其中包括珠穆拉里峰和吉楚扎杰峰（海拔6989米）。一些植被丰茂的山脊从主山脉向东延伸，从而形成了廷布、帕罗、哈阿和萨姆奇等大峡谷。在普那卡和廷布之间，有一条界线清晰的支脉，构成了廷布的旺曲河和普那卡的普那昌曲河（Puna Tsang Chhu）的分水岭。东西方向的公路需翻越海拔3050米的多楚拉山口。

被称为“黑山（Black Mountains）”的支脉位于普那昌曲河分水岭以东，成为不丹东西部之间的天然屏障。帕勒拉山口（海拔3500米）是翻越黑山的最主要通道。

一道南北走向的山脉将通萨和布姆唐山谷分隔开。公路从永同拉山口（海拔3425米）穿过。继续向东，当噶山脉（Donga range）成为布姆唐和伦奇地区之间的天然边界，琼辛拉山口（海拔3780米）成为公路的过境点。不丹东部地区包括大部分的玛纳斯曲分水岭，坐落于当噶山脉以东。

数百万年前，不丹现在所在的地方曾是特提斯海浅水区的一片宽阔水域。青藏高原（“世界屋脊”）则是滨海地带。

奔涌的河流

河流（chhu）在不丹地理的形成过程中发挥了重要的作用，它们所蕴藏的丰富发电能力给这个国家的经济注入了强劲动力。大部分河流都发源于不丹高山地区，另外有3条河流从境外流入不丹。阿莫曲河（Amo Chhu）从中国西藏的春丕河谷流经不丹西南角（变成托尔萨曲河），然后从庞措林流入印度。库日曲河（Kuri Chhu）的源头在中国西藏（在中国境内被称为洛扎曲），以平均海拔1200米的高度流经不丹；其支流Gamri Chhu河，发源于中国藏南地区。

不丹所有的河流最终都流经杜瓦地区，汇入源自中国西藏西部遥远的冈仁波齐峰附近的布拉马普特拉河（在中国境内的部分被称为雅鲁藏布江）。“杜瓦（Duar）”是一个梵语词，意思是“通道”或“门户”，是英文单词“door（门）”的由来。

阿德里安（Adrian）和吉米·斯托斯（Jimmie Storrs）所著的《尼泊尔和喜马拉雅山脉的树林和灌木》（*Trees and Shrubs of Nepal and the Himalayas*）是游览不丹森林的最佳图鉴。

不丹的绿色宝库

不丹拥有数量惊人的植物：超过5000种，其中有600余种兰花、300种药用植物以及46种让人叹为观止的杜鹃花。很少有国家可以在如此紧凑的国土区域内，拥有从热带丛林到高山苔原的多样化物种分布。由于冰川作用对喜马拉雅山地势较低的地方没有影响，这些山麓得以成为植物宝库，其中许多都可追溯到冰河时代之前。该地区也是一些地球上最古老的树种植被的家园。

森林一直延伸至海拔4500米的地方，不仅成为重要的燃料、木材和药材来源，而且也塑造了独特的文化，因为它们是许多民谣和宗教仪式的基础。虽然政府政策目标是维持至少60%的森林覆盖率，但是目前这一数字更高，65%的面积都是针叶林和混合阔叶林。

温暖湿热的亚热带

春季是观赏不丹壮丽的红色或乳白色杜鹃花的季节，最佳观景地点是多楚拉、帕勒拉和永同拉等山口地带。

亚热带常绿林生长在海拔800米以下的地方，是独特的生物多样性资源库，但是这些低海拔地区丰富的植被有许多已被开垦为牧场和梯田。接下来的植被带（海拔900~1800米）是亚热带草原，生长着香柠檬草、橡木、胡桃木和娑罗双树森林。在竹林之上，无数的兰花品种和蕨类植物点缀于林木之间。

幽深密林

在温带地区（海拔1800~3500米），低海拔地带的亚热带植被让位于橡木、桦木、枫木、玉兰和月桂树构成的幽深密林。在大多数山丘上，阳光充沛的南坡都会被丰富多样的阔叶林所覆盖。潮湿阴暗的北坡则是乔松和高耸入云的雪松，以及如同挂满老人胡须的冷杉。

香格里拉的偷猎活动

虽然不丹人通常都会遵守国家出台的保护政策，但是开放的南部和北部边境为动植物盗猎分子提供了机会。许多具有珍稀药用价值或其他经济价值的物种都被盗取和出售。杀戮和盗猎有违佛教教义，但是犀牛角、虎骨、麝香和虫草在不丹境外的高价，使不丹的环境保育面临着前所未有的挑战。

森林和公园服务部（The Department of Forests & Park Services）负责开展卓有成效的反盗猎计划，以保护濒危动植物，实施林业法规，控制野生动物器官和产品交易。全国性的护林人网络有助于规范木材砍伐，全国各地都设有道路检查站，以监测森林产品的运输行为。

蓝花绿绒蒿

蓝花绿绒蒿是不丹的国花。它是一种精致的蓝色或淡紫色花朵，带有白色的细丝，其宗卡语名字是euitgel metog hoem。它可以长到近1米高，生长地为林木线以上(海拔3500~4500米)的山岩上，花季在季风早期，从5月末至7月，花籽可以榨油。除了神秘、魅力和吸引力外，它奇怪的开花习性也让植物爱好者对其分外着迷。它需要多年生长，一生只开一次花，随后成籽，然后死亡。在从不丹遥远的东部向西行进时，翻越所有高山垭口时都能见到这种璀璨的花朵。

曾几何时，蓝花绿绒蒿和雪人一起被视为喜马拉雅山的未解之谜。1933年，英国植物学家乔治·谢里夫(George Sherriff)在不丹研究喜马拉雅植物时，在不丹东部偏远的萨克腾(Sakteng)发现了这种植物。除此之外，几乎没有人见过这种传说中的花朵，这种神奇花卉散发的神秘气息与雪豹的传说颇为类似。

高山野花草甸

在林木线和海拔5500米的雪线之间，分布着小灌木丛、矮杜鹃林和花类草药。在海拔4000米以上的地方，还可以看到矮小版的杜松。

当冬季结束时，积雪开始融化，高海拔牧场此时就变成了一片花海，这种壮观场景一直持续到初夏时分。在7月份季风来临时，花儿竞相开始第二轮更壮观的怒放，一直招摇到8月底。在这些高海拔地区绽放的美丽花朵包括银莲花、勿忘我、矮鸢尾、报春花、飞燕草和毛茛。

丽贝卡·普拉丹(Rebecca Pradhan)编写的《不丹的野生杜鹃花》(*Wild Rhododendrons of Bhutan*)是一本非常不错的赏花指南，并配有全部46种杜鹃花的图片。

环境挑战

20世纪之初，不丹的森林和生态系统都保存完好。但如今随着人口日渐增长，道路不断改善和扩展，耕地面积显得相对有限，因此不丹需要在保护国家自然遗产方面付出不懈努力。人们不断提升的环境意识促成了相应保护措施的出台。这其中包括禁止原木商业出口和禁止使用塑料袋的全国禁令。不丹正在自觉地决定放弃从开发自然资源获得的直接经济收益以保持环境，获得长期可持续发展。

薪柴

在偏远地区和大部分寺院，木材都被用作燃料(城市地区烹饪时使用燃气或煤油)，不丹的人均木柴消耗量排名高居全球榜首。在森林保护规划实施之前，不丹也许是依靠较低人口数量才维持了较高的森林覆盖率。在偏远地区，管理木柴砍伐是一个重要问题，目前政府正在积极推进将电能作为替代能源。

3至5月间，漫山遍野都被生机勃勃的深红色红杜鹃(etho metho)所覆盖，这是不丹最著名的杜鹃花，不丹的46种杜鹃涵盖从小灌木到20米高的参天大树的各种品类。

放牧和农耕

环境保护问题集中于人类和野生动物的冲突，以及高海拔野生动物栖息地环境因放牧而渐趋恶化。目前有许多政府和非政府组织正在开展各种项目，以实现传统农牧民需求和野生动物保护之间的平衡。

不丹还存在着大量轮垦耕作(刀耕火种，宗卡语称为"tseri")的生产方式，尤其是在东部地区。这种生产方式已被官方明令禁止，政府开始采取普及教育和供应肥料等方式来改变这种世代相传的生产生活。

野生动物和保护区

不丹拥有丰富多彩的动植物种群，生态系统范围涵盖从略高于海平面的亚热带丛林到海拔7500米以上的雪域群山。国内的众多栖息地被认为是近200种哺乳动物和600余种鸟类的家园。

昆桑曲登（Kunzang Choden）的《不丹雪人故事集》（*Bhutanese Tales of the Yeti*）描述了不丹人坚信有这种神秘的生物存在。

哺乳动物

不丹有不计其数的大型哺乳动物，但除非你徒步穿越或游览皇家玛纳斯国家公园，否则只会与它们缘悭一面。皇家玛纳斯公园是众多著名东南亚狩猎物种的栖息地：水牛、野牛、鬣羚、野猪以及各种野鹿（水鹿、山羌、白斑鹿和豚鹿）等。这里也是观赏亚洲象和更珍稀的独角犀牛的最佳场所。

在高山小径上徒步时，你也许会幸运地碰见岩羊（bharal）。岩羊是一种类似山羊的羚羊，在生物分类上介于山羊和绵羊之间，在冬天会变成蓝灰色，生活在海拔1800~4300米的地方。其他在高海拔地区生存的动物还有狼、牦牛和身材矮小、长相奇特的麝。雄麝的麝腺是极具价值的香水原料，这种神秘的麝鹿一直是偷猎者的目标。当你在高山草甸徒步时，肥胖的土拨鼠会在洞穴中叽喳作响，在不丹西北和东北部还能见到充满好奇心的羚牛。但是，最有可能观赏到羚牛的地方是廷布的莫提塘羚牛保护区，2013年有6头小牛犊在这里出世，从而使总数量达到22头。

猴子

不丹有好几种猴子，其中一些会在白天出来活动，在村庄或大路上都能发现它们的踪迹——因此在漫长的驾车旅行期间，不妨在路边的树上找找它们的身影。其中最常见的是阿萨姆猕猴：红褐色的粗短尾猴，通常是10~50只成群结队地在地面行进。在不丹，一直到海拔2900米都能看到它们。恒河猴与它们颇为相似，是印度平原上最常见的猴子。在不丹，这些胆大包天的恒河猴栖息在南部山麓地区。

叶猴是一种仪态优雅的树栖猴，拥有优美的肢体和极长的尾巴，以及极富魅力的外表。有三种叶猴在不丹的森林中栖息——海拔可达到3600米，它们通常住在高高的树冠上。常见的灰色或哈努曼叶猴居于帕勒拉山口以西；戴帽叶猴栖息于不丹东部的玛纳斯河流域；著名的金叶猴仅生活在西部的普那昌曲河和东部的玛纳斯河之间。在从通萨到谢姆冈驾车行进的路上，可以看看路边的它们成群结队地嬉戏而行。这种美丽的灵长类动物直到20世纪才被科学界所知悉。顾名思义，这种生物的显著特点是它

最佳野生动物观赏点

- *邦德林：戴帽叶猴*
- *珠穆拉里徒步路线：岩羊*
- *科里拉山口：犀鸟、巨嘴鸟和其他动物*
- *富毕卡河谷：黑颈鹤*
- *谢姆冈：金叶猴*

小熊猫

独特的金色外表。

这三种叶猴的脾胃都已进化到能够消化林叶，对农业无害。

猫科动物

各种品种的猫科动物，从家猫大小的丛林猫，到在不丹的森林、峡谷和山脉潜行的百兽之王——老虎。其他猫科动物还有亚洲金猫、纹猫、兔狲、豹猫、渔猫、山猫、云豹、金钱豹和神秘的雪豹。

本质上来说，特立独行的老虎在不丹拥有崇高的地位。它们的数量大约在100只，大部分都生活在皇家玛纳斯国家公园及其周边地区，但是老虎也会在整个不丹游走，甚至包括高海拔地区（海拔4100米），它们的足迹最远到达吉格梅·多吉国家公园。2012年，多楚拉山口附近的一部隐藏的相机拍到了一只老虎的照片。

不丹已开始实施几项老虎保护措施，再辅以强有力的保护区体系，为动物生存提供了有利的环境。不丹和印度的保护区提供了足够大的栖息地，使它们能够维持种群繁衍。

拥有异常美丽的银色斑点外套的雪豹，在栖息地被无情地猎杀，如今已濒临灭绝。这种难以捉摸的猫科动物几乎独来独往，主要是因为一只雪豹的狩猎范围就非常广阔，并且由于海拔较高，其猎物的数量也极为稀少。但是，当它们最喜欢的猎物——岩羊在冬季向海拔较低的河谷迁徙时，雪豹会在后尾随。冬季也是雪豹交配的季节。

塔西·旺楚克（Tashi Wangchuk）的《不丹哺乳动物野外指南》（*A Field Guide to the Mammals of Bhutan*）是关于不丹哺乳动物、识别特征、行为习性和地理分布的最权威指南，在廷布大多数书店有售。

熊和小熊猫

不丹有两种熊。杂食的喜马拉雅黑熊生活在温带森林（海拔1200~3500米），喜食附近农民种植的玉米和水果；而懒熊主要生活在低海拔地

国家公园和保护区

旺楚克百年纪念公园

面积4914平方公里
不丹最新、最大的国家公园，成立于2008年。这个高山公园将吉格梅·多吉国家公园和邦德林野生动物保护区连成一片，保护了四条大河的水源以及雪豹和羚牛的栖息地。

吉格梅·多吉国家公园

面积4316平方公里
不丹第二大保护区，涵盖亚热带（海拔1400米）至高山气候（海拔7000米），保护着一些濒危的物种，包括羚牛、雪豹和老虎。村民在公园内耕种和采集当地植物。

托尔萨自然保护区

面积610平方公里
托尔萨保护区位于托尔萨曲河从中国西藏流入不丹的入口处。保护区用以保护温带森林和高山草甸，也是不丹唯一一片没有人居住的保护区。

吉格梅·辛格·旺楚克国家公园

面积1730平方公里
公园涵盖黑山。黑山是不丹东西部的分水岭，栖息着老虎、喜马拉雅黑熊、小熊猫和金叶猴。有记录的鸟类已多达450种。公园也囊括了富毕卡山谷——黑颈鹤的越冬之地。

菲布索野生动物保护区

面积269平方公里
位于不丹南部边界，保护不丹仅存的娑罗树林。白斑鹿、大象、印度野牛、老虎、金叶猴和犀鸟等动物都在公园的保护下繁衍生息。

保护区
生物走廊

琼辛拉国家公园

面积905平方公里
用来保护古老的冷杉和西藏长叶松温带森林。这里也是小熊猫和棕颈犀鸟以及红胸角雉等濒危鸟类的栖息地。

邦德林野生动物保护区

面积1521平方公里
保护着岩羊、雪豹、小熊猫、老虎、戴帽叶猴、喜马拉雅黑熊和麝鹿的栖息地。这里也保护着一大片高山苔原，还是黑颈鹤的越冬之地。

萨克腾野生动物保护区

面积741平方公里
保护着一些本土物种，尤其是杜鹃花，它们生长在一片乔松、针阔混交林和杜鹃盛开的温带森林中。这里还因为是世界上唯一一片保护着雪人栖息地的保护区而声名远扬。

卡林野生动物保护区

面积335平方公里
位于不丹最远的东南角，保护着野生大象、印度野牛、豹、姬猪、粗毛兔和其他热带野生动物。这片保护区与印度的一个规模相当的保护区接壤。

皇家玛纳斯国家公园

面积1057平方公里
与印度的玛纳斯国家公园接壤，这片保护区覆盖了从平原到山峰的一片区域。这里有犀牛、水牛、老虎、豹、熊和大象。这里还有一些珍稀物种，包括金叶猴、戴帽叶猴和粗毛兔。

中国地图出版社供图

羚牛——不丹国兽

选择羚牛作为国兽，既是因为它的独一无二，也因为它与不丹的宗教历史和神话密切相关。当大圣人竹巴衮列喇嘛于15世纪造访不丹时，来自全国各地的信众在法会上相聚一堂，共同见证这位“癫圣”的无上法力。人们热切地盼望这位喇嘛大显神通。

但是，这位圣人，以他一贯的疯疯癫癫和蛮横无理的方式，要求众人先奉上一头牛和一只羊作为午餐。他如风卷残云般津津有味地将这顿饕餮大餐消灭精光，只留下一堆骨头。在打了一个巨大绵长而心满意足的饱嗝后，他拿起羊头，将其放到那堆牛骨上，随后用一声响指，命令异兽复活并到山坡上吃草。在众人惊诧目光的注视下，这只动物起身跑到草地上。后来它被称为羚牛（dong gyem tsey），到今天人们仍可以看到这种目光呆滞的动物在不丹的山坡上吃草。

羚牛依然让动物学家在分类时感到十分棘手。著名生物学家乔治·夏勒（George Schaller）将其描述为“被蜜蜂蜇过的驼鹿”。在夏季，羚牛会迁徙到海拔3700米以上的亚高山带森林和高山草甸，享受茂盛的青草、香草和灌木。通过迁徙，它们可以避开水蛭、蚊子、牛虻和雨季到来时低谷里的其他寄生虫。这也是高山植被最丰茂肥美的季节，羚牛在这里很容易发胖：有些雄性变得极为魁梧，重量可以达到1吨以上。夏季同样是羚牛交配的季节。羚牛的孕期为7~8个月，小羚牛——通常是独胎——在12月至翌年2月之间出生。有时候，喜马拉雅黑熊会跟随怀孕的羚牛，待其生产后将羚牛赶走，吃掉刚刚出生的小牛犊。

到8月末，羚牛会慢慢向较低的山谷迁徙，群落开始分散而居。它们于10月下旬到达海拔2000~3000米的温带阔叶林冬季牧场。

法律禁止狩猎羚牛，而且针对羚牛的偷猎活动也极为罕见，因为它们的身体器官经济价值并不高。但是在传统医学里，微量的羚牛角据说对难产的妇女有帮助。

羚牛面临的主要威胁，是与牦牛竞争高山草甸的牧草，以及渐渐消失的温带森林栖息地。

塔西·旺楚克（*Tashi Wangchuk*）

区，以白蚁和蜂蜜为主要食物。熊有时的确会对人类发起攻击，其原因是较差的视力导致其将站立着的人视为一种威胁。

小熊猫在不丹被称为“aamchu donkha”，在帕勒拉、琼辛拉和加萨宗部分地区较为常见。它身体呈明亮的栗色，身长50公分，有着浓密的带状尾巴和一张白色的面孔。小熊猫昼伏夜出，白天在树上睡觉，夜晚出来寻觅竹子等食物并袭击鸟巢。

卡萝尔·因斯基普（Carol Inskipp）、蒂姆·因斯基普（Tim Inskipp）和理查德·格里米特（Richard Grimmett）编写的《不丹的鸟类》（*Birds of Bhutan*）是一本关于不丹珍贵禽类的全面图解。

鸟类

每年，不丹本已丰富多彩的鸟类名单都会日益加长，这是不丹令人瞩目的生物多样性以及这个王国少量系统化观察研究野鸟工作的成果。尽管如此，记录在案的鸟类品种已经超过600种，观鸟已经成为极受欢迎的团队游项目。

不丹的越冬黑颈鹤族群早已大名鼎鼎。但是更鲜为人知的越冬鸟类种群，大部分都是孤立的个体，其中还有濒危的白腹鹭，它是世界上最稀有的50种鸟类之一。这种优雅的鸟类也许——如果运气够好——能够在普那卡、旺度颇章、谢姆冈的公路附近发现其踪影，尤其是在芒德曲河谷。

一些鸟类则是短暂途经此地，在秋天和春天迁徙往返于中国西藏和印度北部之间。被视为珍稀鸟类的巴拉斯鱼鹰，每年春天在旺度颇章附近的普那卡曲都能觅见其踪。通常它们都与在中国西藏生养的鱼鹰、野鸭、反嘴鹬等迁徙鸟类一起行动。

渡鸦是不丹的国鸟。1616年，夏宗法王就是在一只渡鸦的引领下到达不丹，不丹国王头戴的王冠就是渡鸦的形状。

冬季会有无数鸟类迁徙至低海拔地区，其中包括岩鹨、朱雀、蜡嘴鸟、雪鸽和野鸡，以及红胸角雉、喜马拉雅虹雉以及血雉等。有晨练习惯的细心观察者经常可以在廷布附近的高山和山口看到这些鸟儿。在夏季，许多在低海拔地区生活的鸟类会迁往高海拔地区进行繁殖；这些品种包括长相富有喜感的戴胜鸟、不同品种的山椒鸟、杜鹃鸟（至少可以听到五种不同曲调）、巨嘴鸟、柳莺、太阳鸟、雀鹛和凤鹛等。

考虑到茂密的森林覆盖率以及陡峭的垂直坡度，公路通常是观赏鸟儿的最佳地点。我们推荐的地点包括从多楚拉山口前往旺度颇章的下山路（爱好冒险者可以选取古时的小道，这样能看到更多的鸟儿），从旺度颇章到Nobding的道路（前往帕勒拉山口），以及到达通萨之前的路上。对于那些前往东部地区的旅行者而言，僧格尔（Sengor）和凌美塘（Lingmethang）之间的2000米的高度差堪称壮观：该地区曾有棕颈犀鸟和红腹咬鹃出没的记载。记得在路上遇到的观景台都稍作停留——我们在廷布和庞措林之间的格都镇附近，就曾看到过棕颈犀鸟。

徒步游将使你有更多机会看到高山鸟类，其中包括胡兀鹫、喜马拉雅狮鹫、乌鸦、独有的高海拔涉禽——鹮嘴鹬——以及各种色彩缤纷的野鸡。

了解更多鹤类信息，包括下载图鉴指南，可访问国际鹤类基金会网站（International Crane Foundation; www.savingcranes.org）。

国家公园和保护区

不丹国内设有5个国家公园、4个野生动物保护区和1个自然保护区，总面积达16,396平方公里，占全国面积的43%。另外还有3307平方公里区域被划定为生物走廊网络，将所有九个保护区连接到一起，从而使这个国家52%的土地都置于某种形式的保护之中。

在这些保护区中，只有3个区域有人定居。维护当地文化、发扬当地传统是不丹国家公园体系的使命之一。政府制订了一套全面的保护和开发计划，从而使在保护区内生活的人们能够继续农耕、放牧、采集植物和砍柴。

黑颈鹤

珍稀而濒危的黑颈鹤在不丹人心中和民间传说里占有特殊地位。它们每年秋天从中国的西藏地区抵达不丹，会让人们载歌载舞为之欢庆；它们的到来通常意味着收获季节的结束，也是农民家庭开始举家南迁之际。

许多传说和神话与这种鸟类息息相关，不丹人将其称为“thrung thrung karmo”。富毕卡、邦德林和加萨等地高山峡谷中的湿地，是多达500只黑颈鹤的越冬地。与其他鹤类一样，这些鸟儿也有非常优雅的觅偶仪式，雌雄配偶会翩翩起舞、相对鞠躬、扇翅腾空并翻腾植被，同时发出婉约悠远的鸣叫。想要分辨雌雄是一件难事，因为二者的颜色极为接近，但雌鹤通常体型较小。黑颈鹤的食物包括田间掉落的粮食、薯类以及各种昆虫等。

世界上共有5600~6000只黑颈鹤，它们生活在中国西藏和拉达克。除不丹外，它们的越冬地还有中国西藏南部以及云南东北部。

皇家自然保护学会（Royal Society for Protection of Nature，简称RSPN; www.rspnbhutan.org）积极致力于这种动物的保育工作，并鼓励不丹民众参与其中，每年还会在富毕卡和邦德林等河谷检测濒危黑颈鹤的越冬情况并制作黑颈鹤宣传片。

冬虫夏草

根据相关调查，亚洲市场的虫草产值每年达到100亿美元，只有犀牛角、象牙和虎鞭能与其相媲美。大部分购买者都看重它的壮阳功效。一些中国游泳教练和中医从业者热捧冬虫夏草（yartsa goenbub）的药用价值，从而使其成为按克计价的最贵重商品之一。它同时也被称为caterpillar fungus或cordyceps。冬虫夏草（Ophioordyceps sinensis）是一种奇特的真菌，寄生于宿主并最终将其杀死。这种独特的植物仅生长在喜马拉雅地区和中国西藏地区的高海拔草甸上。

进出不丹的中国西藏牦牛牧民，都会选择挖虫草来贴补家用，但是中国对虫草需求的不断增加，使得中国西藏以及尼泊尔和不丹的草地上遍布了虫草挖掘者。在本书撰写时，虫草价格达到每公斤10万美元也就不足为奇了。

不丹于2004年立法将虫草挖掘合法化，从那时起挖虫草的势头愈演愈烈，从而使人们对其可持续性产生了怀疑。虽然虫草贸易受到官方监管，但高利润带来的非法采掘和黑市贸易仍有增无减。

然而这项为喜马拉雅人创造突如其来财富的贸易，却带来了一系列悲剧性的蝴蝶效应，其中之一就是整个亚洲的老虎偷猎日益猖獗，因为靠挖虫草而暴富的藏民想要用虎皮来做新披风（chuba）或者作为家中装饰。这促使达赖喇嘛呼吁藏民尊敬自然，丢弃他们所拥有的虎皮，数以千计的藏民以焚烧虎皮的行动对此做出回应。尽管如此，**环境调查署**（Environmental Investigation Agency; www.eia-international.org）于2012年的调查表明，在中国仍有雪豹皮销售，而且野生老虎皮也和“家养”老虎皮一起在中国市场出售。中国依然是偷猎大型猫科动物产品最主要的目的地市场。

麝鹿是一种原始的鹿类，没有鹿茸；雄性和雌性麝鹿都有超大突出的犬齿，雄性犬齿长度可达7厘米，用来进行领地争夺战。

不丹建立国家公园体系的初衷是保护重要的生态系统，其中大部分都未开发成旅游景点。除了一两处例外，你不会在国家公园里发现类似其他国家的各种基础设施，例如公园大门、露营地以及游客中心等。在许多情况下，你甚至不会意识到自己正在进入或离开某个国家公园。

生存指南

出行指南

签证

大部分国家通过位于国外的大使馆发放签证，将其贴在护照上，但不丹与他们不一样。你只能在到达不丹后才能获得签证，不管是由帕罗的机场入境还是（走陆路）由庞措林、盖莱普或萨姆德鲁琼卡尔入境。你必须通过旅行社提前递交申请，并在前往不丹旅行前获得签证批准。

旅游签证的全部申请工作必须由不丹的旅行社操作，并且要得到位于廷布的外交部的批准。旅行社向位于廷布的不丹旅游局提交网上申请表和护照信息页的复印件。旅游局核查你已支付旅程费用（包括40美元的签证费）后，会给旅行社签发批准函。拿到批准函后，旅行社就可以向外交部提交最后一项申请，审理签证需要3天时间。

不需要填写特殊签证申请表。只需给你的旅行社/当地旅行社发一张护照照片和护照信息页的扫描件即可。你可能还会被要求提供永久居住地址和职业信息。

外交部在签发签证后会向旅行社和不丹皇家航空公司（Druk Air）发送一个确认码。不丹皇家航空公司在收到确认码后才会给你出票，并在你办理登机手续时再次核查签证信息。

当你到达游客入境口岸后，你的护照页会被敲上真正的不丹签证。签证上注明了你计划待在不丹的精确时间。按照惯例，在这之前你应当已将40美元的签证费直接支付给了旅行社。如果因为某些异常情况需要将签证延期，可让旅行社帮你处理。

相对于此过程耗费的时间、两地之间的距离和涉及的多级政府机构，不丹的签证办理效率可以说非常之高。当你到达不丹后，签证官总是能从文件中找出你的申请表，并当场签发签证。将扫描后的签证许可打印下来随身携带，能协助移民局官员和不丹皇家航空公司迅速找到你的信息。

邻国签证

印度

中国旅行者前往印度需要签证。可以在中国国内申请至多90天的单次入境旅游签证，签证有效期从签发之日而非入境之日起算。如果签证上没有注明停留期限，表示旅行者在签证有效期内入境，可一直停留到有效期的最后一天。目前，赴印的签证申请全部由印度签证中心代为递交材料，除了工作证明，申请者还须提供1万元至少冻结3个月的存款证明原件（开具日期最好在一周内），签证流程和需要提交的材料请参考签证中心网站www.blsindia-china.com。

印度驻华大使馆（☎010 8531 2500；www.indianembassy.org.cn；北京市朝阳区亮马桥北街5号）

印度驻上海总领事馆（☎021 6275 8882；www.indianconsulate.org.cn；上海市延安西路2201号上海国际贸易中心1008室）

印度驻广州总领事馆（☎020 8550 1501；www.cgiguangzhou.org.cn；广东省广州市林和中路8号天誉大厦14楼1-4）

印度驻香港总领事馆（☎00852 3970 9900； www.indianconsulate.org.hk；香港金钟金钟道95号统一中心16楼A室）

尼泊尔

如果计划从加德满都前往不丹，需要提前办理尼泊尔签证，所需材料比较简单，2寸彩照一张加申请表即可，一般3个工作日可出签，签证有效期6个月。

尼泊尔驻中国大使馆（☎010 6532 1795；www.nepalembassy.org.cn；北京市朝阳区三里屯路西6街1号）

尼泊尔驻拉萨总领事馆（☎0891 681 3965，682 2881，681 5744；西藏拉萨市罗布林卡路13号）

尼泊尔驻上海名誉领事馆（☎021 6272 0159，6272 0259；www.nepalconsulateshanghai.org.cn；上海市北京西路669号东展大厦16楼A座）

尼泊尔驻香港总领事馆（☎00852 2369 7813；www.nepalconsulatehk.org；香港九龙尖沙咀科学馆道康宏广场）注意，新护照（即俗称的"白本"）不能在香港申请尼泊尔签证。

旅行许可证

禁区许可证

帕罗和廷布山谷以外的地区都被列为不丹的禁区。旅行社有一张前往旅行目的地的"公路许可证"，警察会在位于重要路口的移民检查站核查许可证并在上面做批注。旅行结束后，旅行社必须将许可证交还给政府。而且，许可证可被相应部门拿去仔细检查，看是否存在重大偏差。

Hongtsho（位于廷布以东）、楚卡（位于廷布和庞措林之间）、仁钦丁（位于庞措林上方）、旺杜波德朗、Chazam村（位于塔希冈附近）、沃荣镇（位于塔希冈和萨姆德鲁琼卡尔之间）和萨姆德鲁琼卡尔设有入境检查站，工作时间为每天5:00~21:00。

进庙许可

节日以外的日子里，游客可以游览宗堡的庭院，可能的话，还能进到法堂（tshokhang）和每座宗堡内指定的拉康，但必须有不丹的注册导游陪同。享受这一条款时需遵循某些限制条件，包括拜访时间、着装要求和其他因地而异的规矩。

不丹旅游局发布了一份关于游客不能访问的地方名单，数量不多，我们因此默认其余所有地方都能够访问。你通常可以拜访任一由私人或村庄管理的拉康。宗堡在戒楚节期间向所有人开放，你也许能进到庭院，但不能进入拉康。旅行社将处理所有必需的文书工作，因此如果你有想拜访的某一寺庙或佛堂，请提前告知他们。

如果你是名佛教徒，可以申请拜访通常限制游客进入的宗堡和宗教机构。持国内获得认可的佛教组织的介绍信将增加申请的可信度。

保险

去不丹的中国旅行者大多数会通过国内的旅行社办理行程，旅行社也会按照规定为游客购买基本的保险。具体的险种与保险条款，可向旅行社咨询。如果打算自行购买保险，可考虑美亚保险（www.aiginsurance.com.cn）与中国平安（www.pingan.com）等推出的境外旅游险种。其中美亚的"万国游踪"险种还承保骑马、漂流等户外活动。仔细阅读你的保单，确保它承诺赔偿救护车或在偏远地区动用救生直升机的费用，或坐飞机紧急撤离的费用。

可在www.lonelyplanet.com/travel_services上购买到世界各地的旅行保险。你可以随时在线购买、延期或索赔——即使已经在路上了。慧择网（www.hzins.com）与磨房网（doyouhike.net）上也可购买。

货币

不丹的货币单位是努扎姆（Nu），汇率与印度卢比挂钩。1努扎姆相当于100切特鲁姆（chetrum）。不丹发行有25、50切特鲁姆和1努扎姆的硬币以及1、5、10、20、50、100、500和1000努扎姆的纸钞。1努扎姆硬币上绘有吉祥八宝（Tashi Tagye）图案，不同纸钞上绘有不同的宗堡图案。

印度卢比可以在不丹使用（如果别人找给你卢比，不要惊讶）。按照官方规定，由于存在大量伪钞，因此不接受500和1000面额的印度卢比，但实际上500面额的卢比流通无阻。努扎姆不能在印度使用。

不丹人不介意你携带一定数目的印度卢比进入不丹，尽管印度政府禁止携带本国货币出境。

自动取款机

在本书调研期间，只有不丹银行（BoB）和Druk PNB Bank的自动取款机接受国外信用卡。不丹银行在廷布和帕罗以外的自动取款机也不是全都接受国外信用卡，因此行前先在银行取好现金。目前尚不接受银联卡。

讨价还价

不丹人没有讨价还价的习惯，除了去虎穴寺路上和遇上廷布周末集市里当地手工艺品区的街边小贩，能发挥还价本领的机会并不多。

现金

如果你计划购买贵重商品，如纺织品或艺术品，考虑带上美元现钞。大多数商店都接受美元。而你提前兑换好大笔努扎姆，但没看中任何物品就又得将它兑换回去，直接使用币值较高的美元可以替你省去这些麻烦。

信用卡

大型手工艺品商店和廷布的某些大酒店接受信用卡刷卡，但你需要多付5%抵扣信用卡公司收取的费用。

货币兑换处

游客的行程已全部预先付费，因此从理论上讲你可以不带任何当地货币，当然也许你会想兑换至少50美元，用来支付洗衣费和酒水费，还要准备购买纪念品和付小费的钱。

机场的兑换处、廷布和庞措林的大型酒店和银行可以兑换所有主要货币，而且机场的汇率不错，高于廷布市区的银行。如果你要前往不丹中部和东部，最好带美元。在一些小城镇，外币兑换业务可能不纯熟，因此会有一些磨蹭，对此要做好心理准备。如果用面额小于20（含）的美元钞票兑换，那么你享受的汇率会稍微偏低。

从廷布或帕罗离境时可将未用的不丹货币（ngultrums）换回外国货币（尽管通常为美元）。在本书调研期间，从萨姆德鲁琼卡尔离境的旅行者尚不能享受这种便利。你需要出示原始的兑换单据。不丹货币在不丹以外的地方毫无用处（除非作收藏之用）。

不丹有两家主要银行：**不丹银行**（Bank of Bhutan; www.bob.bt）和**不丹国家银行**（Bhutan National Bank; www.bnb.bt），每家银行都在全国各地设有分行。取现均不收手续费，旅行支票兑现收取1%的费用。不丹银行主要分行的营业时间一般为周一至周五9:00~13:00和周六9:00~11:00，但其在通萨、塔希冈和蒙加尔的分行周日营业，周二休息。它在廷布的一家分行关门时间较晚。提供外汇业务的新兴银行包括Tashi Group集团的T-Bank和Druk PNB Bank，它们的分行数量虽不多，但也越来越多。

着急时也可以通过当地导游或酒店兑换现金，汇率一般为1美元兑换60努扎姆。

小费和税费

通常情况下，你的不丹旅程从头至尾都会由同一位导游陪同，司机也很有可能是同一人。旅行结束时他们会希望你给小费，尽管这违反了不丹旅游局的规定。许多团体游客的领队会在旅行尾声时收集小费，然后将钱放在一起给他们。团体人数多的话，这会是笔很可观的数目。这种惯例也让人们对不丹导游的服务质量寄予厚望。

在徒步途中，给向导、厨师和服务员小费是合适的。马夫同样会想要小费，但如果他们是马匹或牦牛的所有者、靠出租它们赚钱的话，小费就不用给太多。但是，如果他们在扎营和路上表现得特别好的话，也会想多得一些钱。

如果是你自己付小费的话，在离开的前天晚上将钱放入一个个信封中交给别人，因为离开当天事情全挤到一堆，容易忘记。

对于那些自行付费的游客，大部分的酒店会收10%的不丹营业税（BST）和5%或10%的服务费，这些费用已包含在报价中。大部分餐馆也会按相同的标准收取费用，尤其是在你要求开发票的情况下。

旅行支票

所有银行、大部分酒店和机场的外币兑换处均可兑现旅行支票。有的银行要求支付1%的兑现费。最好只使用美国运通（American Express）、维萨（Visa）、托马斯·库克（Thomas Cook）、花旗银行（Citibank）和巴克莱银行（Barclays）等著名品牌的支票。旅行支票在不丹丢失后就没办法了。

电源

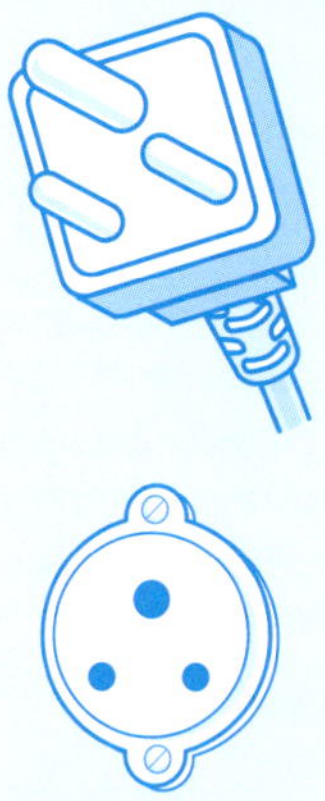

230V/50Hz

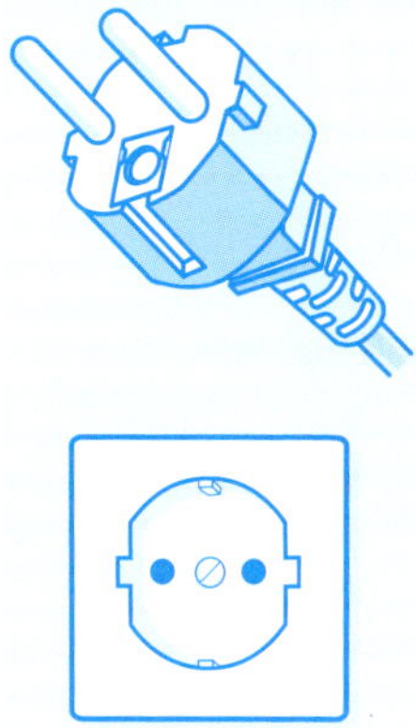

230V/50Hz

使领馆

位于他国的不丹大使馆不提供签证业务。所有的旅游签证申请必须通过旅行社和位于廷布的不丹旅游局（简称TCB）转达给外交部（Ministry of Foreign Affairs）。

只有少数国家在不丹设有使领馆。不丹通过其在德里和达卡的大使馆处理外交事宜。中国与不丹暂未建交，但保持良好交往。

孟加拉国大使馆（见50页地图；☎02-222362；传真02-322629；Thori Lam, Thimphu）

印度大使馆（见50页地图；☎02-322162；www.eoithimphu.org；India House, Zhung Lam；⏰周一至周五9:30～13:00和14:00～17:30，印度节假日期间关门）；领事馆（☎05-252101）

泰国大使馆（见50页地图；☎02-323978；royalthaiconsulate@druknet.bt；Changangkha, Thimphu）

海关条例

到达不丹后你要填写一张行李申报单。这张表格的主要目的在于确保游客们在离开不丹时带走了这些东西。将你携带的贵重物品罗列清楚，如相机和笔记本。请妥善保管此申报单，因为在离开不丹时还须将它交回。

免税额包括了1升的酒水。你仅能携带一条烟（200根）入境，并要为此支付200%的关税。一两包烟通常可免征税。其他个人财物入境时不受限制，包括徒步器具。

离境的程序简单明了，但你需要出示到达时填写的行李申报单，还有可能需要向海关展示申报单上列举的所有物品。遗失行李申报单会使问题变得复杂且耽误时间。如果你丢失了这张单子，请尽快告知你的导游，以便让他做特殊安排，避免发生麻烦。

古董和野生动物制品出口被禁止。如果你买的纪念品看起来年代久远，请让你的导游将它拿去**文化财产处**（Division of Cultural Properties；☎02-322694）获取批准，这个机构隶属民政和文化事务部（Ministry of Home and Cultural Affairs）的文化部门（Department of Culture）。海关官员对宗教雕像尤为留意。不管你买的雕像看起来是否老旧，都有必要将它送去获批。

旅游信息

不丹旅游局（Tourism Council of Bhutan，简称TCB；见50页地图；☎02-323251；www.tourism.gov.bt）有一个内容全面的网站，可引导你至能帮忙安排不丹旅游的旅行社。不丹没有在国外设政府旅行信息处。

不丹的多数大旅行社的网站上有关于不丹的信息，内容实用全面。

活动

不丹有许多一日游远足路线，还有一些更为正式的徒步路线，所需时间从3天至24天不等。在帕罗或某些徒步路段上可以骑马。

观鸟

不丹因为有来此过冬的黑颈鹤而闻名于世，但它同时还拥有超过600种鸟类和广阔的鸟类栖息地，小小的不丹是观鸟爱好者们的天堂。

虽然有很多旅行社专注于观鸟旅行，但不丹拥有丰富且

热石浴

大部分酒店都提供传统的热石浴（dotsho），这是一种像棺材一样的简易木箱，往里面放入用火烧热的石头后可将热传递给木箱里的水。这些岩石被烧得通红，遇水后嘶嘶作响，热石上方有一道铁丝网，起到保护洗浴者的作用。更加传统的地方会加入蒿草等天然草本植物。因为岩石加热需要时间，因此你得提前几小时预订。洗一次热石浴的费用约为1500努扎姆，顶级场所的价格翻倍。如果去的是较便宜的地方，记得带上你的毛巾和肥皂。

雷龙之旅

雷龙之旅（Tour of the Dragon; www.tourofthedragon.com）是不丹山地自行车的头号盛事，比赛路线蜿蜒曲折，要求在一天之内从布姆唐骑到廷布，全程268公里。赛道经过长3790米的上坡、长3950米的下坡以及四个位于不丹弯曲公路上的山口。比赛在9月的第一个星期六举行，国际选手的报名费为300美元。

成熟的森林，没有捕猎活动，不管你参加何种团队游都有机会看到鸟类。

Bhutan Birding and Heritage Travels（www.bhutanheritage.com）

Sunbird Tours（www.sunbirdtours.co.uk）

Wings（www.wingsbirds.com）

钓鱼

许多河流允许使用诱饵或苍蝇钓鱼，但是许多不丹人基于宗教原因并不待见此种行为。钓鱼必须要有钓鱼执照（每天500努扎姆），办理方法请咨询你的旅行社。任何一座僧院、寺庙、宗堡或佛学院的方圆1公里内禁止钓鱼。禁渔期为10月至12月，在许多宗教节日里也禁止钓鱼。最受欢迎的诱饵是Tasmanian Devil，可在廷布的杂货店里买到。

Yangphel Adventure Travel（☎02-323293; www.yangphel.com）经营钓鱼团队游，鼓励"钓后放生"的钓鱼方式。

高尔夫

位于廷布的皇家高尔夫球场（Royal Thimphu Golf Club; 见58页）是一家具有国际水平的高尔夫球场，接待非会员。

骑自行车

山地自行车运动既受不丹本国人欢迎，也受外国人的欢迎。专营自行车团队游的旅行社提供自行车出租，并能给予路线上的建议，包括**Yu-Druk Tours & Treks**（见54页地图; ☎02-321905; www.yudruk.com）和**Bhutan Wilderness Travel**（www.bhutanbiking.com）。某些经营探险游的公司会组织骑车穿越不丹的活动，允许人们骑自己的自行车，全程提供后勤服务；租用当地山地自行车的费用为每天30~50美元。

长距离骑行很具挑战性，因为沿途有许多上坡路，还有轰轰开过转角的汽车——他们可不会料到有人在路上骑车。当地的骑行地点中，帕罗、廷布和布姆唐的山谷比较安全简单。推荐地点有：

其列拉山口 想要体验自然的话，在山口的顶端下车后连续骑35公里，然后走主干道或经Gorina走伐木道下山。

帕罗山谷 沿平整的公路骑往杜克耶宗堡（Drukgyel Dzong），然后从Satsam出发沿西边农场的土路返回，全程30公里。

富毕卡 这里的自行车道是为当地发展生态旅游而开辟的，同样，你也可以沿着不同难度等级的伐木小道骑往Tsele La山口，也可以连夜骑往Tikke Zampa。

普那卡 有数条专为山地自行车而辟的道路。

丹戈寺和杰里寺 廷布以北的一日游，包括骑行和徒步。

廷布至帕罗 有趣的骑行路线，但是在到达曲佐姆镇（去往庞措林的岔路口）之前都会遇到交通堵塞。

漂流和皮划艇

虽然不丹的漂流还处于起步阶段，但那些考察过河流的人认为它有潜质成为全球最棒的漂流胜地之一。从1997年开始有小群人坐船探访14条河流和超过22条溪流，难度从二级（水流速度适中，适合初学者）到五级（仅适合专业级别的人）不等。除非你经验丰富并能取得特别许可，不然实际上只有两种一日游可选，漂流地点均位于普那卡山谷。

父曲河 需要先徒步穿越森林和农田到达其位于Samdinka的入口。此段路线某些阶段有三级湍流，普那卡宗堡附近的湍流被称为"发怒的佛"，橡皮船到这里后以雷霆之势冲下，然后漂流结束。

母曲河 这是一条风景如画的漂流路线，适合任何阶段的漂流爱好者，也是初学者不错的入门选择。溪道的起点位于卡姆沙耶里纳耶佛塔（Khamsum Yuelley Namgyal Chorten）的普那卡宗堡（Punakha Dzong）上方6公里处。河流蜿蜒流过宽阔的山谷，你会随着水流经过王后的冬季住所、国王的周末住宅和景色优美的农田，然后在宗堡下方结束漂流。

大部分公司都能帮你预订这两项活动，费用取决于团体人数：5人或以上，每人收费75美元；少于5人，每个橡皮船收费375美元。下面是一些经营漂流和皮划艇的公司。

Druk Rafting Service（www.raftingbhutan.com）

Lotus Adventures（☎02-322191；www.bhutanlotus.com）

Xplore Bhutan（www.xplorebhutan.com）

营业时间

文中介绍到各机构或商户时，只在与以下标准有出入时才会提及工作或营业时间：

政府机构 周一至周五夏季9:00~13:00和14:00~17:00，冬季9:00~13:00和14:00~16:00

银行 周一至周五9:00~13:00，周六9:00~11:00

商店 8:00~20:00或21:00

夜店 工作日营业至午夜，周五和周六营业至次日2:00

酒吧 工作日营业至23:00，周五和周六营业至午夜。周二是全国无酒日，暂停营业。

节假日

公众假日日期遵循公历和不丹阴历两种历法，由**皇家民政委员会**（Royal Civil Service Commission；www.rcsc.gov.bt）制定。

第五任国王诞辰（Birthday of Fifth King）2月21日、22日和23日

第三任国王诞辰（Birthday of Third King）5月2日

第四任国王加冕日（Coronation of Fourth King）6月2日；也被称为"社会森林日"

雷龙之王（旺楚克王朝首任国王）加冕日 11月1日

立宪日/第四任国王诞辰（Constitution Day/Fourth King's Birthday）11月11日

国庆日（National Day）12月17日；1907年建立王朝的日子

以下假日遵循传统阴历日期，因此其公历时间每年都不一样：

藏历新年（Losar）1月/2月，新年

夏宗法王辞世纪念日（Zhabdrung Kuchoe）4月/5月

佛祖涅槃日/萨嘎达瓦（Buddha Paranirvana/Saga Dawa）5月/6月；释迦牟尼涅槃的日子

莲花生大师诞辰（Birthday of Guru Rinpoche）6月/7月

释迦牟尼初转法轮日（First sermon of Buddha）7月

德赛节（Dashain）10月；印度教节日

有几个重大节日属于地方性公众假日，包括9月在廷布举行的多楚节和戒楚节。请注意，每年的节日日期都会前后浮动几个星期，当他们要迎合吉日时，时间浮动的幅度尤为明显。在围绕某个节日做旅游计划前，先向旅行社或**不丹旅游局**（Tourism Council of Bhutan，简称TCB；见50页地图；☎02-323251；www.tourism.gov.bt）查询正确日期。

在不丹的阴历里，每个月有30天，第15天为满月。每个月的第8天、第15天和第30天是吉日，那几天全国僧院内的祈福活动会增多。

节日时间

不丹的节日根据不丹阴历而定，因此每年节日的公历时间都不一样。登录www.tourism.gov.bt可查询最新公历时间。

实用信息

- **报纸** *Kuensel*（www.kuenselonoline.com）是不丹的全国性日报（周日不出版）。私营报纸有：*Bhutan Today*（www.bhutantoday.bt；双周报）、*Bhutan Times*（www.bhutantimes.com；周日出版）、*Bhutan Observer*（www.bhutanobserver.bt；周五出版）、*The Journalist*（周日出版）。
- **杂志** *Faces of Bhutan*是一本关于佛教和不丹文化的年刊，采用有光纸印刷；*Drukpa*为新闻月刊；*Yeewong*的目标读者群为不丹的女性。
- **广播** 上午11点和下午2点，不丹广播电台（www.bbs.com.bt）在96FM频道播送英语新闻。私营电台Kuzoo FM 105（www.kuzoo.net）采用英语和宗卡语播音，有音乐和谈话节目。你还可以试试99.9FM频道的Radio Valley。
- **电视** BBS电视台用英语播送晚间新闻。BBC和CNN等卫星频道被广泛收看。
- **度量衡** 全国采用公制度量法。在乡村，稻米有时用一种名为gasekhorlo的圆形工具来称量。度量黄油和肉类的单位叫作sang。

住宿

旅行社会帮你预订经过不丹旅游局（TCB）批准的酒店。

针对不同的住宿条件，大部分游客实际上需要支付相同的费用，因此有必要在做行程安排时要求旅行社提供各种住宿选择的信息。

酒店

从山间小屋到五星级豪华度假村，不丹的住宿应有尽有，但大部分游客会选择舒适的中档旅游酒店，这类酒店的房间配置了电源、电话、电视机和独立浴室并供应热水。每家酒店都有一个餐厅，在有团体入住时供应自助餐，其余时间客人则可自行点菜。廷布和帕罗的许多酒店内都有Wi-Fi，但离开这些信号中心后网络连接就会断开。

大型酒店提供标准间、豪华间和套房，但许多酒店的标准间和豪华间相差无几。当你预订旅行时，可以明确要求自己想住的酒店类型，旅行社会为你提供一份与之有合约或关系的酒店名单；如果选择了这些酒店，日后如需变动和取消操作起来都会更加容易，享受房间升级的概率也更大一些。小旅行社要想从大旅行社开的酒店里订到房间非常困难。淡季（12月至次年2月，6月至8月）时房间经常有30%的折扣，在这期间入住可与酒店协商将房间升级。

戒楚节期间，入住旅游酒店需支付大额附加费，但房间仍被预订一空，你可能被别人“挤掉”从而只能选择经济型住所，如本国旅行者和印度商人们住的当地酒店。这些酒店也会很舒适，只是便器可能并非你习惯用的类型。

对于不丹的一些小酒店，拿到它们的预订确认信并不能保证预订成功。一个大旅行团的到来影响甚大，在办理入住时，导游可能要与前台人员进行一场长时间的协商。不要着急，你总会有着落的。

不丹的豪华酒店越来越多，现有乌玛（Uma）、安缦（Amankora）、芝华林（Zhiwa Ling）和Termalinca等度假村。入住这些酒店意味着要在标准旅游费用的基础上再额外支付大笔费用。淡季入住豪华酒店应可享受至少30%的折扣（按全价房价算）。

不丹的冬天很冷，又基本没有集中供暖。廷布和帕罗的酒店有小型电热器，布姆唐的许多酒店用一种叫作bukhari的柴炉供暖，炉子上方放一堆岩石用来蓄热。除非你要徒步，否则不需要携带寝具或睡袋，但不要以为酒店里的枕头能带给你松软的体验，床垫也会比较薄。

如果房间里有电烧水壶，入住时检查它是否已通上电源。好一点儿的酒店会在房间提供瓶装水，但不要喝已开封的瓶装水。

如果你是居住在不丹的外国人，入住酒店可自动减免20%或30%的房价。

住宿价格区间

下列价格区间为普通国外游客的标准双人间价格，包括了10%的附加税费和5%或10%的服务费。

$ 2500努扎姆以下
$$ 2500~5000努扎姆
$$$ 5000努扎姆以上

网上预订住宿

如果想要获取更多由Lonely Planet作者提供的住宿评价，请登录lonelyplanet.com/bhutan/hotels。你会看到独立评价和最佳住宿推荐。最重要的是，你可以在线预订。

饮食

鉴于大部分的不丹旅游都是全包套餐，因此多数时候吃的是酒店或徒步营房提供的自助餐，有欧洲菜、印度菜、中国菜、不丹菜、各种蔬菜和米饭。食物味道不错，但由于格外注意了各国的饮食禁忌，因此可能显得平淡乏味。尽管自助餐的菜品丰富，但有些时候小游客团体还是可以自己点菜。如果你觉得为游客准备的食物太平淡，可以要一点导游吃的东西。吃得了辣的话，会觉得后者要美味得多。

需要长时间的驾车或徒步时不会返回酒店吃午餐，大部分导游会带上简装盒饭或将盒饭装在铁盒里保温。

酒店通常能提供当地最好的食物，但如果你想要尝试当地餐馆，特别是在廷布或帕罗，可以让导游帮你安排。除廷布的几家顶级餐厅以外，旅行社应当都会为你的餐饮买单。几乎所有餐馆都最好提前一小时或以上的时间点菜，不然就准备一直干等着吧。按菜单点菜却被告知许多菜都不供应的情况并不稀奇。

不丹旅游的独特性让餐馆的营业时间变得毫无意义。几

洗衣

大部分酒店都提供付费洗衣服务，大城镇上有洗衣房或干洗店。遇上潮湿天气，小酒店洗完送回的衣服也许还带着湿气，或要到第二天才能送回。如果你时间很紧，那么在洗衣前问清楚干燥设备的情况。

就餐价格区间

下列价格区间以一顿标准正餐作为分类标准。

$ 100努扎姆以下

$$ 100~300努扎姆

$$$ 300努扎姆以上

乎所有的游客都会在酒店吃早餐，导游会预先为你在餐馆或酒店订好午餐和晚餐，一般都是自助餐或套餐，用餐时间听随导游的安排。我们列出了营业时间固定或有用的店铺，如一些面包房和私人餐馆，但本书的大部分内容都默认餐馆在午餐时间和晚餐时间营业，例外情况会做出标注。

主食和特色小吃

不丹人喜欢吃辣椒，因此有些菜肴全部采用各种辣椒做成，再配上有辣椒的调味品。这些吃到嘴里火辣辣的食物会让喜欢它的人觉得辣得痛快，不喜欢它的人就只会感觉辣得痛苦了。尽管随处可见辣椒的身影，但别以为就能吃到次大陆特色的香辣菜肴。你只有去受尼泊尔影响的不丹南部和印度菜餐馆才能一饱口福。

不丹的国菜叫作辣椒奶酪（ema datse），这是一种用大青椒（有时候用红辣椒，但总是很辣）和奶酪做的菜，将辣椒作为一种蔬菜食用，而不是调味品。酒店和徒步厨师可以做不辣的佳肴，如奶酪焗土豆（kewa datse）和奶酪焗蘑菇（shamu datse）。更具季节风味的菜肴有可口的芦笋和不多见的蕨菜（nakey），后者一般与奶酪（datse）一起炖着吃。想要了解更多菜品，请查阅食物术语一节（见287页）。

不丹的牛肉和鱼从印度和泰国进口，通常是放在冰柜中空运过来。夏天可能只有鸡肉可吃，在更为偏远的地区则只有素菜。牦牛肉仅在冬天才可以吃到。

排在藏式小吃首位的是藏式水饺（momo），这是一种带肉馅或奶酪馅的小蒸饺，蘸着辣酱吃非常美味。煎奶酪藏饺是廷布几家餐馆的特色菜。挂在店里椽子上的风干牦牛奶酪chugo异常坚硬，吃时请小心你的牙齿。

尽管不丹盛产白大米，但人们更喜欢吃略带坚果味的当地产红米。高海拔地区的主食是小麦和荞麦。在布姆唐，许多时候的主食是荞麦煎饼（khule）和荞麦面条（puta），而不是大米。

饮品

不含酒精的饮料

在不丹的任何地方都不要饮用自来水。很多地方都能买到瓶装水。

印式甜奶茶（ngad-ja）到处可见，它常被叫作马沙拉茶（masala tea）或“现成”茶（‘ready-made’ tea）。退而求其次的选择是旅游时的替代品——在反复冲泡后只会剩下些许气味的茶包。不丹人喜欢喝加了盐和酥油的藏式酥油茶（sud-ja），这种茶更像是汤，口感特别好，寒天喝还可以暖身子。在顶级酒店以及廷布和帕罗的几个咖啡店可以喝到滴滤咖啡和意式浓咖啡，其他地方的“咖啡”无一例外都是速溶咖啡。

酒精饮料

不丹最好的啤酒是Red Panda牌的weissbier，这是一种在布姆唐装瓶、气味浓烈且未经过滤的小麦啤酒。不丹啤酒厂生产Druk Lager和高纯度（8%）的Druk 11,000。本书撰写时不丹还没有进口啤酒，但如果放开进口后，应该能买到Tiger和Singha罐装啤酒以及各种印度啤酒。

不丹有数个威士忌品牌，最常见的当地酒叫作bang chhang，是一种用小麦酿造、像啤酒一样的热饮。最受欢迎的硬饮料是arra和sinchhang，前者通过蒸馏大米而成，后者采用小米、小麦或大米酿造。

嚼槟榔

嚼槟榔（doma）是不丹人的一种“恶习”，槟榔还有一个印度名paan。他们将混合着石灰的槟榔用心形蒌叶卷好，放入嘴里慢慢咀嚼。它有一种发苦的甜味，微微醉人，会将嘴唇染成鲜红色。你在不丹人行道上看到的似血污渍就是他们嚼槟榔时吐出的口水。也有可能那就是血痕。

包括纯净水在内的饮品通常需额外付费，费用在餐后或退房时一次性结清。

气候

廷布

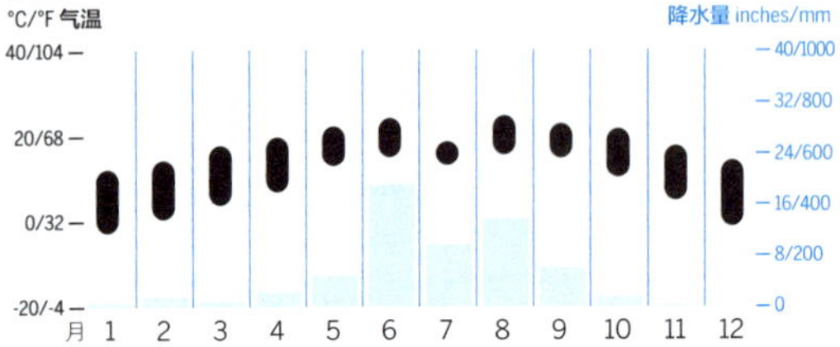

庞措林

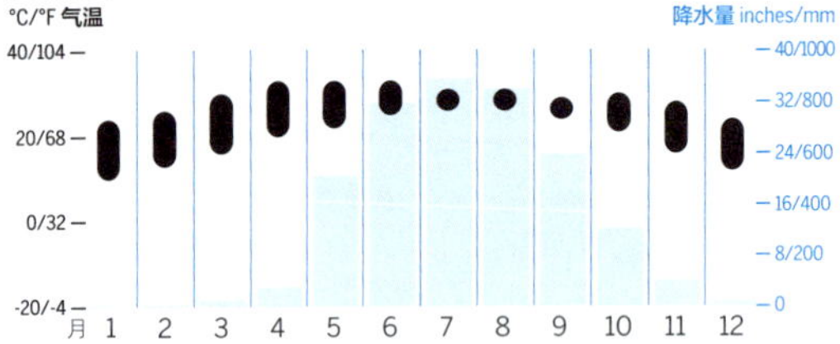

地图

不丹的地图极度缺乏，在不丹以外的地方很难买到好的地图。加德满都的书店是买地图的最佳去处。**International Travel Maps**（www.itmb.com）出版有一张比例尺为1:345 000的*Bhutan & Northern India*，Nepa Maps出版有一张比例尺为1:380 000的*Bhutan and Bhutan Himalaya Trekking Routes*。由Berndtson出版，比例尺为1:500 000的*Bhutan*在本书出版后应该可以购买得到。

在不丹的书店可买到廷布和帕罗的城市地图以及由**Survey of Bhutan**（Rm 35, National Land Commission, Motithang）出版的不丹地图。Survey出版有比例尺为1:250 000的大幅不丹卫星地图，上面标有公路和主要城镇和宗界，还有一些以历史遗迹和兴趣爱好为主题的专业地图。

邮局

不丹的邮政服务值得信赖，无须特殊程序。

不丹邮政（Bhutan Post; www.bhutanpost.com.bt）的邮件速递服务（Expedited Mail Service，简称EMS）可办理收件和寄件，是值得信赖的国际邮件速递服务机构，价格比快递要便宜。它的当地紧急邮件（Local Urgent Mail，简称LUM）服务可受理廷布以内的投递业务。

如果想把买的东西寄回家，最简单的办法是让商店替你安排。留下单据并让导游了解整个情况，这样他才能在包裹未如期抵达时跟踪情况。所有包裹发空运，海运要经加尔各答，得花上几个月的时间。

敦豪快递（DHL；见50页地图；sangay_wangmo@dhl.com；19-13 Thori Lam）在廷布设有办事处。

邮资

航空信件邮资重量不超过20克的国内信件的邮资为30努扎姆，寄往尼泊尔、印度和孟加拉国的邮资为50努扎姆，寄往其他大部分国家的邮资为55努扎姆。如果寄明信片回中国，邮资为20努扎姆，10天左右可到。

邮政速递服务（EMS）邮资1斤重的文件寄往印度邮资为645努扎姆。

电话

全国各地都有公共电话亭，可供拨打不丹境内或印度的长途电话，还可拨打国际电话（国际直拨电话）。大部分酒店提供付费的本地或国际通话服务，但很少在房间里配置电话。

本地通话每分钟的话费约为1努扎姆，长途通话每分钟的话费为2努扎姆。国际长途每分钟的话费为45努扎姆，打去印度每分钟的话费为5努扎姆。

一些有用的号码：

☎140 不丹地址查询

☎116 国际地址查询

移动电话

花100努扎姆（含价值50努扎姆的通话时间）就能在廷布的任一电信厅内买到B-Mobile手机卡。购买时需出示护照。充值金额须为100努扎姆的倍数。除了**B-Mobile手机卡**（www.druknet.bt），还可选择购买**Tashi Cell手机卡**（www.tashicell.com），其价格差不多，但覆盖范围不如前者。

本地通话每15秒收费

0.40~0.70努扎姆不等，价格取决于拨打的时间点和接听方所属的网络。文字短信每条收费0.70努扎姆。国际直拨通话中，打往印度每分钟收费5努扎姆，打往其他国家每分钟收费18~45努扎姆不等。

如需3G上网，在办理手机卡时要请当地人代为拨打服务电话开通。使用IPhone的旅行者注意，帕罗机场的电信厅不提供剪卡服务，可以在廷布任意找一家卖手机的店，请店员帮忙剪卡，会收取一些费用（约20努扎姆）。中国手机卡在不丹没有信号。

上网

大多数城镇都有网吧，大部分的旅游酒店提供联网的公共电脑或免费Wi-Fi（尽管可能只有大堂和餐厅里有信号，房间里没有）。

时间

不丹时间为格林尼治标准时间加上6小时，整个国家都位于同一个时区内。不丹时间比中国慢2个小时，比印度时间慢30分钟，比尼泊尔时间慢15分钟，比泰国快1个小时。不丹的中午是北京的下午2点。

厕所

大部分酒店都有马桶和厕纸，但也有例外，特别是在不丹东部。公共厕所很少，因此在坐长途车前请充分利用酒店和餐馆的厕所。大部分公共厕所都只有蹲便器，且没有厕纸，但你应该会看到装有水的容器。

旅行安全

不丹是个非常安全的旅游目的地，你几乎遇不到骗子、乞丐和小偷，而这些人在其邻国很常见。尽管如此，还是有几件事需要留心。

海拔

除非你要徒步，不然不会遇到海拔方面的问题。游客到访的大部分地区都在海拔3000米以下，你可以通过公路到达的最高高度为3800米。

狗

白天对着你摇尾的狗到了晚上就会变成朝你吠叫的怪物。被狗咬伤没有危险，但不丹的乡村偶尔会爆发狂犬病，因此要小心守门犬，尤其是在徒步的时候。

天气

当你费尽千辛万苦爬上山后，恶劣的天气却可能让景色看起来模糊不清。坏天气还会影响到不丹皇家航空公司的航班。雨季时的暴雨会将道路变成泥塘，还会冲走桥梁，山谷低处的水蛭更是让人烦恼不已。

晕车

如果你前往廷布以东的地区，将要在崎岖且曲折的路上坐好几个小时的车，晕车十分常见。晕海宁（Dramamine）一类的防晕药有助缓解晕车症状，请选择没有嗜睡效应的晕车药，不然大部分时间你将在后座上沉睡，错失途中的大好风光。

治安

不丹的偷窃案依然极少，但如其他国家一样，它也在随着人口的增长而增加。

法律事宜

即使是在城镇里，你也很可能会注意到大麻吸食者在一点一点增加，尽管如此，不丹并没有吸食大麻的传统，持有大麻也是非法的。

严格禁止在公共场所吸烟，即使停车时在公路边抽烟也不可以。可以带上所需的香烟，但要做好被海关征收

购物

在不丹，当地人手织的纺织品、布料等最受游人欢迎，价格相对较高。精美的邮票和首日封也是热门纪念品，你还可以在廷布中心邮政局附设的商店制作印有自己头像的邮票（见68页）。如果对藏传佛教感兴趣并且有一定认识，能找到一些优质的唐卡。想过一把不丹国服瘾的话，帕罗市内的传统裁缝店和廷布大街上的多家服装店能满足你。如果只想搜罗些小玩意，廷布也有好几家工艺品店可供选择。在周末市场，能找到比较便宜、富有藏族特色的面具、乐器、首饰，不少是尼泊尔舶来品。

如果购买了比较大件、贵重的手工艺品与唐卡，记得保留购物小票，离开不丹海关时，可能会被要求查验。古董是不允许交易的。

200%关税的心理准备。不要售卖任何带入不丹的香烟，这是违法的。

儿童

6岁以下的儿童免征每日最低费用，6岁至12岁的儿童可减免50%，因此如果你带着孩子来不丹旅行也不用担心会倾家荡产。长时间坐车、电视和网络的匮乏以及几乎没有其他娱乐项目，这些都会让孩子们产生厌烦情绪。但是，他们很快会融入当地儿童和他们的家庭，还能结识许多新朋友。Lonely Planet出版的*Travel with Children*提供了有用的建议。

残障旅行者

对于身体有残障的旅行者来说，想在不丹进行一场文化之旅会是一种挑战，但通过计划也可能实现。不丹人乐于助人，残障旅行者可以安排一位身强力壮的同伴协助自己四处走动和坐离轮椅。马路崎岖不平，有人行道的路也经常坑坑洼洼，有时还会碰上台阶。酒店和公共建筑里极少有轮椅和电梯，只有最新建造的建筑才有可供轮椅进出的卫生间。

同性恋旅行者

如同大多数亚洲人一样，不丹人认为一个人私下的行为完全属于个人事务，他们倾向于对此不发表意见。但不宜在公众场合有亲昵动作。不管是何种性取向，每一个人都应谨慎行为。男同性恋被官方认定为违法。

女性旅行者

不管是外国女性还是不丹本国的女性遭受骚扰的情况都不常见，无须做任何特别的预防措施。男性对异性关系持适度开放的态度。如果你没在一开始清楚表明意图的话，很有可能被人误解。女性旅行者应当知道游客与不丹导游发生感情的情况并不罕见。你有可能被邀请去一位不丹男性家中参加“派对”，结果发现自己是唯一的客人。

女性一般不允许进入寺院的goenkhang（守护神的神堂）或拉康。

摄影

配件和打印

廷布可以买到存储卡，在廷布或帕罗很容易找到可将数码图片刻录到光盘的网吧。廷布和庞措林有彩色打印设备。

许多宗堡和山峰要用长焦镜头在远处拍摄才能获得最佳效果。同时记住，在不丹进行室内拍摄的可能性微乎其微，因此不需要为此带外置闪光灯和三脚架。务必带上备用电池，电池在不丹的偏远地区很难买到。

Lonely Planet出版的*Travel Photography*一书中有更多的技巧和建议。

摄影爱好者应查看**Rainbow Photo Tours**（www.rainbowphototours.com）提供的专业行程安排。

限制

大体上而言，不丹允许游客自由拍照。但也有些地方禁止拍照，如廷布上空的通信塔，避免拍摄军事设施也是明智的做法。

在外面拍摄宗堡和佛寺不受任何限制，但严禁在佛寺和拉康的内部拍照。原因有几点：一是过去游客乱拍照的行为严重干扰了宗教场所的秩序；二是担心珍贵神像的照片会成为艺术品盗贼的参考资料；三是早期有游客将神像的照片制成明信片出售，这是不丹的宗教团体无法接受的行为。

节日期间你可以在宗堡的庭院里拍摄舞蹈节目。但是请记住，这是在旁观宗教仪式，你的行为举止要合乎规范。不要拍摄皇室成员，即使他们恰巧也在节日现场。

对于在这里进行商业录像，不丹有一整套规定和限制，其中包括支付附加税。不丹旅游局出版的一本小册子里详细列举了所有的这些规定。

志愿者服务

不丹有选择性地接受它想要的项目，因此这里的志愿者工作机会并不多。联合国在不丹有大量项目，均在联合国开发计划署（UNDP）的协调下开展。许多机构都加入各种开发计划之中。

其他在不丹设有项目的机构包括ACB（奥地利）、Danida（丹麦）、GTZ（德国）、Helvetas（瑞士）、JOCV & JICA（日本）、拯救儿童基金会（Save the Children）、SNV（荷兰）和VSA（新西兰）。

志愿者不受制于针对游客的常规法则，雇用你的机构会替你办理签证。志愿者每年可接待两位访客，访客必须为近亲且免征旅游关税。

交通指南

到达和离开

大部分旅行者都乘坐飞机抵达不丹位于帕罗的唯一一个国际机场。有些旅行者从不丹与印度接壤的南部边境走陆路入境，这些边境站包括庞措林、盖莱普和萨姆德鲁琼卡尔。

不丹团队游和前往印度的火车票可以在www.lonelyplanet.com/bookings上预订。

入境

因为到达后导游便会与你碰面，因此入境程序通常比较简单。一定要带上外交部批准给你的签证授权单。如果你是在中国国内参加旅行团，签证授权单会拿在领队手上，紧跟大部队即可。

护照

如果你的护照只剩不到6个月的有效期，要在出发前更换新护照，因为这个地区的许多国家不会给护照要到期的人发放签证。

妥善保管你的护照。除了印度，其他国家都无法在不丹为其公民补办护照。如果你遗失了护照，只能保留"无国籍"身份去另外一个国家补办。你应当携带额外的身份证明和护照复印件，以防遇到这种情况。

飞机

机场和航空公司

不丹有一个国际机场**帕罗机场**（Paro，简称PBH；☎08-271423；📶）和一家国家航空公司**不丹皇家航空公司**（Druk Air；www.drukair.com.bt），航空公司在**帕罗**（☎08-272044；reservationparo@drukair.com.bt；Nemeyzampa, Paro；⏲周一至周五9:00~13:00和14:00~17:00，周六10:00~13:00）和**廷布**（见54页地图；☎02-323420；drukairthimphu@druknet.bt；Chang Lam Plaza；⏲周一至周五9:00~13:00和14:00~16:00，周六和周日10:00~13:00）设有办事处。私人航空公司**不丹航空公司**（Bhutan Airlines；www.bhutanairway.com）下属于Tashi Air航空公司，在2013年底开始提供国内和国际航班服务。

不丹皇家航空公司的航班随季节变化，但通常而言，每周都至少有3班来自新德里及加德满都的航班，每天都有1班自曼谷飞来的航班，要么是直飞，要么在达卡、加尔各答或巴格多格拉中转，具体取决于航班时间。10月的廷布戒楚节和4月的帕罗戒楚节期间，会增开航班。

气候变化和旅行

任何使用碳基燃料的交通工具都会产生二氧化碳，这是人为导致气候变化的主要原因。空中旅行耗费的燃料以每公里人均计算或许比汽车少，但其行驶的距离却远很多。飞机在高空所排放的气体（包括二氧化碳）和颗粒同样对气候变化造成影响。许多网站提供"碳排量计算器"，以便人们估算个人旅行所产生的碳排量，并鼓励人们参与减缓全球变暖的旅行计划，以抵消个人旅行对环境所造成的影响。Lonely Planet会抵消其所有员工和作者旅行所产生的碳排放影响。

在本书调研期间，只有不丹皇家航空公司提供飞往不丹的国际航班。帕罗机场海拔高、跑道短，只有少数几架飞机能够在那样的跑道上起降。帕罗机场所有飞机的起飞和着陆都遵循目视飞行规则（VFR），这就是说，飞行员在着陆前必须能看清跑道，在起飞前必须能看清周围的群山。这意味着飞机在晚上或能见度低时无法运行。因此如果帕罗的山谷云遮雾罩，航班就会延误，有时候能耽误上几天时间。发生这种情况后，你就得修改旅行计划，并重新预订所有事宜。这种问题带来的好处是，你的行程会变得更加率性，去时再做些许修改。

➡ 出发前和到达帕罗机场后再次确认不丹皇家航空公司的航班信息，确保起飞时间没有变动。

➡ 早点办理不丹皇家航空公司的登机手续，他们偶尔会在预订时间之前起飞，特别是在天气开始变恶劣的情况下。

➡ 航班经常由于天气导致延误，不丹皇家航空公司建议人们购买非限制机票，并留有24小时的转机时间，将航班延误带来的麻烦降至最低点。在加德满都或曼谷停留几天观光是不错的选择。

不丹皇家航空公司海外办事处

不丹皇家航空公司孟加拉国办事处（Druk Air Bangladesh; ☎02-891 1066; dhaka@drukair.com.bt; Room 52, Terminal 2, Zia International Airport, Dhaka）

不丹皇家航空公司印度（加尔各答）办事处[Druk Air India（Kolkata）; ☎033-2290 2429, 机场办事处033-2511 9976; reservation@drukairccu.com; 51 Tivoli Crt, 1A Ballygunge Circular Rd, Kolkata]

不丹皇家航空公司印度（新德里）办事处[Druk Air India（New Delhi）; ☎011-4712 7703, 机场办事处011-4963 3616; sales.delhi@drukair.com.au; G fl 3, Ansal Bhawan Bldg, 16KH Marg, Connaught Place, New Delhi]

不丹皇家航空公司尼泊尔办事处（Druk Air Nepal; ☎01-423 9988, 机场办事处01-447 1712; sales@drukair.danfetravels.com; Danfe Travel Centre, Woodlands Hotel, Durbar Marg, Kathmandu）

不丹皇家航空公司泰国办事处（Druk Air Thailand; ☎02-237 92013, 机场办事处02-134 3040; drukairbkk@drukair.com.bt; Ste 141/4, 5th fl, Skulthai Surawong Tower, Suriyawong, Bangkok）

不丹皇家航空公司海外销售代理处

环越旅运（Global Union Transportation; ☎852-2868 3231; josephlo@aeroglobal.com.hk; 香港中环德辅道中173号南丰大厦5楼505室）

Druk Asia（☎6338 9909; www.drukasia.com; 60 Albert St, 12-03, Singapore）

DNATA（☎02-883 1804; dnatakb@yahoo.com; Ste D1, House 83, 23 Valentine Castle Rd, Gulshan-1, Dhaka, Bangladesh）

Zen International Tours & Travels（☎0353-251 4403; www.zenitt.com; Hotel Central Plaza Market Complex, Mallaguri, PO Pradhan Nagar, Siliguri, India）

机票

由于几乎没有来自同行的竞争，不丹皇家航空公司的机票价格相对高昂，且除了对不丹公民，没有任何折扣或学生票。并且，按照不丹皇家航空公司的规定，如果机票售出后费用上涨，你要在办理登机时补上差价。可以用信用卡在网上购买不丹皇家航空公司的

从帕罗起飞的航班

起飞	到达	班次	价格（美元）
帕罗	加德满都	每日1班	220
帕罗	曼谷	每日1班	390
帕罗	加尔各答	每周6班	220
帕罗	新德里	每周5班	355
帕罗	达卡	每周4班	220
帕罗	古瓦哈蒂	每周3班	140
帕罗	巴格多格拉	每周3班	125
帕罗	新加坡	每周2班	620

飞机上的娱乐活动

乘坐从加德满都到帕罗的不丹皇家航空公司航班，可欣赏到所有航班中最动人心魄的喜马拉雅山风景（可以的话争取坐左边靠窗的座位）。飞机起飞时，往北可看到醒目的博德纳佛塔。接着在飞机的左翼下方开始出现连绵不绝的山峰。机长通常会为大家指认珠穆朗玛峰（8844.43米；形如一座有黑色条纹的金字塔）、马卡鲁峰（形如椅状的灰色山峰）和干城章嘉峰（巨大的地块），但如果你曾在尼泊尔徒步、熟悉这些山的话，就能认出更多来。在中国西藏上空，难以捉摸的希夏邦马峰（8013米）有时会露出真容。其他可辨认的山峰有呈锯齿状的高里三喀峰（赤仁玛峰，7185米）、卓奥友峰（8153米）、有着长山脊的努子峰（7906米）、洛子峰（8501米）和扎姆朗峰（7319米）。

经过干城章嘉峰时，往西可看到一片圆顶状的山峰，那是被法国登山者形容为“恐怖之巅”的贾奴峰（7710米），尼泊尔人为它重新取了个名字：Khumbakarna。过了干城章嘉峰后，看到的山峰离得更远了。那是锡金界内的喜马拉雅山，主要的山峰从西往东依次为Chomoyummo峰（6829米）、Pauhunri峰（7125米）和Shudu Tsenpa峰（7032米）。

飞机靠近帕罗时，你也许有机会一瞥珠穆拉里（7314米）美丽的雪峰和吉楚扎杰（6989米）灰色的脊状山峰。接着飞机降落——经常需要冲过云层，倾斜着飞入不丹树木繁茂的山谷中。飞机降落时有机会看到虎穴寺和帕罗宗堡，具体取决于当天的飞行路线。帕罗机场常被描述成世界上最令人心惊胆战的机场，但实际情况并没有那么糟。

机票。

也可以让旅行社帮你订机票，然后通过邮箱将电子票发给你。以这种方式订票后，如需退票，可在较短时间内退款。如果起飞时间有变动，航空公司会直接通知旅行社。旅行社还会通过邮箱发给你由移民局签发的签证许可证扫描件，在办理不丹皇家航空公司的登机手续时，你需要出示这张签证许可证的打印件。

你需买一张飞往其他地方的机票，从那里转乘不丹皇家航空公司的航班。对于大部分旅行者来说，这些地方基本上就是德里、曼谷、新加坡或加德满都，选择哪一个取决于你的起飞地和你想要中转的城市。飞德里、新加坡和曼谷的国际航班最多，飞加德满都则能让你多领略一次喜马拉雅山的壮景。也可以经加尔各答或达卡中转，但它们的机票鲜有折扣。中国旅行社一般安排游客在加德满都中转，其次是印度的德里。

行李转运

由于不丹皇家航空公司没有与其他航空公司签订联航协议，因此飞往帕罗的机票将与你的其他国际机票分开处理。这意味着在转机时你的行李无法直接通关，你必须去不丹皇家航空公司柜台重新办理行李托运。唯一一家可能例外的是泰国航空公司。

离开不丹时，不丹皇家航空公司声称他们能够将你的行李径直送到你的最终目的地，只要你在办理登机时告知他们航班的详细情况，但是请注意，这些信息是手写到行李标签上的。你可以说作者是旅行者里的愤青，但我们真的无法百分之百地信任这种转运系统。

托运行李无法直达的结果就是，你需要自己去转机机场的移民局取出自己的行李，然后重新办理托运。根据国家的不同，这个过程有时候会引起签证方面的问题。曼谷、新加坡和加德满都过境相对简单，既不需要签证也不需要当场办免费过境签证，但在德里的话你就要找工作人员帮你从传送带上拿回行李，然后替你重新办理托运，因为没有印度签证的话，你是不可以离开过境大厅的。

穿越边境

从以下3处位于不丹南部边界的地点出入境印度（其次是尼泊尔）相对简单：

➡ **庞措林** 这是从印度入境不丹的最主要边境口岸，与印度的西孟加拉邦接壤。

➡ **萨姆德鲁琼卡尔** 走这个边境口岸出入境的人要少得多，它位于不丹的东部边界，与印度的阿萨姆邦接壤。

➡ **盖莱普** 同样少有人走的边

境口岸，与阿萨姆邦接壤。新机场开通航班后也许会带来人流量。

抵离庞措林（抵离印度）

庞措林和Jaigaon（就在边界对面）之间的大门在早上6点打开，晚上21点关闭，之后车辆无法通行，但在22点前人们还可以步行穿过。如果你要途经庞措林前往或离开不丹，无论怎样走都要穿过印度东北部的主要交通枢纽——位于西孟加拉邦的西里古里。前往印度的话，你可以从庞措林或Jaigaon转车去位于西里古里的火车站（169公里，6小时），或去位于巴格多格拉的机场（那里有飞往帕罗的航班）。在西里古里你很容易就能拼到出租车或坐公共汽车去大吉岭（77公里）、甘托克（锡金邦；114公里）或卡林朋（Kalimpong），还可以去尼泊尔边境的Kakarbhitta。

距离庞措林最近的印度主干铁路火车站位于New Jalpaiguri（靠近西里古里）。从那里坐火车前往加尔各答需要12个小时，前往德里需要33个小时。你可以直接从庞措林坐车去New Jalpaiguri，或者驾车到西里古里后再坐人力车。

如果你要去不丹，每天上午8点至下午14点，不丹有几家交通公司有车在西里古里和庞措林之间营运（90卢比，4小时）。西里古里的订票点位于Sher-e-Punjab Hotel酒店对面的Tenzing Norgay Rd路上（也被称为Hill Cart Rd）。有时不丹的出租车（黄顶小车，牌照号码以“BT”开头）会收返程空车费。按理说可以只出一个座位的价钱350卢比，但你最终可能要花1400卢比包下整个车。印度的公交公司也有车在西里古里和Jaigaon之间运营。

不丹的车辆在印度畅通无阻，不丹的旅行社也可轻松在印度找到车辆去往这些地方。庞措林和西里古里还有出租车和合租车。

鉴于庞措林有不错的住宿选择，几乎没有人会在Jaigaon留宿。如果你必须住在那里，可以去这些提供空调房的酒店：

Hotel Anand（☎03566-263783; www.hotelanandjaigon.com; MG Rd; 标单/双1100/1200卢比起，双 带空调2000卢比）

Hotel Kasturi（☎03566-263035; NS Rd; 标单/双500/700卢比起）位于移民局检查站的旁边。

外国人

离开印度时别忘记在护照上盖出境章。如果车子已经把你拉到了不丹境内，可以直接走过边界去办理出境手续。

你的导游将在大门与你会面，并帮助你在庞措林取得不丹的签证。

抵离萨姆德鲁琼卡尔和盖莱普（抵离印度）

外国和印度的游客可以在萨姆德鲁琼卡尔和盖莱普入境或离境。值得注意的是，阿萨姆邦经常有临时组织的罢工（bandhs），会持续一个星期，所有的道路交通都会受到影响，边境也可能关闭。在经由阿萨姆邦做陆路旅行时，事先要了解一下阿萨姆邦分裂组织的动态。

经阿萨姆邦出境的最大好处，是可以在不丹中部和东部旅行之后，不需再经过漫长的山区自驾到达廷布。从萨姆德鲁琼卡尔和盖莱普出发，驾车至阿萨姆邦的古瓦哈蒂，在此处你可以搭乘飞机前往加尔各答、德里、曼谷或Bagdogra，也可以搭乘火车前往许多印度境内的目的地。基于安全考虑，所有不丹的机动车均要组成车队成行，因此可能会有延误。距萨姆德鲁琼卡尔6公里处的Darranga边境，距盖莱普10公里处的Deosiri边境，都有24小时开放的外国人登记站（Foreigners' Registration Post），在这里无论出境或入境必须要在签证上盖章。可能要出示护照照片页的复印件和印度签证，记得随身携带。

另外也可以向西自驾经过印度境内的杜瓦地区（duars，意为丘陵）至Siliguri前往古瓦哈蒂，这一路路程较长，但是很平坦。

抵离尼泊尔

孟加拉邦北部的Panitanki（又被称作Raniganj）正对着尼泊尔东部的边境小镇Kakarbhitta。一座横跨在Mechi River河上的长桥将两个小镇隔开。不丹的旅行社可以在Panitanki接送你，你也可让他们带你去Bhadrapur或Biratnagar，然后从那里坐飞机去加德满都。

Panitanki距离西里古里（印度）仅有1小时车程（35公里）。这条路上有定时营运的公共汽车（25卢比），也很容易坐到出租车（500卢比）。乘坐脚踏人力车去边界对面的Kakarbhitta的费用为30

卢比。每天下午5点有一趟车从Kakarbhitta发往加德满都（1150尼泊尔卢比，17小时以上），途经Narayanghat、Mugling和Trisuli River山谷，路途遥远、路况崎岖。Lonely Planet的《尼泊尔》一书有更多关于沿途风景和活动的详细信息。

一个更好的选择是坐出租车（600努扎姆）从Kakarbhitta去Bhadrapur，然后乘飞机去加德满都（155美元）。Biratnagar有一个大机场，距离边界有4小时车程，从那里飞加德满都的机票为130美元。Yeti Airlines航空公司和Buddha Air航空公司是最值得信赖的两家航空公司。Kakarbhitta的**Jhapa Travel Agency**（☎977-23-562020）可预订机票。

当地交通

由于不丹没有客运铁路，因此只能依靠自己的双腿和汽车来游览这个国家。随着国内航空服务的发展，这种现状看起来马上会有变化。

National Hwy是不丹的一条主干道，它宽3.5米，上面铺有柏油和碎石。公路盘山而行，在山间上上下下，越过底下流水的桥梁，沿着悬崖爬坡，穿过高山山口。河流、泥流和落石带来的灾祸从未停歇，尤其在雨天。这条公路很容易因为下雪或山体滑坡而被封锁，清理道路得花上一小时以至数天的时间。记得多带些书籍读物，当然要是你会晕车的话就算了。

旅行社有现代客车、小型货车和越野车，他们会视人数的多少来安排交通工具。这些车辆能带你去不丹几乎所有的地方，但要想在冬天（12月至次年2月）或雨季（6月至9月）去不丹中部和西部，驾驶四驱车会更有优势，在很多时候这也是必需的。

如果你持的是旅游签证，那么所有的交通费用已经包含在了你的旅游团费当中，旅行社会给你配备一辆可进行短途和长途旅行的汽车。

飞机

不丹对发展国内航空服务雄心勃勃。雍布拉（位于东部偏远地区的塔希冈以南）、盖莱普（位于不丹南部，靠近印度边境）和巴斯帕拉唐/贾卡尔（位于不丹中部的布姆唐）已经在开发修建机场。在本书撰写期间，只有**不丹皇家航空公司**（Druk Air；www.drukair.com.bt）有航班飞往巴斯帕拉唐，另一家国内航空公司**不丹航空公司**（Bhutan Airlines；www.bhutanairway.com）已经暂停所有服务。想要了解当前情况请咨询你的旅行社。

开通定期航班后，雍布拉和盖莱普机场的效果将尤为显著，它们会打开旅游市场，促进这片地区的旅游发展。

自行车

有些旅行者会带着他们的山地自行车来到不丹，有几家公司可提供这种类型的团队游。更多关于自行车旅游的内容请参阅266页。

长途汽车

长途汽车拥挤且嘈杂，而不丹又多弯路，使得这种不适感翻倍。人们给由政府运营的Bhutan Post Express和其他公司的小型客车取了个绰号叫“呕吐彗星”，因为许多乘客在乘坐它们时都会遭受晕车的痛苦。Dhug、Metho和Sernya等私人汽车公司的Toyota Coaster汽车要舒适得多，车费比小型公共汽车贵50%。

每天至少有1班车从廷布开往庞措林、哈阿、帕罗和普那卡。长途车方面，每周有1~3班车从廷布开往谢姆冈、萨姆奇、塔希央奇、蒙卡尔、富毕卡和塔希冈。票价便宜。

廷布有1班从Chang Lam发出的公交汽车，北至德钦曲林，南至辛托卡和Babesa。在www.bhutanpost.com.bt上可查询到路线、票价和时刻表。

小汽车和摩托车

鉴于一切出行由旅行社安排，一般来说你不需要自己驾驶车辆。如果出于某种原因你要自己安排出行，也最好不要租车或雇司机，也别坐出租车。在不丹驾车是个痛苦的经历。这里道路狭窄，货车在通过窄小的弯道时总是全速前进，就这么突然地出现在你眼前，迫使迎面而来的车辆靠边让路。由于大部分公路都只有3.5米宽，两车相遇时一方或双方都要靠边行驶。

不丹的摩托车团队游可以通过**Himalayan Roadrunners**（www.ridehigh.com）和**Saffron Road Motorcycle Tours**（www.saffronroad.com）安排。廷布的**Black Dragons Motorcycle Club摩托车俱乐部**（www.bhutandragons.blogs

pot.com）可为骑手们提供关于不丹道路的建议。

自己的交通工具

如果你驾车进入不丹，可在庞措林边境站拿到一张为期14天的许可证。需要旅行社帮忙处理所需文书资料。如果你驾驶的是一辆在国外注册的车辆，要有官方证明件才能通过印度。

驾照

非政府组织工作人员和志愿者如一定要在不丹驾车，应当取得由**道路安全和交通局**（Road Safety and Transport Authority; www.rsta.gov.bt）颁发的驾驶执照。不丹的驾驶执照可在印度通用。

国际驾驶执照在不丹无效。印度驾驶执照在不丹通用，印度公民可在不丹境内驾车，但除非你是一名技术精湛的拉力赛车手，或从如大吉岭一类的山间避暑地而来并有丰富的山间驾车经验，不然还是请一名专业司机会比较安全。

交通规则

不丹的车辆靠左行驶，比起大多数其他南亚国家，这里的秩序要好得多。城镇上和乡村公路上的车速很慢，如果你能在山间道路上开到平均30公里/小时就算是幸运的了。

像亚洲其他地方一样，不丹的所有交通事故都由警察来判断谁是过错方，这一点非常重要，意味着在警察赶来做出决定前，任何车辆都不能移动，即使它们已经堵塞了狭窄的道路。一个较小的事故就能让道路堵上几个小时，在此期间所有人都得耐心等候从最近的城镇赶来的警察。

当地交通工具

出租车

庞措林、帕罗和廷布有出租车。出租车有计价器，但司机们极少使用它们。长距离路程的出租车有统一报价，基本没有讨价还价的余地。

在廷布以内乘坐出租车的费用应为60努扎姆，一天的费用为800努扎姆，从廷布到庞措林收费650努扎姆（一个座位）至2600努扎姆（单独包车）。如果你要在廷布和庞措林之间往来，可以选择从目的地而来的出租车（牌照号码为BT-2的来自庞措林，牌照号码为BT-1的来自廷布或帕罗）——这样就有机会讲价。

健康指南

在不丹面临的主要健康问题与在其他南亚国家差不多：患旅行者腹泻、呼吸道感染或异常感染的概率相对较高。这些感染性疾病将中断你的旅程，让身体遭受煎熬，但很少有致命危险。徒步者还会面临意外和高原反应的威胁。在徒步过程中从山路跌落或被落石砸中的可能性虽不大，但并非不存在。

以下提供的建议仅作一般参考，不能代替旅行医学科医生的意见。

出发前

将药品装在贴有标签的原装瓶（盒）内。带上一份写明自身健康状况和服药（包括药品的通用名称）情况的证明，上面要有医生的签名和日期。需要携带注射器或针管的话，请一定要有医生开具的证明函，以证明其用于医疗用途。如果有心脏方面的问题，请带上一份出门前做的心电图结果。

如果你需要定期服用某种药物，请按用量的双份准备，以防遗失或遭窃。不要寄希望于不丹药店里出售的药品。

保险

即使你身体健康、体格健壮，出行前也要替自己买好一份保险——有时意外难以避免。务必声明自己现存的所有健康问题——申请保险金时，保险公司会核查你的问题是否在出行前就已存在，如果未作声明，他们将拒绝支付保险金。

参加攀岩等探险活动的话，你也许还会需要买一份额外保险。如果你的健康保险不涵盖在国外产生的医疗费用，可以考虑购买额外保险；欲知更多信息，请登录**Lonely Planet**（www.lonelyplanet.com）或磨房网站保险页面（bx.doyouhike.net）。如果你未投保，启用紧急撤离的话就要自己承担高额的费用，超过10万美元的账单并不罕见。

购买之前先了解清楚，你的保险金是直接支付给医疗提供方，还是过后以国外医疗费用的名义返还给你（许多国家的医生想要现金支付）。你也许会更青睐直接支付给医生或医院的方案，而不是需要自己当场付费然后再去申请补偿。如果你需要事后申请的话，请确保自己保留了所有的文件。有些保险公司要求你打电话（他们提供受话方付费，但这在不丹无法实现）给国内的受理中心，由受理中心对你的情况做出快速评估。

接种疫苗

旅行医学专科诊所是你获得相关信息的最佳场所；他们不但储存有所有的可用疫苗，而且还能为你和你的旅行提供详尽的建议。大多数疫苗在接种过后至少两周才会产生免疫效果，因此你应在出发前4~8周就去咨询医生。向你的医生索取一份国际疫苗接种证明书，这个证明书记载有你已接种的全部疫苗。

推荐接种的疫苗

世界卫生组织为前往不丹的旅行者推荐以下疫苗（以及最新的麻疹、腮腺炎和风疹疫苗）：

- **白喉和破伤风（成人）疫苗** 如果十年之内没患过该病，那么建议注射一针即可。副作用表现为手臂酸痛和发烧。
- **甲型肝炎疫苗** 可提供长达一年几近100%的免疫保护；在12个月后再注射一针可让你在接下来的至少20年里得到

保护。5%~10%的人在注射后会出现轻微的副作用，如头痛和手臂酸痛。

- **乙型肝炎疫苗** 目前大部分旅行者都会接种的疫苗。六个月内注射三次。也可以快速注射，与甲型肝炎疫苗结合使用。副作用轻微而且少见，通常表现为头痛和手臂酸痛。95%的人可获得终生免疫。

- **脊髓灰质炎（小儿麻痹症）疫苗** 不丹的最近一例脊髓灰质炎患者还是在1986年，邻国尼泊尔和印度的最新病例报告在时间上更为靠近。成人仅需注射一针即可获得终生免疫。脊髓灰质炎灭活疫苗对孕妇安全。

- **伤寒疫苗** 一针疫苗可提供概率约70%的保护，持续2~3年的时间。也可选择口服药片接种，但通常推荐注射疫苗，因其副作用更少。可能出现手臂酸痛和发烧。

- **水痘疫苗** 如果你没有出过水痘，可向医生咨询这种疫苗。

以下疫苗推荐给长途旅行者（一个月以上）或存在特殊风险的旅行者：

- **乙型脑炎（JBE）疫苗** 总共注射三针。建议两年之后再注射加强针。最常见的副作用是手臂酸痛和头痛。每注射一针后的10天内可能会发生荨麻疹和肿胀等过敏反应，但这种情况发生的概率极小。

- **脑膜炎疫苗** 只需注射一针。脑膜炎疫苗分为两种：四价疫苗可提供2~3年的免疫保护；C群脑膜炎疫苗可提供大约10年的免疫保护。建议年龄在25岁以下的长途背包客接种该疫苗。

- **狂犬病疫苗** 总共注射三针。一年后再注射一剂加强针后将获得10年的免疫保护。基本没有副作用，偶尔出现头痛和手臂酸痛。

- **肺结核疫苗** 这是一个复杂的问题。通常建议成人旅行者在长途旅行前后分别做一次肺结核皮试，而不是接种疫苗。此种疫苗终生只接种一次。

必须接种的疫苗

根据国际规定，黄热病疫苗是唯一必须接种的疫苗。只有在进入不丹前的六天内到访过黄热病区域的人才需要出示接种的证明。如果你将从非洲或南美洲前往不丹，应了解一下是否需要出示疫苗接种的证明。

药品清单

推荐放入个人药品箱中的医疗物品：

- 乙酰氨基酚（泰诺）或阿司匹林——用于止痛或退烧
- 绷带、纱布、邦迪创可贴和其他创伤敷料——小创伤
- 百多邦、达克宁——各种细菌、真菌性皮肤感染
- 多种维生素——在长途旅行过程中，饮食中的维生素含量可能不足
- 镇痛药（如布洛芬）
- 含避蚊胺（DEET）成分的外用驱蚊剂和风油精
- 喷涂于衣物、帐篷和床单的、含氨菊酯成分的杀虫剂
- 类固醇或可的松（用于治疗误食有毒植物或其他过敏性皮疹）
- 感冒和流感药
- 藿香正气水和十滴水、仁丹——防中暑
- 黄连素片、保济丸——腹泻
- 晕海宁——晕车
- 防晒霜、保湿唇膏——防止晒伤、干燥
- 避孕药具

参考网站

互联网上有大量关于旅行健康的建议。想要获得更多信息，可访问**旅行健康网**（trip-health.org）或**Lonely Planet**（www.lonelyplanet.com）。

延伸阅读

Lonely Planet出版的*Healthy Travel–Asia & India*是一本便携袖珍书，里面有各种实用信息，包括旅行前计划、应急急救、疫苗接种与疾病信息，以及在旅途中生病的对策。其他推荐参考的书目包括Richard Dawood博士的*Travellers' Health*和Deborah Mills博士的*Travelling Well*——详情可访问www.travellingwell.com.au。

在不丹

医疗服务及费用

不丹没有私立健康诊所或私人医生，但每个宗的首府城镇都有一家医院，医院可接收需要医疗护理的旅行者。位于廷布的**吉格梅·多吉·旺楚克国家转诊医院**（Jigme Dorji Wangchuck National Referral Hospital；见50页地图；☎02-322496；Gongphel Lam）拥有全国最好的医疗设备。这里有全科医

生、数名专科医生、实验室和手术室。即使是游客也可享受免费治疗。如果你病得厉害或身负重伤，应考虑回国治疗。若情况特别紧急，无论从速度还是医疗条件考虑，直飞曼谷救治都是最优选择。在偏远地区很难得到可靠的医疗保健服务。离你最近的大使馆和保险公司是不错的联系对象。

如果你的症状并不严重（如旅行者腹泻），而你又带着对症的药品且无法前往推荐的诊所，可以采取自我治疗。如果你认为自己患了很严重的疾病，尤其是疟疾，不要耽误时间，请前往离你最近的有质量保证的医疗机构接受治疗。让医生诊断总比自我治疗要好。

多数大城镇上都有售卖药品的商店。本章节提及的大部分医药用品都可以在无处方的情况下买到。

传染病

咳嗽、感冒和胸腔感染

呼吸道感染通常由病毒引起，在受到城市污染或高山冷空气和高海拔的刺激后病情加重。期间一般会出现继发性细菌感染，它的特征是发烧、胸痛、咳嗽并带白色痰或血性痰。如果你出现感染症状，应就医或服用普通抗生素。

登革热

疫苗，人们只能通过避免蚊虫叮咬来预防。携带登革病毒的蚊子昼夜不休，因此全天都要采取防蚊措施。登革热的症状包括发高烧、剧烈头痛和身体疼痛，有些患者会出现皮疹和腹泻。此病无特效的治疗手段，只能依靠休息和服用扑热息痛，由于阿司匹林会加大出血的可能性，因此不可服用。一定要去看医生，接受诊断和留观。

甲型肝炎

这是一种让整个地区都伤脑筋的疾病，通过食物和水传播的病毒会感染肝脏，引起黄疸（皮肤和眼睛变黄）、恶心和嗜睡。甲型肝炎没有特效治疗手段，你仅仅需要时间让肝脏康复。所有前往不丹旅游的人都应注射甲型肝炎疫苗。

乙型肝炎

乙型肝炎经体液（包括性接触）传播，是唯一一种可通过接种疫苗来预防的性传播疾病。长期患病的后果可能是肝癌和肝硬化。

戊型肝炎

戊型肝炎通过受污染的食物和水传播，其症状与甲型肝炎类似，但远不及甲型肝炎常见。对于怀孕女性来说，戊型肝炎是个严重的问题，它可能导致母亲和婴儿死亡。目前暂无预防此种疾病的疫苗，预防的原则是安全饮食。

流行性感冒

流行性感冒（流感）在热带地区全年都会出现，其症状包括发高烧、肌肉疼痛、流鼻涕、咳嗽及喉咙痛。对于65岁以上或患有如心脏病或糖尿病等潜在疾病的人来说，情况会尤为严重，建议这些人接种疫苗。没有特效治疗手段，只能依靠休息和服用扑热息痛。

乙型脑炎

这是一种通过蚊子传播

旅行者腹泻

旅行者腹泻是至今为止影响旅行者的一种最常见问题——30%~50%的人会在旅行开始后的两周内患此病。由于超过80%的患者都是被细菌感染，因此用诺氟沙星等抗生素治疗会迅速见效。但是请记住，几次拉稀无须大惊小怪。

洛哌丁胺（Loperamide）只能止泻，属于治标不治本，但是它还是有用的，比如说在你必须坐长途车的情况下。不要在发烧或者便血时服用洛哌丁胺，如果服用对症的抗生素不起效的话，要立即就医。

阿米巴痢疾（Amoebic dysentery）在旅行者中非常罕见，但经常被误诊。它的症状与细菌性腹泻类似：发烧、带便血腹泻及全身不适。腹泻有便血时应当寻求可靠的治疗。治疗时会用到两种药物：用来杀死肠道寄生虫的替硝唑（Tinidazole）或灭滴灵（Metronidazole），以及用来消灭囊肿的另一种药物。

贾第虫（Giardia lamblia）是一种相对常见于旅行者中的寄生虫。其症状包括恶心、腹胀、胃肠道胀气、打嗝、疲劳和间歇性腹泻。不采取治疗的话寄生虫最终也会排出体外，但这需要几个月的时间。治疗首选替硝锉。

的病毒性疾病，极少在旅行者中出现。跟大部分由蚊子传播的疾病一样，乙型脑炎在被感染国家变得越来越常见。大多数病例发生在农村地区，推荐在城市以外地区旅行超过一个月的旅行者接种该疫苗。这种病没有治疗方法，有三分之一的被感染患者死亡，另有三分之一的人将罹患永久性脑损伤。

疟疾

对于这种相当严重且有致命危险的疾病，存在着大量关于它的错误信息。你的旅程是否真将置你于险地，你必须得听取专业意见。在大多数偏远地区，感染疟疾的风险远远大于任何药物的副作用。出发前咨询好正确的用药及其剂量。

疟疾是由被感染的蚊子叮咬后传播疟原虫引起的。疟疾的主要症状是发烧，但也有可能出现头痛、腹泻、咳嗽或发冷等一般症状。疟疾只能来依靠采集血样来进行诊断。

应将防蚊和服用抗疟药物两种措施结合起来预防疟疾。大多数患了疟疾的人都未能对症下药或没有服用抗疟疾的药物。

建议旅行者通过以下措施预防蚊虫叮咬：

- 在暴露的皮肤上喷洒含避蚊胺（DEET）成分的驱虫剂。如果在蚊帐里睡觉，晚上可以将其洗净。天然驱虫剂如香茅也有效，但是必须比含避蚊胺的产品更为频繁地使用。
- 在用百灭宁（pyrethrin）浸湿过的蚊帐内睡觉。
- 选择有纱窗和风扇的住处（在没有空调的情况下）。
- 在高危地区穿用百灭宁浸透过的衣服。
- 穿浅色的长袖衣和长裤。
- 使用蚊香。
- 外出吃晚饭前，在屋内喷洒驱虫剂。

有各种有效药物。在南亚的许多地区，氯喹（Chloroquine）和氯胍（Paludrine）结合服用的效果十分有限。常见的副作用包括恶心（40%的人）和口腔溃疡。

日服片剂强力霉素（Doxycycline）是一种广谱抗生素，它还可以帮助预防多种热带疾病，包括钩端螺旋体病、蜱所致疾病和斑疹伤寒。潜在的副作用有容易被晒伤、鹅口疮、消化不良、烧心、恶心和干扰避孕药的效果。更严重的副作用包括食管溃疡——在吃饭时服用可帮助防止此种情况的发生，服药后半个小时内不可躺下。在离开危险地区后需继续服药4周。

甲氟喹（Lariam，Mefloquine）每周服用一次。严重的副作用极少，但会出现抑郁、焦虑、精神性疾病和痉挛。有过抑郁症、焦虑、其他心理障碍或癫痫病史的人不可服用甲氟喹。在怀孕的第二和第三阶段服用该药物被认为是安全的。在离开危险地区后需继续服药4周。

马拉隆（Malarone）是阿托喹酮（Atovaquone）和氯胍（Proguanil）的综合产物。副作用少见而且轻微，最常见的是恶心和头痛。这是到高危地区短期旅行的人们的最好药物。在离开危险地区后需继续服药1周。

狂犬病

狂犬病在不丹被认为是一种地方病。这种致命性的疾病通过被感染动物咬伤或舔舐传播——最常见的动物是狗和猴子。在被任何动物咬伤后都应立即就医并接受治疗。预先接种疫苗意味着治疗过程将会大为简化。被动物咬伤后，用肥皂和清水轻轻地冲洗伤口，然后涂抹含碘抗菌剂。如果没有预先接种疫苗，要尽快注射狂犬病免疫球蛋白。

肺结核

虽然旅行者中很少出现肺结核，但那些与当地人有大量接触的人应该采取预防措施，如医疗和救援人员以及长期旅行者。肺结核疫苗通常只针对5岁以下的儿童，但推荐存在感染风险的成人在旅行前后进行肺结核测试。主要症状为发烧、咳嗽、体重减轻、盗汗和疲劳。

伤寒

这种严重的细菌性感染疾病通过水和食物传播。其症状是缓慢发展的高烧和头痛，可能伴有干咳和胃痛。伤寒通过血液检查确诊，用抗生素治疗。建议所有准备在不丹待一周以上的旅行者接种此种疫苗。要知道这种疫苗并非100%有效，因此你必须小心饮食。

环境引发的疾病和不适

食物

在餐馆用餐是导致旅行者出现腹泻的主要原因。避免腹泻的方法包括：只吃现做的食物，不要食用贝壳类水产品和自助餐上长久放置的食物，吃任何水果都要剥皮，蔬菜煮熟后再吃，沙拉在食用前先在碘水中浸泡至少20分钟。

高海拔

如果你要去的地方在海拔3000米以上，那么你应当了解如何预防、辨识和治疗急性高山病。这是一种出了名变幻无常的病症，即使那些已经适应高海拔的徒步者和步行者也可能受其影响。尽管急性高山病通常要到海拔3500~4500米才会有致命危险，但在海拔3000米时也发生过死亡案例。

症状

到访高海拔地区的旅行者常会出现轻微的急性高山病症状，这种症状通常在到达后的24小时内显现，大致在数小时至数天的时间内随着身体逐渐适应而消失。

到了晚上，症状会变得更为严重，出现头痛、眩晕、昏睡、食欲不振、恶心、呼吸困难和精神亢奋。失眠也是常见症状之一。

急性高山病可能会在没有任何征兆的情况下恶化，甚至威胁生命。这些症状由肺水肿和脑水肿引发，表现为人在静止时仍呼吸困难、刺激性干咳（可能演变成伴有血性泡沫痰的咳嗽）、剧烈头痛、肢体失去协调（典型表现是“醉汉步”）、思维混乱、行为失去理智、呕吐以至最终失去意识。

不管急性高山病的症状多么轻微，它都是一种警告，一定要严肃对待！徒步者应当留意伙伴们的身体状况，因为出现这些症状的人可能当局者迷——特别是有严重症状的人。要注意的一件事是，虽然出现严重急性高山病的症状前经常会有轻微症状，但并非总是如此。严重急性高山病可以在毫无征兆的情况下袭击人。

适应环境

随着海拔的上升，氧气含量减少，人们的身体需要时间来调节生理机制以适应这种变化。目前人们仍未完全理解这种逐渐适应的过程，只知道它调节了呼吸方式和心率，增强了血液运输氧的能力。在海拔特别高的地区，这种补偿机制发挥作用通常需要花上1~3天时间。一旦你适应了某种高度，那么你在这个高度上就不太可能患急性高山病，但当你往更高处走时仍然有患病的可能。如果你上升得过高过快，这种补偿反应的速度可能跟不上你的脚步。

预防

预防急性高山症你需要：

- 缓慢上升。频繁地休息，每上升1000米原地停留2~3个晚上。
- 谨记攀登者的箴言：爬高点，睡低点。明智的做法是，晚上休息时的海拔高度不超过白天攀升的最大高度。白天爬得高，晚上下降至较低海拔处，有利于在高海拔地区徒步。还有，在3000米以上的地方攀登，每天晚上休息时的海拔高度不能超过前晚400米。如果地形条件不允许，那么请在开始攀登前多休息一天。
- 多饮水。山上的空气干燥而寒冷，呼吸和出汗会流失水分，这些可能导致你脱水。
- 吃清淡、高碳水化合物的食物，以获得更多能量。
- 避免饮酒，因为酒精可能会加大脱水的风险，不要抽烟。
- 避免服用镇静剂。
- 到达休息地时停留一天，如果感觉过度疲劳，应给自己适应的时间。如果你或团队中任何一人身体不适，应做计划外的停留。
- 在翻山口时切勿逼迫自己，

饮水注意事项

- 绝对不要直接饮用自来水。
- 瓶装水通常可放心饮用——购买时检查封口是否完整。
- 避免食用冰块。
- 避免饮用新鲜果汁——这样的果汁存在被掺水的可能。
- 将水烧开——这是净化水最有效的方法；在高海拔地区，水烧开后再多煮一会儿。
- 净化水——最好的化学净化剂是碘，但孕妇和患甲状腺疾病的人应避免使用。
- 使用滤水器——应具备过滤病毒的能力；确保滤水器里有碘一类的化学净水层，滤水器的孔径以小为宜，如孔径小于4微米的。

而是要进行多次休息。鉴于急性高山病和适应过程的复杂性和未知因素，徒步者再怎么小心谨慎都不为过，缓慢地上升总是没错的。

治疗

如果出现轻微症状，可以在同一或较低海拔高度休息直到康复，通常需要1~2天时间。服用扑热息痛或阿司匹林有助于缓解头痛。如果症状未减退或变得更为严重，必须立即撤退——即使下降500米也有作用。

治疗严重急性高山病的最有效方法是尽快撤退到较低海拔高度。病情不那么严重时，病人可借助外力自行下山，而在有些情况下，他们只能被抬下去。不管是哪种情况都不要耽误时间，任何延误都会带来致命的后果。

急性高山病病人可能需要立即飞离不丹——确认你购买的是包含此项费用的旅行保险。

有些医生推荐服用乙酰唑胺（Diamox）和地塞米松以预防急性高山病。但是，你应当知道这些药物的作用尚有争议。它们能缓解症状，但也可能掩盖住身体发出的危险信号，服用这些药的人中出现过严重甚至致命的急性高山病。药物治疗绝不可以取代撤退下降，也无法助你登上更高的高度。

昆虫叮咬

臭虫和跳蚤不携带疾病，但是被它们叮咬后的部位会非常痒。可以用抗组胺剂治疗瘙痒。

在偏远地区行走之后可能感染蜱虫。蜱虫常在人的耳后、腹部和腋窝处被发现。如果已被蜱虫叮咬并且叮咬处或者其他部位出现皮疹、发烧或者肌肉疼痛，应该去看医生。强力霉素可预防由蜱虫传播的疾病。

在潮湿的热带雨林地区可以找到水蛭。它们不传播任何疾病，但被其叮咬后的地方会感到强烈瘙痒，这种情况会持续数周并且很容易导致感染。用含碘抗菌剂涂在水蛭叮咬过的地方可预防感染。

蜜蜂和黄蜂叮蜇影响的主要是对蜜蜂或黄蜂过敏的人。任何一个对蜜蜂或黄蜂严重过敏的人都应携带肾上腺素注射器（如一支肾上腺素自动注射器）以应对紧急情况。对其他人而言，疼痛是主要的问题，可用冰敷被蜇处并服用止痛药。

皮肤问题

真菌性皮疹常见于潮湿气候地区。有两种影响旅行者的常见真菌性皮疹。第一种发生在像腹股沟、腋窝以及脚趾间等潮湿的部位，它开始时是一个红斑，逐渐扩散，通常很痒。治疗方法包括保持皮肤干燥、避免摩擦和使用抗真菌软膏，如克霉唑或兰美抒。第二种花斑癣同样常见，它会引发淡色的小斑，最常出现在背、胸和肩部。需要就医。

割伤和擦伤在热带气候中容易被感染，需小心护理以免出现如脓肿一类的并发症。立即用清水冲洗伤口并涂抹抗菌剂，如果出现了感染迹象（疼痛感和红肿增强），应去看医生。

女性健康

在不丹的市区可买到现成的卫生用品。避孕用品的选择可能有限，因此要自己准备好。闷热、潮湿和服用抗生素都可能导致念珠菌阴道炎，可用克霉唑等抗真菌软膏和栓剂治疗。另一种实用的治疗方法是服一片氟康唑（Diflucan）。脱水或乘坐长途车中途不能上厕所可能造成尿道感染，应携带对症的抗生素。

语言

不丹的官方语言是宗卡语。虽然宗卡语与藏语使用相同的字母——这两种语言之间联系紧密——但藏族人无法读懂宗卡语。学校采用英语授课，因此大部分受过教育的人都能说一口流利的英语。在不丹，到处可见英文招牌、英文书籍和英文菜单。道路标志和政府文件全都使用英语和宗卡语两种语言。全国发行的报纸*Kuensel*有三种语言版本：英语、宗卡语和尼泊尔语。僧侣学院教授中古藏语Choekey。

由于一些地方与国内许多其他地方相隔绝，许多其他语言得以保留下来，各地的少数民族拥有自己专属语言的情况并不稀奇，有些语言的差异甚大，以至于来自不同地方的人们无法交流。不丹东部的人说Sharchop语（意为"东部的语言"），这是一种与宗卡语截然不同的语言。大部分南方人说尼泊尔语。布姆唐语（Bumthangkha）是布姆唐地区使用的一种语言。此外还有谢姆冈的Khengkha语、伦奇的Kurtoep语、通萨的Mangdep语和塔希央奇的Dzala语。

发音

本章节中采用的简化发音系统基于官方的拉丁字母体系（将拉丁字母作为宗卡语的书写形式载体），彩色字体为我们为读者撰写的发音指南，按照英语单词发音规则拼读即可实现交流。

这里有3种变音符号：撇号代表升调（例如'ne）或"发音柔和的"辅音字母（例如g'）；长音符号（例如ê）代表长元音；分音符号（例如ö）的出现意味着某些元音的发音要发生变化，即ä发成"hat"里"a"音，ö发成"dirt"里"ir"音（"r"不发音），ü——用嘴角两边往后拉伸的方式发"i"音。

辅音字母c、d、g、l、p和t后接字母h时要送气——辨别"pip"一词中字母p的发音，第一个要送气，第二个不送气。

练习ng（即"sing"中"ng"的发音）位于单词开头时的发音，例如ngawang（一个名字）。"需牙齿配合的"辅音t和th在发音时需用舌尖抵住牙齿。另要注意的是，字母c发成"church"中的"ch"音，字母zh发成"measure"中的"s"音。

基本会话

你好。	kuzuzangbo la
再见。	
（离开的人）	läzhimbe jön
（留下的人）	läzhimbe zhû
祝你好运。	trashi dele
谢谢。	Kadriche
是。	ing/yö
不。	mê
也许。	im ong
你好吗？	chö gadebe yö?
很好。	nga läzhimbe ra yö
你叫什么名字？	chö meng gaci mo?
我叫……	ngê meng... ing
你从哪里来？	chö gâti lä mo?
我来自……	nga... lä ing
你要去哪里？	chö gâti jou mo?
我住在……	nga... döp ing
我知道。	nga shê
我不知道。	nga mi shê
我能拍张照吗？	pâ tabney chokar la?

徒步和乡村生活

高山小屋	bjobi gâ
高山牧场	la nogi tsamjo
桥	zam
寒冷的（天气）	sîtraktra
丘陵	ri
房屋	chim
湖泊	tsho
山	gangri
山口	la
骡道	ta lam
平原或草甸	thang
经幡	dâshi
河流	chhu/tsangchhu
下行陡坡	khamâ zâdra
上行陡坡	khagen gâdra
玛尼石	dogi mani
疲倦的	udû/thangche
小路	lam/kanglam
村庄	ü
温暖的（天气）	drotokto/tshatokto
哪条路通向……?	... josi lam gâti mo?
这条路陡吗?	lam zâdra yö-ga?
我的帐篷在哪儿?	ngê gû di gâti in-na?
村庄的名字叫什么?	ani ügi meng gaci zeu mo?
走吧。	jogey-la
鸟/鸡	bja
牛	ba
狗	rochi/chi
马	ta
猪	phap
水牛	mahe
牦牛（公/母）	yâ/jim
大麦	nâ
荞麦	bjô
玉米	gäza/gesasip
糙米	chum
小米	membja
大米	bjâ
小麦	kâ

我能给你拍张照吗?	chögi pâ ci tapge mä?
可以/没关系/没什么。	di tupbä
今天冷。	dari jâm-mä
在下雨。	châp cap dowä
女儿	bum
哥哥	phôgem
姐姐	azhim
父亲	apa
朋友	totsha/châro
母亲	ama
儿子	bu
弟弟	nucu
妹妹	num/sîm
她的	mogi
他的	khogi
我的	ngêgi
你的	chögi
大的	bôm
便宜的	khetokto
干净的	tsangtokto
肮脏的	khamlôsisi
足够的	tupbä/lâmmä
昂贵的	gong bôm
好的	läzhim
高兴的	gatokto
沉重的	jice
不好的	läzhim mindu
小的	chungku
那/那个	aphidi
这/这个	di

方向和交通

公共汽车	drülkhor chutshö
什么时候开?	gademci kha jou inna?
我想在这里下车。	nga nâ dögobe
……离这里有多远?	…gadeci tha ringsa mo?
离得近吗?	bolokha in-na?
离得远吗?	tha ringsa in-na?
径直往前走。	thrangdi song
后面	japkha
这里	nâ/nâlu

左边	öm
前面	dongkha
旁边	bolokha
对面	dongko/dongte
右边	yäp
那里	phâ/phâlu
哪里	gâti
北	bjang
南	lho
东	shâ
西	nup

餐饮

……在哪里?	... gâti mo?
当地酒吧	changkha
餐馆	zakha

现在有吃的吗?	chö dato to za-wigang in-na?
我不吃肉。	nga sha miza
我不喜欢吃辣。	nga zhêgo êma dacikha miga
太辣了。	di khatshi dû
真美味。	di zhim-mä
请给我一杯茶。	ngalu ja phôp gang nang
足够了。	digi lâm-mä

关键词

食物	zhêgo/to
辣	khatshi yömi
(食物)热	tshatom
薄片	pa
美味的	zhimtoto

肉类和蔬菜

卷心菜	banda kopi
花椰菜	meto kopi
鸡肉	bja sha
(熟的)蔬菜	tshöse tsotsou
鱼肉	ngasha
肉	ha
土豆	kewa
小萝卜	laphu
大萝卜	öndo
蔬菜	tshöse

其他食物

奶酪	datse
辣椒	êma
玉米	gäza/gesasip
鸡蛋	gongdo
蘑菇	shamu
芥末	päga
面条	bathu/thukpa

数字

1	ci
2	nyî
3	sum
4	zhi
5	nga
6	drû
7	dün
8	gä
9	gu
10	cuthâm
11	cûci
12	cunyî
13	cûsu
14	cüzhi
15	cänga
16	cûdru
17	cupdü
18	côpgä
19	cügu
20	nyishu/khächi
30	sumcu/khä pcheda nyî
40	zhipcu/khänyî
50	ngapcu/khä pcheda sum
60	drukcu/khäsum
70	düncu/khä pcheda zhi
80	gepcu/khäzhi
90	gupcu/khä pcheda nga
100	cikja/khänga
1000	ciktong/tongthra ci
10,000	cikthri
100,000	cikbum/bum
1 000,000	saya ci

敬语

用宗卡语与人交流时，在句末加一个-la音可以表示敬意，这一规则几乎适用于任何情况，你甚至可以将它添到可能用到的英语单词后面。因此，在与政府官员、喇嘛或比自己年长的人交谈时，你可以使用诸如“yes-la”或“okay-la”一类的表达，这将使你赢得他人的尊重。

米饭	to
沙拉	ezay

饮品

（当地的）啤酒	bang chhang
开水	chhu kököu
凉水/热水	chhu khöm/tshatom
茶	ja
水	chhu
（当地的）威士忌	ârra

健康和紧急情况

我生病了。	nga nau mä
我感觉恶心。	nga cûni zum beu mä
我身体没力气。	nga thangchep mä
我一直在呕吐。	nga cûp cûsara döp mä
我感觉眩晕。	nga guyu khôu mä
我呼吸困难。	nga bung tang mit shubä
医生	drungtsho
发烧	jangshu
疼痛	nazu

购物和服务

单词khang意为建筑，很多建筑物的名字都以它结尾。

……在哪里？	... gâti mo?
银行	ngükhang
书店	pekhang
电影院	loknyen
医院	menkhang
市场	thromkhang
贡布	goemba
警察局	thrimsung gakpi mâkhang
邮局	dremkhang
公共电话	manggi jüthrin tangsi
商店	tshongkhang
拉康	lhakhang
厕所	chapsa
我想看……	nga... tagobe
我在找……	nga... tau ing
它什么时候开门？	chutshö gademci lu go pchiu mo?
它什么时候关门？	chutshö gademci lu go dam mo?
它仍在营业吗？	datoya pchidi ong ga?
这是什么？	di gaci mo?
我想换钱。	nga tiru sôgobä
多少钱？	dilu gadeci mo?
太贵了。	gong bôm mä
我最多出……	ngâgi... anemci lä trö mitshube
最低卖多少？	gong gademcibe bjinni?

时间和日期

现在几点？	chutshö gademci mo?
（5点）整。	chutshö (nga)
下午	pchiru
天	nyim/za
后天	nâtshe
上午	drôba
晚上	numu
某时	retshe kap
今天	dari
明天	nâba
昨天	khatsha
星期日	za dau
星期一	za mîma
星期二	za lhap
星期三	za phup
星期四	za pâsa
星期五	za pêm
星期六	za nyim

术语表

ABTO——不丹旅行社协会
anim——尼姑
anim goemba——尼姑庵
atsara——在戒楚节上活跃气氛的戴面具丑角

bangchung——一种圆形竹篮，盖子紧扣篮身
BHU——基层卫生所（Basic Health Unit）
bodhisattva——菩萨，今生原可成佛，但为了转世普度众生而放弃成佛
Bon——苯教，中国西藏的一种古老宗教，崇尚万物有灵，在佛教传入西藏之前便已存在。其教徒被称为苯波(Bon-po)
Brokpa——不丹东部的少数民族
bukhari——柴炉
bumpa——贡布（goemba）中用来盛圣水的瓶

cham——查姆舞，宗教仪式上的舞蹈
chang——北
chhang——用大米、玉米或小米酿造的啤酒，念成“chung”
chhu——河流，水
chilip——外国人
choesum——佛堂、神堂
chorten——佛塔，通常置有舍利

Dantak——印度边境公路特遣部队
datse——传统射箭；也有奶酪的意思
desi——第悉，不丹的世俗领袖
dharma——戒条，佛教教义
dharma raja——夏宗法王（Zhabdrung）的英文名，1652~1907年的宗教领袖
dochey——宗堡（dzong）里的庭院
doma——槟榔，它还有一个印度名：paan
dorji——宗教仪式上使用的金刚杵；梵文名为vajra
drak——洞穴或隐居地
dratshang——中央僧团，也指佛学院
driglam chhoesum——礼节规范
driglam namzha——传统价值观和礼节
Druk Gyalpo——不丹国王
Drukpa Kagyu——竹巴噶举派佛教，不丹的国教，大乘佛教的一个支派
drungkhag——东，比宗次一级的行政区
dukhang——贡布（goemba）里的法堂，也被称为tshokhang
dzong——宗堡，政府机构和僧侣共享的有防御设施的寺院
dzongdag——宗长，宗的行政长官
Dzongkha——不丹国语宗卡语
dzongkhag——宗(行政区划)
dzongpen——旧时对宗主的称呼

gangri——雪山
gho——帼，男性的传统服装
goemba——贡布，大乘佛教的一种僧院
goenkhang——贡康，（通常为）供奉金刚护法神大黑天（Mahakala）的佛堂
gomchen——贡千，俗家弟子或已婚弟子
gorikha——拉康（lhakhang）的门廊，字面意为“门的嘴巴”
Guru Rinpoche——不丹大乘佛教创立者莲花生大师的俗称
gyalpo——统治者或国王

himal——“山”的梵文

IMTRAT——印度军事教导队（Indian Military Training Team）

Je Khenpo——杰堪布，不丹的宗教领袖

kabney——出席正式场合时披在肩上的围巾
khandroma——空行母；梵文名为dakini
khenpo——堪布，寺院住持
khonying——有拱道的佛塔
kira——旗拉，女性的传统服装
kora——转经

la——山口
lam——小路或公路
lama——喇嘛，大乘佛教的上师
lha——神
lhakhang——拉康，即寺庙，字面意思为“神的家”
lho——南
Lhotshampa——不丹南部居民，主要讲尼泊尔语
Losar——不丹人和藏族人的新年
lu——蛇神，梵文名为naga

Mahakala——不丹的守护神大黑天，以渡鸦的面貌示人
Mahayana——大乘佛教，佛教的一个教派，字面意思为“大车”
mandala——坛城，一种描述宇宙的图绘；宗卡语名为kyil-khor
mani stone——玛尼石，上面刻有佛教六字大明咒——唵嘛呢叭咪吽

mantra——咒语，祷文

migoi——雪人（传说生活在喜马拉雅山的一种介于人和猿之间的动物）；也被称为yeti

naktshang——供奉战争领袖或护法神的寺庙，字面意思为“起誓的地方”

NCCA——国家文化事务委员会

ney——圣地

ngultrum——努扎姆，不丹的货币单位

nup——西

Nyingma——宁玛派佛教，源自喜马拉雅山的一个佛教支派；其教徒被称为Nyingmapa

om mani peme hum——唵嘛呢叭咪吽，佛教的六字大明咒，大意为“如意宝啊，莲花哟！”

outreach clinic——偏远乡村的卫生站

PCO——公用电话亭

penlop——佩罗，行政大区长官，字面意为“地主—导师”

phajo——上师

prayer flag——经幡，每被风吹动一次就相当于“念”了一遍上面的经文

prayer wheel——转经筒

rabdey——地区级的僧侣机构

RBA——不丹王室军队

rinpoche——仁波切，转世喇嘛，通常为一处贡布的住持

river left——河流方向的左岸

river right——河流方向的右岸

RSPN——皇家自然保护学会

SAARC——南亚区域合作联盟，由孟加拉国、不丹、印度、马尔代夫、尼泊尔、巴基斯坦和斯里兰卡7个国家发起成立

Sakyamuni——释迦牟尼，对佛祖乔达摩·悉达多的一种称呼

shar——东

shedra——佛学院

shing——木头

sonam——好运

stupa——（印度式）佛塔，半球状的佛教建筑，不丹佛塔的原型

terma——伏藏，被莲花生大师封藏的经文和法器

terton——伏藏师，伏藏的发现者

thang——平原

thangka——唐卡，宗教内容的绘画作品或刺绣作品

thondrol——在特殊场合展开的巨型唐卡，字面意思为“见后即获解脱”

torma——朵玛，一种礼糕，用糌粑、酥油和糖做成

trulku——转世活佛；一座寺院的精神领袖

tsachhu——温泉

tsampa——用烘烤后的大麦磨成的粉

tsechu——戒楚节，有舞蹈表演的宗教节日

tshamkhang——小型禅修室

tsho——湖泊

Tshogdu——国民议会（National Assembly）

tshokhang——拉康（lhakhang）里的法堂

utse——乌策，宗堡中拉康所在的主塔

yathra——纺织羊毛毯

yeti——见词条migoi

Zangto Pelri——桑东巴瑞，莲花生大师在天上的住所

Zhabdrung, the——夏宗，首任夏宗法王转世的名号

食物术语表

arra——自制烈酒，采用大麦、小麦或大米蒸馏而成

barthu——面条

bja sha maroo——蒜香酥油酱汁鸡肉

chhang——用大米、玉米或小米酿造的啤酒，发音为chung

chugo——牦牛奶酪干

dal——小扁豆汤

ema datse——奶酪焗辣椒

hogey——用黄瓜、花椒、红辣椒、葱和番茄做成的沙拉

kewa datse——奶酪焗土豆

khule——荞麦煎饼

momo——藏式水饺，肉馅或奶酪馅的蒸饺

nakey——蕨菜

no sha huentseu——牛肉炖菠菜

olo choto——字面意思为“乌鸦的嘴”，一种钩形蚕豆

phak sha laphu——猪肉炖小萝卜

phak sha phin tshoem——猪肉米线

puta——荞麦面

shamu datse——奶酪焗蘑菇

sip——炸玉米片

sud-ja——酥油茶

thukpa——面条，一般为汤面

tsampa——用烘烤后的大麦磨成的粉

zao——炒饭

幕后

说出你的想法

我们很重视旅行者的反馈——你的评价将鼓励我们前行，把书做得更好。我们同样热爱旅行的团队会认真阅读你的来信，无论表扬还是批评都很欢迎。虽然很难一一回复，但我们保证将你的反馈信息及时交到相关作者手中，使下一版更完美。我们也会在下一版特别鸣谢来信读者。

请把你的想法发送到**china@lonelyplanet.com.au**，谢谢！

请注意：我们可能会将你的意见编辑、复制并整合到Lonely Planet的系列产品中，例如旅行指南、网站和数字产品。如果不希望书中出现自己的意见或不希望提及你的名字，请提前告知。请访问lonelyplanet.com/privacy了解我们的隐私政策。

声明

气象图表数据引用自Peel MC, Finlayson BL & McMahon TA (2007) 'Updated World Map of the Köppen-Geiger Climate Classification', Hydrology and Earth System Sciences, 11, 163344。

封面图片：通萨宗堡门前的僧侣，Ami Vitale/Panos。

本书部分地图由中国地图出版社提供，其他为原书地图，审图号GS（2014）1616号。

关于本书

这是Lonely Planet《不丹》的第5版。本书的作者为林赛·布朗（Lindsay Brown）和布拉德利·梅修（Bradley Mayhew）。

本书为中文第一版，由以下人员制作完成：

项目负责 李小坚
内容统筹 叶孝忠
翻译统筹 肖斌斌 史阳
翻译 郭翔 李娟
内容策划 郑娜娜 范佳奥 谭川遥（本土化内容）
视觉设计 李小棠 陈斌
协调调度 崔晓丽 丁立松
责任编辑 杨玲
特约编辑 刘丹宁 田果
地图编辑 马珊
制图 刘红艳
流程 李晓龙
终审 石忠献
排版 北京梧桐影电脑科技有限公司

感谢陈宇、黄亭亭、余思南、吴楠、穆俊为本书提供的帮助。

索引

000 地图页码
000 图片页码

E

F

G

H

I

J

K

000 地图页码
000 图片页码

T

U

V

W

000 地图页码
000 图片页码

Y

Z

地图图例

景点
- 海滩
- 鸟类保护区
- 佛教场所
- 城堡
- 基督教场所
- 孔庙
- 印度教场所
- 伊斯兰教场所
- 耆那教场所
- 犹太教场所
- 温泉
- 神道教场所
- 锡克教场所
- 道教场所
- 纪念碑
- 博物馆/美术馆/历史建筑
- 历史遗址
- 酒庄/葡萄园
- 动物园
- 其他景点

活动、课程和团队游
- 人体冲浪
- 潜水/浮潜
- 潜水
- 皮划艇
- 滑雪
- 冲浪
- 游泳/游泳池
- 徒步
- 帆板
- 其他活动

住宿
- 住宿场所
- 露营地

就餐
- 餐馆

饮品
- 酒吧
- 咖啡馆

娱乐
- 娱乐场所

购物
- 购物场所

实用信息
- 银行
- 使领馆
- 医院/医疗机构
- 网吧
- 警察局
- 邮局
- 电话
- 公厕
- 旅游信息
- 其他信息

地理
- 棚屋/栖身所
- 灯塔
- 瞭望台
- 山峰/火山
- 绿洲
- 公园
- 关隘
- 野餐区
- 瀑布

人口
- 首都、首府
- 一级行政中心
- 城市/大型城镇
- 镇/村

交通
- 机场
- 过境处
- 公共汽车
- 缆车/索道
- 自行车路线
- 轮渡
- 地铁
- 单轨铁路
- 停车场
- 加油站
- 出租车
- 铁路/火车站
- 有轨电车
- 其他交通方式

路线
- 收费公路
- 高速公路
- 一级公路
- 二级公路
- 三级公路
- 小路
- 未封闭道路
- 广场
- 台阶
- 隧道
- 步行天桥
- 步行游览路
- 步行游览支路
- 小路

境界
- 国界
- 一级政区界
- 未定国界
- 地区界
- 军事分界线
- 海洋公园
- 悬崖
- 墙

水文
- 河流、小溪
- 间歇河
- 沼泽/红树林
- 暗礁
- 运河
- 水域
- 干/盐/间歇湖
- 冰川
- 珊瑚礁

地区特征
- 海滩/沙漠
- 基督教墓地
- 其他墓地
- 公园/森林
- 运动场
- 一般景点(建筑物)
- 重要景点(建筑物)

注：并非所有图例都在此显示。

我们的故事

一辆破旧的老汽车，一点点钱，一份冒险的感觉——1972年，当托尼（Tony Wheeler）和莫琳（Maureen Wheeler）夫妇踏上那趟决定他们人生的旅程时，这就是全部的行头。他们穿越欧亚大陆，历时数月到达澳大利亚。旅途结束时，风尘仆仆的两人灵机一闪，在厨房的餐桌上制作完成了他们的第一本旅行指南——《便宜走亚洲》(*Across Asia on the Cheap*)。仅仅一周时间，销量就达到了1500本。Lonely Planet 从此诞生。

现在，Lonely Planet 在都柏林、富兰克林、伦敦、墨尔本、奥克兰、北京和德里都设有公司，有超过 600 名员工和作者。在中国，Lonely Planet 被称为“孤独星球”。我们恪守托尼的信条：“一本好的旅行指南应该做好三件事：有用、有意义和有趣。”

我们的作者

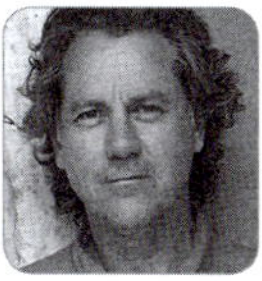

林赛·布朗（Lindsay Brown）

统稿作者；廷布、不丹西部、山地徒步 春天的不丹，杜鹃花开满了高山山口，白天阳光明媚，夜晚凉爽宜人，一些较之美景更显缤纷的节日也在此期间举行。这一切值得你再次探访这个与众不同的国家。林赛曾是一名保育生物学家，现担任Lonely Planet公司的出版经理一职，在过去十几年中，他一直在亚洲和澳大利亚撰写旅行指南和摄影。林赛曾以徒步、搭乘越野车、骑自行车和一些狼狈不堪的方式穿越过许多喜马拉雅山山口，并参与了Lonely Planet的*South India & Kerala*、*India*、*Rajasthan, Delhi & Agra*、*Nepal and Pakistan & the Karakoram Highway*等旅行指南的编撰。在本书中，他还撰写了“欢迎来不丹”、“不丹TOP17”、“行前参考”、“节日庆典”、“行程预订”、“地区速览”、“今日不丹”、“历史”、“不丹生活方式”、“传统艺术”、“建筑”、“山川与河谷”和“野生动物和保护区”等章节以及“生存指南”。

布拉德利·梅修（Bradley Mayhew）

不丹中部、不丹东部、山地徒步 布拉德利自称登山狂人，他在喜马拉雅山里走了将近20年。这是他作为旅行指南作者的第三本书，此次他将目光放在了不丹的中部和东部地区，探访了盖莱普、蒙加尔、邓卡尔、邦德林和谢姆冈等全新的目的地。布拉德利是Lonely Planet旅行指南*Tibet*、*Central Asia*和*Nepal*的统稿作者，2010年他作为主持人参与录制了Arte电视台的五集电视纪录片，带领观众重走马可·波罗之路。登录www.bradleymayhew.blogspot.com看看他的最新进展。布拉德利还撰写了本书的“如果你喜欢”、“每月热门”、“旅行线路”、“徒步游计划”和“不丹的佛教”等章节。

若想了解更多关于布拉德利的资料，请访问
www.lonelyplanet.com/members/nepalibrad

不丹

中文第一版

书名原文：*Bhutan*（5th edition，Mar 2014）

本中文版由中国地图出版社出版

图书在版编目（CIP）数据

不丹 / 澳大利亚 LonelyPlanet 公司编；郭翔等译
. -- 北京：中国地图出版社，2014.8（2017.2 重印）
书名原文：Bhutan
ISBN 978-7-5031-8346-1

Ⅰ．①不… Ⅱ．①澳… ②郭… Ⅲ．①旅游指南－不丹 Ⅳ．① K935.79

中国版本图书馆 CIP 数据核字 (2014) 第 158129 号

出版发行	中国地图出版社
社　　址	北京市白纸坊西街 3 号
邮政编码	100054
网　　址	www.sinomaps.com
印　　刷	北京华联印刷有限公司
经　　销	新华书店
成品规格	197mm × 128mm
印　　张	9.5
字　　数	517 千字
版　　次	2014 年 8 月第 1 版
印　　次	2017 年 2 月北京第 2 次印刷
定　　价	69.00 元
书　　号	ISBN 978-7-5031-8346-1
审 图 号	GS（2014）1616 号
图　　字	01-2014-3847

如有印装质量问题，请与我社发行部（010-83543956）联系